無錫私立競志女學三十周紀念刊

無錫縣女中第一屆畢業刊

無錫文庫

第二輯

鳳凰出版傳媒集團
鳳凰出版社

ISBN 978-7-5506-1017-0

9 787550 610170 >

圖書在版編目（CIP）數據

無錫私立競志女學三十周紀念刊 / 競志女學編. 無錫縣女中第一屆畢業刊 / 無錫縣女中編. -- 南京 : 鳳凰出版社, 2011.12
（無錫文庫. 第2輯）
ISBN 978-7-5506-1017-0

Ⅰ. ①無… ②無… Ⅱ. ①競… ②無… Ⅲ. ①無錫私立競志女校－紀念文集②無錫縣女中－紀念文集 Ⅳ. ①G639.285.33-53

中國版本圖書館CIP數據核字(2011)第247524號

責任編輯 王 劍
裝幀設計 姜 嵩
出版發行 鳳凰出版傳媒集團
鳳凰出版社(原江蘇古籍出版社)
南京市中央路165號 郵編 210009
發行部電話 025－83223462
集團網址 鳳凰出版傳媒網 http://www.ppm.cn
印 刷 無錫市證券印刷有限公司
無錫市揚名高新技術産業園B區75號 郵編 214024
開 本 889×1194毫米 1/16
印 張 35.75
版 次 2011年12月第1版 2011年12月第1次印刷
標準書號 ISBN 978-7-5506-1017-0
定 價 480.00圓
(本書凡印裝錯誤可向承印廠調換,電話:0510－85435666)

無錫文庫工作委員會

無錫文庫編輯委員會

無錫文庫學術顧問

（按姓氏筆畫排列）

總序

七千年文明史，三千年建城史，江南名城無錫，襟長江依太湖，自古以來就是魚米之鄉，禮儀之邦。無錫文化自泰伯南奔以來，騰蛟起鳳，尚德崇文，在數千年的傳承發展中，教化常持，經世務實，人杰輩出，大家林立，文藻絢麗，錯彩鏤金。舍南舍北皆春水，欲與湖山作主人，數千年的人文傳統，賦予了風光秀美的無錫以獨特的文化魅力，鑄就了城市剛柔相濟、秀逸清麗的的文化品格。

無錫是中國吴文化的發源地。早在商代晚期，周太王古公亶父的長子泰伯三讓王位，携其弟仲雍奔吴，定居無錫梅里，建『勾吴國』，『端委以治周禮』，施以禮儀教化；興修水利，授以農桑，不數年而『民人殷富』。泰伯帶來的中原文化與無錫本地土著文明相結合，吴文化以及作爲其重要組成部分的無錫文化就此發端。晋室南渡，北方人群大量南遷，帶來了中原的文化技術，促進了無錫農業、水利、手工業和商業的發展，中原文明再度與吴文化進行融合互滲。在本土文化與异地文化的碰撞和交融中，不斷推動着無錫這座城市的文明進步。

無錫歷史文化『迨歷七千餘載歲月滌蕩，遂經四大轉折而成其廣大深厚：泰伯西來，吴文化成焉；永嘉南渡，江左文脉振焉；宋室波遷，江南文風始焉；歐風東漸，錫邑占風氣之先，民族工商文化始焉。數百代鄉彦賢達智慧與創造累積，文獻足徵，無慮百千』（《錫山先哲叢刊》重版弁言）。無錫文化以兼容并蓄多樣化的形態不斷發展。

崇文尚教，以教促文。北宋嘉祐三年（一〇五八），無錫始設縣學；北宋政和元年（一一一一），理學傳人楊時在無錫創建東林書院，此後無錫出現了喻樗、尤袤、李祥、蔣重珍等一批知名的教育家。至明代，顧憲成、高攀龍等在東林書院講學，此後又有許多書院相繼而起。古代無錫對教育的重視，促進了『崇文』和『尚教』的風氣，也造就了大量的人才。自隋朝開創科舉取士到清末廢除科舉，無錫共出了五名狀元、三名榜眼、六名探花和三名傳臚，并有五百四十名進士，一千二百多名舉人；『一榜九進士』、『六科三解元』，自古傳爲佳話。近代以來，經濟的繁榮進一步帶動了教育的興盛。無錫籍國學大師錢穆曾說：『晚清以下，群呼教育救國，無錫一縣最先起。』此後無錫的實業家紛紛出資興辦文化教育事業。教育的繁興，在極大程度上促進了無錫的文化發展，出現了空前的文化人才崛起的高峰。

文脉綿延，後出轉强。歷來『文化』的概念有廣義和狹義之分，這裏的『文脉』之『文』，用的是狹義的概念，即指經史、文學、藝術等人類所創造的精神財富的總和。在無錫的歷史文化傳統中，自古及今，悠悠文脉，如瓜瓞之綿綿。必須指出的是，從文化發生學的角度來看，早期中華文化的中心是在黃河流域的中原地區，無錫在宋元以前，雖有像顧愷之、李紳、尤袤、蔣捷、倪瓚等一批人文英才，但在整體上，無錫的文氣是自明清以迄近現代達到巔峰。在整個江南地區文教昌明和無錫經濟繁盛、教育勃興的大背景下，無錫地區在經史、文學、繪畫、音樂等諸多領域中，建樹卓越，俊才雲蒸，真正呈現出『人文之盛，冠於南國；碩彦輩出，著述繁富』的局面。

求實務本、重工崇商。無錫自古爲江南富庶之地、魚米之鄉。明代東林講學者將士商并列爲『本行』，講求經世致用；近代早期維新的思想家、實踐家薛福成提出『黜浮靡，崇實學』，大力倡揚『工商爲先，耕戰植其基，工商擴其用』的觀念，這些都成了近代以來無錫人求實務本、重工崇商的重要的思想根源；兼以明清時期，封建自然經濟解體，資本主義開始萌芽，無錫經濟日趨繁盛。鴉片戰爭以後，上海開埠，由於商品經濟的發展和商業資本積累的增加，逐步形成了一個以上海爲中心的，北接江陰、靖江，西連蘇州、無錫、常州的經濟區域。有布、米、絲、錢『四大碼頭』的無錫，被譽爲『小上海』。到了十九世紀末、二十世紀初，無錫許多有識之士積極引進西方生產技術，大力興辦工廠，形成了近代六大資本系統，無錫成了近代中國民族工商業的發祥地和蘇南經濟中心。經濟的繁盛，不僅爲無錫文化的不斷發展提供了堅實的物質基礎，而且也形成了無錫文化的主流形態之一的，具有鮮明特色和豐富内涵的『工商文化』。

文化源長，文獻宏大。在歷史上，無錫有過兩次較大規模的文化整理。一八九九年，《常州先哲遺書》是包涵無錫在内的第一次區域性文化整理集成。一九二一年，《錫山先哲叢刊》是無錫真正意義上從城市角度進行的一次文化整理。當時，國家積貧積弱，社會動蕩離亂，身處亂世的有識之士高擎文化的旗幟，以縱覽千古的魄力和毅力致力於城市文化傳統的繼承與弘揚，爲無錫地方人文教育提供了文化楷模，對增强無錫崇文興教氛圍發揮了重要的作用，爲無錫躋身江南名城提供了文化動力，其意義至今爲後人感念。

滄桑巨變，天上人間。經過近一個世紀的奮鬥探索，特别是改革開放三十多年來的迅猛發展，中華民族强勢崛起。國運昌隆，盛世修典。中共無錫市委、市政府高度重視地方傳統文化的整理弘揚工作。自二〇〇七年提出『建設文明無錫，打造文化名城』以來，無錫全面深入開展歷史文化遺産的挖掘、清理、保護和修復工作，傳承弘揚優秀傳統文化，彰顯城市人文歷史底蘊，掀起歷史文化名城建設新高潮。此後，市委、市政府在《無錫市文化大發展大繁榮行動綱要》中明確要求全面整理出版地方歷史文獻，市委、市政府在《關於深化文化體制改革加快文化强市建設的决定》中再次明確要求編纂《無錫文庫》，正式啓動迄今爲止無錫地區規模最大、綜合性鄉邦文獻集成的修編工作。爲確保《無錫文庫》的編纂工作順利進行，市委、市政府專門成立了『無錫文庫工作委員會』，由市委宣傳部牽頭，設立了『無錫文庫編輯委員會』，計劃用三年時間完成編纂出版工作。《無錫文庫》的編纂，將以嶄新的學術角度和現代學科框架對城市歷史文化進行全面梳理和弘揚，站在時代的高度，充分展示城市深厚的歷史底蘊，彰顯先賢哲人的智慧創造，解讀無錫文化的獨特個性，提煉升華無錫的人文精神，光前裕後，古爲今用，以文化人，由人化文，以史爲鑒，開啓未來。

《無錫文庫》的編纂出版必將發揮重要的文化功能：首先是搶救文獻。無錫自古即有豐富的地方文獻，無論經史子集，都有重要著作流傳於世。然而無錫近代歷經戰亂，一些重要典籍已毁佚，僅有書名存留；還有一些珍貴的明清地方史籍，也以孤本存世，處於若存若亡之間。由於各種原因，一些代表無錫文化的典籍保存於國內外各大圖書館中，在無錫不易見到。從清末到民國期間，在文化上有不少重要成果，而這部分書籍因長期被忽視而處於毁佚的邊緣。《無錫文庫》的編纂就是爲了搶救文獻，保存文脉。其次是古籍整理。無錫先賢留下的載籍很多，但現存書籍，版本雜亂，良莠不齊，整體而言没有經過系統編排梳理，使用不便。《無錫文庫》的編纂，就是從版本目録學的角度加以梳理，每書皆撰提要，鈎玄指要，便於閲讀使用。第三是服務大衆。《無錫文庫》所收皆爲地方古史遺文，是研究無錫歷史沿革和文化傳承的必讀書目。《無錫文庫》的編纂出版，使這些書籍的使用更加便捷和廣泛，對無錫的文化建設、城市規劃、古迹保護、名勝開發都具有很高的學術價值和實用價值。

歷史唯物主義觀是《無錫文庫》編纂出版工作的重要指導思想。《無錫文庫》是一部具有社會主義新時代特點的典籍集成，編纂理念和選編觀念更加科學，注重學術性、實用性和經典性相結合，并且儘量收入古籍版本研究的新成果，廣泛收集流散在國内外的珍貴典籍。編纂工作中，始終堅持『尊重歷史、尊重科學、尊重規律、尊重專家』的原則，堅持『雙百』方針，對傳統文化中重要的不同學派、不同觀點的資料兼收并蓄，力求客觀、完整和全面。當然，《無錫文庫》不可能包羅萬象，而以文史哲爲主要内容，兼顧其他類别著述，整體呈現出無錫歷史文化的發展脉絡。强化編纂工作的學術規範，提倡實事求是的良好學風，對文庫的整體規模、體例框架、所收書目、版式裝幀等進行反復論證，反復比較，多方聽取意見，慎之又慎，力争使《無錫文庫》成爲一部真正代表無錫文化的綜合性鄉邦文獻集成。

編纂出版《無錫文庫》的盛舉，得到了海内外衆多著名的文史專家、學者教授的熱烈響應。許倬雲、馮其庸、楊天石、李文海、徐中玉、馮遠、胡福明等無錫籍文化名人和劉玉才、程章燦、江慶柏、張廷銀、金良年等專家學者應邀擔任《無錫文庫》的學術顧問，他們扎實的學術功底、嚴謹的治學風範、卓越的學術見識，爲《無錫文庫》提供了有力的支撑。

千年吴地文明，百年工商繁華，賦予無錫人聰慧和靈秀，創造了具有獨特品質的城市文化和城市精神。當我們手捧先哲留下的珍貴文化遺産，不僅滿懷感恩、敬畏之心，更涌動着不負前賢、勵志圖新的激情，去努力創造城市文化嶄新的輝煌，讓無錫文化大發展大繁榮的春天更加姹紫嫣紅、繽紛燦爛！

無錫文庫編輯委員會

二〇一一年一月

凡例

一、《文庫》所收爲無錫籍作家的著述和與無錫相關的歷代文獻，分爲《官修舊志》、《地方史料專著》、《年譜家乘》、《無錫文存》和《近現代名家名著存目》五輯。

二、無錫地域範圍以現行行政轄區爲準。《文庫》立足無錫市區，兼顧江陰、宜興，適當選收江陰、宜興具有代表性的著作。

三、《文庫》所收著作，以史料價值高、使用價值大爲原則，適當兼顧其版本價值。

四、《文庫》主要采用影印方式出版，《近現代名家名著存目》收入作家小傳和主要著述目録。

五、《文庫》所收著作，其編纂年代下限爲一九四九年；《近現代名家名著存目》則不受此限。

六、《文庫》所收著作，原書如有蠹損、殘缺、漫漶不清處，原則上以相同版本予以换頁、補頁，使全書清晰、整齊。

七、《文庫》對所收每種圖書，均撰寫提要，置於每種書扉頁之背面；每册均新編頁碼，自爲起訖。

八、《文庫》編制書名索引和著者索引，以方便讀者使用。

第二輯編輯説明

本輯爲《無錫文庫》之第二輯《地方史料專著》。這些書籍皆爲個人著作，它們是官修方志之外最重要的地方史料，是對地方歷史更爲精細的記録和闡述。其中保存了官志中看不到的材料，所以也是官志極其重要的補充。無錫自古以來人文薈萃，所以歷史上存留下來的地方史料專著也非常豐富。明清以來這些著述得到了長足的發展。作爲方志體裁的史書，這些著作所述史事已細化到一個鄉村，一座寺廟，一幢宅第，一座園林，一所學府，一項工程，一個專題等，從而爲後人保存了大量第一手的史料。進入民國後，隨着社會的發展，在政治、經濟、文化、教育等方面，出現了許多專門的出版物，這些具有時代特色的文獻，爲我們保存了民國時期原生態的歷史材料。從這些文獻中可以看到當時無錫向現代都市邁進的步伐。第二輯所收書籍，不少都是孤本，彌足珍貴。特別是一些藏於外地圖書館的珍貴書籍，這次也盡了最大的努力加以搜集。由於歷史的原因，一些地方史籍已失傳，僅有書名存留，不無遺珠之憾。一些民國書籍也偶有缺葉。敬請讀者見諒。從另一個角度而言，也更説明了這次文庫編纂的必要。

目録

無錫私立競志女學三十周紀念刊

競志女學 編

《無錫私立競志女學三十周紀念刊》，民國二十四年（一九三五）競志女學編，原刊本。

無錫私立競志女學，爲侯鴻鑑於清光緒三十一年（一九〇五）創辦的無錫第一所中等學校。民國八年（一九一九），因辦學成績優良，經省議會决議，改名爲江蘇省代用女子中學，學制爲初中三年，高中三年。民國十六年，經省教育廳批准，恢復私立競志女學原校名。民國二十四年，該校迎來了三十周年校慶，故出版是書以紀念。内容有名人題詞、校内照片、三十競志、校史、行政概況、教務概況、調查概況、事務概況、體育概況、圖書館概況、附屬小學概況等。侯鴻鑑創辦女學，從理論到實踐皆有創新。從辦學伊始，即設女子教育談話會，講授教育原理、教育史、管理法、教學法等，提倡女子教育。辦女子理科研究會，爲女子將來謀自立打基礎；設體育補習會，提倡體育，這在當時是全新的教育理念。設藝術專修課，教授繪畫及工藝，又設繡工研究所。這些課均利用課餘、周日、假期進行。學校制定『勤肅樸潔』的校訓。女學的第一届畢業生十六人均録取於北洋女子高等師範學堂，成爲無錫進入大學的首批女生。該校的女子排球隊曾在民國十九年江蘇省中學生運動會上取得女子排球冠軍，並代表江蘇省出席全國運動會。民國二十二年，學校籃球隊又代表江蘇省參加全國運動會。侯氏在日本學過教育，故該紀念刊完全以現代教育理念對學校辦學中的過程資料加以詳細記録。現在看來，它既是一份詳盡的教育檔案，又是一份珍貴的教育經驗，對今天不無借鑒意義。本書所保存的學校照片也十分寶貴，因今天女學建築已被拆除殆盡，遺迹不復可睹。

本書據原刊本影印。

（徐志鈞）

江蘇無錫

私立競志女學

三十週紀念刊

上冊

中華民國二十四年元旦

無錫私立競志女學三十週紀念刊序目

統計調查

教務概況

訓育概况

體育概況

校訓

勤肅樸潔

孫揆均題

校徽

校歌

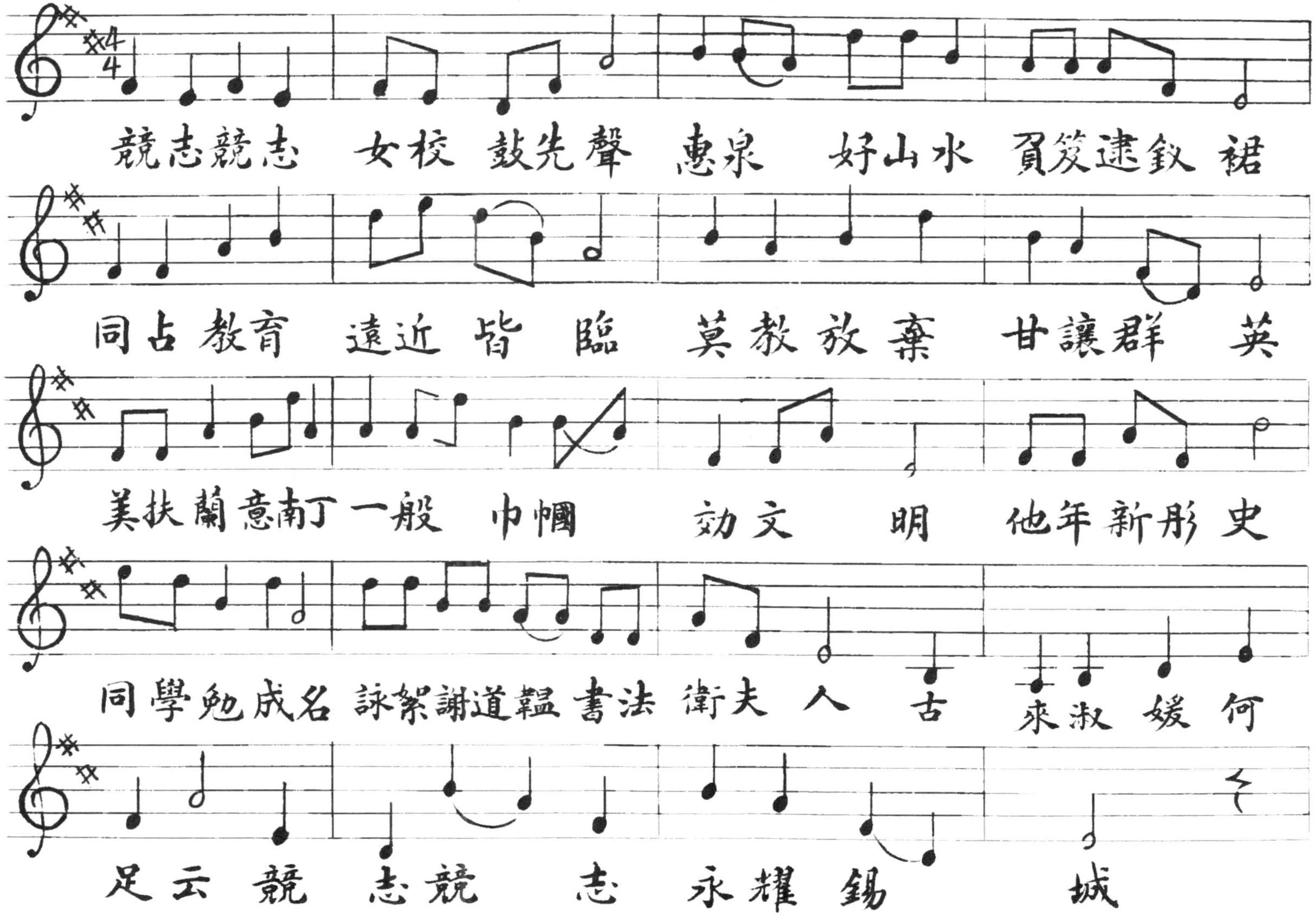
競志競志 女校 鼓先聲 惠泉 好山水 買笈逮欽 裙
同占教育 遠近 皆 臨 莫教放棄 甘讓群 英
美扶蘭意南丁一般 巾幗 効文 明 他年新彤 史
同學勉成名 詠絮謝道韞 書法 衛夫 人 古 來淑 媛 何
足云 競 志競 志 永耀 錫 城

本校三十週紀念歌

太湖南浸惠山西屏 吾校開校早 憶昔乙巳迄今甲戌 三十週年到
十七行省八千餘人 負笈來遠道 遐邇先後同學真不少 舊
學 新知 校 史都應知曉 彪 炳琳瑯 成 績一堂良好
尤須知創業最艱辛 吾儕貴努進 祝吾校湖山長 壽 光 輝 耀

歷史悠久成
績斐然

無錫競志女學卅週年紀念
周佛海題

無錫競志女學卅年紀念

開風氣之先

蔡元培

惠山文物冠冕東南士女
俊秀書史是耽競志倡始
忽忽卅年行修內則學貫人天
椒花獻頌紀念新篇艱難
偉業金石同鑴

程時煃敬題

競於藝志於道殫三
十載之辛勤成女界
中之善教

保三先生創設競志女學維持辛苦
成績懋昭茲屆三十週紀念敬題數
語以贈蔚芝唐文治拜題

校主現任校長侯保三先生

女校主侯夏冰蘭女士

校友會現任職員攝影

本校現任全體教職員攝影

校門

無錫私立競志女學校三十周紀念全體學生攝影

圖書館

禮堂背景

中學部教室

校園一角

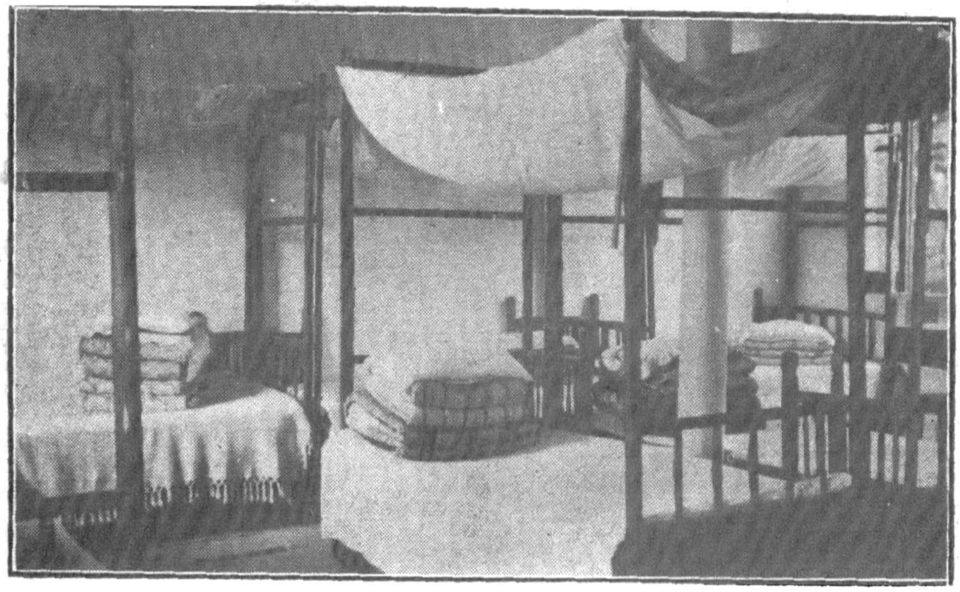

學生宿舍內部

紀念塔

長廊

三十. 本校校舍平面圖

説	明
1	大門
2	側門
3	門房
4	校工室
5	校園
6	應接室
7	通學生膳室
8	男教員寢室
9	事務室
10	庶務室
11	會計室
12	教導處
13	訓育處
14	樓下大禮堂
15	樓上校長室
16	樓上教員預備室
17	學生會辦事室
18	亭塔
19	樓上成績陳列室
20	圖書館
21	花圃
22	走廊
23	雨操場
24	樓上下中學部教室
25	樓下美術教室
26	勞作教室
27	樓上實業物理生物教室 樓下算術衛生[illegible]室
28	音樂教室 } 樓上礦物
29	運動器械室 } 標本室
30	小學部教室
31	小學三一市辦公室
32	小學部販賣部
33	樓上下學生宿舍
34	樓下女教員寢室及預備室
35	家事實習室
36	烹飪室
37	浴室
38	晒衣場
39	盥洗室
40	廚房
41	天井
42	廁所
43	大操場

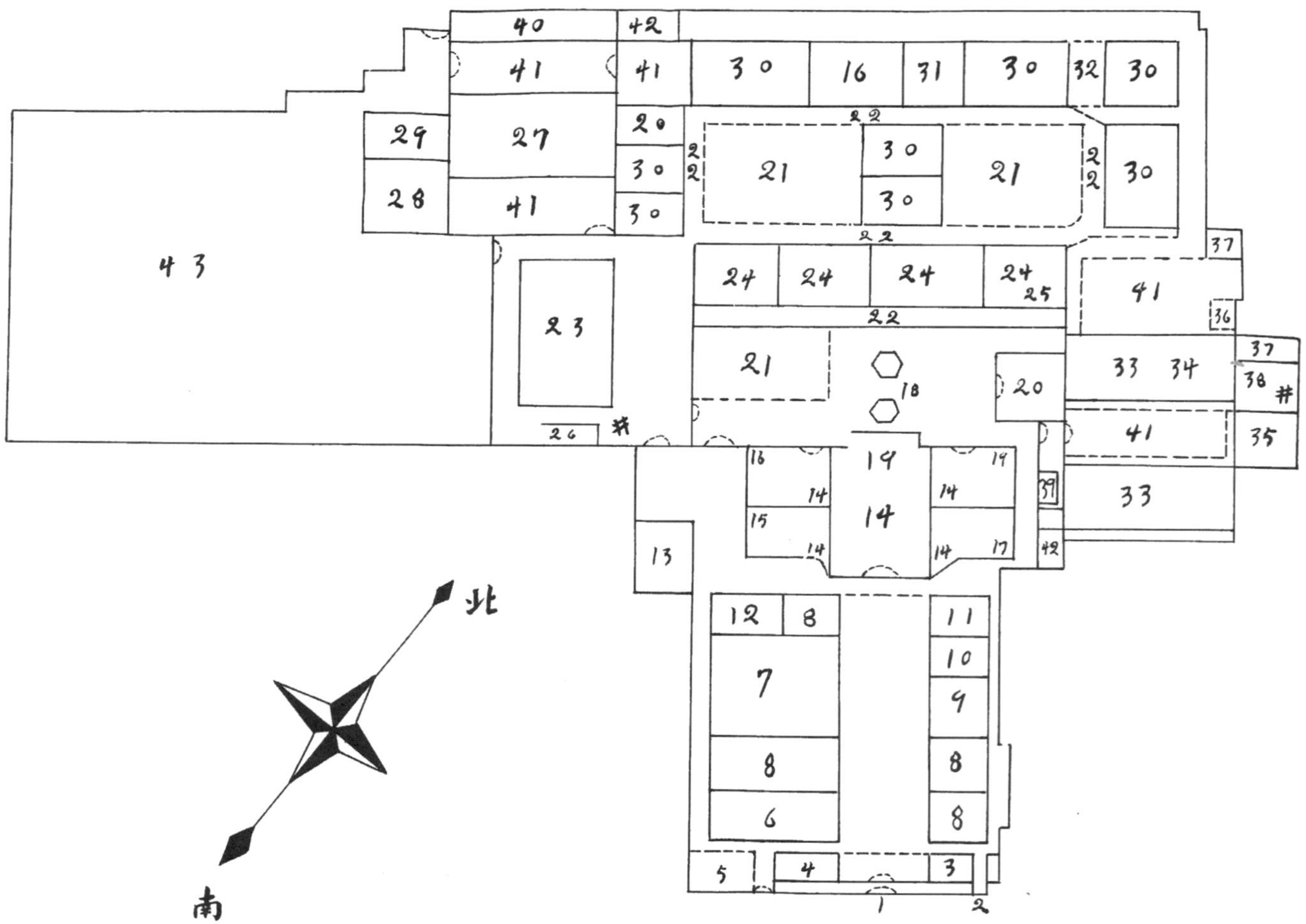

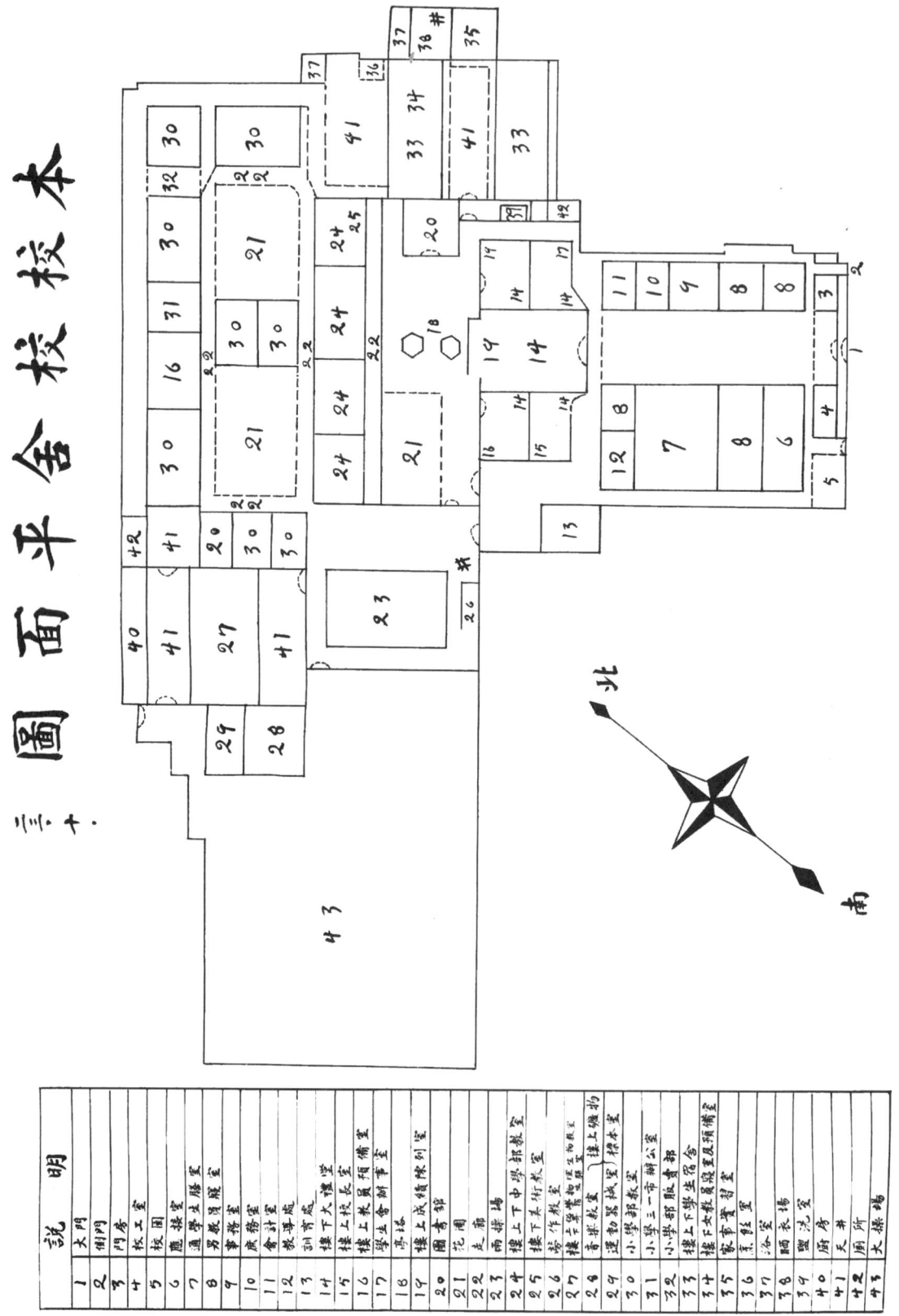

統計調查

一　歷任校董一覽表

姓名	字	籍貫	履歷	對於本校之關係	任職年月	備註
袁希濤	觀瀾	寶山	前教育部次長	贊助員	八年三月	十九年逝世
盧殿虎	紹劉	寶應	前安徽教育廳長	仝上	仝上	
劉庭娍	慶星	靖江	前靖江觀學所長	仝上	仝上	
汪原渠	伯軒	吳縣	前江蘇省教育科長	仝上	仝上	
呂惠如		安徽旌德	前江蘇省一女師校長	仝上	仝上	十六年逝世
楊達權	崧如	吳縣	前江蘇省二女師校長	曾任舍務主任兼教員	仝上	
顧倬	述之	無錫	前江蘇省三師校長	曾任教員	仝上	
孫思贊	仲襄	無錫	前無錫教育會會長	曾任教員	仝上	十一年逝世
錢基厚	孫卿	無錫	前無錫縣政府第三科長	仝上	仝上	
黃豹光	蔚如	無錫	前無錫東林校長教育局長	仝上	仝上	廿三年任董事長
張鑑	杏村	無錫	前無錫縣視學	仝上	十一年八月	
裘廷梁	葆良	無錫	前無錫勸學所總董	贊助員	十六年八月	十七年一月辭職

蔣士榮	仲懷	無錫	前無錫教育局長	曾任教務主任兼教員	仝上	十八年八月逝世
諸希賢		無錫	前北京女高師訓育主任無錫縣女師校長	校友	仝上	十九年五月辭職
陳淑	允儀	無錫	前留學英國女子理化學校蘇女師校長	校友	十七年一月	
侯鴻鑑	保三	無錫	前蘇贛省視學閩教廳秘書代理廳長	設校者現任校長	十六年八月	
章繩以	君度	江陰	前中央遺族學校主任蘇女師訓育主任	校友曾任校長	十九年五月	
錢基博	子泉	無錫	上海光華大學教務主任	曾任教員	仝上	
臧祜	佛公	揚州	前江蘇省視學	贊助員	二十年十一月	
楊雪禎		無錫	留日東京女子醫專畢業蘇民醫院婦科主任	校友	二十三年三月	
楊增錫		無錫	上海大同大學教育學士	校友曾任教員	仝上	

二　歷任教職員簡表　自乙巳年起至甲戌年上學期終止

姓名	籍貫	職務	姓名	籍貫	職務
侯鴻鑑	無錫	校長兼任教育歷史地理理科體操樂歌教員	吳松雲	無錫	修身國文經學教員
黃蔚如	同上	算術教員	孫仲襄	仝上	國文教員
裘劍岑	仝上	英文教員	陶伯芳	仝上	歷史教員
俞丹石	浙江德清	英文地理教員	陶逵三	仝上	理科教員

顧述之	無錫	教育教員
黃淡如	仝上	國文家政倫理教員
蔡持志	仝上	國文教員
顧介孫	仝上	樂歌地理國文教員
張杏邨	仝上	修身國文教員
錢湘伯	仝上	理科國文體操教員
華端生	仝上	理科國文算術教員
許少仙	仝上	算學教員
鄒同一	仝上	國文歷史教員
顧啓仁	吳江	國文樂歌教員
曹翼丞	無錫	經學教員
梁稼義	丹徒	國文教員
孫子遠	無錫	教育教員
周銘初	仝上	英文教員
顧十靜	仝上	理科教員
秦仁卿	仝上	地理教員
曹衡之	無錫	圖畫教員
孫鳴仙	仝上	地理教員
唐靖臣	青浦	體操教員
孫靜菴	無錫	國文教員
蔣仲懷	仝上	主任兼數學教員
王師梅	婁縣	圖畫英文體操歷史地理教員
范寅伯	無錫	國文經學歷史教員
華鑑遠	仝上	地理教員
顧子重	仝上	幾何畫手工畫教員
錢孫卿	仝上	國文教員
曹仁化	仝上	地理教員
嵇頤嘉	仝上	算術教員
張載臣	仝上	地理教員
陸魯斯	仝上	歷史教員
周佩珍	仝上	樂歌教員
楊蔭枌	仝上	英文教員

錢子泉	無錫	國文教員
華叔衡	仝上	幾何代數教員
薛華閣	仝上	會計
蔡晉範	仝上	書記
薛釆臣	仝上	會計
高仰山	仝上	書記
侯夏冰蘭	江陰	監學兼任國文算術理科體操樂歌教員
楊達權	上海	國文理科算術教員
孫葆如	無錫	算術圖畫歷史地理國文教員
蔣如玉	仝上	英文教員
金原村子	日本福岡	保姆兼任東文體操教員
程啓新	吳縣	國文教員
徐競芳	嘉定	英文教員
何亞希	松江	監學兼任地理算術教員
孫卓如	無錫	國文圖畫算術教員
諸希賢	仝上	國文教員
孫蘇玉	無錫	修身國文歷史圖畫家政教員
楊逸林	仝上	修身國文算術教員
秦志洪	仝上	手工教員
曹愼余	仝上	算術教員
周緒田	仝上	修身國文地理教員
劉冰若	仝上	算術國文教員
秦卓然	仝上	算術體操教員
孫婉如	仝上	圖畫地理國文教員
黃拯漢	仝上	管理員兼任圖畫國文算術裁縫教員
夏君穎	江陰	管理員兼任算術英文圖畫國文教員
方景熙	嘉興	監學兼圖畫教員
高若雲	無錫	樂歌教員
俞廷材	寶山	地理算術教員
侯若渠	無錫	保姆兼任國文教員
朱亞青	仝上	造花教員
秦瑞珠	仝上	圖畫算學教員

孫玉如　無錫　圖畫教員
侯鏡裘　仝上　圖畫國文手工教員
顧文華　無錫　國文教員
過儀貞　仝上　保姆兼任修身國文算術圖畫手工教員
王汝淋　仝上　國文圖畫教員
凌啓慧　浙江吳興　監學兼任圖畫教員
華李斌惠　無錫　保姆
龔幼絹　仝上　保姆兼任國文教員
程南菲　仝上　算術體操樂歌手工教員
李惠英　金山　保姆兼任修身體操教員
吳青鈿　仝上　保姆兼任樂歌教員
蔡仲光　無錫　圖畫體操樂歌教員
汪韡霞　無錫　地理算術教員
丁秉時　浙江鎮海　舍監兼任國文理科教員
程佩青　安徽婺源　單級教任教員
劉冠昭　無錫　修身國文地理裁縫教員

秦佩珊　無錫　圖畫修身算學國文教員
林志頤　仝上　管理員兼國文教員
彭徽愼　吳縣　監學兼任修身算術英文教員
華才婉　無錫　理科教員
張毅芬　仝上　算術英文體操樂歌教員
陶君輝　仝上　理科國文教員
朱若瑾　仝上　算術體操樂歌教員
秦潤蘋　仝上　國文圖畫教員
楊雪禎　仝上　算術地理圖畫教員
趙毓荃　仝上　圖畫體操樂歌教員
夏荇蓀　江陰　造花教員
張時若　無錫　修身國文算術手工圖畫裁縫教員
秦志英　仝上　國文歷史地理理科教員
陳懷貞　吳縣　監學
祝李素儀　武進　監學兼任英文教員
侯毓美　無錫　修身國文算術手工圖畫教員

無錫私立競志女校三十週紀念刊　統計調查　六

劉念慈　靖江　教務主任兼教育教員
鄧傅若　無錫　國文教員
祝庚先　吳縣　英文算術理化教員
楊瀚如　靖江　教務主任兼文史教員
張滌珊　仝上　地理教員
張涵若　無錫　小學教員
顧蕙芳　無錫　小學教員
秦醒世　仝上　仝　上
章文琴　江陰　舍務兼家事科教員
韓亮侯　泰縣　教務主任代理校務
仲古喬　泰縣　教務兼文史博物教員
韓可吾　金壇　教務事務國文教員
李繹之　武進　教務兼文史教員
李鴻梁　靖江　圖畫教員
黃肅儀　湖南長沙　體育教員
孫君修　無錫　國英算教員

高玉英　無錫　英文算術圖畫體操樂歌教員
秦慕良　仝上　修身國文教員
龔保璣　仝上　國文樂歌體操教員
鄒佩珊　仝上　國文教員
趙耿竹　仝上　國文算術手工教員
過明霞　無錫　小學教員
金心儒　武進　文史地教員
顧拯來　寶山　體育教員
顧曬君　武進　舍務兼文字學教員
蔡焦桐　仝上　國文教員
楊益三　無錫　文史地教員
周渠清　仝上　仝　上
陸采蓁　常熟　體育教員
陸惠芳　無錫　小學教員
龔明映　仝上　仝　上
嚴堯欽　仝上　國文教員

榮宜雲	無錫	小學教員
謝鳳儀	仝壇	仝　上
侯碧漪	無錫	級任兼國文藝術教員
吳士枚	仝上	英文教員
蔡　珍	仝上	小學教員
陸芝孫	仝上	仝　上
金野樵	泰縣	事務員
金　勇		體育教員
范霞仙	上海	藝術教員
鄒志雲	上海	體育教員
秦雪梅	無錫	小學教員
王世亮	仝上	仝　上
高敬軒	武進	國文教員
賈仲偉	無錫	國文史地教員
俞堅如	●	體育教員
胡　荃	無錫	小學教員
王世華	江浦	仝上

吳日永	無錫	英文教員
陸仲謙	仝上	手工教員
向炳峯	江陰	史地教員
徐東屏	無錫	國語算學教員
顧蘊菊	仝上	體育教員
楊朱雪英	仝上	英文教員
陸子久	仝上	理化博物算學教員
裘雲奇	仝上	國語歷史教員
顧夢靖	仝上	小學教員
查軼羣	江甯	小學教員
張貴珍	無錫	英文教員
過昭華	仝上	級任兼文理藝術教員
王湧德	江甯	小學教員
王雲軒	無錫	圖畫教員
胡伯敏	仝上	英文教員
胡汀鷺	仝上	圖畫教員
陸靜孫	崇明	英文教員

盧中玉　　體育教員
程雪門　常熟　國文教員
周文榮　江陰　算學英文琴歌教員
周愷士　宜興　藝術教員
吳韻倩　吳縣　體育教員
倪荔裳　無錫　藝術教員
徐伯岡
方絜卿　無錫　國文教員
俞鶴琴　仝上　社會科學兼級任教員
華純安　仝上　數學教員
盧肖興　浙江永康　教務主任兼文史教員
榮貞雲　無錫　小學教員
竇去病　仝上　仝　上
鄧博飛　無錫　數理化教員
王炳簡　無錫　英文教員
章賀甫　江陰　化學教員
王梅英　無錫　小學教員
王明璋
范德珩　無錫　小學教員
郭寶瑜　無錫　小學教員
鄒逸仙　江浦　仝　上
章松菴　江陰　教務主任兼國文教員
殷芷沅　吳縣　國文史地教員
郭寶瑾　無錫　小學教員
胡碧薌　浙江金華　理化教員
倪蘊華　無錫　小學教員
秦森源　仝上　仝　上
嚴慶增　仝上　體育教員
錢少華　江陰　國文史地教員
倪蓀裳　無錫　國文藝術教員
華道韞　仝上　小學教員
蔡虎臣　仝上　文史教員
蔡夢西　仝上　德文教員
辛柏森　仝上　事務主任兼文史教員

華劍儂	無錫	小學教員
過持志	仝上	德文教員
戴逸仙	仝上	國文教員
俞雨三	仝上	仝　上
曹成章	仝上	仝　上
朱恬持	仝上	訓育主任兼數學教員
莫仲夔	無錫	黨義教員
周叔年	浙江金華	國文教員
楊踐形	無錫	哲學教員
馬葆珍	仝上	小學教員
王勤菴	仝上	仝　上
龔祖繩	吳縣	化學教員
朱錦秀	無錫	小學教員
沈明達	江陰	黨義教員
沈渭初	仝上	文史地教員
羅　蘭	四川	英文教員
許卓人	宜興	黨義教員
顧鴻志	仝上	國語教員
張友雲	宜興	藝術教員
俞錦霞		
過養素	無錫	體操教員
陸補生	吳縣	英文教員
胡質明	吳縣	數理化教員
過冠生	無錫	國文教員
孫超羣	廣東中山	體育音樂教員
沈安石	吳縣	化學教員
蓋昭如	無錫	小學教員
吳若年	仝上	仝　上
李品一	仝上	仝　上
杜志翔	仝上	仝　上
張瀚波	仝上	數學教員
楊映一	吳縣	數理教員
丁婉如	無錫	小學教員
劉佩琪	仝上	藝術教員

過昭煜	無錫	小學教員
馮娟英	仝上	舍務助理員
王靜雅	仝上	小學教員
孫縵眞	松江	舍務助理員
徐文偉	無錫	小學教員
陸慶蘭	太倉	仝　上
翁智田	武進	國文教員
楊增錫	無錫	英文教員
過昭婉	仝上	小學教員
陸穎西	無錫	小學教員
王子祥	沛縣	國文教員
張雲和	靖江	藝術教員
趙尙卿	江陰	仝　上
馮毓厚	南通	數學教員
張亮時	無錫	國文教員
華開益	仝上	數學教員
孫一男	仝上	小學教員
丁逡初	無錫	國文教員
段進之	武進	英文教員
林澤人	福建	化學教員
顧瑞霞	無錫	小學體育教員
張濟人	浙江金華	黨義國文教員
錢松岩	宜興	藝術教員
陸湘琴	無錫	書記
王艾耆	仝上	國文教員
史秉衡	宜興	藝術黨義教員
鍾克勤	廣東	教務員
孫　頎	武進	小學教員
薛　雲	無錫	仝　上
虞靜芬	仝上	仝　上
華素誠	仝上	舍務助理員
王豹卿	武進	英文算學教員
陸畸民	無錫	教務員
薛松筠	江陰	小學體育教員

陸叔千　仝上　簿記教員
夏荇蓀　江陰　蠶桑教員
丁勤學　無錫　小學教員
胡琦珍　仝上　仝　上
高秀瑩　仝上　仝　上
秦奉蓁　仝上　仝　上
章繩以　江陰　校長
秦耐銘　無錫　文學史教員
丁儒侯　泰興　文牘兼國文教員

賀葆珣　無錫　小學教員
陸鶴年　武進　文史地教員
劉書勳　無錫　國文教員
榮梅雲　仝上　小學教員
朱慧揚　仝上　仝　上
孫挺生　武進　日文教員
項爲賢　金山　校務主任兼訓育主任
張大炎　江陰　藝術教員

三　本校三十年來經費收支對照表自清光緒三十一年至民國二十三年冬

收入		科目	支出		備註
元	角分釐	收入之部	元	角分釐	
189724	042	創辦人捐助金			
15700	000	同志贊助金			
500	000	教育部獎勵金			
47040	000	省公署補助金			
12000	000	教管處補助金			
13460	000	鹽餘補助金			
200	000	地方機關補助金			
190193	371	學費			
900	000	畱生補助金			
10	000	外國人寄附金			
		支出之部			
		經常費第一年起至十年止	120510	000	建築費在內
		經常費第十一年起至二十年止	149490	000	仝上
		經常費第二十一年起至三十年止	196527	413	仝上
		基金	3200	000	
469727	413	總計	469727	413	

歷年學生數比較表

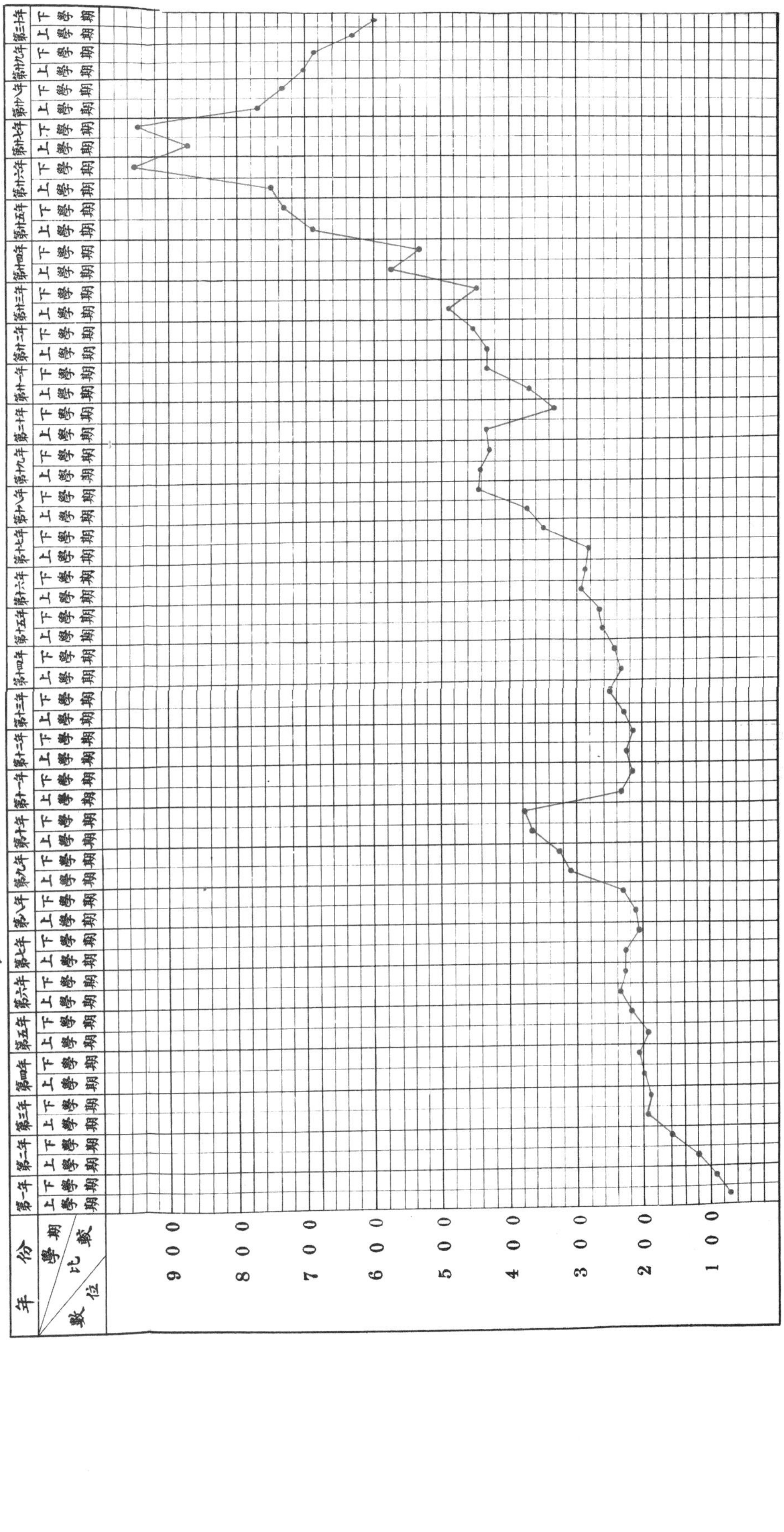

圖表一：此處原爲《高初小學歷届畢業生多寡比較表》，見書後。

七　歷年學生學籍調查分區表

- 學籍
  - 江蘇
    - 無錫　武進　宜興　江陰　靖江　吳縣　常熟
    - 吳江　太倉　寶山　松江　上海　鎮江　丹陽
    - 金壇　溧陽　句容　青浦　金山　江浦　江寧
    - 江都　儀徵　崑山　泰興　灌雲　高郵　嘉定
  - 浙江
    - 杭縣　平湖　浦江　嘉興　鄞縣
    - 吳興　德清　桐鄉　餘姚　江山
  - 安徽
    - 桐城　盧江　舒城
    - 歙縣　太平　安慶
    - 蕪湖　涇縣　泗縣
    - 青陽　桐廬　巢縣
  - 江西——南昌　修水
  - 湖北——武昌
  - 湖南——長沙
  - 廣西——桂林
  - 廣東——番禺　香山
  - 河南——開封
  - 山東——無棣
  - 四川——成都　墊江
  - 河北——天津
  - 貴州——印江
  - 福建——泰順

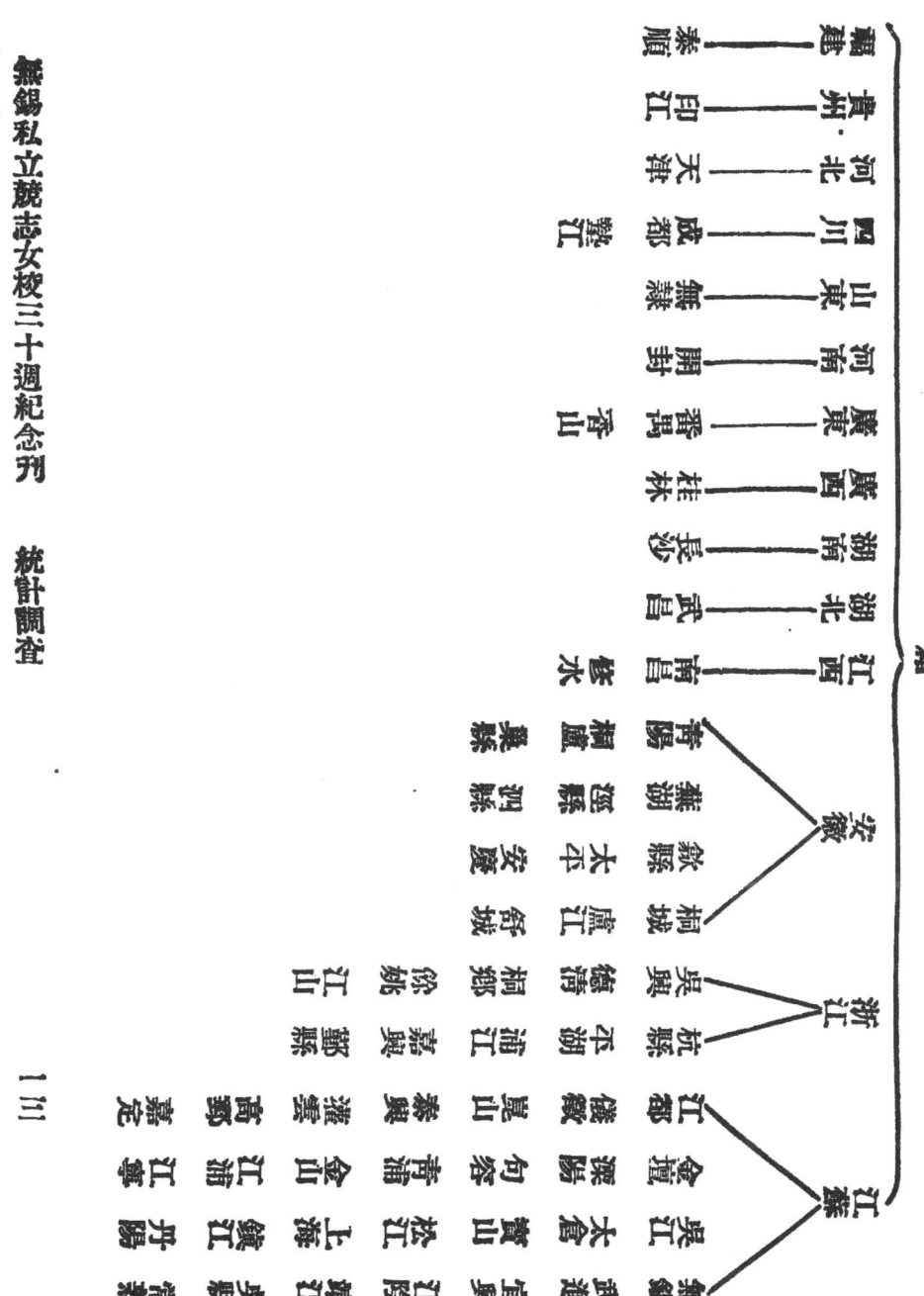

八　歷屆校友狀況調查表

姓名	籍貫	離校後狀況	備註
章緗以	江陰	曾任南洋南通南京蘇州師範及中央遺族學校校長主任等職	又任本校校長半年
陳淑	無錫	曾留學英國任北京女高師教員現任蘇女師校長	
陳毅	蘇州	曾任爪哇及奉天各女學教員現任蘇女師訓育員	
過自愛	無錫	曾任無錫縣女師附小教員	
諸希賢	仝上	曾任吳江無錫北京女高師等校長及訓育主任河南師範主任本校教員	
吳震	仝上	曾任陝西女師教員及北京女高師學監	
張穀芬	仝上	曾任北京山東及母校教員	
華震	仝上	曾任蘇女師及本校等教員	
顧藝菊	仝上	曾任本校及蘇女師教員及江寧體育場女子部主任	
顧穀綏	仝上	曾任無錫縣女中及揮泉校長及吳江教員	
顧穀若	仝上	留學美國曾任蘇女師及南京中央大學教員	
張桂月	武進		
俞珏	無錫	現任徐州女師校長	
華若雲	仝上	家居	
顧瓊	仝上	上海啓明專修科畢業曾任本校教員	
稈文基	仝上	曾任無錫小學教員	已故
高若雲	仝上	曾任無錫及靖江小學教員	
許璘	仝上	上海啓明音樂專科畢業曾任北京女高師音樂教員	
嚴慶增	仝上	曾任四川二女師體育教員	
張雅南	崑山	曾任崑山小學教員	
尤亞豪	無錫	北大工科畢業	
王素豪	仝上	曾任吳江愛德女師舍監北京女師附小香山慈幼院教員	
孫寶中	仝上		已故
徐柔臣	仝上		

高　潤	無錫	畢業於省立蠶桑女學曾任淮陰農校現任蠶絲試驗場職員	
劉道珍	仝上	畢業於啓明中學任本校教員	
凌　宸	武進	畢業于蘇女師現任南京遺族學校教員	
朱碧霞	宜興	曾遊歷歐西現在俄國	
顧靜芬	無錫	畢業于上海中國女體專曾任南京中華女中教員	
陳伊璇	江陰	浙大理科畢業現任南京遺族學校主任	
徐萃英	宜興	曾任南京大行宮小學教員	
劉天放	江寧	曾留學法國	
蔣秀琴	無錫	體專畢業曾任南京省女中體育教員	
沙　鷗	江陰	湖北圖書館專門學校畢業現任金陵女大圖書館主任	
周蓉貞	無錫	曾任浦口扶輪小學教員	
陸湘琴	仝上		已故
張　嫻	仝上	留學日本曾任蠶校絲科主任現任無錫永盛絲廠經理	
華薔英	仝上	家居	
陳　戚	蘇州	曾任南通女師奉天女師教員南洋檳榔嶼女學等校長	已故
李毓珍	仝上		
周佩星	仝上	上海東南醫專畢業現任本校教員	
朱鑑徐	仝上	家居	
徐清芬	仝上	曾任上海美術學校管理員	
施鳳英	仝上	歷任無錫競化女學教員	
夏荇蓀	江陰	蘇州蠶校畢業曾任福建集美女學教員及漣水教員無錫蠶種試驗場職員	
張志賢	無錫		
楊雪楨	仝上	留學日本醫專畢業曾任蘇州醫專教員現任蘇民醫院婦科主任	
夏蔚蓀	江陰	曾遊學日本任靖江實驗女學校長及本校教員	
龔葆珩	無錫	曾任安徽女師及丹徒縣女小教員	
高玉英	仝上	曾任吳江女學及本校教員現任光明小學總務主任	
張時若	仝上	曾任本校教員	
侯軼英	仝上	曾任本校教員	
龔葆璣	仝上	曾任本校教員	
吳蘊蘂	無錫		

任志路　無錫　青島市立女子中學教員
趙　宣　無錫　曾任本校教員
金恂如　武進　已故
王壽蘊　無錫　曾任靖江松江女學教員
郭寶瑛　仝上　曾任安徽蕪湖女學教員
華學英　仝上　曾任北京女高師體育教員
顧蕙芳　仝上　曾任本校教員
過明霞　仝上　北京女高師畢業　已故
秦醒世　仝上　曾任南京安徽女師等教員現任上海東南體專校長
龔　暉　仝上　曾任靖江朱家角女學校長及本校教員
陸蕙芳　仝上　曾任本校教員現任上海唐灣小學教員
陸采蘩　常熟　曾任南京女師徐州女師及本校教員
張沁微　武進　家居
孫班錄　無錫　曾任北京女高師附中教員
顧　鑑　仝上　曾任本校及上海常州小學教員

許　卓　無錫　上海女子體專畢業北平女師江蘇一女師教員
秦雪梅　無錫　曾任本校教員現任競雪女中教員
倪蓉裳　無錫　曾任揚州中學及本校等教員現任閔行上海縣立師範教員
秦梅生　無錫　已故
周文燊　江陰
龔葆球　無錫　現任上海民國女子初中教職員
韓佩之　武進　曾任盛澤女高小教員
陳　穎　無錫　家居
吳青照　無錫　曾任盛澤市一女校及無錫榮氏女學教員
張瑞之　金山　曾任朱涇明強女學教員
顧若亞　無錫　現任本校教員
張杏初　宜興　德國柏林大學畢業醫科研究三年得博士學位現在上海組織醫院
張欽蘭　金山　曾任寧波江東育德女職教員
王湧德　江寧　中央大學教育系畢業曾任通州女學及安徽五河小學校長南京遺族學校訓育主任兼教員大學助理鎮江縣立師範女生指導員教育教員
查中和　江寧　曾任吉林哈爾濱及山西大同女高小教員

黃學韞	金山	曾任金山女學教員	
張沁紼	武進	家居	
過昭華	無錫	曾任福建女職南京中學徐州女師安徽女師等校訓育教務指導員等職現任鎮江女職教員	
王師韞	崑山	曾任崑山吳江及上海等處教員	
孫籌佩	武進	曾任爪哇中華女學教員現任浙江省中訓育員	
周孟珠	桂林	家居	
秦潤曾	無錫		已故
張貴珍	仝上	曾任本校教員現任無錫蠶絲試驗場職員	
蔡珍	仝上		已故
裘蘊琦	仝上	曾任本校教員	
孫端保	仝上	家居	
侯筱庚	仝上	曾任本校教員	
李毓鏊	無錫	曾任江陰縣校及青暘女職教員	
秦瑛	無錫	曾任無錫濟陽女學教員	
楊增錫	無錫	大同大學畢業曾任本校教員	
戴勝英	宜興	曾任丹徒縣立高小教員	
郭寶璡	無錫	曾任山西大同女學教員	
周錫珍	無錫	現任無錫聖嬰女學教員	
陸振英	無錫	曾任朱家角崇正女學教員	已故
楊蔭萱	無錫	曾任江西南昌省立女師教員	
吳若璘	無錫	升學中大	已故
胡堃	無錫	曾任如皋女師英文體操圖畫手工教員	
范德珩	無錫	畢業於北京國立女子大學數理系曾任本校教員	
顧錡	無錫	現任上海三新村小學教員	
汪文英	無錫	曾任朱家角及蕩口無錫各小學教員	
秦辰生	無錫	曾任吳江愛德國文史地上海小學教員	
秦振坤	無錫	曾肄業中大教育系曾任杭州女師教員	
許鼎言	無錫	曾任松江松筠女職教員	
陸蕙芬	無錫	上海唐家灣小學校長	
鄒其光	無錫	曾任靖江小學校長	已故
華斐	仝上	上海中國女子體育畢業曾任江陰無錫各女學教員	已故
華豫	仝上	曾任江陰女學校員	已故

無錫私立競志女校三十週紀念刊　統計調查　一七

華徵清　無錫　曾任高郵女高小教員
趙　容　無錫　曾任福建泉州明新師範附小教員現任本校教員
郭寶瑜　無錫　曾任福建啓明女學教員
王志勤　無錫　曾任高郵女子高小教員
王世華　江浦　現任鐵道部職員
李　錦　無錫　家居
鄭逸仙　江浦　現任南京昇平橋小學教員
李希同　江陰　現任上海北新書局會計
陸蘭英　無錫　曾任常州小學教員
華　錚　無錫　現任松江女中上海中學教員
華　斌　無錫　曾任南京各小學教員現任高井小學級任教員
許　湘　無錫　留學日本曾任日本華僑家庭教師
鄒詩英　無錫　曾任無錫德縣女學教員
汪　訓　無錫　曾任丹徒縣立高小無錫錫光女中教員現任本校教員
龔亦權　無錫　曾任上海滬南小學教員

華定娛　無錫
汪韻霞　仝上　曾任靖江女學教員
沙　還　江陰　上海女子體育學校畢業曾任省立一女師教員
薛嗣音　無錫　曾任常熟鹿苑女學及無錫濟陽女學教員
葛　珊　江陰　曾任寶應女學及無錫女師附小教員
蔡　桐　無錫　曾任上海小學校長
張冰華　吳縣　曾任浙江明道女學教員兼舍務
秦　敏　無錫
馮元賓　仝上　留學英國曾任江蘇省政府第二科員
王世英　仝上　曾任靖江女學教員
華婉怡　仝上
張　和　仝上　曾任競化教員平民習藝所指導員
徐志雲　仝上　已故
朱若瑾　仝上　曾任本校教員
熊翔鳳　鎮江　家居

萬順卿	鎮江	曾任山西大同縣女小教員	
湯鳳珠	鎮江	畢業於南京美術專門學校	
湯秀珠	鎮江		已故
蕭偉儒	宜興	曾任南京市立小學教員	
凌　貞	武進	曾任高郵女高小學教員	
徐文偉	無錫	曾任無錫小學教員	已故
高琇瑾	無錫	盛澤縣女高教員現在奉賢南橋女高教員	
蔡祖榮	青浦	曾任青浦小學藝科教員	
倪荔裳	無錫	本校服務五年	
秦森源	無錫		已故
竇去病	無錫	現任上海唐灣小學教員	
强名玉	無錫		已故
胡毓英	無錫	畢業于上海美術專門學校	
曹愉和	無錫	曾任湖北漢口中學藝科教員	
周榮英	無錫		已故
朱寶震	無錫	家居	
王峻德	江寧	曾任安徽女師女中泗縣中學太倉中學南京實中如臯師範教員女生指導員	
王文徽	無錫	曾任寶應女學教員	
馮鳴鳳	金壇	曾任金壇仁劬小學教員	
陳　淑	金壇	曾任金壇仁劬小學教員	
陳　貞	金壇	曾任金壇仁劬小學教員	
馮竹華	無錫	曾任審美女中舍監	
鈕恂言	上海	現任松江女中校長	
孫鳳鳴	江陰		
吳橘英	江陰	曾任常熟江陰蘇州各小學教員	
楊滌生	鎮江	曾任鎮江小學教員	
于　箴	金壇	曾任金壇縣立女高小學校教員	
張寶珍	無錫	家居	
陳月娥	無錫	家居	
余文瑛	無錫	蘇州東吳大學註冊處職員	
祝靜貞	無錫		已故
李蕙芬	無錫	家居	

無錫私立競志女學三十週紀念刊　統計調查　二〇

顧揃菖	無錫	家居
秦慶增	無錫	曾任無錫小學教員
唐翠英	無錫	上海滬南小學教員
顧景若	無錫	家居
吳若蘊	無錫	大夏大學肄業
王志云	無錫	曾任上海無錫及浦口等小學教員
唐佩珍	無錫	唐灣小學及工部局小學教員
劉　鏡	無錫	曾任無錫榮氏女學等教員及南京軍事委員會職員
孫蓀仙	無錫	畢業於幼稚師範曾任無錫中學附小教員
段　瑛	金壇	曾任金壇鄉立小學教員
吳佩珍	宜興	國立醫科大學畢業現任醫生
張怡胥	江陰	曾任東海縣政府第一科科員
孫希韞	無錫	曾任無錫白水蕩小學教員
黃清廉	無錫	曾任無錫市立學校及中心小學教員
程健雄	青浦	家居
謝秀珍	無錫	家居
馬　穎	無錫	曾任無錫小學教員
蓋其威	無錫	任南京財政部職員
蓋其博	無錫	肄業于上海持志大學
楊志英	無錫	家居
龔葆琇	無錫	德興縣女師青浦城中小學及本校教員
嚴覺先	無錫	曾任無錫實驗小學教員
程學勤	無錫	
薛　珊	無錫	錫鐘中學女生指導員
趙霞影	青浦	青浦城中小學教員
吳漱芳	青浦	
曹安和	無錫	升學北高師音樂科現任北平女子學院音樂教員
何　婉	武進	曾任常州卜弋橋小學教員
楊文英	無錫	
范素貞	吳縣	現任上海市立小學教員
鈕國瑞	無錫	畢業於省立教育學院任民衆教育館長
鄒漱淵	無錫	曾任無錫職業女學教員

陳英和　宜興
孫如砥　無錫
薛若蘭　無錫　家居
許寶書　無錫　現任常州公安局職員
施玉英　無錫　曾任無錫競化女學職員
過昭煜　無錫　已故
張瑞珍　無錫　已故
胡鍾英　無錫　已故
王梅英　無錫　曾任無錫市校及本校教員現肄業大同大學
過學琴　無錫　已故
華振英　無錫　曾任宜興及無錫市校教員
于景卿　金壇　曾任浦鎮女學及金壇小學校教員
朱錦秀　無錫　曾任本校教員
朱尚眞　無錫　曾任無錫中心小學及縣二小學教員現任本校教員
鄒蕙若　無錫　曾任無錫振秀女學教員
楊秀貞　吳淞　家居

施淑英　無錫　曾任無錫縣黨部職員及民衆實驗區職員現任南京民校教員
薛鴻秀　江陰　曾任省立宿遷中學教員
顧巧芳　無錫　曾任無錫競化女學教員
丁畹如　無錫　曾任本校教員
尤淑芳　無錫　曾任河南江蘇各小學教員
王　馥　無錫　曾任無錫六區橋小學教員
王淑敏　無錫　天津南開大學肄業
龔葆琦　無錫　曾任上海廣東無錫等小學教員
孫瑞仙　無錫　曾任靖江縣立第一女學教員安徽省女師教員
陳素玉　無錫　曾任無錫小學教員
陶蔭仁　無錫　曾任無錫競化女學及中心小學教員
李　潔　無錫　家居
吳菊英　無錫
沈蕙英　無錫　家居
薛杏貞　無錫　已故
賈淬志　無錫曾任上海開明中學附小主任

無錫私立競志女校三十週紀念刊　統計調查　二二

程秀娟　宜興　已故
張慧珠　江陰　曾任無錫市校教員現任南京司法院職員
虞碧瓔　無錫　現任本校教員
方毓鴻　江陰　曾任江陰小學教員現任南京司法院職員
章慰霖　江陰　曾任江陰月城橋小學主任
吳　逢　江陰　曾任江陰及無錫小學教員
吳　嘉　江陰　曾任江陰小學教員
吳霞新　無錫　家居
吳我慈　武進　青暘小學教員
夏綽琳　江陰　本校教員
畢月英　無錫　家居
曹復和　無錫　漢口藝術大學肄業
袁貞潔　無錫　現任南京南區實驗小學教員
張　璧　嘉定　現任南京鐵道部職員
曹定和　無錫　已故
朱素英　無錫　曾任無錫錫光中學教員及舍監

華道韞　無錫　曾任本校教員
朱　瑜　無錫　曾任無錫前洲小學校長
顧婉珍　無錫　曾任鎮江小學教員現任無錫周涇巷小學教員
秦　成　無錫　家居
孫翰雲　江陰　曾任江陰鄉立小學教員
華　絅　無錫
張靜貞　江陰　曾任靖江及無錫小學教員
薛婉貞　武進　曾任海門婦女協會職員及靖江女學教員
衞月波　無錫　畢業于同德醫專現服務于無錫能仁醫院
姚瑾萱　武進　曾任江陰楊厙鄉立第二小學校教員
吳秀貞　江浦　曾任浦鎮小學教員
金慕貞　無錫　曾任無錫及南京小學教員
顧　濤　無錫　曾任蕩口懷芬小學教員
孫日新　無錫　已故
過昭婉　無錫　已故
黃浣雁　無錫　家居

唐爾儀　無錫　教育學院畢業
江映仙　無錫　曾任浦鎮鐵道部扶輪小學教員
章靜宜　無錫　蘇州東吳大學肄業
貫淑珍　江陰　蘇州東吳大學肄業
華壽明　無錫　靖江城中小學教員
王淑貞　無錫　家居
曹慧貞　無錫　榮氏女學教員
顧經訓　無錫　上海法學院肄業
孫　慎　武進　現任上海民國中小學校事務主任
薛　雲　無錫　上海
秦蘭馨　無錫　上海家庭教師
施菊英　無錫　開原鄉競化女學教員
虞靜芬　無錫　曾任本校教員
方開珍　江陰　長涇小學教員
朱慧揚　無錫　本校教員及漢口家庭教師
周寶鴻　宜興
夏武廉　江陰　澄輸小學教員

薛　珍　無錫　上海法學院
秦端保　無錫　杭州國立警官學校
吳若瑾　無錫　中央大學畢業現任李景沛建築師事務所職員
顧佩銘　無錫　曾任上海私立小學現任麗新紡織廠職員
侯毓汾　無錫　大同大學理科肄業
杜蔭民　無錫　曾任本校教員現任南洋新加坡南華女學教員
秦素蓁　無錫　上海私立上海中學附小教員
胡雲英　無錫　本校教員
傅楚珍　武進　仝上
資文勤　無錫　家庭教師
曹鳳全　無錫　已故
榮松筠　無錫　上海愛群女學教員
夏　漪　江陰　鎮江省立圖書館館員
唐三才　武進　楊氏小學訓育主任
于延定　山東文登　統稅管理所職員
蔣佩珩　江陰　家居
蕭　端　宜興　家居

無錫私立競志女校三十週紀念刊　統計調查　二四

孫孝華	無錫	家居
貝淑英	江陰	
陸穎西	無錫	上海三新村小學教員
屠月娥	宜興	大夏大學肄業
屠素娥	宜興	大夏大學肄業
王淑賢	無錫	上海同德醫學院肄業
王世琴	無錫	家居
陳毓琦	無錫	家居
陳毓瑛	無錫	家居
閔婉若	江陰	蘇州美術專院肄業
胡琦珍	無錫	匡村中學附小教員
錢覺仙	無錫	家居
吳秀芳	江陰	家居
姚毓珍	無錫	本校教員
倪徵裳	無錫	大夏大學肄業
楊同昭	無錫	家居
蔣振陸	武進	

王瑆	無錫	同德醫科肄業
鍾海英	無錫	教育學院農學系肄業
姚若蘭	無錫	家居
倪雲裳	無錫	國學專門學院肄業
莊蘭畹	江陰	家居
黃志英	無錫	家居
張秀菊	武進	
黃浣珍	無錫	家居
張壽年	宜興	
楊月霞	無錫	漢口華氏家庭教師
榮梅雲	無錫	大同大學文科肄業
榮壽雲	無錫	家居
惲葆洵	無錫	北平大學肄業
孫一男	無錫	曾任本校教員
龔素淵	無錫	曾任亭子橋小學教員
陸惠清	無錫	家居

林志顯	無錫		已故
過若華	無錫		已故
顧文華	無錫		已故
蔡曬	無錫	無錫學藝女學教員	
秦平蘊	無錫		已故
凌寶	武進	曾任安慶女師本校教員	
施鳳英	無錫	開原鄉競化女學教員	
張涵若	無錫	曾任本校小學教員	
莊紫霞	無錫		
華庠	無錫	曾任本校教員	已故
陸沼	無錫	曾任杭州女師教員無錫小學及本校小學教員	
榮宜雲	無錫		
唐景雲	無錫	曾任河南浙江等省女學教員	
徐亞輝	無錫	大同大學文科畢業	
孫玉如	無錫		
顧履潔	無錫	曾任無錫小學教員	
熊劍青	無錫	曾任無錫濟陽女學教員	

張攸焙	武進	
汪玉珍	湖南	家居
張志遠	無錫	家居
陳景霞	無錫	家居
過杏元	無錫	本校教員
張琳玉	江陰	家居
楊文藻	無錫	大同大學肄業
王民華	無錫	大同大學肄業
秦挹芳	無錫	家居
陳毓瑜	無錫	家居
高㩦秀	無錫	大同大學肄業
何瑞芝	無錫	家居
沈月英	無錫	家居
孫卓如	無錫	曾任靖江女學校長及本校教員
侯鏡斐	無錫	曾任本校教員
秦瑞芝	無錫	
秦佩珊	無錫	曾任本校教員

過韞輝	無錫	曾任無錫小學教員	
榮師昭	無錫	江蘇省立教育學院畢業歷任各實驗區指導員	
王世亮	無錫	曾任本校教員	
孫簡文	無錫	浙江省立第一中學第二部主任兼英文教員	
倪蘊華	無錫	上海唐灣小學	
陳希韞	無錫	榮氏女學舍監	
榮貞雲	無錫	上海三新村小學校長	
榮蘭貞	無錫	家居	
孫荷芬	無錫		
季樹莘	江陰	曾任江陰黨委及小學教員	
謝鳳儀	金壇	金壇小學教員	
王企新	無錫	榮氏女學教員	
楊雲書	無錫		
楊素珍	無錫	榮氏女學教員	
鄭宛和	江陰		
浦　英	武進	曾任武進橫山公學及丹陽小學教員本校教員	
李鴻珍	無錫	曾任無錫南門棉花巷小學教員	
金月華	無錫		
許蘭英	無錫	曾任無錫師範附小教員	
黃拯漢	無錫	曾任三師附小教員及本校教員	
過儀貞	無錫	曾任本校教員	
王汝淋	無錫	歷任無錫榮氏競化通匯橋冶坊塢小學教員	
陶學恆	無錫	曾任宜興及南通女師教員	
趙毓荃	無錫	現任永泰絲廠訓育部主任	
梅柏翀	武進	曾任上海宜興常州青浦小學教員及本校教員	
趙逸偉	武進	曾任常州靖江各小學教員	
胡蘊玉	無錫	大孫巷小學教員	
張　權	武進	常州卜弋橋小學教員	
許　璣	無錫		
楊玉英	無錫		已故
祝景芳	無錫	仝上	
金婉範	無錫	蘇州縣法院	
姚雨裕	無錫	曾任無錫市一小學教員	
李懿珍	松江	松江幼稚院保姆	
胡勤修	無錫	曾畢業于滸墅關蠶桑學校	
張秀珍	無錫	曾任無錫中心小學教員	
顧　瀰	無錫	家居	
祝韶倫	無錫	曾任中心小學教員	

七　歷年畢業生升學狀況表

- 升學
  - 國內
    - 大學
      - 南京
        - 中央大學
          - 教育心理系
          - 建築工程系
          - 體育系
      - 杭州
        - 金陵女子大學—文學系
        - 浙江大學—英文學系
        - 藝術大學—國畫系
      - 上海
        - 交通大學—理科
        - 大同大學
          - 教育系
          - 文學系
          - 化學系
        - 宏才大學—法學系
        - 持志大學—政治經濟系
        - 醫學院—內科婦科系
        - 大夏大學—文學系
        - 法學院—法學系
      - 蘇州
        - 東吳大學
          - 文學系
          - 法學系
          - 音樂系
      - 北平
        - 北平女子文理學院—物理系
        - 女子大學—音樂科
      - 天津
        - 南開大學
          - 文學系
          - 物理系
    - 專門
      - 南京
        - 省師美術專科
        - 美術專門學校
        - 暨南女子師範專科
        - 法政專門學校
      - 上海
        - 女青年會體育師範學校
        - 美術專門學校
        - 同德醫學校
        - 聖瑪利亞女學院
        - 啓明專門學校
          - 英文科
          - 音樂科
      - 蘇州—美術專門學校
        - 國學專修學院
      - 無錫
        - 教育學院
          - 農業系
          - 民衆教育系
      - 浙江—高等警官學校
      - 湖北—漢口美術專院
      - 北平—藝術專門學校
  - 國外
    - 專門
      - 日本—東京女子專門醫學校
      - 美國—波士頓體育專門學校
      - 英國—倫敦女子工業學校
      - 奧國—醫學專門學校
    - 大學
      - 法國
        - 中法大學
        - 里昂大學—文科
      - 英國—倫敦大學
        - 理科
        - 文科
      - 德國
        - 柏林大學醫科
        - 醫學研究院
      - 奧國—醫科大學

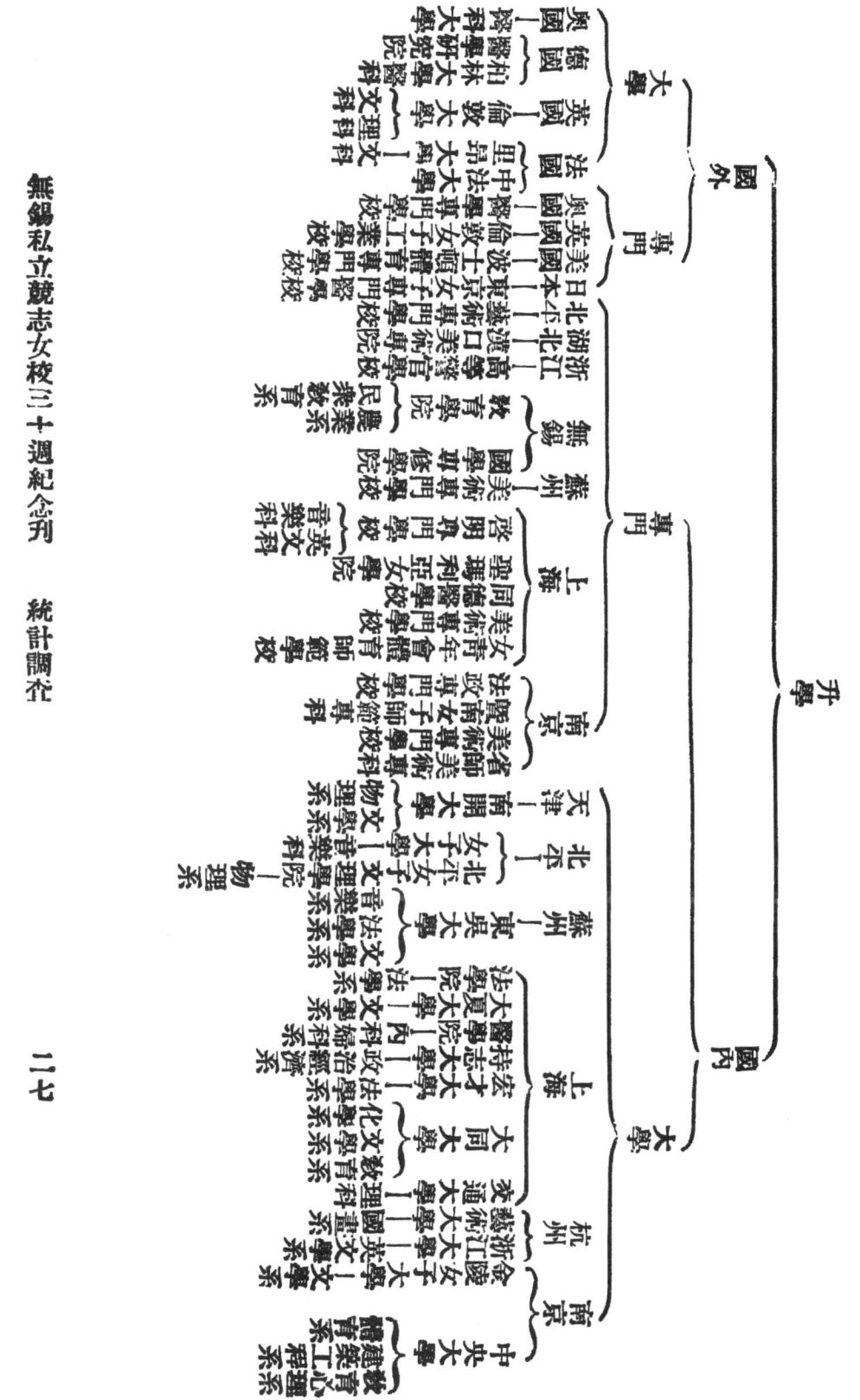

八　歷年畢業生服務狀況表

- 服務
  - 分區
    - 國內
      - 江蘇：無錫、江寧、常熟、金山、靖江、銅山、如皋、武進、江浦、鎮江、青浦、江陰、灌雲、吳縣、川沙、儀徵、崇明、宜興、東海、嘉定、奉賢、上海、高郵、金壇、淮陰、太倉、崑山、松江、寶應、句容、漣水、丹陽、吳江、寶山、江都、溧陽、南通
      - 浙江—紹興、杭縣、鄞縣、吳興、餘杭
      - 江西—南昌、湖口
      - 安徽—懷寧、蕪湖、鳳陽
      - 福建—閩侯、晉江、思明
      - 湖北—武昌、漢口
      - 湖南—長沙
      - 山東—歷城、青島
      - 山西—大同、平地泉
      - 河南—開封、鄭縣
      - 寧夏—寧夏
      - 四川—巴縣
      - 河北—北平、天津、保定
      - 陝西—長安
      - 遼寧—瀋陽、錦縣
      - 吉林—吉林、長春、農安
      - 黑龍江—龍江
    - 國外
      - 日本—東京、橫濱
      - 暹羅—盤谷
      - 荷屬—爪哇、棉蘭、南婆羅
      - 英屬—新加坡、檳榔嶼
      - 俄京—莫斯科
  - 分職
    - 黨部—縣黨部執行委員、其他職員
    - 法院—司法院職員、地方法院學習推事、錄事
    - 鐵道部—總務處會計員、事務股職員
    - 財政部—秘書處職員
    - 軍政部—文書股職員
    - 內務部—秘書
    - 省政府—秘書處課員、繕寫
    - 縣政府—總務課課員、監印
    - 農界—農場指導員、蠶業取締所教導員、其他職員
    - 工界—舍務員、托兒所教導員、絲廠廠長、訓導部主任、工場指導員
    - 商界—書局會計、其他職員
    - 醫界—醫院院長、主任、醫師、護士
    - 學校
      - 大學助教
      - 專門學校教員、女生指導員、舍務員、技術指導員、教務主任
      - 女中學校長、教導主任、級導師、舍務主任
      - 各科教員
      - 女師範校長、訓育主任、事務主任、各科教員
      - 小學校長、級任教員、總務主任、各科教員

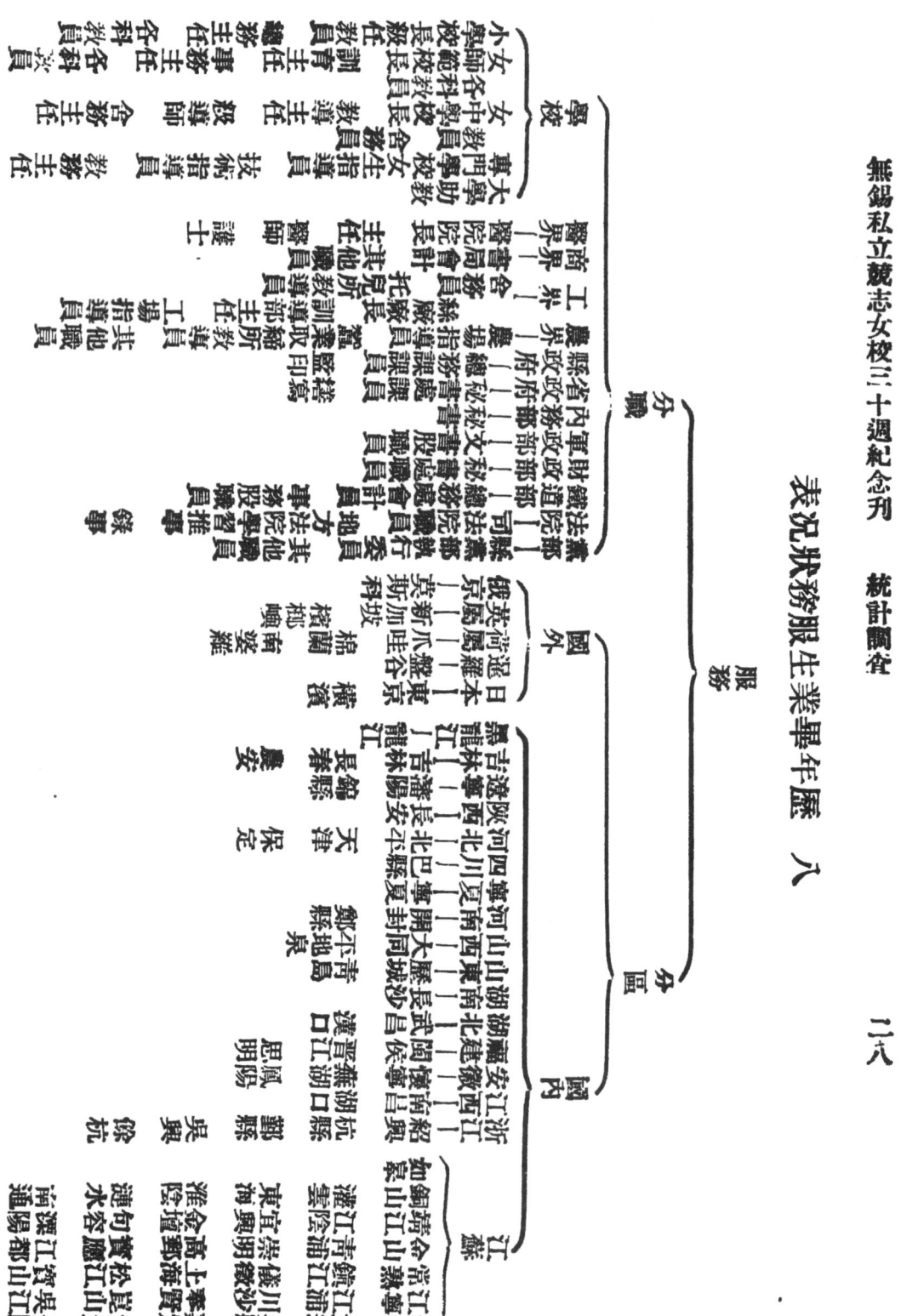

九 現任教職員一覽表

姓名	年齡	性別	籍貫	職務	到校年月	備註
侯鴻鑑	六二	男	江蘇無錫	校長	清光緒二十三年二月	
周君略	三八	男	浙江金華	訓育主任事務主任兼高初中史地教員高三導師	民國十五年八月	
許家鼎	二八	男	江蘇無錫	教務主任兼高中數理教員	十九年八月	
李康復	四三	男	仝上	高中黨義教員	民國二十三年二月	
夏敷章	三三	男	江蘇武進	中學常務導師兼高中國文教員高二導師	十九年八月	
凌荇芝	四〇	女	仝上	舍務主任兼初中裁縫烹飪教員	二十年二月	
楊受繁	三三	男	江蘇泰興	高中教育公民初中國文教員高一初二導師	二十三年九月	
張篤安	二七	男	江蘇無錫	高中教育教員兼小學教導主任	仝上	
陸同祺	三三	男	仝上	校長室文牘教務員兼初中國文教員	二十一年八月	
龐銘勳	二五	男	江蘇常熟	高中化學生物英文初中英文教員初三導師	二十二年八月	
虞碧瓔	二五	女	江蘇無錫	初中數學公民教員兼小學六甲算術初一導師	二十三年二月	
汪訓	二九	女	仝上	初中美術勞作公民教員兼小學自然衛生初一導師	十四年八月	
薛榮祖	三八	男	仝上	高中英文教員	十年四月	
秦仁存	五五	男	仝上	高中文史初中國文教員	二十三年二月	

無錫私立競志女校三十週紀念刊　統計調查　三〇

朱孔容	二八	男	江蘇海門	高中數學教員	二十一年二月
羅卿芷	二七	女	四川江北	初中數學教員	二十二年八月
孫超雄	二六	女	廣東中山	高初中體育音樂教員兼課外運動指導員	十七年八月
徐仁齋	三五	男	江蘇武進	高初中美術初中勞作教員	二十三年八月
劉亞鐘	二六	男	江蘇靖江	初中社會公民生理衛生自然教員	二十年八月
商子仙	四八	男	浙江金華	初中國文史地教員兼小學六甲史地	二十年八月
嵇潛剛	三〇	男	江蘇無錫	初中英算教員	十八年八月
任祖頤	三三	男	江蘇宜興	高中英文教員	二十三年二月
葉躋卿	三七	男	福建太順	圖書館學教員	二十三年九月
秦有成	四七	男	江蘇無錫	初中自然教員	七年八月
薛杏仁	六六	男	仝上	會計庶務兼小學珠算教員	仝上
張傑	三五	男	江蘇宜興	庶務員兼小學五乙國文社會教員	二十二年八月
朱倚眞	二五	女	江蘇無錫	小學六甲公民國文英文衛生書法音樂教員高級部主任六甲級任	二十年八月
姚毓珍	二一	女	仝上	小學六乙公民算術自然衛生書法五甲自然四年級算術教員六乙級任	二十二年八月
龔葆琇	二六	女	仝上	小學五甲公民國文衛生書法三年級美工教員五甲級任	二十三年八月
趙容	二九	女	仝上	小學美術勞作五乙公民書法教員五乙級任	二十二年八月

夏緯琳	二五	女	江蘇江陰	小學社會四年級公民國文教員兼低級部主任四年級級任	十九年八月
胡雲英	二三	女	江蘇無錫	小學五甲·乙算術三年級公民國文教員兼三年級級任	二十一年八月
傅楚珍	二一	女	仝　上	小學美術勞作二年級公民國文教員兼二年級級任	仝　上
過杏元	二〇	女	仝　上	小學一年級公民國文數學二三年級常識教員一年級級任	二十三年八月
周佩星	二二	女	仝　上	小學體育音樂教員	仝　上
劉道珍	二一	女	仝　上	小學國文英文常識教員	二十三年二月
顧若亞	五一	女	仝　上	小學縫紉家事鄉土算術教員	九年二月
竇鳳梧	二五	男	仝　上	醫校	二十三年二月
蔣渭濃	二四	男	仝　上	書記	二十三年八月

無錫私立競志女校三十週紀念刊　統計調查

三二

本學期中學部各級人數比較表 三九

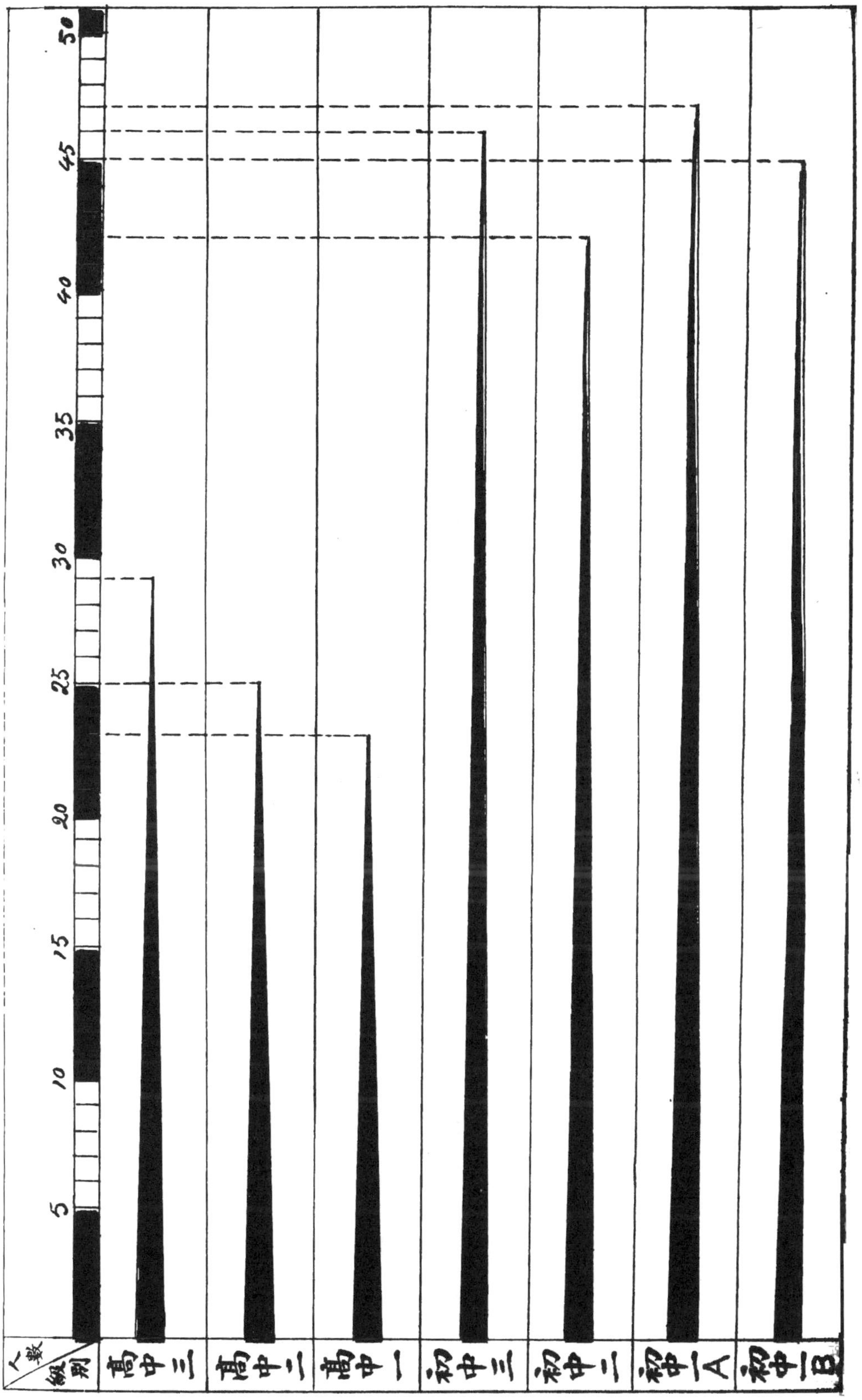

小學部各級學生比較表

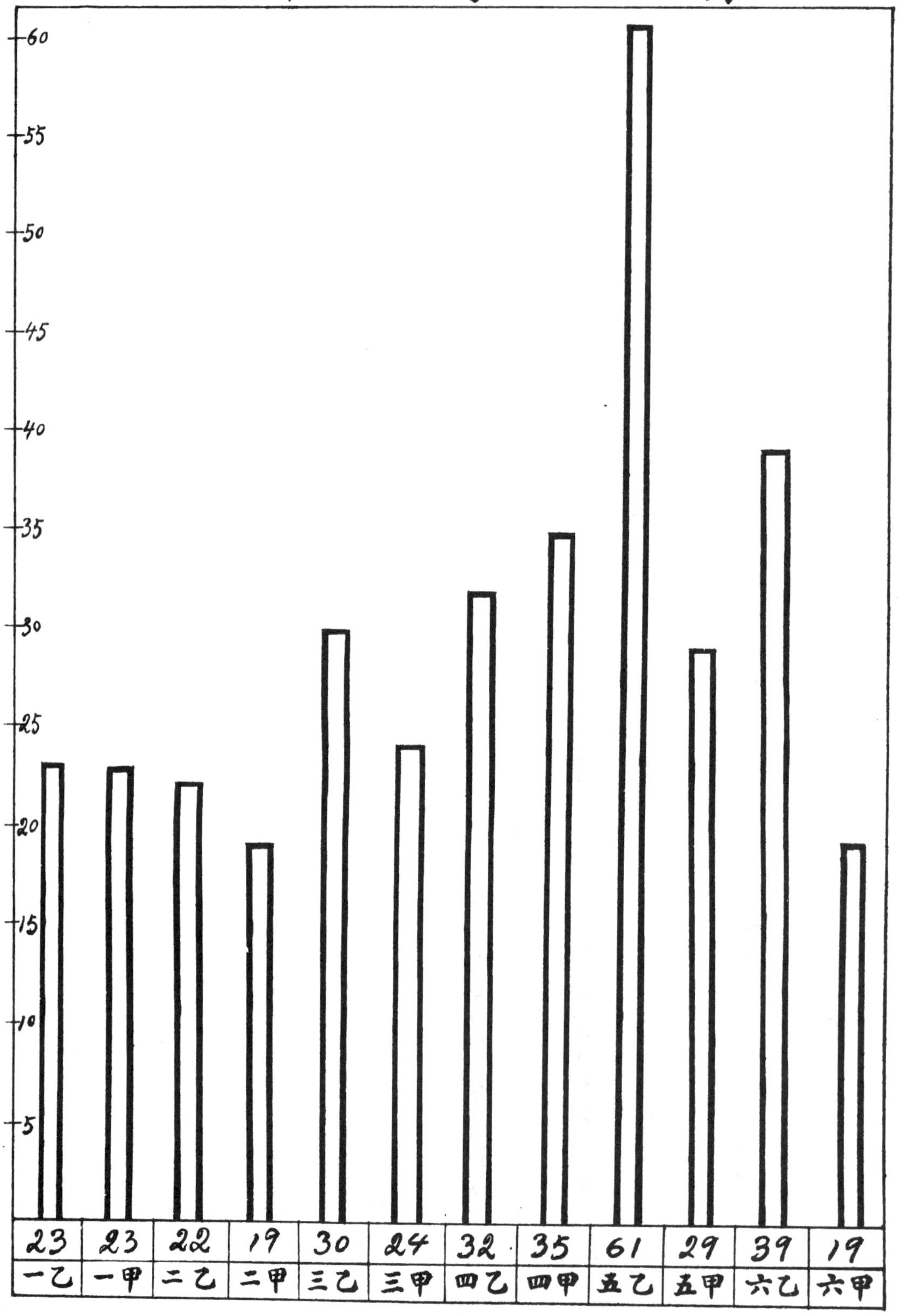

一乙	一甲	二乙	二甲	三乙	三甲	四乙	四甲	五乙	五甲	六乙	六甲
23	23	22	19	30	24	32	35	61	29	39	19

中學部學生年齡統計表

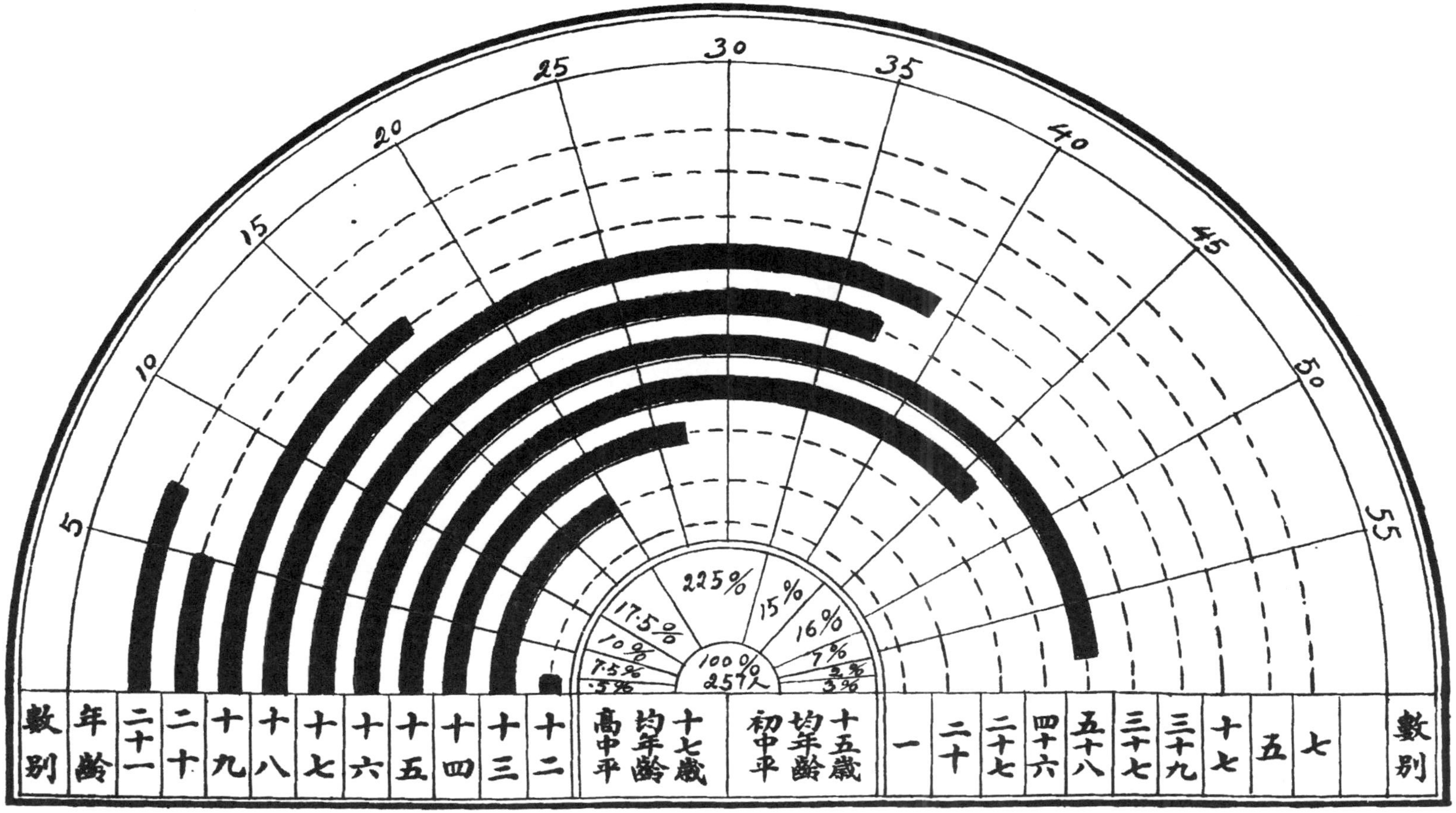
5
10
15
20
25
30
35
40
45
50
55
數別
年齡
二十一
二十
十九
十八
十七
十六
十五
十四
十三
十二
高中平均年齡十七歲
初中平均年齡十五歲
一
二十
二十七
四十六
五十八
三十七
三十九
十七
五
七
數別
17.5%
10%
7.5%
22.5%
15%
16%
7%
3%
100%
257人

小學部全體學生年齡百分比

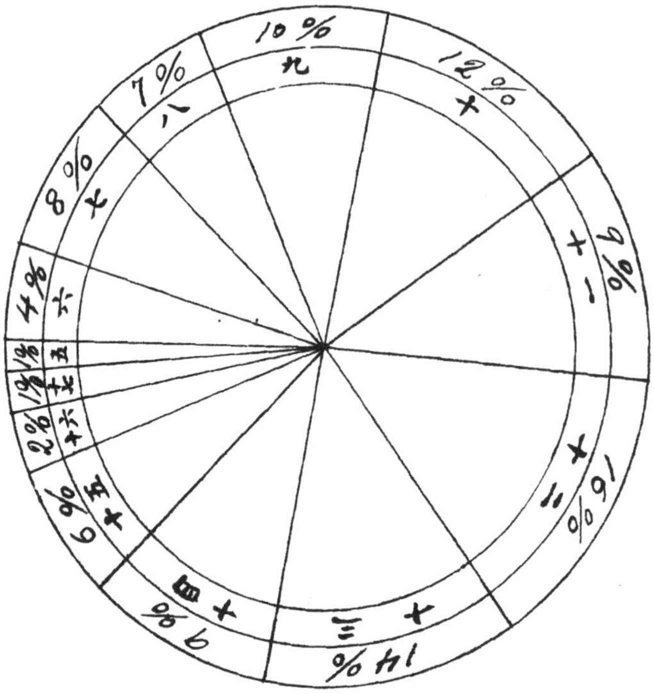

小學部各級學生年齡統計

歲數 人數 年級	五歲	六歲	七歲	八歲	九歲	十歲	十一歲	十二歲	十三歲	十四歲	十五歲	十六歲	十七歲
一年級	2	12	17	5									
二年級		1	7	9	10	8	1						
三年級				7	13	14	3	5	2	1	1		
四年級			1	1	10	17	18	12	3	1	2		
五年級					1	1	5	27	29	10	9	3	
六年級						2	5	8	13	18	7	4	1
總計	2	13	25	22	34	42	32	52	47	30	19	7	1

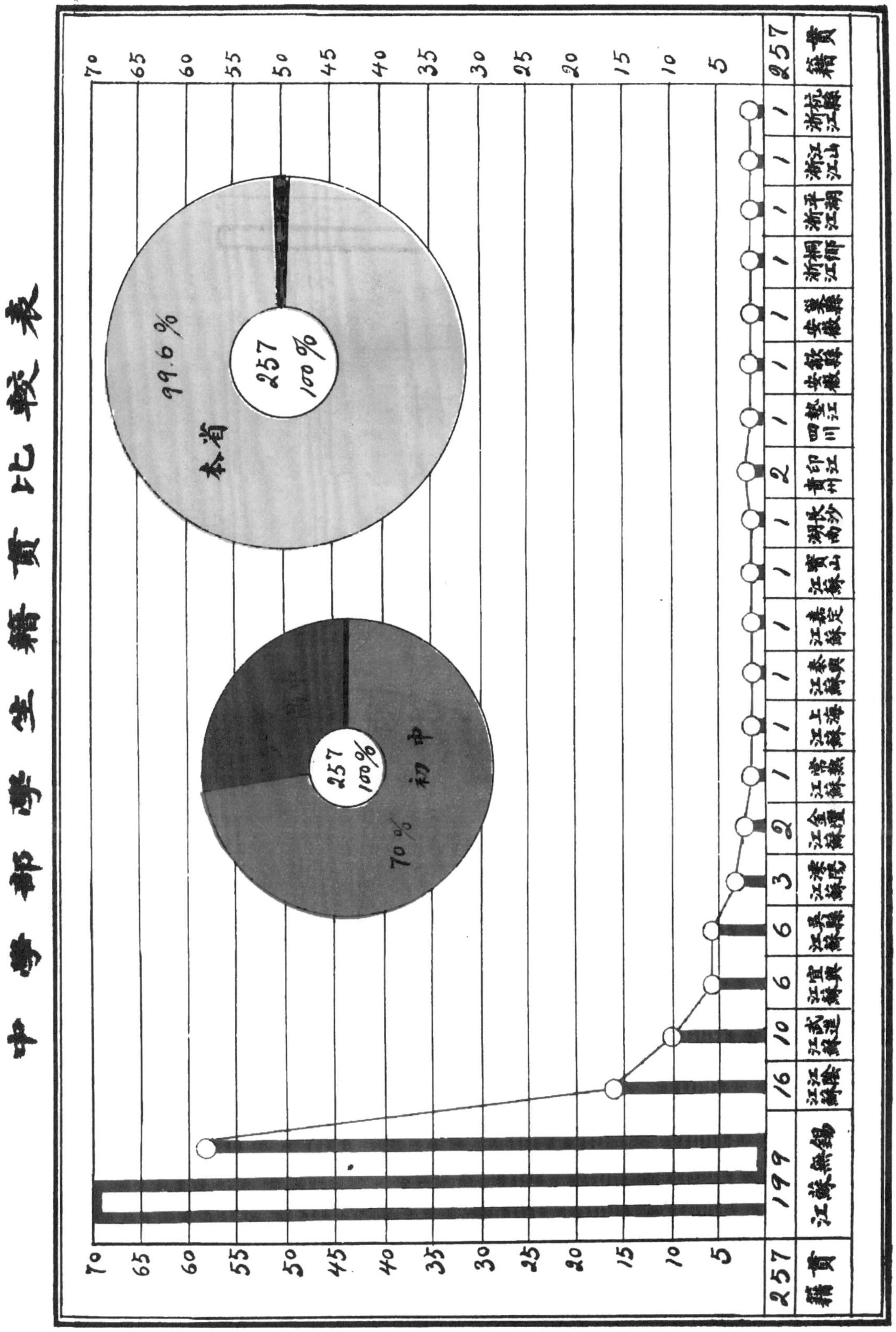
中學部學生籍貫比較表
本省
99.6%
257
100%
70%
初中
257
100%
籍貫 257
江蘇無錫 199
江蘇江陰 16
江蘇武進 10
江蘇宜興 6
江蘇吳縣 6
江蘇溧陽 3
江蘇金壇 2
江蘇常熟 1
江蘇上海 1
江蘇泰興 1
江蘇嘉定 1
江蘇寶山 1
湖南長沙 1
貴州印江 2
四川璧山 1
安徽歙縣 1
安徽蕪湖 1
浙江桐鄉 1
浙江平湖 1
浙江江山 1
浙江杭縣 1
籍貫 257

小學部學生籍貫比較表

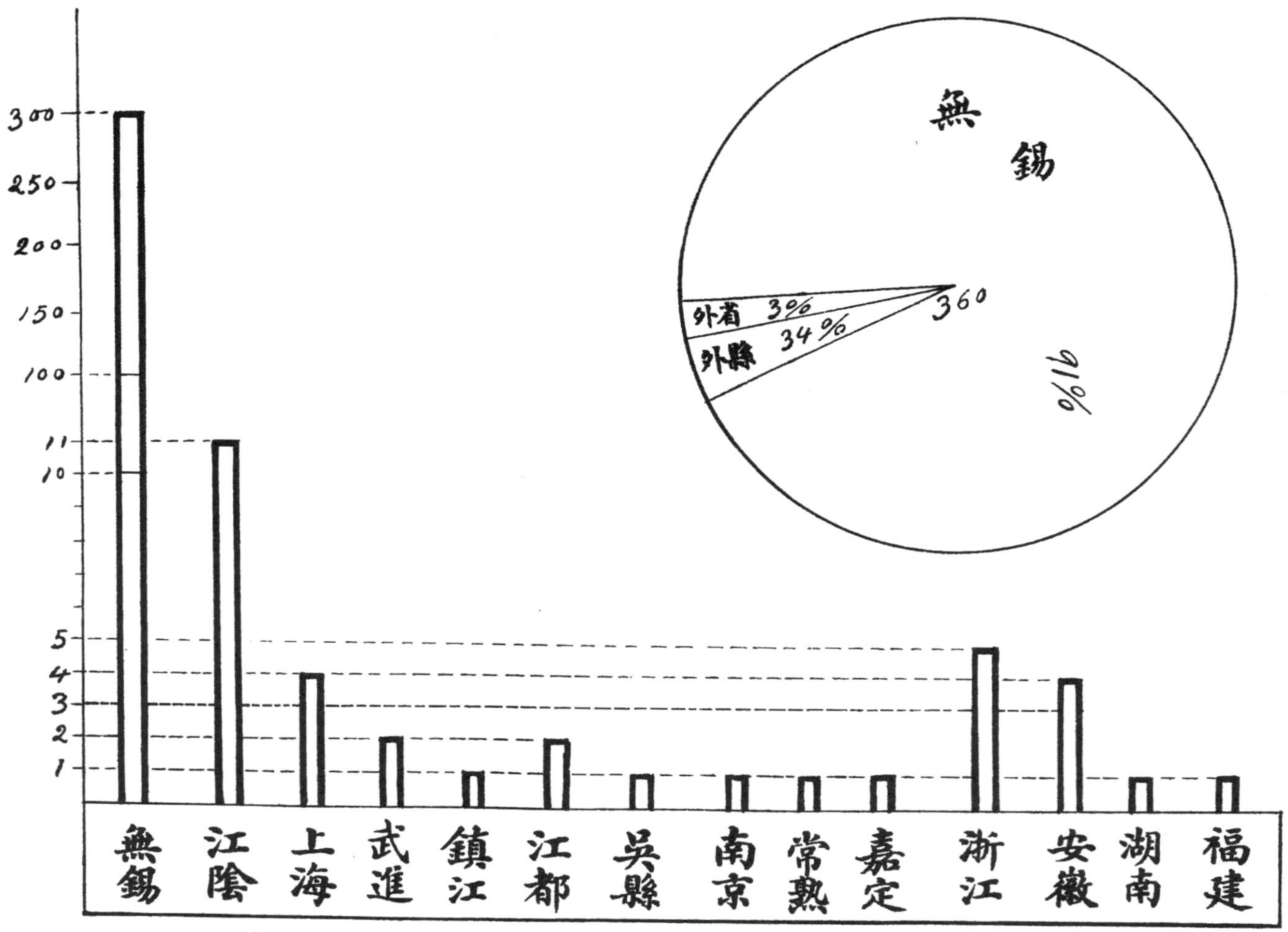
300
250
200
150
100
11
10
5
4
3
2
1
無錫
江陰
上海
武進
鎮江
江都
吳縣
南京
常熟
嘉定
浙江
安徽
湖南
福建
無
錫
91%
360
外省 3%
外縣 34%

中學部學生家屬職業比較表

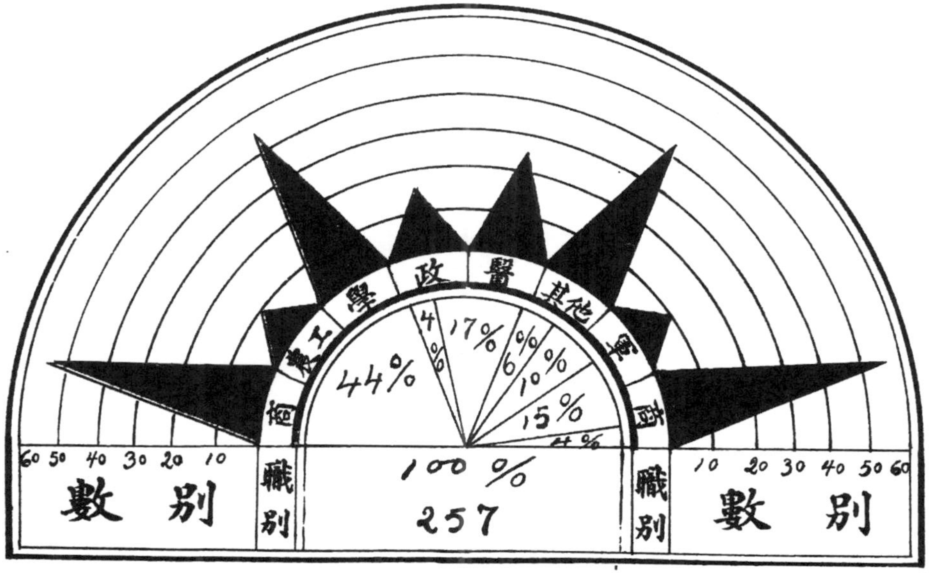

職別	數別	百分
商	112	44%
軍	9	4%
其他	41	15%
醫	25	10%
政	15	6%
學	45	17%
農工	10	4%

小學部學生家屬職業比較表

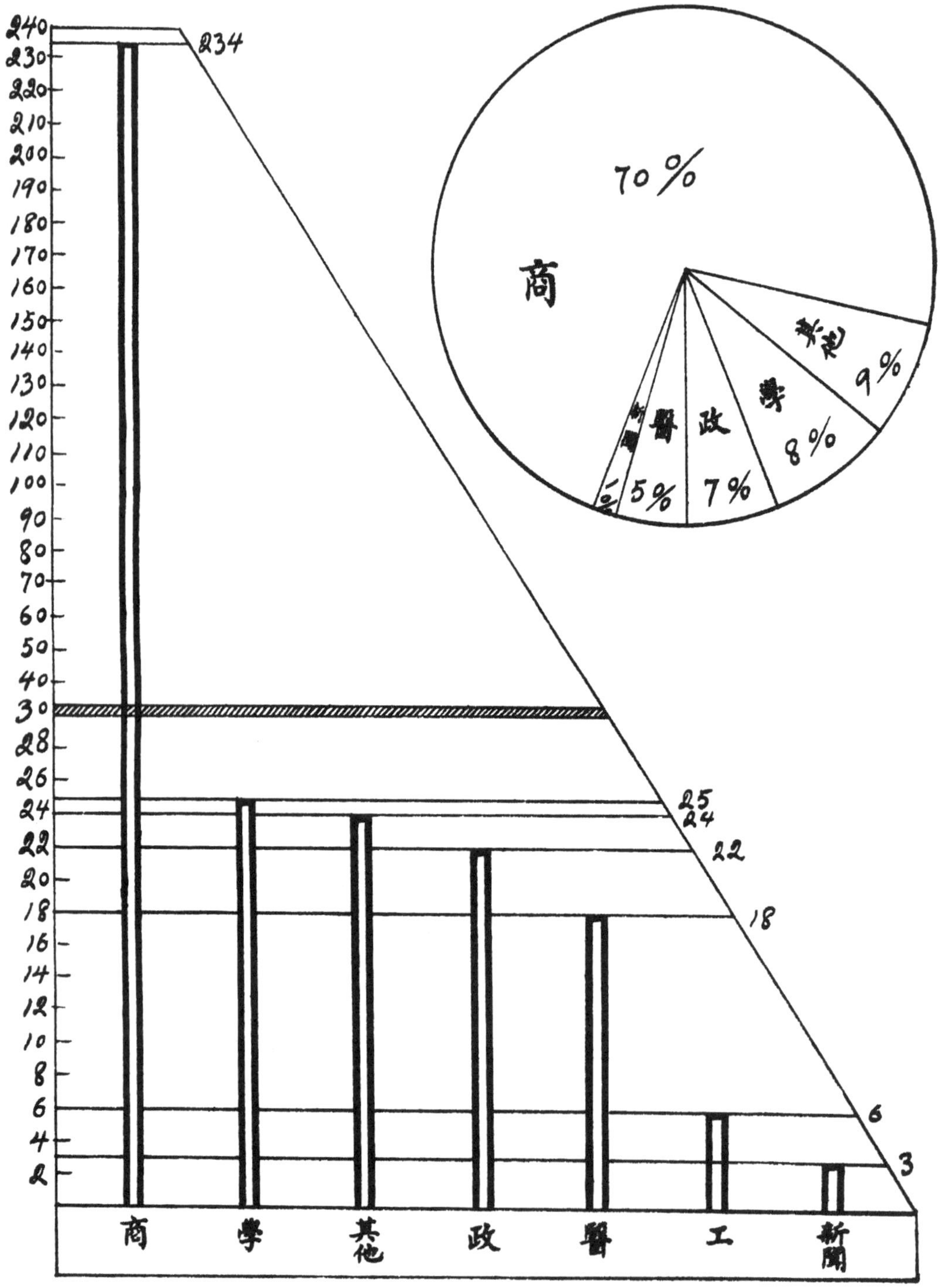

校史

本校三十年記略

三十年前。鴻鑑不自諒。欲以女子教育奠中國教育之基。爰抱三大犧牲主義。創辦競志女學於吾邑水獺橋。租廉南湖(泉)表兄宅爲校舍。定章則。招學生。開校之日。爲遜清光緒三十一年正月二十四日也。時內子沐蘭方歸自浙江紹興。辭明道女學舍務。助余辦理校務主任。本校管理。請楊達權、孫蘇玉、秦志洪、楊逸林、周佩珍諸女士任教員。於是教員五人。學生六十四人。一堂絃誦。開吾邑女教之先聲。卅載艱辛。竭個人畢生之棉力。湖山依舊。桑海何堪。回首當年。屈指中經幾許暗礁。幾多波折。迄今猶可略述過去之苦史。惟限於篇幅。僅撮其大端。述其變革之顯著者。約分學年學期。略志於後焉。

清光緒三十一年。爲本校開辦之第一年。設師範、科高小、科初小科三教室。設備方面。鴻鑑東歸。帶回理化儀器。博物標本多件。略備應用。經濟方面、鴻鑑個人担任開辦之費。積兩年來編譯之貲。教授之薪。約計八百八十餘金。經常之費。第一學期計四百七十餘金。除收學費外。個人所費千餘金耳。當時草創。雖屬艱難。而規模狹小。籌措尚易。況楊蟄龕先生首助十金。孫紫淵先生十金。實爲捐款本校之破天荒也。

暑假後開學、爲第二學期。添辦中興組織師中學生演講會。發起天足會。本校女教員主持之。有時師生往四鄉演講。勸一般婦女放足識字。此又爲吾邑社會教育之濫觴。租北禪寺基地。建築幼稚舍。添請楊蔭枌、龔劍岑、俞丹石、黄蔚如各教員。半皆義務職。定家貧好學者之特待例。本學期學生八十餘人。

光緒三十二年。爲本校第二年上學期。添辦幼稚園。請日本金原村子任保姆。兼師中體育。顧述之、黃琰如、蔡持志、周繡田、秦卓然、顧介孫、劉冰若、曹愼余同時任課。學生增至一百五十餘人。江蘇督學使者唐景崇履校。調查獎學賅四事匾額。

第二年下學期。學生增至一百八十餘人。開第一次學藝會。爲吾錫各校之破天荒。學生家屬地方父老來觀者甚盛。俞仲還師及廉南湖表兄等。呈兩江總督、代本校立案。並請補助費。鴻鑑受周少樸提學使委任。爲江蘇省視學。經濟方面。除收學費外。鴻鑑籌款一千三百餘金。歲寒風雪中。得林復漚先生贊助二百金。楊瑩甫先生十金。于瑾懷先生十金。

第三年上學期。以來學者衆。教室不敷。加租校後北禪寺荒基。擴充操場。建築教室四間。陰雨操場一間。教員如孫仲襄、陶伯芳、陶達三、曹衡之、孫鳴仙、唐靖臣、孫靜安、張杏村、錢湘伯、華端生、蔣如玉、孫婉如、孫寶如、程啓新等。學生增至二百二十餘人。改定各項章則。訓育方面。力崇嚴肅主義。

第三年下學期。添建新校舍五間。設備體育唱遊之器具。改良學生桌椅。分七教室。學生增至二百四十餘人。新添教員徐競芳、何亞希、會計薛華閣。開第二次學藝會。楊瑩甫先生等、在北京代本校呈學部立案。自後每年開會一次。經費方面。以上下兩學期之建築費及購置設備費。共四千三百餘金。故收入除學費外。有贊助者。如劉慶星先生之一百金。馮叔蔚先生之百金。文明書局同人之二百金。孫寒厓表兄之三十金。毛實君提學使之二百金。伊晉齋趙嶼秋兩邑令各百金。鴻鑑視學之俸九百六十金。不足。濟之以室人之簪鉺。値數百金。猶不足。向莊家借過年期欵二千元。始勉渡年關也。

第四年上學期。添置各項表冊簿籍。改良豫算決算。兼設各種講學會及專修科。如教育談話會。理科研究會。藝術專修科。體育補習會。添請許少仙、鄒同一、顧啓仁、俞廷材、方景昭、朱亞青、侯若渠等爲教員。蔡晉蕃任庶務兼書記。本學期學生二百二十餘人。教室班次較多。所費較爲增加。下學期教員學生無甚出入。年終經濟大受影響。於是募捐借債二問題。文字無靈。血誠徒灑。同人咨歎。獨木難支。於是擬以身殉學。借助於小蓮蓬（手鎗名）。乃以本校成績。謁端午橋於江寧。得慨助五百金。丹徒王令百金。樊學使二百金。錫金兩邑令各百金。華隨寓先生二百金。王勝之先生代募三百餘金。蘇滬北京同人代募四百餘金。鴻鑑譯費版權一千七百餘金。於是百丈債臺。勉支歲暮。個人負担死裏逃生焉。是年爲本校第一屆師範生畢業二人、孫卓如侯鏡妻。高初幼稚各級畢業者三十人。

第五年上學期。建校舍十間。改定新章。添招新班。大事擴充。添請曹翊臣凌玉勝爲教員。添設繡工會藝術專修科。分爲圖畫造花兩科。下學期鴻鑑向京津各處。爲學校募捐。北京同鄉有楊範甫楊味雲諸先生代募捐二百餘金。天津有競志舊生如諸希賢陳淑等代募于京津保奉之同人者三百餘金。江蘇同人如張季直、蔣季和、黃任之、劉慶星諸君。代募五百餘金。裘葆良先生之百金。樊學使之二百金。錫金兩邑令之二百金。共一千六百餘金。尚不足以償建築及經常各費。鴻鑑個人之視學薪俸譯書版權共二千餘金始過此歲寒嚴逼之一關也。本學期第二屆師範畢業者。秦瑞珠、秦佩珊、黃拯漢三人。藝術科畢業者。夏荇孫朱鑑卿等六人。

第六年上學期鴻鑑辭江蘇省視學。改任江陰南菁高等學校監學兼教務。每週回錫兼顧本校。一如前數年之舟車奔走中。推請吳松雲先生爲教務主任。顧介生君副之。內部管理。仍由冰蘭主持。梁稼義孫子遠張杏村等爲教員。薛承祖爲會計。榮晋蕃爲庶務。本學期學生二百四十餘人。第一屆中學畢業者楊雪禎夏蔚孫。下學期添建寄宿舍樓房十間平屋四間。所費二千餘金。鴻鑑是年受江西提學使王勝之先生之邀。任江西省視學。校務由吳顧兩主任主持。第一次師生修學旅行。參觀南京勸業會。本校教育用品及教授用具。學生藝術成績等。參加陳列。得獎金牌銀牌獎章凡三十餘枚。內有金原村子之木薙刀及鴻鑑所製寫生畫桌。尤爲中外人士所讚許。是以本校之體育及圖畫二科之名頗著。改良管理訓練之方。積極消極互相爲用。特定眞實勞苦四字爲教育主義。勤肅樸潔四字爲校訓。全校訓育由此八字爲出發點。此三十年來時局任何變更。吾校教義及校訓始終不變者。本校第五次學藝會。本年蘇州之蘇蘇、振華。宜興之始齊。吳江之麗則。四女學均來參觀。且有來賓運動及歌辭贈答。頗極一時之盛。惟本學年經濟則由鴻鑑南菁江西兩處之薪俸墊支外。尚不敷數千元。唐際虞之代募六十餘金。陸孟孚之百金。傅若生之百金。孫樹棠之百金。王勝之先生特假五百金。鄭勛伯先生之代籌千金、藉以度歲。尤可感也。第三屆師範畢業者、趙毓荃、林志頤、陶學恒、趙逸儒、蔣振陸、過鑑于、汝琳、梅伯、獅過、若華、十人。

第七年上學期。延蔣仲懷爲教務主任。兼中師兩部算學。鴻鑑更定校章。劃分職權。添請范賓伯、華鑑遠、王師梅等任教員。三月以前。冰蘭主持內部管理、既而有事北行。遂由蔚孫拯漢志願三人。分任舍務。鴻鑑仍往南昌。暑期赴北京中央教育會議。提振興女學及廢止講經讀經。並以眞實務苦爲全國教育主義等議案。

自上學期定三種名譽證書爲獎勵之用（一）未嘗輟業（二）造詣過人（三）敦行不怠。以一人而兼得三種證書者有四人。下學期人數較多于上學期。而以一人兼得三種證書者無自後每學期製統計表以比較之。頗得學生奮勉之效。

下學期冰蘭歸自熱河。不問校事。內部管理。仍請楊達權主持。彭敏愼輔之。內外兩部之表冊。種類增多。校務似較緊張。校舍添建宿舍。添借顧氏竹素園基地。添建教室兩處。建築費一千三百元。計本校六年間之建築屋宇。凡二百四十餘棟。建築費已共達萬金。且本學期因內外兩部教職員意見互歧。仲懷辭職。致釀成中高兩部學生退學風潮。一方面由吳孫楊彭顧陶諸教員調停。一方面函電江西。速鑑返錫。時方武漢光復。鑑間道回錫。仍請仲懷返校。然全城各校停課。而本校由鑑主持。兩星期後。照常開課。及開學藝會。惟經濟方面則債臺百級。雖以海上版權江西薪俸。林虎侯先生之二百金。裘葆良先生之百金。舊生楊蘊中代募袁項城先生之百金。其餘零星贊助。如呂精衛女士之二十金。孫鶴卿之四十金。梁稼義代募楊振聲之二十金。錢紹庭之十金等。均不足以敷衍此青黃不接之時。然因國體變更。金融一律停頓。於是結斷莊款幾及二千金。此關于革命影響之無可如何者。至在本校固猶有一事可追記及之者。則十一月六日之吾邑光復時。王師梅錢湘伯、及冰蘭等。均從事種種革命工作。頗見緊張云。

第八年上學期。鴻鑑著民國教育制度草案。持贈蔡孑民教長。元旦舉行民國成立慶祝式。請俞丹石爲本校主任。定小學教授啓發式。中師教授啟發輸入並用。新訂學生通則二十條。其他各項規則。均重訂之。教員則有顧子重、錢孫卿、曹仁化。舊生任教者。則有孫卓如、秦佩珊、諸希賢、張穀芬、華震、過鑑等。鴻鑑受南京都督府之委任。爲江蘇省視學。仍往來大江南北。而每週返錫一次。料理校務也。本學期學生新舊共二百四十一人。下學期校舍。因廉南湖表兄。昔年本有以全宅捐入本校之議。嗣以勵卿表弟否决後。遂促成鴻鑑賡租北禪寺基地。開闢校門於北禪寺巷。建築教職員寢室。豫備室、辦事室、涵學生膳室、應接室等。全校屋宇。共得六十餘間。於是本年十一月六日。舉行校舍落成典禮。來賓有美國潘程章博士。安徽女師姚校長等。演講。午後開學藝會。寧蘇太宜各女校。來參觀者十一校。頗極一時之盛。楊蟄龕先生有校舍落成典禮記。本校校友會自前年成立後。會員人數不多。故本年孫卓如、鄒其光、高若雲、秦瑞珠、秦佩珊、侯銳斐、黃拯漢、諸希賢、陳淑、張韜芬、夏蔚孫、楊雪禎等。開會商榷校友與母校之關係。須擴大組織。改會章。正名為競志校友同盟會。自後校友日多。皆基本於庚戌辛亥壬子之三年。及孫卓如鄒其光諸希賢三任會長云。

本年經濟方面。對於募捐有兩點。與人不同者。一、其人而非鑑夙所信仰、及非其時者。雖千金不敢拜嘉。二、其人為鑑所信仰、及時與地之關係。雖一金亦敬謹接受。以故、有校友函楊生蘊中。謂項城前歲。曾捐百金。今為總統。粗千金可致。鴻鑑急止之。去年百金可受。今年一金不敢受。此中利害關係。鴻鑑自有主張。不必為外人道也。是以學校愈貧。募捐之途愈窄。本年建築。既大興土木。支出當然驟增。以鴻鑑個人之收入。僅供一部分之常年經費。而猶虞不足。況臨時費乎。於是乞靈文字。奔走舟車。南北數千里。得同志多人。如沈信卿、黃任之、馬雋卿、謝宰平、呂惠如、張翼雲、唐蔚芝、劉慶星、袁恒之、顧蓋臣、吳耐人、顧任伊、臧佛公、盧紹劉、伍義伯、鄭勵伯、鄒霽丞、張彬士、劉琴生、屈荊材、汪伯軒、濮仲厚、吳錦如、諸先生。捐款七百三十餘金。是以負債一千餘金。新舊債項約四千金。幸債權人皆係舊好。故年關尚可渡也。校友之補助。有夏蔚孫、鄒佩珊、趙逸傳、華震等四十餘金。是年秋間比國徵集中國藝術品賽會。本校出品得乙等獎狀一紙。由教育部寄來校中。

第九年改定以秋季為始業期。添置體育用具。務以發達女子體育。為改革女子教育強健女子體魄。為根本切要之圖。訓育方面。以積極的多訓話機會為主。故添星期一朝會。及全校訓話、寄宿生晚間訓話。其材料則以校中偶發事項。及鴻鑑每星期視察所得。並個人與社會經驗所得。為訓迪之資。備登我錄。歡迎來校參觀者之批評缺點。為本校改進之方。南京徵集兒童展覽會。本校成績出品。在十五歲以內之學生。選七十餘件。送全國兒童藝術展覽會。部視學伍崇文、李箕臣、來校視察。

本年張載醇、陸魯斯、華端生、吳青鈿、李蕙英、秦志英、任教員。陳懷貞任舍務。不久。即請祝李素儀代之。學生總數。上學期爲三百三十五人。下學期爲三百八十人。鴻鑑定教鑑二十四條。建校訓亭。王勝之先生書勤樸潔四字之額。擴充竹素園基地。建築樓房九間半。平屋四間。又建教室兩處。辦事室一處。共建築費七千餘金。本年上學期中學畢業。高玉英、龔葆珩、侯軼美、張時若、下學期中學畢業龔葆璣、趙宜。上學期師範畢業蔡曬。鴻鑑提倡各級學生課外活動。各級每週各科練習演講。中秋開賞月會。自本年始。中師兩部學生赴南京參豫全省運動會。獲優勝獎証。經濟方面捐欵有陸子欣部長之百金。舊生劉冠昭、趙毓荃、夏蔚孫、張穀芬等補助五十餘金。省公署據調查全省中等學校優良成績。以本校爲等一。浦東中學爲第二。時教育司呈請韓省長批准本校每年補助一千二百金。

第十年、小學編制。分設單級複式。多級單式。爲中學師範兩部試教。每學期實習之用。各級於課外組織勵學會。演說會。音樂會。及成績展覽會。課餘畫品。(明信片)組織販賣部。學校用品。凡學生課外勤作。較前注重。修學旅行、往蘇州參觀一次。出席省聯合運動會。赴南京一次。考察學生品性。定性行檢查之標準。分性質、知識、感情、意志、體質、習慣、言語、行爲、容儀、課業、十種。另有細目百餘項。本學期教員無甚變更。僅添聘顧啓人。華李逑蕙、丁乘時、程佩青、及舊生劉冠昭、秦慕良、數人耳。學生三百五十餘人。雙十節。開十週紀念會。及開學藝會。成績展覽會、一星期。鄭勵伯、伍義伯、兩省視學來校演講。遠近來賓參觀者。一萬二千人。編印十週紀念刊四巨冊。豈知文明書局失愼。稿焚燬。重編十週紀念燼存一冊。付印。是年校用增加。一因開會。一因建築。年終、除丁石懷縣長捐銀二百元外。由鑑籌墊五千餘元。又增新債一千五百餘元。有利之債一千元。餘皆臨時挪借。並無利息者。

第十一年一月二十一日。開校紀念日。來賓演說。於時學生到校者二百餘人。請劉念慈、主任教務。鄧傳若、祝庚光、楊瀚如、陶伯芳、秦有成、張滌珊、顧子靜、等爲教員。小學方面。仍由趙宜、張時若、龔葆璣、侯軼美爲教員。本學期學生最少時二百五十餘人。最多時三百二十餘人。鴻鑑赴北京。出席全國師範校長會議。並在天津應嚴範孫先生之邀。留住南開學校演講兩星期。蓋嚴先生曾于春間來錫參觀本校後。報告津學界。謂『南通無錫兩縣之教育。爲江蘇冠。南通以張季直之師範爲優。無錫以侯保三之競志爲優』故函鴻鑑欲贊助捐款。未知可否。欲邀往天津講演。能否俯允。答函曰可。嚴先生即捐助本校經費三百元。復招鑑演講。時方袁氏欲帝制自為。傳見全國師範校長。是以鑑不俟會畢。即往山西考察。迨鑑返校。洪憲之役將成。故中秋開第一次賞月會。鑑與教員張滌珊辯論袁氏之帝制。學生有引證故事及射覆等。雲南起義。袁氏敗亡。是年海上經濟。頗受影響。學校方面。當然至年終時籌措艱難。收支不敷五千餘元。除個人薪俸。譯資版權。二千餘元抵支外。尚須籌款三千元。校友諸希賢、鄒其光、夏蔚孫、籌補助母校各數十元。復經鴻鑑東挪西湊結欠莊款二千元零。暑假時、師範畢業。凌寶秦、平蘊、莊紫霞、施鳳英、張涵若。寒假時、中學畢業。龔暉、顧蕙芳、過明霞、郭寶瑛、王壽蘊、金恂如、華學英、秦醒世。

第十二年。請楊瀚如主任教務。張杏村、許少宣、曹翊臣、凌寶、張涵若、過明霞、金恂如等。為中小各部教員。內部管理、舍務方面。在開十週紀念會以前。冰蘭、遠權、方英、敏慎、蔚孫、懷貞、素儀、葆如等。相繼主持。十週開會以後。丁鈞、劉冠昭、均能以誠勞二字實施訓育。外部教務方面。瀚如繼念茲之後。對於校務。尤能切實進行。小學方面。有程耀任單級教授。頗為各處來校參觀者贊許。是以鴻鑑依然視學各縣。每週返校一次。既任教課。復多訓話。故本年學生成績。屢承部省督學。褒嘉獎語。參加省運動會。亦得優獎証書。惟以時局關係。澄錫交戰。本校停課數日。恐寄宿生際此風鶴之時。有所驚惶。爰利用此停課期間。在校園開墾級畦。藉知勞作。是時、舍務為顧曜君。頗能引起學生興趣。是故至冬季園蔬收穫。頗有成績。建築方面。添建宿舍樓房上下十間。家事實習室兩間。實施家事之實習。是年學生兩學期中。最多時四百二十餘人。最少時三百五十餘人。中學畢業。張沁純、陸采棻、張沁薇、陸蕙芳、孫班籙、顧鑑、黃學韞。經濟方面。經常費及建築費。共支出一萬五千餘元。除收入學費及省款補助外。個人薪俸及版權。儘數充用。尚短一千餘元。年終略有零星贊助之款。百餘元。結果負債千元之譜云。

第十三年。請顧拯來任中學師範體育教員。本校夙以注重體育為前提。故在光復以前。中師兩部。金源村子任之。光復以後。王師梅任之。小學則向由本校畢業生任之。本年因師梅兼任他校。故改聘拯來担任。是時鴻鑑於上學期尚兼任省視學及省通俗教育館演講部主任。而校務則內部仍由曜君任之。教務仍由瀚如任之。中師教員方面。蔡焦桐、薛樂山、楊益三、周渠清等為教員。小學方面。陸采蘩、陸蕙芳、龔暉、顧蕙芳、秦醒世等。分任高初各級。凌寶任單級。張涵若任複式合級。各處來校參觀者。頗注重之。暑假後、鴻鑑辭省視學。就蘇州蠶業校長。本校教務。仍由瀚如主任。舍務請章文琴任之。其他教員。略有更動。省公署據省視學鄒楫之調查報告。增加本校每年補助費一千二百元。下學期之經濟。鴻鑑自卸去省視學、省演講主任、商務中華特約編輯等職。而就蠶業校長。個人收入。減去三千元左右。所增加者。本校補助費一千二百元耳。是以學校年終收支結核。仍虧兩千餘元。鴻鑑冬間。奉教育部派往河南。任河南全省縣視學講習所講師。是年、學生最多時。將及五百人。最少時四百四十餘人。校中應南京藝術展覽之徵求。送藝術成績於南京通俗教育館。圖畫手工共四十件。展覽畢。收回二十件。餘二十件。永留館中陳列。本校關於藝術方面。夙所注重。故遠近各小學之藝術教員。每至寒暑假時來校訂聘者。幾於供不應求。體育教員亦然。蓋歷屆省運動會。本校屢得金色銀色獎證多件。近五年中。本校畢業生出任通揚寧鎮、蘇松常太、各小學體育教員者十餘人。

第十四年。本校組織校董會。推舉袁觀瀾。盧紹劉、劉慶星、汪伯軒、呂惠如、楊達權、顧述之、孫仲襄、錢孫卿、黃蔚如等十人為校董。鴻鑑奉教育部派往豫陝甘三省調查教育。被刧於華陰。槍傷左股。死而復生。拘囚於大荔陽村者七晝夜。手槍烙鐵。痛苦萬狀。事見西秦旅行記。返校後。應廈門集美學校陳敬賢聘任為校長。本校請韓亮侯為校務主任。仲古喬為教務主任。韓可吾為事務主任。兼中學級任。李繹之為師範主任。兼文史教員。李鴻梁為圖畫教員。黃肅儀為體操教員。孫君修、高重伯為教員。章文琴仍為舍務主任兼教員。學生四百五十餘人。寄宿舍添建平房兩間。為實習家事室。本年教管各方面。頗能內外一致。聯絡進行。職教員會開會。規定每月一次。體育方面。朝操每晨一次。跑步每星期一次。分中學小學為兩隊。學生出校之排隊。及監護。均由各教員輪值不懈。小學部參加縣聯合運動會。全校開學藝會。中學開音樂會。圖畫研究會。特設圖畫寫生教室。本屆為第六屆中學畢業。裘蘊琦、倪蓉裳、張貴珍、孫齊佩、蔡珍、秦雪梅、過昭華、侯筱度、王師韞、周孟珠、孫端保、秦潤曾。開文藝專修科。仲古喬主任文科。李鴻梁主任藝科。蘊琦、昭華、雪梅、蓉裳、師韞、貴珍、齊佩、蔡珍、端保、筱度等。均入專修科肄業。定二年畢業。本年經濟方面。以略事修葺校舍。未敢多事建築。年終收支。雖不敷三千餘元。然以鴻鑑國款千二百元。版權八百餘元。所差千元之譜。略事拼擋。勉度年關。尚不致如上年之困窘也。

第十五年。鴻鑑仍往廈門。本校請黃淡如爲代理校長。古喬主任教務。可吾、繹之、有成、仲謙、君修、樂山、渠清等。分配校務。訓育、文牘、庶務、管理儀器標本。調製各種圖表。招待參觀等各項事務。內部管理。仍由文琴任之。添請嚴堯卿、吳日永、陸仲謙、向賓諷、爲教員。學生約四百四十餘人。四月、中學生往南京參加省聯合運動會。五月、舉行中學小學國文會考。六月、爲五四運動問題。本校取與常錫各中學一致態度。通電各省公共機關團體及報館。表明一律罷課。黃校長對於罷課期間。有辦法五條。職員議決照行。且對於女生之服飾。尤有懇切之訓誡。及規定各項細則。實行之。經濟方面。因連年籌墊及捐助已屬不少。故去年省議會議決本省女學。選成績最優者。改爲江蘇代用女中學校。省公署飭知本校女中一部。增加補助費一千二百元。即改名爲江蘇代用女子中學校。而師範部則稱私立競志女子師範學校。下學期、鴻鑑往南洋羣島考察教育。爲本校募捐。受荷蘭人拘囚泗水者七晝夜。事見南洋旅行記。追歷呂宋、新加坡、婆羅洲、檳榔嶼、各埠、北還。募得南洋華僑捐款荷盾及英幣七千餘元。合國幣四千餘元。除旅費千元外。僅存三千五百元。零提二千五百元作本校基金。其餘一千元還債。此學期中。添舊教員薛樂山、王師梅、及徐東屏顧藝菊等爲教員。學生約共四百六十餘人。開十五週紀念會。及學藝會。舉行第七屆中學畢業式。畢業者周文榮、韓佩芝、陳穎、龔葆球、吳靑照、張瑞芝、顧若亞。第六屆師範畢業陸沼、徐亞輝、榮師昭、孫玉如、王世亮、榮宜雲、顧履潔、唐景雲、龔劍清、華庠、過韞輝、是年舊生補助母校之費、有章繩以荷盾五十元。陳毅荷盾五十元。徐亞輝國幣五十元。趙毓荃國幣十元。華學英五元。均爲年終補助校用者。

第十六年。本校招生。分兩種名義。一、江蘇代用中學名義。招考中學生。一、私立競志師範名義。招考師範生、及附小學生。黃淡如代理校長。因病辭職。請前教務主任劉念慈任代理校長。秦有成、仲古喬、李繹之、爲中學級任兼教員。楊朱雪英任英文。陸子久任化學兼管理圖書及理化器具。孫君修、顧夢姞、榮宜雲、侯碧漪、凌蘋芝、張涵若、陸芝珍、蔡珍、顧若亞等。爲小學教員。采臣野樵辭職。樂山兼任庶務。華琴伯爲書記。內部管理。仍由冰蘭主政。舍務則由章澹菴担任。鴻鑑自去秋游歷南洋。被囚泗水。萬千痛苦之中。時念我競校師生之教學狀況。故半載以內。凡寄回訓話六次。內有『爲學校籌募基金。來此熱帶炎荒之地。一月間僅募到菲銀八百五十元。合上海規銀二百八十二兩。受苦多而所得微。雖然。爲學校而有益者。雖身死海外不足惜。遑論炎暑耶。』等語。迨返校後。改訂校章。開校董會聘訂教員。釐定販賣部規則。派定學生輪值之人。開教職員會。注重訓練、教材、負責三問題。即北行。赴京兆區。游歷各縣。考察北方教育。本學期、體育教員。仍爲顧藝菊。中學部學生。往揚州參加全省第五次聯合運動會。得我武維揚之優勝旗。六月、中學部學生聽杜威博士演講三次。聽南洋華僑熊君演講華僑概況。韓君演講荷人苛待華僑之國恥兩次。本學期全部學生計四百六十餘人。暑假考核成績得名譽證書者。中學師範四十八人。小學一百三十八人。一人而得三種證書者。中學三人。小學四人。（造詣過人。敦行不怠。未嘗輟業。）鴻鑑于暑假期中。由北而南。作浙游。秋季始業。由冰蘭召集全體師生行始業式。九月鴻鑑返校。定服裝尺寸之準則。體育會之組織。自治會之組織。課外運動。及採集標本等規則。制定各級級訓。爲訓育之根據。體操教員、改聘金尙勇。十月、王蘊山莅校演講注音字母發音拼音。鴻鑑北行。奉教育部令。派往山西察哈爾東三省考察教育概況。凡寄回訓話三次。以塞外荒寒。吉黑冰雪。凡雁門殺虎。旅行艱苦所得之邊隅民俗。一一繪圖說明。補充地理教授之不及。十二月南返。本學期學生共四百四十餘人。本校中學向有教育一科。畢業時往小學實習各科教法。此次中學畢業。舉行試教。較前爲鄭重。嚴密批評。以資教學相長。畢業者張杏初、張欽蘭、王湧德、查中和、郭寶璉、周錫珍、陸振英、楊蔭萱。近年各處參觀團來校參觀者甚多。本年上學期、滇、閩、蘇、滬、贛、浙、皖、豫、京兆、江寧、陝、遼、南洋荷屬等學校師生來校參觀者。共五十四處。下學期、北大、江蘇各縣。南洋華僑、山西、江西、浙江、四川、奉天、吉林、安徽、廈門、河南等學校師生來校參觀者共三十八處。年終學生成績得名譽證書者。小學八十四人。中學師範七十九人。一人而得三種證書者。小學六人。中學一人。是年經濟方面收支不敷一千二百餘元。由鴻鑑籌墳之。

第十七年。本學期教職員。略有更動。古喬、繹之、有成、東屏、分掌校內各部事務。新請范霞仙任琴歌。鄒志雲任體操。鄒岡一復任國文。楊靜山任中四三英文。張貴珍任中一英文。過昭華任中一史地算理。及高小圖書等科。王溥德任小學國語歌操。初小增加鄉土博物。若亞任之。小學鄉土史地自宣元即有此科。今特增授鄉土博物一時。（博物史地、皆鴻鑑編印、）全體教職員三十四人。訓育方面注重性行檢查。訓育紀錄之兩項。以及注重體育。在課外多練習。並豫備參加省聯運之出席表演。是以課外運動。注重球類分組分日練習景仰球、籃球、壘球、場球。本學期學生赴寧參加全省第六次聯運會。得黃色獎旗。金色獎證各一。三月、師梅辭職。改聘王芸軒任圖書曹仁化任地理。楊靜山辭職。改聘胡伯敏任英文。鴻鑑北行。往綏遠熱河。寄回訓話凡七次。校中各級師生由級任教員及教長每月各以書面報告一次。蓋鴻鑑足跡所到之地。即競志聲譽所到之地。東北如吉黑。西北如大同等邑均有本校校友服務者、此次內蒙古平地泉、欲創辦女學。亦囑余物色畢業生往任事焉。八月、津浦車為雨水冲斷。致往返電商。秦有成、徐東屏、先行招考開學主持校務。九月八日。鴻鑑始歸自京師。開全體教職員會。添請胡汀鷺任圖書。舊生不到者三十餘人。新生八十四人。全體教員三十五人。學生四百九十人。學生活動方面。如組織閱書會。各級設閱書櫥。學生自治會。添組學校新聞。每週揭示一次。服裝一律藍色穿裙等、祝庚先因病辭職英文由薛榮祉、陸靜孫、分代、教育部據部視學張春霆調查報告。江蘇中等學校成績最優良者有七校。上海為浦東、二師。蘇州為一師、二女師。無錫為競志。南京為一工一女師、等六校。各頒獎匾一方。競志一校。特獎中鈔五百元。省公署交議省議會。議決通過增加本校補助費一千二百元案。十月、添建宿舍樓房三間。因寄宿生日多。女教員室亦不敷。故本年收支又不敷三千餘元。惟近年因連年校款之不敷。海內外募捐之力亦微。爰就個人能力所及。經營小商業。聊資補助。是以本年個人版權筆墨之資。及商業餘潤。共得兩千餘元。省款補助。亦得半數。年終結核各賬。勉力奮渡難關。然已焦爛備嘗矣。十二月、學生會因太平洋會議中國失敗。學生自治會。編輯競志週刊太平洋號。本年上學期。蘇社、常州、安徽、灌雲、新加坡、浙江、蘇州、淮陰、溫州、湖南、燕京、山東、江西、北高、福建、南高、鎮海、各地來校參觀者五十四處。下學期。皖、浙、川、贛、直、京、湘、魯、蘇、鄂、豫、滬、小呂宋、以及美國孟羅博士等。來校參觀者四十處。寒假中學畢業。范德衍、秦辰生、李毓整、秦振坤、秦瑛、吳荃、顧鈞、汪文瑛、吳若璞、許鼎言。本年上學期學生。得名譽證書者。中學師範九十一人。小學九十三人。一人而得三種證書者。中學四人。小學七人。下學期得名譽證書者。中師九十五人。小學一百另六人。一人而得三種證書者。小學四人。中師無。

第十八年。建築百一樓。陳列鴻鑑所採集之史地生鑛各種器物標本。陸靜孫辭職。請王明璋代。改聘畢業生范德衍、秦雪梅、王世亮為小學教員。添請高敬軒、李康復分任中師國文。開各科教授研究會。鴻鑑赴閩。就泉州明新師範校長。本校校務內部冰蘭濟菴主持。外部有成古喬繹之分任。並分編豫定錄。教授順序。小學主任二職由顧蕙芳担任。每月開會一次。研究小學訓教各方面改進之實施。中學師範各級。另定級訓。中小學生共四百三十餘人。暑假時中學畢業。楊增錫、戴勝英、華徵清、趙容、郭寶瑜、王志勤、王世華、下學期。中學國文、改聘嚴堯欽師範國文、添請賈仲偉。體操教員、改聘俞堅如。小學添聘畢業生胡埜、王世華。改定學則、及升級辦法。凡主科滿二科不及格者。不得升級。非主科滿三科不及格者。不得升級。中小學各級均同。上學期。直、湘、江、浙、皖、齊、豫、寧、粵、桂、鄂、川、閩、貴、雲、滬、蘇、各地來校參觀者四十六處。下學期。江、浙、川、豫、遼、直、陝、甘、蘇、滬、寧、淮、皖、湘、來校參觀者二十處。上學期、學生四百四十餘人。結核成績。中師得獎証者八十五人。小學得獎証者九十七人。一人而得三種証書者。中師高小無。惟初小有三人。下學期學生四百二十餘人。中師得獎証者一百二十七人。小學得獎證者一百二十九人。一人而得三種獎證者。中師無。惟小學有五人耳。寒假時、中學畢業。李錦、鄭逸仙、李希同、陸蘭英、校董孫仲襄（思賢）逝世。推舉張杏村（鑑）補之。添建宿舍樓房一進。經濟方面。收支不敷四千餘元。由鴻鑑闔薪抵支一千六百餘元。蔣君報此贊助二百元。以及鴻鑑版權與經營商業上之餘利。共一千五百餘元。儘數抵虧。所差六百餘元。勉能過此年關矣。

第十九年、體操教員、改聘盧中玉。中學手工教員自華鑑遠後。即陸仲謙。已任五年。本學期專請注重製作果實及動物標本。國文添請程雪門。小學添聘畢業生周文榮、趙容、郭寶瑜、鄭逸仙、教員共三十一人。改定上課證辦法。及考察學生個性方法。分級訓話。及指導學生課外研究。分一體育、二文藝、三音樂、四理科等等。三月中師學生赴蘇州參加第八次省聯合運動會。得優勝旗。美國推士博士、來校演講。教育與工業之影響及改良中國科學法。本校科學教員。與本邑各中學科學教員。聯組科學研究會。中師學生。往孔廟參觀祀孔典禮之演習。本學期、學生到校實數、四百五十一人。內分寄宿一百十六人。通學三百三十五人。五月、舉行第一次國語演說競進會。豫賽取九人。決賽取五人。陳貞、華斌、于箴、何婉、蕭偉儒。六月、舉行第二次國語演說競進會。小學師範豫賽取八人。決賽取五人。范素珍、段瑛、張權、謝鳳儀、季樹苹。本學期、江、浙、湘、鄂、豫、皖、廿、直、贛、閩、桂、京、津、各地來校參觀者五十二處。暑假、學生得獎證者二百三十人。一人而得三種證書者小學二人。中師無。第十二屆中學畢業二十二人。華錚、華斌、許湘、侯竹梅、鄒時英、汪訓、瑀亦權、熊翔鳳、葛順卿、王峻德、湯鳳珠、王文徵、湯秀珠、瑪鳴鳳、陳淑、陳貞瑪、竹華、鈕恂言、孫鳳鳴、吳橘英、楊滌生、于箴、奉省介代用女子中學。改爲江蘇第一代用女子中學。因松江新有第二代用女子學。故且下學期、八月、開學、繹之、雪門、韞芳、寶瑜、辭職。章松蓀任教務。殷芷沅任中學國文、凌寶去職兩年。仍回校任單級。添請舊生郭寶瑾。改定學則。實行改編新學制。第三次國語競進會。選出范素珍、王淑敏。赴南通參加全省國語演說競進會。初賽范素珍豫選。十月孔子誕辰。全體學生舉行慶祝禮。規定各級大掃除辦法。十月八日。各級實行大掃除。本學期學生到四百七十餘人。年終結核成績。中師得獎證者八十三人。小學得獎證者九十六人。一人而得三種獎證者。師中無。僅小學二人。開二十週紀念籌備會。推定籌備幹事七人。調查校友通信地址。徵集著作品、及服務報告。規定藏青色制帽鞋襪。一律黑色。中師徽章定燒磁質。畫菊花圓式。寒假後。實行本學期各地來校參觀者三十六處。本校學生一度往蘇旅行。一度往于胥樂公園遠足。經濟方面。收支不敷二千餘元。由鴻鑑籌應之。

第二十年元旦。舉行慶祝典禮。校友表演西秦劫。蓋鴻鑑自西秦被刼以來。所刊西秦旅行記。有南洋友人編演新劇於南島。此次校友鄭逸仙、華斌等。爲換起同學之愛校心。編演此劇。觀者頗感時局之不靖。個人之苦行。爲學校募捐、及考察教育而有犧牲生命之可能。殊令人有慨於人存校存之關係非淺也。二月、開校。教員無甚變更。由教育局委託本校附設女子平民學校一所。小學教員皆盡義務。由各女教員及中師女生向鄉近勸導來學。定五個月畢業。開學之日。學生二十四人。蔣鴻春先生來校演說平民教育。鴻鑑因往歐美考察教育。校中組織委員會。開會議決兩事。一推舉冰蘭爲委員長。章松蓀、爲教務主任。章淡蓀爲舍務主任。徐東屏爲事務主任。二、中師本屆畢業試驗及參觀等事。組織試驗參觀指導委員會。推舉松蓀、淡蓀、有成、芷沅四人爲指導委員。鴻鑑臨行。承校中師生開送別會。校董顧洮之、楊達權、囑託調查美國實業教育女子教育之可以爲法者。中學師範兩級學生。赴蘇參觀學校者四十人。中師兩部學生赴蘇參加第二次分區運動會者三十四人。試教生又在本邑各小學參觀。自五月至六月。試教生每日試教後開批評會一次。本屆爲第十三屆中學畢業。張寶珍、陳月娥、余文瑛、祝靜貞、李慧芬、馬頻、蓋其威、蓋其博、楊志英、龔葆琇、嚴覺先、程學勤、薛珊、趙霞影、曹安和、何婉、龔偉儒、凌寅、徐文偉、高琇瓊、蔡祖榮、倪荔裳、秦森源、吳漱芳、師範畢業爲第七屆畢業。倪蘊華、陳希韞、榮貞雲、榮蘭貞、胡蘊玉、孫蘅芬、張權、季樹華、許璣、謝鳳儀、楊玉英、王企新、祝景芳、楊雲書、金婉範、楊素珍、姚雨裕、鄭宛和、李慧珍、浦英、本屆學生全體四百九十人。學期結束。得獎證者。中師高初共二百五十八人。一人而得三種獎證者。中學一人。小學一人。下學期開前期師範一年級。添請胡碧漪任理化。舊教員楊瀚如任國文。畢業生倪蘊華、秦森源、謝鳳儀、留校服務。新生九十六人。舊生一百六十餘人。以江浙戰事影響。竟至不能上課。停課四星期。九月、戰事劇烈。火車中斷。二十九日。各級上課。教員有未到者。添請舊生汪訓、陸沼、顧筠、代課。十月四日。學生到二百二十六人。豫備雙十節舉行本校二十週紀念會。教職員會議決移緩至明年春假舉行。雙十節、學生已到二百九十人。鴻鑑自歐美考察返國。臥病上海半月。繞道還鄉。雖在干戈紛亂之時。此日復見一堂絃誦。固爲之心慰。因報告歐美考察概況。以德國教育最能于殘破後。奮圖自立。爲可法也。

本校爲開二十週紀念會。特建築大禮堂。既落成矣。始爲齊盧戰事所擱。繼爲蘇奉戰爭而設紅十字會。婦女救濟所。本學學期生最多時三百四十一人。雲南秦光華、廣西謝起文、來校參觀。秦君講勤潔。及雲南歷史、物產、人種、語言、教育、實業、謝君講女子教育之重要。是日本校適舉行獎旗式。蓋勤潔二字之獎旗。一爲中四得。一爲中三得。故秦君臨時演講一切。頗饒興味。鴻鑑往嘉太上寶四邑戰地參觀戰迹。帶回戰品多種。經濟方面。時局影響。以及建築費之種種。本年收支相差六千餘元。惟以個人商業之餘利。本年有一千餘元。及版權收入等欵。約千元。是以不敷三千八百餘元。暫爲結欠各處。又以蘇奉戰役。地方金融停頓。無所爲欠債及債欠矣。本學期學生得獎證者一百五十六人。中學第十四屆畢業者。賓去病、曹愉和、强名玉、胡鏮英、朱寶霞、周婺英、二十一年元旦。鴻鑑將歐美各國帶回之各種物品。陳列於大禮堂。以資展覽。題額曰歐美一撮。遠近來賓展覽者。千數百人。一二兩月。受蘇奉戰事。不能開學。炮火最烈之時。城區各中學。均晝夜輪番上城守衛。鴻鑑亦偕有成東屏各教員等巡視。迨三月七日。始招新生。九日始開學。行第四十一次始業式。遠道師生。約到半數。四月九日。學生始到三百餘人。體操教員改聘舊生嚴慶增。校中勤肅樸潔四種實行校訓之獎勵。本學期完全做到。頗見成效。五月、舉行國語演說競進會。取范素貞、丁毓芬、于景卿、吳菊英、張怡貴。選定出席全省國語競賽會。以范丁二生赴鎮江。初賽、丁生豫選。張光遠來校演講歐美女子教育之趨勢。鴻鑑是年擔任吳淞水產專門學校訓育主任。每週返校兩日。對于學生之訓話。及演講歐美教育。風俗政治科學之發達等等。因滬案發生後。本校中師學生。參加全邑學生大游行。通電政府。分發傳單。各地來校參觀者。如京、湘、江、浙、閩、鄂、豫、贛、亦有二十餘處。學期結束。得獎證者。中師九十一人。小學七十八。一人而得三種獎證者。中學一人。小學三人。本學期受經濟之困難。時局之影響。故成績亦有退無進也。中學第十五屆畢業。顧擷茝、秦慶增、唐翠英、顧拮若、吳若蘊、王志雲、唐佩珍、劉鏡、孫蓉仙、段瑛、吳慧珍、張怡貴、孫希韞、楊文英、范素珍、鈕國瑞、鄒漱淵、施淑英、薛鴻秀、顧巧芳、七月、鴻鑑北行。八月。招考新生。組織考試委員會。由冰蘭以委員長名義。召開全體教職員會。議決分任辦理招生事宜。開學時。學生到三百四十五人。九月、學生到四百三十餘人。添請錢少華任國文。周開士任圖畫。吳彤(韻倩)任體育。舊生倪荔裳、任小學藝科。雙十節、上午、補開二十週紀念會。下午、四川曾慕韓、吳江金松岑、江陰陳穀岑、蘇州楊嵩如、無錫錢孫卿、演講。晚開校友會。十一日內場學藝表演。十二日、外場體育表演。十三十四兩日。歷史社會文學表演。末由校友表演南洋獄。十五十六兩日。成績展覽會。十七日．浙軍南來。火車已斷。來賓雖少。然各校團體來校參觀者。自朝至暮。絡繹不絕。十八日起、休息一星期後。火車已開。二十四日、照常上課。學生到四百餘人。中師高小分往三師參觀江浙皖三省小學兒童讀物。自然研究之成績展覽會。十二日。少華赴粵。請徐伯闕代課。學期考試。有少數學生。對于算學一科。繳白卷者。另期補考一次。補考不到者。令退學。函知學生家屬。具函聲明理由者。聽其補考。否則下學期不必來校受課。本屆中學第十六屆畢業。丁婉如、尤淑芳、王箴、王淑敏、龔葆琦。寒假得獎證者。中師六十二人。小學五十五人。

二十二年一月、湖南黃嘯巖(仁浩)、來校演說留美苦學狀況。及東西洋女子之概況。並世界各國三大主義之趨勢。江蘇教育廳長胡春藻廉華來校視察。本學期教員、鄧傳若、孫君修、復任國文。新請方絜卿、俞鶴琴、任文史。華純安、任數理。本校開校紀念日。學生到四百五十餘人。鴻鑑述及兩事。一、廿二年之教員學生之比較。最少開學時。五教員。六十四學生。最多時、三十餘教員。五百學生。一、廿二年之經濟比較。最少時、一年二千餘元。最多時、一萬六千餘元。(即去年建大禮堂時)、此二者可以紀念者也。四月、學生患喉痧者十餘人。爲傳染之危險。宿舍大掃除。及消毒之實施。五月、國語競進決賽。取七人。丁毓芬、侯毓汾、吳菊英、楊月壽、華道韞、梁珊、華希珍、覆賽、丁毓芬、楊月壽出席全省國語競進會。嗣以楊生病假。吳菊英補之。往松江、開會。參加豫賽、丁毓芬入選。時適病猩紅熱者多。梁珊病重。移出校外借宿。而寄宿生病者接踵。議決停課十天。宿舍大消毒。各處參觀者來校。均謝絕之。因校中有病生故也。中學四年級赴蘇參觀學校。江蘇教育廳長江問漁來校視察。小學國語競賽。取三人。梁婉珍、王松黛、于延寅、出席縣小學國語競賽會。初賽皆入選。六月、教員病假者多請人代課。前後共九人。鴻鑑亦病。蓋本學期兩月以來。校中師生病者日多。致宿舍消毒兩次。停課兩次。即通學生亦病者甚多。至七月始恢復原狀。是以學期考試成績較遜。得獎證者中學小學共一百十八人。中學第十七屆畢業。孫瑤仙、陳素玉、陶蔭仁、謝秀貞、華道韞、程健雄、李潔、施玉英、薛杏貞、黃清廉、陳英和、孫如砥、秦成、賈淬志、沈蕙英、朱瑜、過昭煜、薛若蘭、孫翰芸、吳菊英、華絅、顧婉貞、許寶書、暑假後。改編高中分科制。開高中一年級數理化第一班。增購理化儀器等。請盧肖與主任教務。周君略任史理國文。舊生榮貞雲、查中和、賓去病、分任小學教科。關于教學訓育事務方面、改定組織權限。各科研究問題。定期開會商榷。議決實施。學生到三百九十七人。依新學制招高中一年級生。初中升學。不發證書。舊制中學。儘原有者畢業。舉行模範選舉。分自治、勤業、尚公、互助、健康、整潔六項。每級一人。全校共十五人。複選舉。當選者。中學朱尚眞。爲全校模範生。小學、則朱慧珍爲模範生。十月、爲舊教員俞丹石先生開追悼會于西社。十一月、送學校行政圖表四十種往縣教育會。十二月、省視學章伯英來校視察。填報本年收支。鴻鑑籌填三千六百元。東南大學國文心理講師。偕教育系畢業生、來校舉行國文測驗。受測驗者中師七級。中學第十八屆畢業。王梅英、朱尚眞、朱錦秀、楊秀珍、張瑞珍、程秀娟、于景卿、胡鍾瑛、過學琴、鄒蕙若、華振英。本學期得獎者中師五十九人。小學九十四人。一人而得三種奬證者。中師一人。小學一人。經濟方面。自有省款補助後。每年積欠。在十三年度欠發八百元。十四年度欠發九百六十元。十五年度、七月起、至十二月。欠發二千一百元。兩年半、共欠發三千八百六十元。鴻鑑往南京省公署。商量結果。以此款一時尚無辦法。先由江問漁廳長、盧紹劉處長、濮仲厚科長、三人擔保。移借某款一千二百元。携歸作苦渡年關之用。外加以個人商業餘利。版權歲收、兩共二千餘元。亦遂過此草草年華矣。

第二十三年、開高中數理化第二班。開學時以時局關係。到校學生不滿三百人。舊生倪蓉裳、華道韞、分任初中一及小學教科。中學八級。分眞實勞苦勤肅樸潔以名之。學生到三百餘人。各教員因時局關係亦多未到者。吳龍倩未到。嚴慶增暫代。鴻鑑赴寧。商量兩事。一、應領之款。先還去年年底無利之債一千二百元。一、鹽斤加價。提撥一厘。爲本校補助。迨回校。方知縣教育局、蔣局長。亦已呈請將此項鹽釐撥辦縣中學。鴻鑑即函濮科長。請其主持。翌兩日。即奉省署指令鹽斤加價提撥一厘。爲地方教育補助之費。由教育局調查成績。呈報省廳。儘先支配。請撥有案可稽之優良私立中校云云。又得濮函。謂速與教育局長接洽報省。即當儘先支配也。蔣局長爲本校舊教員。故甚願此事之成。惟縣中亦應設法。無已。鹽釐支配辦法。以競校與縣中。各分五成可也。於是定議。呈省報告。以各半分配定案。三月十八日、革命軍到錫。各處懸青天白日旗。各校照常上課。縣政府改革爲委員制。各校取消校長制。本校於二十九日開教職員會。組織委員會。分交際、訓育、教務、事務、四股。選舉委員十三人。（純安、康復、壯悔、蓉裳、涵菴、芝孫、貞雲、肖輿、君略、有成、樂山、東屏、多心）翌日。開委員會組織會。推東屏爲委員長。四月三日、上午、十四軍有兵一連來校。借住大禮堂、鴻鑑東屏竭力周旋。請軍事招待宋靜廷另覓駐房。午後始遷去。本校供給點心一次。操場器械。室中飲器及長凳。均遭破壞。翌日、即聞有暴動分子。對于本校有查封之說。鴻鑑即走滬上。訪吳稚暉先生。謀對付之策。春假七日中。風雨飄搖。暴動分子、絡繹來校調查及種種威迫。有即日發封之說。學生會受其煽惑。校友會開會提議。將本校送交暴行之當局辦理。經多數校友反對之。然待縣公署電話。謂發封本校之封條已繕就。片刻間事機危迫。冰蘭東屏主張即日停課。懸牌本校暫行停辦。將學生膳宿費發還十分之六。一律出校。遠道學生。函家屬領回。本屆畢業生。至相當時期。

召集考試。停課二十四日。迨五月一日。時局略定。本校宣布開學。盧肖輿辭職。周君略主任教務。請蔡虎臣臨時代課。二日、十四軍政治部來校。駐大禮堂樓之上下。及教員室、應接室、成績室、門房等。冰蘭、東屏、設法將內部教室等處。砌牆隔離。照常開課。時以政治部中有科員王氏。與鴻鑑有雅故。頗能衛護本校。歷兩旬餘。政治部他徙。七月二日、鴻鑑歸自杭。開教職員會。君略提議。依據教廳新頒校長制。通過取消委員制。四日、考試結束。校務、本屆中學第十九屆畢業。張慧珠、虞碧瓔、方艇鷗、章慰霖、吳逢、吳嘉、張靜貞、薛畹貞、衛月波、姚瑤萱、吳秀貞、金慕貞、袁貞潔、顧壽、張璧、孫日新、曹定和、過昭婉。第八屆師範畢業。胡勤修、李鴻珍、張秀珍、金月華、吳我慈、顧灝、許蘭英、祝韶倫。本學期得獎證者。中師三十八人。小學八十二人。一人而得三種獎證者。小學二人。

本校自經此次時局之影響。共黨之摧殘。經濟困絀。主持無法。人事滄桑。時代變革。在風潮劇烈中。似無存在之可能。是以灰心極巔。凡愛護本校之同人。均以省款補助。既已取消。時代潮流。正在激盪。無不勸鴻鑑以二十三年之苦心。得一結束。半生事業。可以已矣。鴻鑑一方面尊重同人之意。依據國民政府新學制。裁去師範部。一方面本我初衷。還我完全私立性質。以世界任何潮流變革。而吾競志兩字。提倡女子教育之初心。永永不變。抉以最堅決之心。志向此鬼蜮社會奮鬬之。儘使江河日下。而吾志不容稍懈也。下學期、舉行第四十六學期始業式。高中初中小學學生共十二教室。校董呂惪如逝世。開校董會。推舉裘葆良補之。校友會與校董會對于學校有密切之關係。是以鴻鑑提議。推校友數人為校董。是以改組校董會。裘葆良辭職。蔣仲懷補之。加校友諸希賢、陳淑、及設校者。均為校董。共十三人。開高中文史地第一班。添請蔡夢西教德文。辛柏森任國文及孫文學說。並代事務主任。徐東屏國語。請顧鴻志代周愷士圖畫。請張友雲代。舊生虞碧瓔、任小學教科。體操教員韻倩事假。請俞錦霞暫代。初中開知級班。中小學生共到三百六十九人。江西林一民來校參觀。請其演說。留美七年之苦學生。奉國民政府令。辦理私立學校立案事。由主席校董具名。及各項圖表。送縣政府。第四中山大學行政部顧克彬來校視察。九月、孔子誕辰、行慶祝儀式。十月、舉行模範選舉。愷士病愈到校。友雲退。韻倩銷假。錦霞退。雙十節、行慶祝式。並初選模範生給獎式。本校推各級代表三十六人。參加地方慶祝典禮。及推宣講員五人。參加宣講。晚舉代表六十三人。參加提燈會。

樸級潔級舉行國語講演會。小學五年乙組組織小公民會。檢查學生體格。共三百七十八人。未檢查者十人。因在病假中故也。十一月、各級代表參加討唐大會。全校模範生複選。中學朱素英。小學孫瑛。六日、地方紀念日。模範生給獎攝影。十二日、孫中山先生誕辰紀念。舉行慶祝式。下午、舉行國語講演預賽。取十一人。十三日、決賽、取楊月壽、賈翼振、徐恩秀、徐爲裳、夏緯琳、侯毓汾、六人。十四日、設備教員流通文庫。又國語優勝給獎。及勸肅樸潔本學期第二次給獎旗獎證。十九日、楊月壽。賈翼振、出席學聯會國語講演預賽、得第三。本校小學部。國語競賽預賽、取七人。決賽取五人。十二月一日、爲南京一一二二慘案。停課一天、開追悼會。十日、開總理紀念週會。自本日起。校中每逢星期一。開會一次。每次推教員代表二人。出席黨部公共紀念週。十六日、中學部學術講演。預賽取四人。吳潔、顧毓、相侯毓汾、王同英、十七日、決賽、取吳顧二生。出席無錫中等學校學術演講會。吳講愛因斯坦相對論之學說與科學進步之關係。顧講荀子敎育之學說。十九日、中學部舉行國語黨義演講。取楊月壽、徐恩秀、賈翼振、出席全縣中學之甲組黨義演講預賽、賈取第四。楊取第五。廿一日、決賽甲組取三人。楊取第一。賈取第二。省黨部青年主任楊思禮、省政府民廳視察張援。（本校舊敎員）來校視察。高中學生章靜宜、參加全縣中學論文比賽。得第三。本學期中學得獎證者五十九人。小學得獎證者一百十七人。一人而得三種獎證者。小學三人。行休業式時。校董汪伯軒到校演說。是日開校董會。第一次修改校董會章程。經濟方面。奉省令取消代用女中學名義。後完全由個人負擔。所以對于校董會。從本年起、有豫算決算之報告。校董有經費籌措之責任。是以本年收支不敷。除鴻鑑個人担任二千四百元外。尚差一千二百元。校董會議。決由校董十二人。各人担負百元之籌措。以結束之。

第二十四年、敎務仍由周君略担任。訓育由俞鶴琴担任。體育敎員改請過養素任。薛榮祖辭職。英文由陸補生鄧博飛王炳備分任。章賓甫任化學。學生到四百三十二人。敎職員會議。議決小學敎員分往本邑優良小學參觀。報告校中。議定校中各處區名路名。一爲禮讓區。分苦學路、勤修路、觀碑路、紀念塔路、二爲三民區。分民族民生民權三、路。三爲國恥區。分庚子路、甲午路、庚申路、甲申路、四爲新村區。由覺路往。不屈于四區中者。則有大公路。潔已路。衛生路。粒食路。百一樓路。竹素路。訓育標語。以本校敎鑑二十四條。分挂走廊。加以臨時所定三十條。分掛各處。二月十日、奉到中山大學行政部。批准本校立案公文。由教育局轉知本校校董會。寄宿舍改新村制。以舍務主任爲村長。以各女教員分任村副。司法、裁判、監察等職。寄宿生、統爲村民。本校開校紀念日。開會表演游藝。二月一日。定本校學曆。（自後每學期開學時定學期學曆以爲例、）十二日、舉行孫總理逝世三週紀念式。及植樹典禮。本校植樹十四株于操場。派中學代表十四人。參豫地方公衆紀念式。分配販賣部總幹事。及分幹事十七人。以吳若蓮、夏緯琳、楊月壽、爲總幹事。負全責。十八日。開三一八追悼會。派代表六人。赴地方公衆追悼會。廿一日開國軍一週紀念會。派代表參加民衆聯合紀念會。二十九日。請大學院地質研究所主任湖北李仲揆。來校演講地質學大綱。三十日、舉行黃花岡七十二烈士紀念式。派代表參加地方公衆紀念式。午後學聯會舉行演說競進會。本校中學生參加二人。小學生參加一人。豫賽、三人均取。決賽、中學朱素英取第三。小學高靜筠亦取第三。四月、中學部修學遠足于惠山石門。高小部遠足于錫山龍光寺。初小部遠足于崇安寺。通俗教育館。十七日、各級代表二十六人。參加識字運動之游行。廿一日、參加識字運動之游藝會。表演俠女一節。翌日、小學生參加婦女協會一週紀念之游藝表演。廿六日、中學三十二人赴寧參加省聯運會。得優勝獎旗一。五月七日、小學參加縣聯運會。九日、國恥紀念。中學代表兩隊出校演講國恥史。過養素辭職。仍請嚴慶增繼任。十日慶增即到校。十二日中學生參加反日運動。翌日爲山東特別警信停課一天。以志悲憤。十三日、鴻鑑召集全校師生。演講中日關係過去之痛史。組織演講三隊。出校演講。分發宣傳品。由俞辛周鄧四先生審定指導。小學部開小運動會。鴻鑑演講雪恥必先健康體魄。中學部學生十八人。參加反日運動之檢查日貨。十七日、各級舉行模範選舉。初選當選十八人。組織交際會。一星期後。複選當選中學朱素英、小學張志遠、獎給證章及攝影、廿三日中學國語辯論會。題爲世界文明道德愈能高尚抑道德愈形墮落。正面夏緯琳、王同英、楊月壽。反面、朱素英、梁婉珍、徐爲裳、廿五日、小學國語演講。結果、取高靜筠、陸保珍。鴻鑑赴河南任隴海路局機要秘書。校中組織委員會。分敎務周君略。訓育章淡菴、倪藕華。指導俞鶴琴。事務辛柏森薛樂山。交際徐東屏、鄧博飛、趙壯悔、校務由委員會主持。本學期各地來校參觀者。如廣西浙江上海四川湖北高郵高淳江陰常熟武進南京等各處各校。共二十餘起。個人參觀者。以出席全國教育會議之唐陳二君。對于本校美術成績。及生物室中之生理圖。極爲稱賞。瑪譿博士。參觀攝影。對于本校小學極爲稱賞。六月、心理學家中大教授艾險舟、率研究員來校。舉行高中國文理解測驗。鶴琴、博飛、率高中學生往戚墅堰、參觀震華電廠全部機件。暑假放學。鴻鑑返校。結束一切。並料理下學期事。本學期中學得獎證者七十人。小學得獎證者一百零八人。一人而得三種證書者小學一人、徐爲裳、小學一人。顧貽訓、經濟方面。自十六年八月、至十七年七月、收支不敷三千九百八十三元。除以鹽釐三成一千三百六十元抵補外。由鴻鑑籌塡二千六百廿二元。按鹽釐一項。前年早已配定成數。爲公私各半支配。乃本年向縣政府呈領時。小經幾度協商。爲當時教育局所阨。減爲三成。殊出意外。姑待將來。如有機會。再行設法也。下學期。體操教員改聘陳天然。因病、請孫超雄代。德文教員蔡夢西辭職。過持志暫代。國文教員方繁卿病假。請戴逸仙俞爾三相繼暫代。地理改聘曹成章。算學理化教員改請朱恬持、李紹鎔、胡質明、國文過冠生、沈安石。小學添李晶一、杜志翔、蓋昭如、吳若藴、其他仍舊。組織校務執行委員會。委員九人。君略、有成、東屏、淡菴、紹程、儒璧、軼羣、樂山、壯悔、分任教務訓育指導事務交際五股。開高中教育班。初中學生添仁級班。實到五百零三人。鴻鑑赴鄭州。九月、定學生補考辦法。新舊生補考者五十餘人。寄宿生實行新村制。淡菴爲村長、兼任裁判部長。冬心爲村副。軼羣爲執行部長。梅英爲部副。超雄爲監察部長。學生全體爲村民。惟區長則以室長充之。德文教員過持志辭職。秦亮工代之。本學期學生代表。每逢各種紀念日。及須參加全邑運動之時。出校講演等事。照上學期行之。選舉模範生結果。中學朱素英。小學俞毓文。小學國語競賽優勝者、龔素穎、周蔚巽、陸保珍、楊祥華、秦素琴、顧猗宜。中學開辯論會。題爲整理中國財政借外債是否合宜。反面組、夏緯琳、鄒鐘秀、王同英、徐爲裳、正面組、侯毓汾、竇文德、張瀾波、龔葆珣。結果正面組優勝。黨部屢派鄭武旗、劉行之、周鳳鏡等。來校參加總理紀念週。鴻鑑自鄭返校。又自錫赴福州任福建教育廳秘書。校務仍由委員會執行。各教員對于訓育方面。各用手冊記載。體育方面亦同。以備各級任分部訓話資料。照如軼羣儒璧。以校友而任級任。改爲分部談話資料。十一月十六日、胡質明辭職。張瀚波楊治一分任數理化課。十二月、楊治一辭職。章呂諧繼任。全體教職員會、議決校徽形式。改製銀質式。惟本校以菊花爲校花。磁面上刻菊花一小朶爲識。本學期學生得獎證者一百四十五人。小學得獎狀者一百八十四人。一人而得三種證書者。小學四人。各地來校參觀者。共有二十餘起。經濟方面。本學期收支不敷八百四十元零。鴻鑑由閩返校籌欵抵支。

第二十五年元旦。慶祝式。及開同樂會。二月九日。改組校務。聘定教職員。即赴閩。新聘教員周叔年、楊踐形、王勤菴、龔祖繩、朱錦秀、沈明達、陶達三、沈渭初、嵇潛剛、羅蘭、馬慧珍、李康復、丁婉如、本學期學生到五百六十一人。制定懲戒學生條例。分八種辦法。圖書閱覽室之規則。各部會議。及代表出席各種公共會議。各級代表派赴各處參加紀念會。演講隊宣傳隊。均照舊。三月十二日上午總理逝世紀念式。下午周叔年、薛樂山、周君略、率各級代表赴商民協會。參加公共紀念後。即赴惠山參加植樹典禮。三十日、中小學各部學生體格檢查。四月、君略、劍儀、出席全邑私校聯合會成立大會。翌一月。私校聯會職員。在本校大禮堂行就職禮。幷表演游藝。各處來賓千餘人。無錫向以私校多著譽于全省。十六年後。私校大減。其原因固不一端。然此次私校有此聯合。于教育前途。頗有關係者。故鄭重記之。十八日、本校籃球隊與中大區立錫中女部比賽。結果、二十六對三。本校勝。此為本校球隊戰勝他校之第一聲。五月一日、中學選手三十五人。赴京參加省聯運會。得團體操優勝銀盾一。八月、中大督學尹志仁來校視察。十七日、小學國語競賽。結果、取周蔚罷、秦素琴、楊祥華、顧清宜、俞翊生、黃志英。二十日、周愷士病假。劉佩琨代教圖畫。六月二日、開小學運動會。三日、中學國語辯論會。題為世界各國重農或重商。按之我國現狀。應以何者為適宜。結果。重商者勝。（夏緯琳、王繁、王素行、王同英、）十五日、模範選舉。初選。廿二日、複選。結果、當選者。中學朱素英。小學陸晉修。七月六日、中學同學話別會。來賓劉之常、龔家騆、謝頤年、均有演說。劉講女子任事之必要。龔講女子自治。謝講家庭家育。本學期各地來校參觀之團體。如太倉中學女部。省立一女中。浙江一中女部。上海女中。安徽二女中。浙江一女中等校。均借住本校。其他江西教團、靖江女師、嘉定初中、鎮海教團、陝西職業、廈門崇實、遂寧女師、中大教團、福建集美、南昌一中、金壇教團、莆田中學、福州職業、揚州實驗、福州教團、十六處。其以個人名義者。則有江西蔡敬襄。范補三。中訓孫茂伯。民教視察范昱。湯掬星。縣督學宋泳蓀等七八人。高中修學旅行至杭州。高中數理班畢業。為本校第二十屆中學畢業。朱素英、黃浣塵、唐兩儀、薛珍江、映仙、秦端保、章靜宜。初中畢業十七人。學期結果。學生得獎證者中學一百五十八人。小學一百八十九人。一人而得三種證書者。中學三人。朱慧揚、徐爲裳、梁婉貞、小學四人。鄒佩珍、顧貽訓、周悟淨、劉毓貞、經濟方面。本學期收支相抵。不敷二千餘元。除由校董劉慶星籌助四十元。陳允儀壹百元外。鴻鑑籌措一千九百元零。以抵支之。另有宜興俞可法捐銀弍百元。指定爲競校基金。故存入基金項下。不能支用。

下學期鴻鑑仍赴福州。校務分教務、訓育、事務、二系。新添教員丁遂初、段進之、林澤人、顧瑞霞、張濟人、李泉英、錢松岩、陸湘琴等。舍務因淡菴病假、請孫超雄任副舍監。以代淡菴職務。學生新開勇級班。分勇一勇二兩組。全體學生實到七百十二人。全體教職員會議。決教科方面。算學用混合教授。地理用英文本。環境方面。各教室應有佈置。注重科學化。社會化。道德化。圖書方面。各教員應負指導之責。九月、校中添建教室四間。陰雨操場一所。雙十節、上午開本校二十五週紀念會。下午游藝會。十一日、上午成績展覽會。下午續開游藝會。十二日、上午成績展覽。下午運動會。十三日、上午成績展覽。下午運動會。遠近來賓。逐日團體數十起。個人數千人。廿三日、國府參事玉汝霖、新疆省政府教育調查員宮璧城、來校參觀。其他崇明鎮江涵江全椒泰興金華長春等縣均有團體來校參觀。十一月、模範選舉。複選當選者。中學吳若瑾。小學俞毓文。廿九日、舉行黨義演說競賽。結果、取高中楊月壽、王同英、龔葆珣。初中徐爲裳、梁婉珍、周蔚巽。十二月、小學黨義競賽。結果。取高小孫順、朱佩珍、顧濟宜、初小王棨、汪素珍、徐飾玉、寒假高中數理化第二班畢業、爲本校第二十二屆中學畢業。吳若瑾、華壽明、侯毓汾、顧佩銘、賈淑珍、本學期、得獎證者中學一百七十人。小學一百四十九人。一人而得三種證書者。中學三人。徐爲裳、姚毓珍、盛荷芬。小學二人。劉毓珍、蘇蘊玉、經濟方面。本學期、一因添建教室及陰雨操場。一因二十五週年開會。故依據豫算。超出一千元零。連豫算四千餘元。共虧五千餘元。惟鹽款少收十分之六。約計一千元零。可以抵支之部分外。尚短四千元。除店賬及匠人工資、約可俟明年結還者一千元外。共餘二千元。暫借莊欵以應之。

第二十六年、鴻鑑因閩政劇變未回校。校務照舊由君略東屏恬持等分任職務。舍務淡菴病假。孫超雄亦辭。以顧若亞代。體操教員添請孫超羣。其他教員有王艾耆、許卓人、過昭煜、數人。學生實到數七百二十一人。制定學生缺席辦法。三月十三日、中學部運動選手四十八人。赴鎮江。參加本省第三屆中等學校聯運會。及民衆預選會。冰蘭、超雄、君略、東屏、偕往。二十二日。本邑縣長孫道始來校參觀。二十四日。球員返校。此次得女排球錦標。須代表江蘇女排球。出席全國運動會。得田徑總分第四。獎銀盾一。團體操優勝獎銀盾一。排球錦標大銀盾一。女界之光銀盾一等。故校中開慰勞會。慰勞排球優勝隊員。吳若瑾、倪雲裳、侯佩汾、顧佩銘、榮梅雲、陸穎西、秦端保、黃文德、楊蘇保。姚若蘭、黃藹英、張錦榮十二人。二十八日、冰蘭超雄率排球隊十二人。赴杭州。此爲本校排球隊戰勝全省女排球。出席國運之第一次。三十日君略偕高中三學生旅行杭州。中央大學教授常道直。率教育團二十四人。來校參觀。私校聯會文藝觀摩會。在本校舉行。本校學生參加人數。初中國算五人。高小國算六人。初小國算六人。四月、閩圍謝大祉、集美女中旅行團、宜興始齊女中、太中女部。中大算系參觀團。京津女師、松女中、莆田教團、常鄉師等。均來校參觀。五月、蘇女中。太倉縣女中、南京女中高師、來校參觀。均借住本校。黨部青整會。來校測驗青年政治思想。中學部黨義演說競賽。決賽高中取孫一男等六人。初中黃麗雲等六人。六月、排球級際比賽。樸級興仁級決賽。結果。樸級得錦標。大夏大學教授王魔勳。來校演講。并表演口琴各種吹法。小學舉行黨義演說競賽。結果取孫順、王萃芬等六人。廿三日、舉行沙基慘案紀念式。廿六日、中學部參加黨整會巡宣第一隊化裝表演。七月鴻鑑由閩返錫。結束校務。五日、中學同學話別會。十日、行畢業式。高中文史地班畢業。即本校中學第二十二屆。夏緯琳、顧經訓、王淑霞、杜覺民、吳我慈、曹復和、吳霞新、畢月英、曹慧貞九人。初中畢業者。徐爲裳、丁秀貞、閔婉若、曹默和、王蕎英、楊蘇保、黃麗雲、倪霞裳等三十三人。高小二十人。初小十九人。中學得獎証者一百三十五人。補習班及小學得獎証者二百三十六人。七月八日、拆卸南面教室。改建平房爲樓房。上下二十間。可分教室八處。定五十日一律完工。經濟方面。經常收支不敷一千四百三十元。由鴻鑑籌款抵支之。至於建築費約須五千七百四十三元。姑俟開校董會時提出。校地除大部分租借北禪寺基地外。所有竹素園之基地。自宣統三年借用四萬三千〇〇六平方尺。又五百八十三方寸。合基糧三畝七分二厘。由本校完糧。已將二十年。乃自前年十六年以後。發生地權問題。現由顧氏族董會提出。函知本校。另立租契。每年納租金二十元。糧稅由顧氏自完。往返函商。及面洽雙方推定代表。公議租期十年。年滿續租。如不再繼續。地上所築房屋得由顧氏備價收回。其價臨時協定。於是學校代表黃蔚如。竹素園代表顧淵若。雙方立契簽字。各存一紙爲憑。本學期校董會。因蔣仲懷逝世。推舉錢子泉補之。諸希賢辭職。推舉章繩以補之。

下學期、鴻鑑自本年一月。閩政劇變。代行教廳事務者半年。五月、出席中央全國教育會議。七月、交卸廳篆。後返錫。料理一切。仍赴閩。就馬尾海軍學校國文總教。本校校務。請許洛九主任教務。李康復主任訓育。徐東屏主任事務。修正懲戒條例爲十二條。改定成績報告單。制定訓育條目十四條。章淡袍辭職。馮娟英繼任舍務。一月。孫綬箕代之。教員新添陸慶蘭、夏敷章、翁智田、舊生楊堉錫、夏緯琳、過昭煜、病假。昭婉代之。本學期學生新招初一分ABC三班。中小學學生開課時註冊數一千零二人。實到數九百五十二人。各處紀念會。本校教員出席者。照常每次輪派兩人。各級學生出席各處會議儀式等。亦照舊推代表參加。九月、中小兩部檢查體格。十月。中小學國語競賽。結果。高小取吳蘊清、朱明、陸保珍、秦生娥、初小取章佩華、顧榮、孫顧、高中取孫婉、張秀菊、華若芸、陸穎西、初中取屈蓉寶、鄒韻秀華、逸仙、沙競瀛。中小兩部。模範選舉。結果中學孫頎、孫一男。小學俞志英。本校籃球級際比賽。複賽結果高三乙(即勤級)勝初三乙。(即仁級)初一B勝初二B。(即勇級)高一乙(即潔級)勝初一B。又高三乙勝高一乙。級際錦標高三乙得。小學部舉行大將球級際比賽。六甲勝六乙。十一月、無錫地方紀念日。本校開第二十四次學藝會。翌日、開運動會。來賓三千餘人。中學修學遠足惠山蠡園梅園黿頭渚小箕山充山等處。小學則公園于肯樂公園圖書館通俗教育館歷史博物館等處。本屆高中文史地第二班畢業。即本校第二十三屆中學畢業。孫頎、薛雲、秦蘭馨、施菊英、虞靜芬。初中龔素淵梁婉貞錢鐘元等十三人。高小俞志英等二十三人。初小王絜等二十人。本學期學生成績得獎證者。中學一百九十三人。小學二百廿二人。一人而得三種証書者。中學四人。小學四人。經費方面。收支不敷七千七百七十元零二角九分。提出校董會。呈請省府恢復從前補助費。及個人募捐團體募捐種種辦法。鴻鑑本年已於九月由閩返錫。即往鎮江。任江蘇教育廳秘書。以私人閩蘇兩處薪俸之收入。僅二千餘元。商利餘紅。亦僅一千餘元。勉籌四千元抵支。尚虧三千七百餘元。以待明年再行設法。暫借莊欵三千元。以過此難關也。

第二十七年、鴻鑑旅鎮。每週返錫兩日。兼授鑛物二時。校中以冰蘭爲校務主任。以洛九康復東屛分三部主持。君路爲生活指導。以與康復聯合注重訓導。一切舍務。繁重由淩惠芝爲舍務主任。華素誠爲助理。規定每一學期教職員會三次。教訓事三部。亦各開會三次。至學期終了時、開特別訓育會議一次。劉佩琪辭職。史秉衡代之。新添鍾克勤爲教員。舊生孫頎、薛雲虔、靜芬、任小學教員。中小學生共到八百二十六人。各教員照舊輪值出席校外公共儀式。各級代表亦如之。三月、中學排球級際比賽。結果初三甲與初二B。初三甲得級際錦標。無錫全縣黨義國語演說競賽會。本校選派楊月壽屈蓉寶二人參加。結果二人均列甲等。楊月壽得學校組第一。本校中學國語演說競賽。結果高中取王素行等三人。初中取周齊賢等三人。高小取劉倬英等三人。初小取王芳等三人。四月、冰蘭超雄洛九率運動員廿八人赴鎮江。參加省中校聯運會。及全運豫選會。結果排球得決賽權。籃球得錦標及銀盾一。籃球隊員楊文藻、周齊賢、袁國榮、朱珍如、張志遠、姚若蘭、秦瑞貞、夏武民、周良芳、丁志娟、程品華、吳若珉。此爲本校以籃球代表江蘇出席全運之第二次也。修學旅行。中小學分赴惠山太湖公園歷史博物館等處。五月、模範選舉。結果中學朱慧揚。小學吳盈華兩人。爲全校模範生。高三學生參觀中心小學、縣二、縣一、縣女附小。六月、試教開批評會。本學期雲南河南山東江寧上海武進崑山吳江甘肅廣東安徽等處來校參觀者十四處。學期成績得獎證者中學一百四十九人。小學一百六十人。一人得三種証書者。中學四人。小學二人。本屆高中教育科即本校中學二十四屆畢業。朱慧揚、方閑珍、楊月壽、張喜年、黃浣珍、張秀菊、黃志英、莊蘭畹、屠素娥、屠月娥、陸穎西、賈淑英、周寶鴻、夏武廉、孫孝華、榮梅雲、榮壽雲、龔葆珣。經濟方面、本學期收支不敷一千二百零五元。由鴻鑑籌欵抵支。江蘇教育廳派員來校調查成績。報告後由陳和銑廳長提案教費委員會。通過補助費每月二百元。自本年八月起實行。

下學期、教務、訓育、事務、舍務、各部均照舊辦理。新請教員劉亞鐘、商子仙、王豹卿、陸畸民、薛松筠、（任小學歌操）舊生朱侚貞、陸穎西。訓育方面。制定考核學生操行條例。制定學生請假證格式。改訂勤肅樸潔比賽方法。改訂記分方法。本學期開學時註冊數學生九百二十人。實到數八百九十六人。教務方面。嚴密考核學生出席缺席之辦法。舉行學科競賽。定自修指導辦法。依據現行課程標準。分別規定依限結束。教學兩方。均得促進之益。體育方面注重球賽。課外運動。各級分日分類運動。常州芳暉女學來錫。與本校排球隊作友誼賽。結果本校勝。自九月十八日瀋陽突變。各處組織抗日救國會。本校特開會議。議決多購報紙。摘要謄布。寫貼標語。採集外交失敗材料。編入教材。本邑抗日救國會。本校高初中一律出席參加。並分五組。雇船分往四鄉宣傳。惟當日即回校。十月、請陸鶴年演講日本情況。龔德柏演講外交失敗。廿三廿四兩日、中小學舉行體格檢查。十一月、參加本邑中等學校排球賑災賽。第一次、第四次、均在本校操場舉行。廿五日、高中部參加請願團赴京請願。初中在錫募捐。小學照常上課。廿八日、中學恢復上課。第七次排球賑災。仍在本校操場舉行。十四日、推派學生代表參加歡迎援馬青年團。十五日、以國難問題。中學部暫行罷課一天。十二月、中學國語演講競賽。結果高中取易舜英、周齊賢、姚毓珍。初中取王繁、張毓珍、陸寶珍。九日、請吳江汪長之來校演講製造簡單儀器及標本之方法。小學國語演講比賽。結果高小王絜、阮綵麟、孫顧、初小楊韓民、劉毓珍、龔彥倩、模範選舉。結果高三孫一男。五乙李明。請韓國金先生來校演講高麗亡國之痛。開教務訓育聯席會議。本學期以國難問題學生缺課。一方由各教員隨時補授。一方由學生假期星期日多自習時間。年終結束。得獎證者中學一百五十九人。小學五十六人。一人而得三種證書者中學部無。小學部四人。本屆畢業高小華若梅倪九如阮綵麟等十三人。初小華景宣汪明芬劉毓貞等二十九人。經濟方面收支不敷六千三百五十五元。零省欵補助。本學期開始僅領八百元。尚有四百元未領。可以抵支。鴻鑑個人補助本校者。僅有個人薪俸二千四百元。版權二百餘元。商業上雖年有餘利可提。然本年則受大連油業之虧折。爲日人營業之提高殺低。約虧五六千元。致一無官利之可言。朔風號寒。于滿天氷雪中。得向孫君在豐移借無利之銀一千元。馮君巽移借有利之銀一千元。浦醒亞一千元。藉渡此歲暮之難關也。

第二十八年。開學後。對于無故缺課。從嚴作曠課論。請假証遺失者。特再添請假登記簿。以昭鄭重。寄宿生請假。必家長簽字蓋章。各條均能嚴厲實行。學校忙於國難問題。一方面督促教學之進行。一方面宣傳國難之共救。校中揭示處添國難新聞及佈告。宿舍改請陸湘翠爲舍務助理。二月、續招新生。以戰事關係。來校者頗受影響。新添教員王子祥、張雲和、趙何卿、朱孔容、及舊生浦瑛等數人。學生實到七百四十三人。三月十日。舉行總理逝世紀念式。鴻鑑演講日本侵略問題。全校師生合組抗日救國會。推康復洛九東屏慧芝倚貞五人為委員。訂定各項章則。本學期學生、自修時間亦嚴為訂定。中學部學生每日午後三點半至四點半。非在教室自修一時不可。小學則在上午八點至九點。四月、中學國語演說競賽。結果高中取楊淼、一夏武民。初中取蔣燕生、秦慧芳、朱珍如。五月、小學國語演說競賽。結果、高小取汪素珍等三人。初小取李小穟等五人。中學模範選舉。結果當選者、中學孫一男。小學顧端英。常州正衡中學排球隊來校與本校排球隊作友誼比賽。結果、三對二、本校勝。孫超雄請假兩月。邵子博代高中體操。沈毓英代初中體操。狄秋白代中學音樂課。

六月、鴻鑑有感于國難之頻仍。教育非從生產入手。人民非從職業進展。空言救國。國胡以救。爰定下學期增加職業陶冶。高中自高二上學期起。初中自初二下學期起。為畢業後具相當之職業。添授商業簿記蠶桑學等科。以為準備。為考試防弊起見。同性質之學科。推同科人出題。及互易閱卷。招生委員會改定辦法。本學期一律實行。（中學招生委員會已行之數年小學招生委員會今亦實行）本學期學生得獎證者。中學部九十二人。補習班及小學部一百三十八人。一人而得三種證書者。本屆中學小學均無。中學第二十五屆畢業。孫一男、秦奉蓁、胡雲英、傅楚珍、寶文勤、曹鳳全、榮松霞、夏謙、唐三才、于延定、蔣佩珩、顧端、王理、鍾海英、初中畢業者四十四人。高小畢業者三十三人。初小畢業者三十七人。經濟方面。本學期收支相抵。僅虧七百四十七元零。尚有省款補助短領四百元。以之抵支外。僅差三百四十七元。區區之數。不成問題矣。

下學期、本屆招生。以國難關係。應各方之要求。多招一次。添請張大炘、馮毓厚、華開益、陸同祺、為教員。舊生孫一男、胡雲英。又請陸叔千教高中選科商業簿記。夏荇孫教初中選科蠶桑學。組織各科研究會及小學教育研究會。張大炘為小學教導主任。領導小學各教員。負研究指導之責任。中學部編訂訓育實施綱要。制定考查性行記分標準。改定勤肅樸潔發給獎旗辦法。注意肅樸二字之實施。本學期學生實到七百十八人。九月、舉行修學遠足。十八日、指派周齊賢等六人代表本校參加無錫各界九一八國恥紀念會。十月、本校組織各學門研究會。為課外研究所得。儘量供給于學生。選定國文、數學、外國語、自然科學、社會科學之五種、研究會。此與從前各中學聯合組織之理科研究會不同。昔爲製作儀器標本。以供理科之應用。此爲專門課外研究。減少實施之困難耳。十一日、開算學研究會。許洛九爲主席。十九日開英文學研究會。薛榮祖爲主席。二十二日、中小學修學遠足。停課一天。二十八日、開自然科學研究會、陶達三主席。十一月、高中國語辯論會。結果正面勝。主辯易舜英、周蔚霞、屈蓉寶、助辯結論周齊賢。初中國語演說競賽。結果。取楊錦鐘、高靜琳、顧清宜、開小學數學研究會。張大炘主席。十二月、模範選舉。複選當選。中學周齊賢、小學李明、小學國語演說競賽。結果高小取陶蘊華、周悟淨。秦竹期。初小取陳桂芬、華守、王燕、在訓育會議時。議定積極指導級會辦法。擴充圖書辦法。改定名譽証書標準等。下學期實行。本學期名譽証書得獎者。中學部八十三人。小學部九十一人。一人而得三種證書者。小學華景宜、徐錦珊、許泉芬、小學無本屆爲二十六屆畢業者。高中普通科。姚若蘭、倪雲裳、高小畢業者。王壽貞。顧瑞英、虞彤英等二十五人。初小畢業者、徐苡珊、張惠英、吳蘋等、二十三人。經濟方面。收支不敷一千零三十七元。由鴻鑑籌塡之。校董袁觀瀾逝世。推臧祐補之。

第二十九年、鴻鑑仍往鎮江。每週返校兩日。上課及處理校務。洛九康復東屏三人、負責分理各部職務。本屆學生共到七百十二人。致務方面。初中實用文選科。由陸同祺任。蠶桑學選科由夏荇孫任。訓育方面。高中學生週記。初中學生週記。本學期開始記載。由級導師每週批閱一次。訂定學級自治會及學藝研究會組織大綱。紀念週時。各教職員輪流演講。三月。地方紀念儀式。鴻鑑演講熱河問題。介學生繪東北四省國恥紀念圖。高中各級各分繪史地博物之圖。排于教室。俾有觸目驚心之觀念。教廳王厚材來校視察。特選高中一年生陳淑貞所做「自己去做」一文。送編審處。刻入江蘇學生中。朱悲揚辭職。所任各課。在校各教員分任。小學部三一市政府委員舉行宣誓就職典禮。凌荇芝病假。陸湘琴代舍務。蘇女師徐女師、上海女中、黃渡鄉師、四校女生。先後來校參觀。借住本校。四月、小學部請潘一塵來校演講。陶達三因病辭職。高景長代之。五月、請邵爽秋、張正三、先後來校演講。荇芝銷假。湘琴病假。高中國語辯論會。顧勤非與抗日。主張抗日者勝。主辯沙競瀛。助辯秦挹芳、陳淑貞。結論朱珍如。初中國語演講。結果、取高玲籌、高靜華、朱佩珍、徐吟梅、顧佩琳、五人。模範選舉。結果。當選者、中學陳景霞。小學程巾和。省督學、易作霖。來校視察竟日。並詳閱學生課卷及週記。頗獎許之。本校舉行中學各級級際排球比賽。又本校排球隊與本邑新聞記者隊作友誼的比賽。結果。以四對一。本校獲勝。六月、陸湘琴病逝。課由若亞樂山分代。舍務由蔣芝兼任。新作賀儀。本學期畢業考試。初中及小學。照舊由校考試。高中畢業。爲本校第二十七屆。王淑賢、王世琴、姚毓珍、陳毓琦、陳毓瑛、倪霞裳、胡琦珍、閔婉若、錢覺仙、吳秀芳。赴教育學院參加省廳派員會考。本屆高中會考者十八。初中畢業者楊錦鏞、俞毓文、錢鍾霞等四十二人。高小張寶珠等三十七人。初小顧寶玉等三十一人。高中會考結果得領畢業證書者四人。覆試後僅缺一科不及格。須至下屆補考後給證書者二人。經濟方面。本學期因添購理化儀器生理模型等一千餘元。致收支不敷四千二百五十餘元。故校董會議決呈請省廳增加補助。鴻鑑特籌二千元。以應急需。校友楊增錫亦慨借三百元以應之。本學期名譽獎證經教職員會議決於造詣過人、未嘗輟業、孜行不怠三項外。增添體魄矯健一項。向之三種證書。今改爲四種証書。此次結核成績。中學得獎證者一百十五人。小學一百五十六人。一人而得四種証書者周蔚巽。特獎一學期獎學金。得三種證書者姚毓珍一人。

下學期、鴻鑑奉省令考察西南各省教育。開校董會。推舉校友章繩以任校長。洛九任教務。君略任生活指導。項爲賢任訓育兼事務。請羅鏘荃、丁儒侯、龐銘勵、張傑、張大炎、丁勤學、胡琦珍、楊增錫、趙壯悔、劉道珍等、爲教員。學生實到六百五十八人。規定紀念週各教員輪値講總理遺教及學術演講。九一八國恥日。上午十一時起至零五分。全體肅立默念誓雪國恥。鴻鑑因遠游。特召集全體學生訓話。九月、舉行中學部體格檢查。統計學生生活調查表結果、指示應行注意各點。十月、補行學生入學救國宣誓典禮。高三學生由項爲賢偕同赴京參觀學校。全國運動無錫縣預選會。本校得排球錦標銀盾一、優勝旗一。籃球錦標銀盾一、鏡框一、鉛球跳高標槍、鏡框各一。代表無錫得田徑賽鉛球第三獎章一。標槍第三及第四鏡框一。獎章各一。出席全運江蘇二區預選會排球隊員爲袁國榮、孫順、吳若瑾、吳若珉、侯毓汾、倪雲裳、周齊賢、王庶華、楊文藻、朱佩貞、周良芳、謝湍貞、全運蘇二區得排球決賽權。與常州芬陣女學合組排球隊。本校隊員三人。吳若瑾、侯毓汾、周齊賢。出席省運會。得排球錦標。又與蘇州振華女學合組排球隊。本校隊員二人。侯毓汾、周齊賢。出席全國運動會。十一月、舉行學業競賽會。初中國語競賽結果、取王紫等三人。高中國語辯論會。高中甲組勝。十二月、舉行模範選舉。結果、當選者陳景霞。教職員臨時會議。議決灌輸救國知識方案。分社會學科、自然學科、語文學科、藝術學科、以及課外閱讀。分定理史文三日。此議案爲本學期最精心討論所得之方案。其餘如學業競賽。各小組會議。所解決諸條。亦均實行。學期成績。中學得獎證者一百零六人。小學得獎證者一百二十八人。中學一人而得三種證書者一人。小學一人而得三種證書者三人。本屆中學。爲本校第二十八屆畢業。楊同昭、姚素淵、陸惠清、張攸如、汪玉珍。以冬季省中無會考。須待下學期與下屆畢業者同時會考。經濟方面。蓋由鴻鑑經過多方設法。由教廳從出省教費委員會。始通過增加補助每年一千二百元。案。本學期收支不敷九百元。與上學期所短四千二百餘元。除由鴻鑑已籌塡二千元外。尚共短三千一百餘元。特由校董會開會提議。將新增補助之第一學年之兩期。及第二學年之第一期補助款。提作專爲抵支舊欠案。通過後。此欵始有着落。

第三十年、章繩以因病辭職。鴻鑑自四川考察返里。開校董會。擴充校董爲十五人。修改校董會章程。添舉校友楊雪楨、楊增錫、爲校董。洛九仍主教務。君略主任訓育兼事務。肯芝爲舍務主任。康復爲黨義訓育員。其餘教員。互有更替。本學期學生註冊數七百另二人。實到六百五十八人。臧局長祜來校視察後。接到局令。以夏曆元旦師生照常上課。學生實到四百九十二人。均有精神。傳令嘉獎。鴻鑑以此次贛鄂川湘四省。採集所得者。開四省物品展覽會。除本校師生外。遠近來賓展覽者一千餘人。二月、開始早操時實行級導師點名。小學教員朱尙貞夏綽琳代表參加全邑兒童智力測驗商榷會。返校後。召集小學教員開討論會。三月、開三十周紀念籌備會。徵集中小學假期成績品。添購物理化學儀器以及生物標本。共七百餘元。四月、君略、康復、樂山偕高中二級學生赴杭修學旅行。十日、開中小學假期成績展覽會。四星期後。請君略、有成、亞鐘、大炘、尙貞、五人爲批評員。十三日、鴻鑑赴滬、乘船往香港。轉廣西、雲南、貴州等省。考察教育。校務由各人分配後。教訓兩方面。均按期指導學生自學。及批閱週紀。輪値訓話。並學術演講。對外仍派代表出席各種集會。新生活運動。清潔運動等。師生均努進。不落人後。此鴻鑑于七月三日返校後。所差堪自慰。而並爲學校慰者。高中國語辯論會。題舊道德與新生活。結果高一舊道德勝。初中國語演說。結果。朱慕蘭、王翠舲、汪素珍、小學國語演說競賽。結果取高小許文錦等三人。初小張保和等三人。模範選舉按學歷如期辦理。五月二日、周佛海教廳長及陳錫光、相菊潭、易君左、田耀龍、來校視察。五日、全體教職員赴省錫師。聽周廳長演講。六月、模範選舉當選者。中學楊錦鐘。小學朱梅芬。本屆中學為第二十九屆畢業。張志遠、陸叔葭、過杏元、張琳玉、楊文蕙、王民華、秦攄光、高攄秀、陳毓瑜、何瑞芝、沈月英。除因病假未參加省廳會考數人外。冬夏兩期參加高中會考者十三人。結果、廳頒畢業證書者張志遠過杏元等五人。有缺一科而不及格。須待下學年補考而得升學証書者。（即可投考大學）二人。初中畢業蔣瑞芳等四十七人。高小龔靜芬等三十一人。初小過淑瑜等三十一人。本屆得獎證書者中學五十人。小學八十五人。得四種證書者無。得三種證書者小學高聚珍一人。中學無。經濟方面收支相抵。由鴻鑑塡欵一千三百元。

下學期、教訓事三部照舊。龐伯龍為初三級導師。楊受繁為高一級導師。小學體育改訂校友周佩星任之。初一AB兩級之級導師。虞碧瓔汪訓任之。鴻鑑自七月至八月。往教廳、任中學入學考試委員者一月有半。此次考試。廳令至為嚴密。公私立高中祇各考一次。所以本校高中新生。僅取二十人開班。九月、周佩星病假。課由小學教員分代。十月、佩星病未愈。請高瑞珍代。小學方面。大炘本為教導主任。本學期因兼任他事。故託何貞緯琳分代一部分之事宜。龐伯龍病假。請張祖年江棟臣楊受繁許洛九分代課務。君略兼理級務。大炘每星六或星四來校。整理小學事宜。並改定小學各項章則。及指導小學部各科測驗及競賽。校友會募建三十週年紀念圖書館樓房三幢。本學期落成。二十三日、初中高小修學旅行。至寶界橋。十一月、預習小學部全體體儀作法。三日、無錫中校體育聯合會球類比賽。本校高初中均參加。請葉聘卿講圖書館學十星期。請任祖頤担任課外英文補習。自去年迄今。學生至為歡迎。故今仍于星期日由蘇來錫一次補授。七日、江民聲來校演講東北淪亡痛史及中國青年出路。十二日、總理誕辰紀念。上午、小學部全體冒雨至公共體育場受縣政府縣教育局禮儀作法嚴格檢閱。得分九十六。全縣惟本校與縣女中附小分數同。下午本校中小學參加全邑民衆國語演講比賽。本校小學王翠舲得中學組第一。小學錢家修、陳蕴芬、得小學組第一及第三。共得銀盾二。獎旗三。本校高中辯論會。題為保甲法之利益與紛擾。反面勝。初中國語比賽。取楊紫英、嚴志先、華婉芬。小學國語競賽。高小取張偉男等三人。初小取薛愛曾等三人。十二、月卅週紀念會各股開籌備會。所有本學期結束。事宜須待開過卅週年紀念會後結束之。現議定二十四年元旦。開紀念會。及舉行圖書館落成典禮。二日、三日、四日、分開游藝體育成績展覽會。購四庫備要一部。萬有文庫一部。圖書充實。尚待設法儀器標本。本學期約購七百餘元。鴻鑑所採集之各種史地標本。博物標本。亦將整理陳列一部分。以供卅週紀念時之展覽。要之三十年過去之事實，先此略述概況。俟開會後。結束本年之一切。及今後之策劃。書再另編詳述之。

民國二十三年十二月無錫病驥侯鴻鑑記時年六十有三

本校贊助員題名 附說明

楊範甫 孫子遠 林復滬 于瑾懷 劉慶星 馮叔蔚 孫寒厓 毛實君 伊晉齋 趙嘯秋 端午橋 王緯辰 樊介軒

華隨寓 王勝之 楊味雲 張季直 蔣季和 黃任之 裘葆良 唐際虞 陸孟孚 傅若生 孫樹棠 林虎侯 袁項城

孫鶴卿 梁稼義 楊振聲 錢紹庭 沈信卿 馬雋卿 謝宰平 呂惠如 張翼雲 唐蔚芝 侯雪農 吳錦如 孫誦昭

吳贊三 陶達三 胡雨人 嵇滌生 袁潛之 周舜卿 吳訥士 方惟一 宣 耆 祝蘭舫 觀恒閣 袁觀瀾 沈儷崑

唐郛鄉 張雲梅 張鏡人 楊蔭北 秦鼎臣 秦中吉 黃公續 朱昂若 朱襄哉 尤惜陰 吳仲間 顧養吾 袁恒之

顧蓋臣 吳耐人 顧任伊 吳士翹 臧佛公 盧紹劉 伍義伯 鄭勵伯 鄒壽丞 張彬士 劉琴生 屈荊材 汪伯軒

濮仲厚 吳錫如 陸子欣 許文伯 丁石懷 嚴範孫 錢 君 趙 君 于 君 湯 君 朱步蘭 關杞南 吳佐卿

陳審餘 王俊卿 趙介石 姜鐵生 陳傅君 潘硯生 胡和梅 丁芝孫 雷繼興 洪伯言 金硯君 徐果人 孟昭常

狄楚青 錢琳叔 許久香 蔣遇春 侯小齋 邵治田 施夏齋 袁少初 夏寅官 王洪鈞 龔聚具 陳石逸、陶席三

馮冶齋 凌仁山 王鹿鳴 潘鑄禹 林友蘭 嚴亞鄉 孟純孫 徐世厚 蔣近垣 梁 瞿 善亭之 王耕齋 趙錫臣

馬相伯 朱志堯 張益生 華實甫 顧句侯 陳組平 黃厚甫 儲鑄農 吳保粹 張夢邃 何芝廷 顧聽秋 顧景生
鄒仲丹 鄒筠英 侯韻琴 劉冰若 王干城 汪梅君 蕭毓生 余遜申 郭如泉 楊彥威 朱永澍 鄭璧 王襄
陳純仁 錢琪 徐德馨 馮昭 陳錦雲 陸鳳浴 方誠瑞 方誠莊 潘家琳 韓昌學 黃惠敏 連贊齋 宗蘭卿
孫康亭 張希班 馮光宇 侯寶琳 楊文通 朱志成 徐西雲 沈有達、周行 陳倷馨 汪芸 方冠北 陸世榴
屠穎芬 鄭德琛 邵自平 張淑貞 潘珍蕙 潘珍蘭 傅紹英 方繼萱 馮熙 吳婉瑾 吳劍華 陳紹芬 吳玉青
吳松漪 張卓犖 王連白 謝東山 王涵青 王叔涵 仇邁莊 史濟莊 吳迅如 孫蕙保 王鏡秋 楊達權 俞仲遠
龐南湖 顧石仲 張再三 王惟一 居子明 仇亮卿 陸規亮 日本齋藤女醫士 張杏村 蔡崑生 朱運生 錢孫卿
秦卓如 高季蓮 祝友三 吳任昭 榮吉人 顧麟卿 秦縣長華陰許溯伊 章伯初 王正卿 屈君厚 徐襄廷 周修輝
楊秦浩 顧淑禮 陳浣 過逸芬 周孟犖 曹慎余 唐宏度 王汝鈺 劉清遐 嚴怡孫 孫韞珊 金松岑 薛南溟
王希玉 蔣報此 蔣開遠 蔣開榮 孫清標 桂東原 李桂堂 李清泉 陳新政 陳延謙 戴淑原 榮渭陽 王養吾
梁德權 吳順清 郭燕聲 金聯成 吳成春 呂毓甫 黃廻瀾 謝生珍 魏阮生 周恭英 林福全 梁金盞 蔡百福
孫長壽 李和卿 簡君 王雲衢 李鐵岑 夏應佛 莊劍青 謝四端 謝應巔 謝丕泉 謝丕意 謝聚會 謝維漢
王毓清 謝丕串 謝榮魁 謝承院 汪企予 俞可法

以上自楊範甫先生起至王希玉先生止共二百四十八人爲自前清光緒三十一年至民國七年止曾贊助本校捐款最多者如端午橋先生之五百元嚴範孫先生之三百元最少者一元二元亦有之其各人捐數早經於競志雜誌中披露矣自蔣報此先生起至汪企予先生止共四十三人爲民國八年南洋菲島檳嶼爪哇各埠諸同人贊助本校捐款者其數附後

蔣報此　荷銀三〇〇盾
蔣開遠、蔣開榮　荷銀三〇〇盾
孫清標　菲銀五〇〇元
郭燕聲、金聯成、吳成春、呂毓市、黃廻瀾、謝生珍　叻銀五〇〇元
李和珍　叻銀二〇元
簡　君　叻銀一〇〇元
王雲衢、李鐵岑　叻銀四〇元
莊劍青　叻銀一〇元

桂東原　菲銀二〇〇元
李桂堂　菲銀一〇〇元
李清泉　菲銀五〇〇元
陳新政　叻銀五〇〇元
魏阮生、周恭英、林福全、梁金鑾、蔡百福、孫長壽　叻銀三〇〇元
謝四端　叻銀一〇〇元
謝應顯　叻銀五〇元
謝聚會　叻銀二〇元
謝不泉　叻銀五〇元

陳延謙　叻銀五〇〇元
戴淑原　叻銀一〇〇〇元
梁　權　叻銀五〇〇元
吳順清　叻銀五〇〇元
謝不意　叻銀一〇元
謝維漢　叻銀一〇元
王毓清　叻銀一五元
謝不串　叻銀五元
謝榮魁　叻銀五元
謝承院　叻銀五元
王浩然　叻銀二〇元
榮渭陽　叻銀一〇元
汪金予　叻銀五〇元
夏應佛　叻銀八元

最後宜興俞可法女士於民國二十年特捐國幣二百元指定充作本校基金自後如有同志慨助本校基金者本校拜賜佳貺尤所感禱

校友曾補助母校者之題名

諸希賢　陳允儀　楊蘊中　夏蔚孫　鄒其光　趙逸儕　華　霞　劉冠昭　趙毓荃　張毅芬　章君度　陳士弘　華學英

馮元賽　王素豪　薛絮保　汪韡霞　吳　霞　孫韞華　程文荃　過自愛　許　卓　林志顯　秦佩珊　陶學恒　楊雪禎

王汝琳　王壽蘊　龔　輝　顧蕙芳　郭寶瑛　葛　琪　龔劍青　陸　沼　華　庠　王世亮　顧履潔　薛嗣音　華　巽

沙　選　華　豫　李定媛　孫玉如　過蘊輝

以上校友四十四人自民國元年起至十二年止共補助母校經費七百十一元嗣於十三年後迄今二十三年因建築圖書館由校友負責經募共得一千七百餘元充建築圖書館費另由校友會彙刊披露茲不複載

行政概况

一　本校組織大綱

第一條　本大綱係遵照江蘇省縣市公私立中等學校暫行組織規程，並參酌本校實際情形訂定之。

第二條　本校以根據中華民國頒布之教育宗旨，繼續小學基礎，培養青年充分知能，實施健全之公民訓練，就預備升學，及其他普通職業上之陶冶，俾能服務社會效忠黨國爲宗旨。

第三條　本校高初中兩部，修業年限各三年。小學部分高級初級，高級修業二年，初級修業四年。

第四條　本校設校董會，額定校董十三人，規劃本校設施大綱，並審核預算決算。

第五條　本校設校長一人，統轄全校行政。

第六條　本校設校務主任一人，秉承校長，主持全校一切事務。

第七條　本校設教務主任一人，秉承校長，支配全校課程，考核教員服務狀況，及學生成績註冊統計等事宜。

第八條　本校設訓育主任一人秉承校長，掌理全校學生指導訓練監護查察等事宜，常務導師一人協同進行。

第九條　本校設事務主任一人，秉承校長，掌理全校預算決算，收支款項，整理校舍，以及購置校具等一切事宜。

第十條　本校設舍務指導一人，秉承校長，並商承訓育主任，處理寄宿生一切事務。

第十一條　本校設教務訓育會計事務文牘書記及舍務助理各員，秉承校長，並商承各該部主任，處理範圍內一切事務。

第十二條　本校爲謀校務之改進，設左列各項會議，其組織及規程另訂之。

1. 全校教職員會議。

2. 教務會議。

3. 訓育會議。

4. 事務會議。

第十三條　本校設教務處，由教務主任教務員書記等組織之。

第十四條　本校設訓育處，由訓育主任常務導師學級級導師舍務指導等組織之。

第十五條　本校設事務處，由事務主任會計員事務員等組織之。

第十六條　本校國文外國語自然科學社會科學等學科，各設分科會議，由各學科教員及教務主任組織之。

第十七條　本校爲處理臨時進行之事務，得依全體職教員會議之決定，設立各委員會，由校長推定教職員若干人組織之。

第十八條　本大綱如有未盡事宜，得提交全體會議修正之。

二 本校組織系統

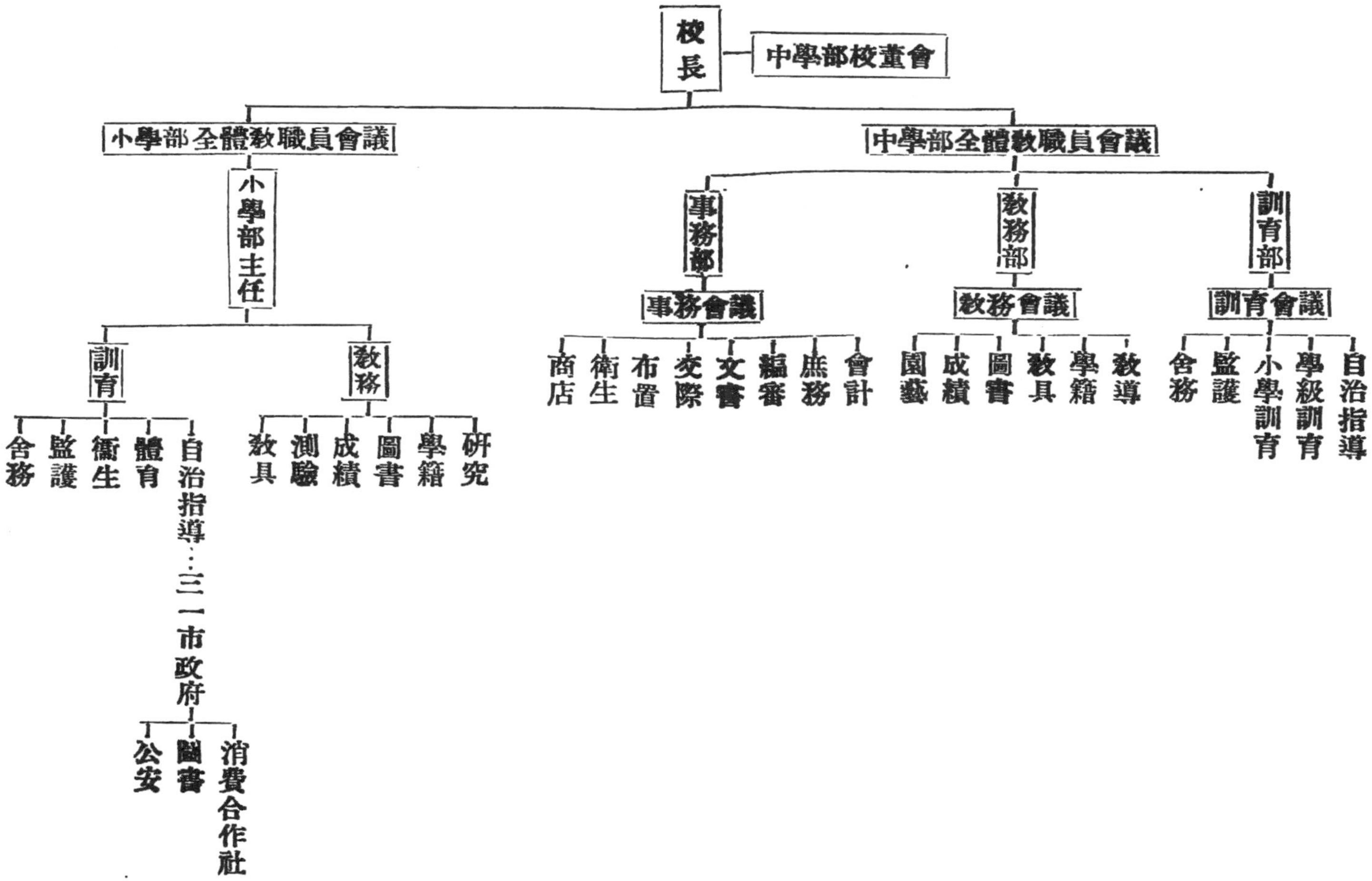
校長
中學部校董會
小學部全體教職員會議
中學部全體教職員會議
小學部主任
訓育
教務
舍務
監護
衛生
體育
自治指導……三一市政府
公安
圖書
消費合作社
教具
測驗
成績
圖書
學籍
研究
事務部
事務會議
商店
衛生
布置
交際
文書
編審
庶務
會計
教務部
教務會議
園藝
成績
圖書
教具
學籍
教導
訓育部
訓育會議
舍務
監護
小學訓育
學級訓育
自治指導

三　校董會規程

第一條定名　本會遵照教育部新頒修正私立學校規程第二章校董會組織定名無錫私立競志女子中學校董會

第二條宗旨　本會代表本校設立者負責維持學校並謀發展女子教育爲宗旨

第三條組織　本會推舉校董十五人除立校者一人外，由贊助員及與本校有關係之人推舉十四人公推一人爲董事長

第四條職權　本會職權如左

一、選聘校長

二、審定預算決算

三、籌劃經費

四、監察財務

五、保管校產

六、籌募基金

七、其他關於興廢大端及設立與解散各重要事宜

第五條會議　本會每學期開會一次由董事長定期召集負責主持本會事宜及執行議決各案遇必要時經校董五人之同意得召集臨時會議

第六條選舉　本會校董之選舉由設立者從贊助員及與本校有關係之人選中提出加倍之人數在校董會中由校董選舉之

第七條任期　本會校董之任期以兩年爲一任改選二分之一連舉者連任董事長亦如之

第八條代表　開會議時如有遠道校董不能到會時可函託校董中一人爲代表解決一切凡選舉權及議決權均由代表者兼任之

第九條報告　本會得於每學年終結後一個月內將學校概況及經濟狀況分別呈報主管行政機關備案應列各項如左

一校務狀況

二前年度所辦重要事項

三前年度金額及項目

四校長教職員學生一覽表

第十條附欵　本章程如有未盡宜得於本會開會時由出席校董多數之議決修改之

附組織及選舉辦法二條

1·本章程第三條組織所謂與本校有關係之人即（甲）教職員（乙）校友

2·本章程第六條選舉在選舉時贊助員額五人教職員額五人校友四人

四　本校會議通則

第一條　凡本校各項會議，本通則均適用之。

第二條　開會時，會員均須准時出席，如因故不能到會，須先向主席請假，或請出席會員代表。

第三條　出席會員，每人祇能兼代一人，且兼代之會員，不得超過出席會員三分之一。

第四條　出席會員，須達會員總數二分之一以上，方得開會。

第五條　開會時間，已逾十五分鐘，出席會員不足規定人數，得停止開會。

第六條　開會時間，以二小時為限，但遇需要時，得延長二十分鐘。

第七條　常會須於開會前一日用書面通知，但臨時會議，得變通辦理。

第八條　會員提案，應於開會前送交主席，以便編定議事程序。

第九條　凡遇內容複雜，關係重大之提案，主席應於開會前，將案由印發各會員，先事研究。

第十條　會員當場動議，須有人附議，方得討論。

第十一條　開會時，主席先宣讀議事程序，依次討論，非有特別情形，不得變更程序。

第十二條　凡提議事件，不能即時解決者，得組織委員會處理之。

第十三條　表決議案，以出席會員過半數為可決，可否同數，取決於主席，但請代之人，無表決權。

第十四條　表決用舉手法，但經主席詢無異議時，得省略表決形式，該案即為通過。

第十五條　本通則經全體會議通過施行，如有未盡事宜，得提出修改之。

五　全體教職員會議規程

第一條　本會議依據本校組織大綱第十二條第一項之規定，由全體教職員組織之，開會時以校長為主席。

第二條　本會議得審查議決左列事項：

1.學校具體方針。

2.學校各項重要規程。

3.學科之增減及增設班級事項。

4.擴充設備事項。

5.其他對內對外一切重要事項。

第三條　本會議每學期開常會三次，其日期由學校行政歷規定之。遇必要時，得開臨時會，均由校長召集之。

第四條　本會議須有二分之一以上之會員出席，方得開會。如會員因事不能出席，得請他會員代表，但每人以代表一人為限。

第五條　議案須經出席會員二分之一以上之可決，方得通過。

第六條　本規程經全體教職員會議通過施行，如有未盡事宜，得提出修改之。

六　教務會議規程

第一條　本會議為謀教導上改進起見，由校長各部主任各科教員及教務員組織之。

第二條　本會議分全體會議及臨時會議兩種。

第三條　全體會議，每學期舉行三次，臨時會議，遇必要時得召集之。

第四條　全體會議及臨時會議，開會時，均以教務主任為主席，並負召集之責。

第五條　本會議應行評議之事項，其範圍如左：

1.規劃及審查全校課程。

2.規定學業試驗辦法，及學業成績考查標準。

3.商訂學生選課規程，及升級留級與退學之標準。

4.組織招生試驗及監試各委員會。

5.商訂各學科教學順序。

6.謀教學與訓育之聯絡。

7.其他關於教務上之重要事項。

第六條　全體會議及臨時會議，均須有會員三分之二出席，方得開會。

第七條　本會議之議決案，由教務處分別執行之。

第八條　本規程經全體會議議決施行，如有未盡事宜，得提交全體會議修訂之。

七　訓育會議規程

第一條　本會議爲謀訓務上之改進，由校長各部主任常務導師舍務指導各級級導師組織之。

第二條　本會議分常務會議特別會議臨時會議三種。開會時均以訓育主任爲主席，遇缺席時，由常務導師代理之。

第三條　常務會議，每學期舉行三次，特別會議，每學期終舉行一次，臨時會議，於必要時舉行。

第四條　本會議應行審議之事項，其範圍如左：

1. 擬定全校訓育方針。
2. 釐訂學生修養標準。
3. 指導學生日常生活。
4. 制定考査學生操行成績之標準及方法。
5. 決定重要之獎懲事項。
6. 處理其他部分交議之與訓育有關事項。

第五條　本會議須有三分之二以上之會員出席，方得開會。

第六條　本規程經全體會議通過施行，如有未盡事宜，得提交全體會議修改之。

八　事務會議規程

第一條　本會議為謀事務上之改進，由校長各部主任常務導師舍務指導各級級導師體育主任會計事務書記員等組織之。

第二條　本會議每學期開常會三次，臨時會議於必要時得舉行之，開會時，均以事務主任為主席。

第三條　本會議須有三分之二以上之會員出席，方得開會。

第四條　本會議應行審議之事項，其範圍如左：

1．討論本校事務之進行及發展。

2．計劃全校校舍之支配建築修理及衛生清潔等與事務有關之事項。

3．建議本校應行事項於全體教職員會議。

4．處理其他部分交議之與事務有關之事項。

第五條　本規程經全體會議通過施行，如有未盡事宜，得提交全體會議修改之。

九　教務處規程

第一條　本處設教務主任一人，秉承校長，處理全校教務事宜。

第二條　本處設教務員一人，襄理教務一切事宜。繕寫員一人，佐理本處或本校一切繕寫事宜。

第三條　本處執掌之事項如左：

1．編製全校課程。

2．支配考核教員服務狀況。

3．掌理學生選課註冊事項。

4．掌理學生成績及統計。

5. 召集教務會議。
6. 支配教課及時間。
7. 掌理開課停課等事。
8. 支配教室實驗室及預備室。
9. 規定學業試驗辦法。
10 會同各科教員審定教科用書。
11 考查教室內授課情形。
12 會同招生委員會辦理招生事宜。
13 會同各主任及各學門教學研究會主席商訂各科教學程序。
14 會同各科教員指導學生升學事宜。
15 會同各主任辦理展覽會等事項。
16 掌理教員請假及補課事項。
17 統計學生出席缺席事項。
18 辦理學生升級畢業及退學事項。
19 調製學業成績及學期報告。
20 製定教務方面應用之表簿。
21 保管成績及試卷。

22 調製各種統計圖表。
23 領導參觀。
24 收發公文函件。
25 呈報教局教廳學生名冊。
26 記載教務日誌。

第四條　本處辦公時間，規定上午八時至十二時，下午一時至五時，如遇特別情形得延長之。

第五條　本規程如有未盡事宜，得隨時提交全體會議修正之。

十　訓育處規程

第一條　本處由訓育主任常務導師舍務指導各級級導師組織之。商承校長綜理全校訓務。

第二條　訓育主任協同常務導師主持全校學生指導訓練監護查察事宜。其任務之要項如左：

1. 召集訓育會議開會時並爲主席。
2. 擬訂訓育標準及與訓育有關之各種規程。
3. 會同各級級導師及舍務指導，執行議決案。
4. 會同各級級導師及舍務指導，隨時指導學生課外作業，以謀全校風紀之改進。
5. 會同各級級導師舍務指導及其他教職員，評定學生操行成績，並處理普通獎懲事項。
6. 會同教務主任各級級導師，考查學生勤學情形。
7. 會同事務主任體育主任各級級導師，注意學生健康情形。

8• 注意維持全校之風紀秩序事項。
9• 稽查全校學生之請假情形。
10 施行教室方面及公共場所定期或臨時之整潔檢查。
11 調製與訓育有關之各種表冊。
12 指導全校學生自治會之選舉及集會事項。
13 記載訓務日誌。
14 處理其他與訓務有關之事項。

第三條　各級導師商同訓育主任及常務導師處理各該級與訓育相關之事項。其任務之要項如左

1• 指導所任學級學生之課外作業及日常生活。
2• 指導或參加所任學級學生之自治組織。
3• 擬定學生操行成績提經訓育主任，報告訓育會議公決之。
4• 出席訓育會議，其議決事項與所任學級有關者，並分別執行之。
5• 核定所任學級學生之請假。
6• 考查所任學級學生之自修早操及公共集會之出席情形。
7• 隨時與所任學級學生作個別或團體談話。
8• 查察所任學級學生之課外運動事項。
9• 主持所任學級學生代表幹事等選舉事宜。

10督促所任學級幹事及值日生履行職務，並考核其勤惰。

11聯絡其他各級級導師，共謀訓務上之改進。

12處理其他關於訓務之一切事宜。

第四條 舍務指導商同訓育主任及常務導師，處理關於宿舍內各種事務。其任務之要項如左：

1.考查宿舍各部之整潔事項。

2.注意學生之起居飲食並調護其疾病。

3.核准寄宿生之請假。

4.編定學生自習室寢室膳堂之席次。

5.每晚就寢時查察學生之人數。

6.注意各自修室寢室浴室厠所等處之整潔。

7.調製及保管關於舍務方面各種表簿之記載。

8.注意宿舍內各部用品之保管及修理。

9.掌管宿舍之鎖鑰及啓閉。

10處理其他有關舍務之一切事項。

第五條 本規程如有未盡事宜，得隨時提交全體會議修正之。

十一　事務處規程

第一條 本處設事務主任一人，會計一人，事務員一人，商承校長，規劃及執行本校一切事務。

第二條　本處爲事務上便于聯絡計，會記校醫等亦屬本處系統之內。

第三條　事務主任，秉承校長，處理全校預算決算及款項，校舍之支配，校具之購置。其任務之要項如左：

1. 召集事務會議開會時並爲主席。
2. 會同本處各職員擬定事務進行計劃，並分別執行。
3. 執行全體教職員會議關於事務範圍內之議決案，及校長交辦事項。
4. 公布及執行事務會議之議決案。
5. 會同訓育處，計劃改善全校之清潔及衛生。
6. 會同會計員，編製預算決算。
7. 審核會計員之收支報告。
8. 監察廚房辦理膳食情形。
9. 分配校工職務。
10 記載事務日誌。
11 處理其他與事務有關之事項。

第四條　會計員秉承校長及事務主任，處理全校收支事宜。其任務之要項如左：

1. 編製預算決算事項。
2. 經管收支款項。
3. 登記保管關於會計項下之各種賬冊。

4．保管一切重要契據簿冊，及其他會計文件事項。
5．逐月編製收支報告，送校長及事務主任審核。
6．處理其他與事務有關之事項。

第五條　事務員，秉承校長及事務主任，處理全校一切事務。其任務之要項如左：
1．執行事務會議議決案及事務主任交辦事項。
2．管理及計劃關於營造修繕事項。
3．購置一切需用物品事項。
4．登錄保管一切校舍校具及物件事項。
5．指揮監督校工職務事項。
6．掌理全校膳務並監察廚房膳食情形。
7．辦理並保管教員準備室之各項書籍儀器事項。
8．規劃校園及布置花木事項。
9．記載事務日誌。
10．處理不屬於其他各部之瑣碎事項。

第六條　繕寫員商承事務主任，掌理左列各種事務：
1．繕寫講義及其他印刷品。
2．謄寫公文書函布告規程表格等。

3. 保管各種印刷品。
4. 辦理其他指定或委託事項。

第七條　校醫之任務如左：
1. 診察師生疾病及檢查學生體格。
2. 在疫病盛行時實施預防消毒及制止疫病傳染之方。
3. 招收新生時檢查學生體格。
4. 關於公共衛生事項，得擬辦法交事務處採取執行。

第八條　本校各部領用物件，須先開具領物証，由主管主任簽字具領，如價在五元以上者，並須經校長核准，方可具領。

第九條　事務處接到領物證後，如以事實上困難，一時不易辦到時，須聲明原因，請予緩辦。

第十條　除購置物品，或因公出差，因事實上之必需，得預付款項外，非有特殊事由經校長許可，不得預支。

第十一條　本規程如有未盡事宜，得提交全體會議修正之。

十二　教職員服務規程

第一條　凡本校教職員皆須服膺黨義，熱心教育，力謀本校之發展，與個人學行之增進。

第二條　教職員須依據本校教學訓育之標準，協助校長，力謀本校教育方針之實現，並隨時貢獻改進之意見。

第三條　教職員須出席於本校應行參加之各種會議。

第四條　凡教職員應遵守本校各部與自身職務有關係之各項規程，並各種會議之議決事項。

第五條　教職員除原定職務外，須負指導學生生活或課外活動之責。

第六條　各教員授課，須按時點名，並於授畢後，塡註教授實施錄。

第七條　各教員授課時，學生如有踰越教室規約，須隨時糾正或制裁。其重大者報告訓育主任辦理。

第八條　圖書器械等用品，本科担任教員應負整理保管之責。

第九條　教員如不得已而缺課，須於事前通知教務處，與其他教員商酌對調。職員請假須自行覓代。教職員請假，如滿一週以上，須商得校長同意，正式請人代理，薪俸照扣。

第十條　教員須按照規定上課時間，勿遲進教室，並勿早退。

第十一條　凡教務處所排定之教學時間，教員請勿自行更易，如因不得已事故，臨時有所改變，須於事前通知教務處。

第十二條　教員在學期考試規定時間內，勿提前考試，致妨碍其他學科。

第十三條　各學科担任教員，應於每學期末將學生臨時定期考試試卷及試題分數等，送交教務處備查。

第十四條　凡前學期終了時，下學期是否續訂，在放假前以延聘書之送否爲斷。如職務及任課時數畧有變更，薪金得比照增減。

十三　學生學業成績考查規程

第一條　本規程依據省教育廳規定中等學校學生成績考查標準，並參酌本校情形訂定之。

第二條　學生學業成績考查，分甲乙丙丁戊五等，甲等爲優成績，乙等爲普通成績，丙等爲次成績。丙等以上爲及格，其學分均有效。丁等爲補考成績，於下學期開始時，得於校定補考時期內，請求校中補考。戊等爲不及格成績，不給學分。

第三條　學業成績等第，以分數之高下爲標準，按下法計算之：

1. 學業成績分數，在八十分或八十分以上者爲甲等。

2. 學業成績分數，在七十分或七十分以上八十分以下者爲乙等。

3. 學業成績分數，在六十分或六十分以上七十分以下者爲丙等。

4. 學業成績分數，在五十分或五十分以上六十分以下者爲丁等。

5. 學業成績分數，在五十分以下者爲戊等。

第四條　考査成績，計分平時積分月考及學期考試三種。

第五條　計算各學程平均分數時，平時積分，月考分數，學期考試分數，各占三分之一。

第六條　左列各學程之全部或一部，得免月考或學期考試。

圖畫，書法，手工，唱歌，家事學程中之實習，自然科學之實習。

第七條　平時積分之考査，可依據上課時之問答，課外之練習及筆記作品等。

第八條　月考次數規定如下：

1. 該學程每週授課在四小時以上者，每學期至少三次。

2. 該學程每週授課在二小時以上者，每學期至少二次。

3. 該學程每週授課一小時者，每學期至少一次。

第九條　評定學業成績，暫以百分爲最高標準，以六十分爲及格。

第十條　學生考試時，如有舞弊行爲者，其成績概不給分。

第十一條 一學期內缺課時數，滿授課時數三分之一，或三分之一以上者，不得參與學期考試。滿二十分之一者，應扣去各該學程平均分數一分，無故缺席，加倍計算。

第十二條 因病或因重大事故，經訓育處核准給假，而未與學期考試或月考者，得請求補考。

第十三條 凡補考分數，一律作八折計算。

第十四條 學期學業成績，按下列方法計算之：

1. 以各學程學分數乘各學程平均分數，得各學程平均分數總積。

2. 將各學程平均分數總積相加，以一學期修習學分總數（凡不及格學程，及已放棄選修學程之學分數，均一律加入，）除之，得一學期學業總成績。

第十五條 學期學業總成績計算法，同本規程第三條。但有四種或四種以上之學程成績減低一等，則學業總成績亦減低一等。

第十六條 遇有下列情形之一者應令留級：

1. 學業總成績等第為丁者。

2. 缺課時數占受課時數三分之一，或三分之一以上者。

3. 必修學程不及格，學分滿三分之一，或三分之一以上者。（不及格學分不滿三分之一，而得補考，補考後仍不及格，或不得補考之學分數，應歸併下學期之不及格學分中）。

第十七條 凡應留級之學生，如因班次不能銜接時，得暫在原班試讀一學期。

第十八條 在試讀期內，其成績確有猛進者，經各教師之審查，得將上學期不得補考之學程，重行補考，補考後而能及格，暫准其在原班上課。

第十九條　凡有下列情形之一者，不得畢業：

1.未曾習滿規定學分者。

2.學業成績列入丁等者。

第二十條　本規程如有未盡事宜，得由教務會議提交全體會議修改之。

十四　學生操行成績考查規程

第一條　學生操行成績，由各級訓導員負責考查，更由訓育主任總其成。舍務員及各科教員，亦宜隨時留意學生操行，報告訓育負責人員。遇必要時，並得由訓育處製定表格，分向各方調查，以期周密。

第二條　學生操行之考查，注意日常行為，就平日各個調查觀察所得，由訓育人員，隨時記入簿籍，至學期終了之前一週，按照操行成績規定之要目，並參酌各方意見，評給分數，提交特別訓育會議公決之。

第三條　操行成績之評定，分甲乙丙丁四等，以一千分為滿分，八百分以上為甲等，八百分以下至七百分為乙等，七百分以下至六百分為丙等，不滿六百分者為丁等。丙等以上為及格，丁等為不及格。凡列入丁等者，命令退學。畢業列入丁等者。雖學業及格，亦不得畢業。

第四條　學生操行成績，於每學期終報告家庭一次。如須施行獎懲者，並按照獎懲規程，分別執行。

第五條　本規程，如有未盡事宜，提交全體會議修改之。

十五　學生請假規程

第一條　寄宿生請假辦法，分下列三種：

甲、例假　1.日曜日。

2.紀念休假日與日曜日同，惟須在紀念典禮完畢後方得出校。

乙、特別假　凡不在上列例假範圍，因病或其他重大事故須請假出校或回里者，應由其家長或保證人到校或來函證明，經舍務指導核准後，始得給假。但遇特別情形時，得酌奪辦理。

第二條　寄宿生例假外出，須簽名於例假簿，回校仍須到舍務處銷假。

第三條　通學生因故請假，須將事由填明請假證，經家長簽名蓋章，經本級訓導員核准後，方得給假。

第四條　通學生倘不及預先請假，須於假滿到校日補行請假手續，否則作無故曠課論。

第五條　寄宿生或通學生請假逾限，須於到校日由家長補具續假聲請書，否則逾限時數，作無故曠課論。

第六條　住居本城附近之寄宿生，如於土曜日下午課後回家者，須于學期開始時，由家長來函聲明，經舍務處核准。但須於下週月曜日上午課前到校。

第七條　事假除父母大故外，以一週為限。但遇必要時，得由家長來函續假。

第八條　凡學生請假，經核准後，通學生須領取出門證，寄宿生須領取本人名牌，交於門房，以便查考。

第九條　凡不告假而外出之學生，查見一次，予以普通警告或記過，二次予以特別警告或記過。三次令其退學。

第十條　本規程，如有未盡事宜，得隨時提交全體會議修改之。

十六　獎勵規程

第一條　本校對於學生操行學業及體育上有卓著之成績，或服務著有勞績者，分別等差，予以相當之獎勵。

第二條　獎勵分左列五種：

甲、獎勵金。　乙、獎狀。　丙、書籍物品。　丁、攝影或題名。　戊、公開褒揚。

第三條　獎狀分敦行不怠，造詣過人，體魄矯健，未嘗輟業四種。

第四條　凡一學期中操行成績在九十分以上者，給予敦行不怠獎狀。各科成績均在甲等以上者。給予造詣過人獎狀。體育成績在九十分以上者，給予體魄矯健獎狀。未經缺課且無遲到早退者，給予未嘗輟業獎狀。

第五條　凡一學期中完全得四種獎狀者，給予甲等獎，同時並得丁種獎勵。

第六條　凡一學期中，連得三種獎狀者，給予丙等獎，同時並得丁種獎勵。

第七條　凡一學期中得一種至二種獎狀者，給予丁等獎。

第八條　凡學生言行上，學業上，技能上，有特別優點，足資同學楷模者，於適當時期內提出公開褒獎。

第九條　凡第四條至第七條各項獎勵，於每學期結束時，由各級訓導員彙核判定，提交特別訓育會議，審查後執行之。

十七　懲戒規程

第一條　本校對於學生操行不良、或怠忽學業者，分別輕重，予以懲戒。

第二條　懲戒分左列五種：

1.訓誡。　2.禁假，　3.記過。　4.警告。　5.開除學籍。

第三條　凡有左列各款之一者，應隨時訓誡，並酌扣操行分數。

1.言行有違背校規者。　2.怠惰學業者。　3.不注意體育衛生者。

第四條　凡有左列各款之一者，寄宿生禁止出校，通學生禁止請假，並酌扣操行分數。

1.不遵請假規程者。　2.託辭請假者。　3.請假逾期者。　4.在校外有失檢行為者。

第五條　凡有左列各款之一者，按照情節輕重，記過一次或二次。

1. 一再訓誡而不悛改者。
2. 受三四兩條懲戒不發生效力者。
3. 違背學校禁令者。
4. 不服教誨而侮慢師長者。
5. 考試時作弊者。
6. 破壞秩序或妨礙公衆安寧者。
7. 故意損壞校具或建築物者。
8. 不假而出校者。

第六條　凡有左列各款之一者，應予以嚴重之警告。

1. 不服訓誡者
2. 一學期學業成績不良者。

第七條　凡有左列各款之一者，應即開除學籍。

1. 一學年中記過滿三次者。
2. 警告後仍不悛改者。
3. 操守不能廉潔者。
4. 敗壞風紀而累及校譽者。

5. 干犯學校嚴重禁令者。

6. 干犯政府禁令而危害學校者。

7. 一學期操行總評列入丁等者。

8. 學業成績難期造就者。

第八條　凡學生在一學期中，曾受訓誡三次，或記過及警告一次者，該學期操行成績不得列入甲等。受訓誡滿五次，或記過及警告二次者，不得列入乙等。

第九條　曾受懲戒之學生，如能悔過自新，經訓育會議議決，得撤銷其懲戒之一部或全部。

十八　學生各項規約

1. 學生通約

一　學生來校，須一律遵守本校各項規程。

二　注重道德，砥勉學業，樸素服裝，（塗脂抹粉以及燙髮等習尚尤所深戒）謹愼言動，務以實行本校眞實勞苦勤肅樸潔校訓爲原則。

三　服從校長教職員之訓話及指導。

四　和愛同學，崇尚公德，愛護公共之器物，保持公衆之秩序。

五　不得塗抹牆壁及教室內之黑板並檯板等

六　上課時須遵守教室規約，體操時須遵守操場規約，散課時，亦不得任意喧嘩。

七　自修時須遵守自修室規約。

八 各科考試時，須遵守考試規約；不得於未考之前，要求範圍，考試之時，藉口題目艱深，自由缺席，甘自暴棄。

九 寄宿生須遵守宿舍規約。

十 學生到校，須查照繳費須知，一律豫繳，始由校發給上課證，寄宿生並發給入舍證。

十一 通學生每日必須於上課前到校。不得遲到早退，及任意曠課。

十二 通學生道路往來，須注意紀律，勿在途中購買零食。

十三 每晨到校，對於教職員須行敬禮。同學相見，亦須彼此行禮。

十四 學生需用教育物品及書籍等，自向本校販賣部購取，如販賣部不備者，寄宿生須開單向舍務指導員說明，經認可後，或飭校役出外購辦，不得私飭校役購置。

十五 學生在校，須一律穿制服，春冬藍色，夏秋白衣黑裙。

十六 寄宿生除給假外，通學生除午餐及午後課畢外，一律勿出大禮堂前之藍屏門。

十七 凡中小兩部學生，對於學校方面，如有意見陳述，可由級任教員代達校長，採納與否，由教職員會議決，在學生方面絕對無干涉行政之權。

十八 凡學生不應至之地，(如教員寢室等)不得擅入。

十九 凡學生對於學行上，有特別優點，宜嘉獎者，按照獎勵規程分別獎勵之。

二十 凡學生有不守規則者，按照懲戒規程分別懲戒之。

二十一 本通約所未盡者散見於各項規約。

2·教室規約

一 上課下課，以敲鐘爲號。上午及下午之第一節，在上課前五分鐘搖預備鈴，學生預備上課時應用書籍物品。至第二次搖鈴，依次整隊入教室。

二 出入教室，小學部由級長司令，上課時：1.起立鞠躬2.一律坐定。3.取應用物品。下課時：1.收藏所用書籍物品。2.起立鞠躬。3.依次整隊出教室。

三 中學部各教室，聞上課鐘後，依次整隊入教室，教員進教室時，由級長司令一二三，行敬禮坐定取書物。下課時亦由級長司令，起立行敬禮，依次整隊出教室。

四 整潔教室逐日由值日生分任，每週共同大掃除一次。

五 出入教室，必須依次整隊進行，不得紊亂秩序。

六 上課時專心課業不得談笑及有一切不規則之狀態。

七 學生入教室後，教員或尚未到，應一律靜候。教員缺席時，須在教室內自修。

八 教員講授時，如有疑問，須待教員講授停頓時，起立致問。同時不得有二人發言。教員發問時，學生隨時應答。

九 上課應用之書籍物品，須依照課程，按時準備。非應用之品，不得帶入教室。

十 教室中用具以及圖表器械標本等類，均須加意愛護，勿擅自移動。

十一 手工用具及廢紙等，須隨時收拾。

十二 上課時，不得擅離教室，如因不得已事故，須經教員之許可。否則作無故缺席論。

十三 涕唾必于痰盂。黑板不得塗抹。

十四 下課敲鐘時，教員得自由伸縮時間，教員未講授完畢時，學生不得先行收拾課業用品。既畢後，凡應用物品，須收拾淨盡，不得遺漏。

3·學生集會結社規約

一　集會結社，以關於智育德育體育美育者爲限。

二　會中章程及會員職員名單，以及議决事項，均應報告訓育處。

三　每次開會日期，均應於開會前一日報告訓育處，並得派員列席指導。

四　凡關於學生全體之集會規章，應經學校全體教職員會議之通過。

4·宿舍規約

一　宿舍編定號數，寢榻編定姓名，不得任意更換。

二　每室由同宿舍舉定室長一人，主持一室事宜。室長職任：(一)注意宿舍之整潔。(二)注意同舍生疾病衛生等事。(三)傳達指導員之命令。(四)同舍生有所陳述於指導員，一律代達。(五)掌同舍生購物簿。(六)言行舉動，宜以身作則。

三　每晨六時三十分鳴鐘，一律起床，折疊衣被，限七時以前盥洗完畢。(四月一日起，改六時起床。九月一日起，仍照上例)。

四　每晚九時鳴鐘，由指導員點名入寢室。九時三十分，一律息燈。

五　行李書冊床鋪衣服各自整潔，櫃上不得堆積雜物，地下不得拋棄廢紙。

六　行李中不得攜帶貴重飾品，遺失不理。(如有誤帶來校者，當一律交指導員代收，寒暑假時發還。)

七　如有銀元滿兩元以上者，必須交指導員代收，需用時領用。

八　替換衣服，星期日自行洗濯，為家事上之練習。惟不得隨地潑水。年幼者(在十歲內)不能自為洗濯，由指導員交明女僕，發至校外洗濯，費由學生自給。

九　每時下課後，通學生不得任意入宿舍，而寄宿生及通學生均禁入教員室。寄宿生不得留通學生住宿校中。

十　上課後，宿舍一律下鎖，上午應用之書籍物品，於早餐後檢齊，俟上課帶入教室，下午應用之書籍用品，於午飯後檢齊，俟上課帶入教室。

十一　欲購物品，開明購物簿，交室長轉交指導員，由指導員彙齊飭購。(星期三及星期日下午購課業用品及購零星物件)

十二　衣服臥具，不得彼此相借，睡眠不得兩人同榻，息燈後不得自行燃燭。

十三　拾得遺物，無論大小，必交明室長，轉交指導員，查明後給還原人。

十四　在宿舍內不得喧譁談笑。

十五　因事出外，必寫明請假緣由，俟指導員允許後，給與假條，方准出校。

十六　學生家屬來校探視，由傳達處通報，在應接室接見，概不得入宿舍。

十七　學生疾病，家屬來校視疾，須由指導員導引。

十八　學生如須通信家屬，准于休課後晚餐前在自修室寫信，惟不得有礙自修時間。

十九　凡寄宿生家屬來信，由校役呈送指導員查核後，分致受信學生，校役不得直接傳遞。

二十　凡學生箱籠物件，無論何時，指導員得向學生取鑰匙查檢之特權。

二十一　凡學生因事住宿校外，須由家屬來校陳述事由，經指導員之允許。

5•自修室規約

一 每晚七時鳴鐘，寄宿生一律入自修室。至九時鳴鐘下課。

二 自修時不得託故缺席，如因不得已事故，須經舍務員之准許。

三 自修時如有疑問處，同學得互相討論，但以不妨碍他人為原則。

四 自修室之坐次，由舍務員派定後，不得自由調換，及擅離坐位，任意談講。

五 自修時勿營課業以外之事。

六 自修室中，各自整理，勿踐踏，勿紊亂秩序。

七 自修時不得有不規則之舉動，妨碍他人。

八 自修室整潔，於每日自修完畢後，由値日生分任之。

6•膳堂規約

一 每日三餐不得過規定時刻。

二 進餐以鳴鐘為號，諸生聞鐘聲，隨即入膳堂排班。

三 排班時，聽室長口號魚貫進行，不得紊亂秩序。

四 早晚每桌八人，由第一桌始依次坐定，不得爭先。

五 待指導員入席後，一律同時舉箸，不准談笑。

六 同桌者一律餐畢，起立出膳堂，要安詳肅靜。

七 指導員及學生均自行添飯。

八　飲食不潔，告知指導員，轉飭廚役改良，不得添換菜肴。

九　臨食不到，概不停待，不准另請開膳，除學生有病得在寢室另膳外，其餘一概禁止。

7. 盥洗室規約

一　盥洗時，當依次入室，不得爭先恐後。

二　取水須在水箱中依次汲取之，切勿爭先。

三　漱口務就檻外，不得在室內吐洒。

四　傾水必就鉛溝，不得任意傾潑。

五　盥漱後，一律將毛巾晒諸鉛絲上。盥洗器具，宜隨時整理，不得攜帶入寢室。

六　盥洗室中，每日有值日生整理，以補各人之不逮。

8. 浣濯場規約

一　洗滌衣服等物，當就洗濯地點，不得在他處浣洗。

二　浣洗時汲水於井，不得任意潑水於地。

三　晾晒衣件，務在晾晒場所，就衣架及晾木上晾晒，不得隨處疊放。

四　傾水必於水溝，切勿任意傾於平地。

五　盆桶砧杵等具，勿擅移他處，勿輕毀損。

六　折疊衣服，必整理潔淨，謹愼安放。

9. 家事室實習規約

一　家事室由指導員分組列表派定實習中每週輪值一組。
二　每組七人，每人一日。或每組十四人，每二人一日輪值之。
三　非輪值之組，來此室中，即爲賓客，輪值組之值日者，即爲主人，彼此應有主賓酬酢之禮。
四　室中一切陳設，輪值之組，共同佈置，以美麗清潔適用爲要。
五　星期日前組交卸，後組接收。

10烹飪室實習規約

一　每上課時，由教員在本教室點名後，導入烹飪實習室。
二　每組六人。輪流實習。
三　非輪值生，一律在本教室溫習，不得任意隨入烹飪室。
四　每實習時，或烹調，或洗濯，由教員分配，不得自擇。
五　拂拭鍋竈洗滌器具，皆須學生自爲，不得差遣女僕。
六　下課仍以鳴鐘爲號。
七　烹飪成績，即供學生午餐之用，逢煮炊粥飯時，即停止廚房炊爨一次。

11園藝場規約

一　各級級畦，標有木牌，不得越界種植。
二　種植何物，由教員指導，不得由學生自主。
三　於規定時間內，由教員指導種植灌溉。

四　級畦派值日生輪值，不得推諉，均宜竭力盡園作之勞。

五　耘鋤等器具，用後必歸原處，勿得棄置於外。

六　級畦日誌，值日輪記，不得間斷。

七　凡種植所得之收成，或供烹飪實習，或售與廚房，收其價值，存儲校中，或購備農具，或積有成數，建築農事紀念室。

12 學生會客室規約

一　訪問學生之來賓，須填寫通知單，交傳達送舍務處傳知欲見之人，來賓請在應接室靜待出見。

二　除日曜日外，學生會客時間，定上午七時三十分至八時，下午十二時三十分至一時，四時三十分至五時三十分。但如遇集會課外運動或課業尚未完畢之時，仍不得見客。

三　日曜日會客時間，定上午九時至十一時。

四　來賓會晤，仍請簡要談話，勿涉閒談，時間以十分鐘為限。

五　來賓如未見學生前，應在應接室等候，晤畢即行出校。請勿在校內任意觀覽。

六　學生不得導客觀覽各處。來賓如欲參觀，應得本校許可，由教職員引導。

七　如有緊要事故，來賓非在規定時間，欲見學生者，須由傳達將情由代陳，經舍務處許可後，方得接見，但此項談話不得逾五分鐘。

八　學生概免送客

教務概況

一、學則

第一章 總綱

第一條 本校根據三民主義依照部頒中學暫行規程實施中等教育

第二條 本校中學部分為初級中學高級中學兩階段修業年限各三年另設小學部其學則另訂之

第三條 本校初級中學以繼續小學基礎訓練平衡發展青年各種志趣並分別培養升學高中之知能或作就業之初步豫備為宗旨

第四條 本校高級中學以培養青年充分知能就其個性及社會需要施以健全公民訓練並分別培養升學預備或職業之應用知能俾能效忠黨國為宗旨

第五條 本校高級中學初級中學暫不分科惟高級中學因性能之不同有分文史地科及數理科之自然趨勢

第二章 課程標準

甲 總綱

第一條 本標準根據部頒中學規程及部頒中等學校教學科目及各學期每週教學及自習時數第一表訂定本校高初中各級課程及教學事宜

第二條 高初中教學進度一律遵照廳頒各科教學進度表進行教學

乙 教學科目及時間

第三條　初級中學之教學科目爲公民、國文、算學、物理學、化學、動物學、植物學、歷史、地理、英語、體育、衛生、勞作、圖畫、家事、及音樂、

第四條　初級中學各學期每週教學及自習時數規定如左

科目＼時數＼學期		第一學年第一學期	第一學年第二學期	第二學年第一學期	第二學年第二學期	第三學年第一學期	第三學年第二學期
公民		二	二	二	二	一	一
體育		二	二	二	二	二	二
家事		一	一	二	二	一	一
衛生		一	一	一	一	一	一
國文		六	六	六	六	六	六
英語		六	六	六	六	六	六
算學		五	五	五	五	五	五
自然（分科制）	植物	二	二				
	動物	二	二				
	化學			三	三		
	物理					四	三

歷史	二	二	二	二	二	二
地理	二	二	二	二	二	二
勞作	二	二	二	二	二	二
圖畫	二	二	二	二	一	一
音樂	一	一	一	一	一	一
每週教學總時數	三六	三六	三六	三六	三四	三三
每週自習總時數	一二	一二	一二	一二	一四	一五

第五條　高級中學之教學科目爲公民、國文、英語、算學、生物學、物理學、化學、本國歷史、外國歷史、本國地理、外國地理、體育、衛生、論理、教育原理、文學史、圖畫、及音樂、

第六條　高級中學各學期每週教學及自習時數規定如左

科目　學年/學期	第一學年		第二學年		第三學年	
	第一學期	第二學期	第一學期	第二學期	第一學期	第二學期
公民	二	二	二	二	二	二
體育	二	二	二	二	二	二
衛生	一	一				
國文	六	六	六	六	五	五

英語	六	六	六	六	五	五
算學	五	五	五	五	五	四
生物學	四	三				
化學	三	四	四			
物理			四	四	四	
本國歷史	三	二	二			
外國歷史				二	二	二
本國地理	二	二	二			
外國地理				二	二	二
論理						二
圖畫	一	一	一	一		
音樂	一	一	一	一		
文學史				三		
教育					一	一
每週教學總時數	三六	三五	三五	三四	二八	二五
每週自習總時數	二四	二五	二五	二六	二八	二七

第七條　高中三年級學生爲將來升學及就業之準備起見特設選科以補充之選科表另附於左

科目　時數　學期	第三學年 第一學期	第三學年 第二學期	備註
英文修詞	二	二	
高等物理	二	三	
高等化學	二	三	
教育心理	二		
教育行政		二	
美術	一	二	
勞作	一	二	
音樂	一	一	

第八條　高初中學生除課外運動及自由活動外每日上課及自習時數一律規定爲八小時

第九條　高初中課外運動除朝操課間操外每週至少二次每次一小時

丙　附則

第十條　高初中最後一學期應受升學擇業之指導由學校組織委員會分任指導之

第十一條　學業成績考查規程另訂之

第三章　學年　學期　休業日

第一條　本校每年以八月一日爲學年之始七月三十一日爲學年之終

第二條　一學年分兩學期八月一日至翌年一月三十一日爲第一學期二月一日至七月卅一日爲第二學期

第三條　本校校歷及休業日依照教育行政機關所頒學曆之規定

第四章　入學　轉學　退學　休學　續學

第一條　完全小學畢業或有相當程度，而成績優異者，經本校入學試驗及格，得入初中一年級。

第二條　初級中學畢業或有相當程度，而成績優異者，經本校入學試驗及格，得入高中一年級。

第三條　初高中一年級，所取相當程度之學生，依照部令，其名額初中一年級，不得超過該級招收總額百分之五，高中一年級百分之十。

第四條　本校高級小學部畢業生，其畢業成績，在七十分以上者，得免試升入初中一年肄業。

第五條　本校初級中學畢業，得升入高級中學一年級肄業。

第六條　初高中各級，除最高級外，遇有缺額，均得於學期開始時，招收插班或轉學生，其錄取標準，以學力相等，有原校修業或轉學証書及成績表，經編級試驗及格者爲限。

第七條　入學試驗科目如左：

1. 初中部—公民　國文　算術　常識　口試　體格檢查
2. 高中部—公民　數學　物理　化學　動植物　國文　歷史　地理　英文　口試及體格檢查

第八條　學生入學試驗手續，詳招生簡章。

第九條　錄取新生，須照本校開學期限到校，塡寫誓約書及保證書，逾期不到，應即取消資格，另行傳補備取生。

第十條　學生於學期之末，請求轉學者，須由家長或保護人具請求書，及該生最近四寸半身照片，投寄校中，經學校許可後，得爲具轉學證書，塡明該生歷年在校學業操行成績，逕函該生所願轉入之學校。

第十一條　受退學懲戒之學生，不得請求轉學。

第十二條　學生有下列情形之一，由家長或保護人具請求書，向學校請求退學者，得允准之。

1.無力維持費用者。

2.身攖疾病一時不能痊愈者。

3.家庭忽生變故不能繼續求學者。

4.其他因特殊情形不能繼續求學者。

第十三條　學生有下列各項情形之一者，得令其退學。

1.不服膺黨義者。

2.行爲悖謬者。

3.繼續留級兩次者。

4.開學後兩週不到，而又不具函請假者。

5.新生於第一學期成績過劣，或學分有五分之二不及格者。

6. 每學期操行體育成績，有一項列入丁等者。
7. 不遵章繳納各項費用者。
8. 因病不能繼續肄業者。
9. 學業成績過劣將來難期造就者。

第十四條　請求退學或轉學之學生，不得再行入學。

第十五條　學生因疾病或正當事故，得由家長或保護人具請求書，請求休學。

第十六條　學生因疾病或正當事故，雖經請假，而其時間已超過一學期授課時間三分之一者，校中得令其休學。

第十七條　學生休業以一次爲限，其期間規定爲一學年，期滿後，不入學者，以退學論。

第十八條　學生休學期滿，由學校編入相當班次。

第五章　納費

第一條　本校中學部，每學期應繳各費如左：

類別／金額	高中	初中	備註
學費	二〇、〇〇〇元	一六、〇〇〇元	一、新生入學時加繳制服運動衣及證章費六元一角餘退少補
宿費	五、〇〇〇元	五、〇〇〇元	
膳費	二六、〇〇〇元	二六、〇〇〇元	二、代收學生會費洋五

講義費	一、〇〇〇元	一、〇〇〇元
體育費	〇、五〇〇元	〇、五〇〇元
實驗費	二、〇〇〇元	
僕費	〇、三〇〇元	〇、三〇〇元
雜費	二、〇〇〇元	二、〇〇〇元

角

三、寄膳生膳費照全膳折半

四、僕費寄宿生加四角五分寄膳生加一角五分

附註　上列各費，如有增減，以按照本校每學期所發學生繳費表為標準。

第二條　學生中途退學，所繳各費，除膳費照算外，其餘概不退還。

第三條　學生入學時，須繳清各費，始得憑證入舍，及註冊上課。

二　招生簡則

級別　高中部　一年級新生二年級插班生

初中部　一年級新生二年級插班生

小學部　一年級新生二三四五六年級插班生

程度　高中部　一年級　須初中畢業插班生須有同等學力者

初中部　一年級　須小學六年級畢業及有相當程度者插班生須有同等學力者

小學部　五年級　須四年級修業終了者各級插班生須有同等學力者

試驗科目　高中部　一年級　黨義國文英文算學歷史地理物理化學動植物口試體格檢查

二年級　同一年級

初中部　一年級　黨義國文算學常識口試

二年級　常識改試歷史地理自然加試英文餘同一年級

小學部　五六年級　黨義國文算術常識口試

二三四年級　國文算術常識

考期　中學部　第一次

第二次

小學部　第一次

第二次

投考手續　中學部　畢業或轉學證書分數單半身照片一張及試驗費一元（寄宿校內者加收一元五角膳宿由學校供給以三日爲限被鋪自備）

小學部　分數單及試驗費洋二角

報名期　第一次　小學部

中學部

第二次　小學部

中學部

附則 (一)錄取新生案在本校揭示並登新申兩報及函知該生家長如開學後三日不到校者即以備取傳補

(二)錄取各生入學時應繳各件如左

1. 誓願書　2. 保證書

校址 無錫城內北禪寺巷

附告 空函報名以及手續不完備者概不登記

函索簡章附郵二分

三　新生入學試驗成績存查表

號數	姓名	年齡	籍貫	畢業學校或肄業	考試成績									口試	體格	志願	通訊處
					國文	英文	數學	物理	化學	動植物	歷史	地理	總成績				

四　新生入學試驗口試存查表

報名號數	姓名	性別
籍貫		
畢業或修業之學校		
相片	證書	
家庭狀況		
投考本校之志願		
言語		
思想		
態度		
總評		
主試者		

五　新生入學試驗體格檢查表

報名號數　姓名　性別

檢查事項	
1 肺病	有無
2 目疾	有無
3 傳染病	有無
4 心臟病	有無
5 體格	強中弱
檢查者	

六　學籍註冊表

學號　　學籍註冊表　　年度　　學期

姓名		字		籍貫	省	縣
年齡		入校年月	中華民國	年	月	日
永久通訊處						
住址						
本學期所在科系級次		中	科	級		
本學期到校日期			註冊日期			
保護人	姓名					
	住址		籍貫			
	通訊處					
	職業		與學生之關係			

註冊號數——

無錫私立競志女學

註冊證

中　　年級學
生　　本學
期于　　月
日到校照章
應繳各費
查已付清
應予註冊

註冊部

註冊號數——

無錫私立競志女子中學校

上課證

姓　　名
年　　級
年　月　日

此證於第一次上課前須交級任導師查驗

七　學生學籍表

學號＿＿＿＿

姓名		字		籍貫	省　縣	年齡	
入校年月	中華民國　年　月						
永久通訊處	1.		2.		3.		
住址	1.		2.		3.		
入校前肄業及畢業學校	1.		2.		3.		
入校後所在科系級次	中　科　系　級						
休學事由及年月起迄	休學事由						
	年月起迄	中華民國　年　月至　年　月					
離校年月	中華民國　年　月	離校事由					
離校後行動	1.		2.		3.		
離校後通訊處	1.		2.		3.		

粘相片處	入學試驗成績	科目	成績

體育狀況		
體育情形	入校時	離校時
體重		
體高		
肺量		
耳目		
健康狀況		
體育興味		
運動成績		
體格		
備註		

家長姓名		字		職業		通訊處		與學生關係	
保證人姓名		字		職業		通訊處		與學生關係	

學號　　　　姓名　　　　（中　　　科）

學年 \ 學期 \ 成績及學分 \ 學程 \ 類別		年　月起 年　月止							
		上				下			
類別	學程	成績	學分	補考成績	重讀成績	成績	學分	補考成績	重讀成績
必修									
選修									
總成績									
平均分數									
學分總數									
操行									
備註									

八　學生學業成績記錄表

民國　　年度第　　學期

無錫私立競志女子中學學業成績表							
學程名					年級		
教員姓名			先生				
學生學號	學生姓名	成績					
		平時積分	月考第一次	月考第二次	月考第三次	大考	總結

年度第　學期

月考報告表3	
學程	
教員姓名	
年級	
學生學號	成績

年度第　學期

月考報告表2	
學程	
教員姓名	
年級	
學生學號	成績

年度第　學期

月考報表告1	
學程	
教員姓名	
年級	
學生學號	成績

九　學生學業成績總表

無錫私立競志女學校學生學業成績總表　年度第　學期　年級初中 報告者　年級　組

學程／學號姓名	黨義	公民	國文	國語	英文	數學	簿記	自然	歷史	地理	體操	生理	音樂	圖畫	手工	裁縫	烹飪	應用文	總評	等第	名次	備註
學分																						

十 學生不及格學程複考表民國二十 年度第 學期

學號	姓名	年級	不及格學程	備註

十一 複考成績表

姓名	年級	複考學程名	複考成績（折實）	備註

十二　學生學業成績報告單

無錫私立競志女子中學校

高中　　年級第　　學期

學生　　學業成績報告單

學科	學分	成績	學科	學分	成績
黨義			社會		
國文			教育		
幾何			礦物		
三角			人生哲學		
大代數			文字學		
解析幾何			文學史		
英文			體育		
歷史			音樂		
地理			圖畫		
物理			經濟		
化學					
生物					
倫理					

應得學分		
實得學分		
學業總評		
缺課鐘點		
曠課鐘點		
操行		
附註		級任蓋章

中華民國　　年　　月　　日給

注意

1. 凡一學期每週授課一小時之學科成績及格者每小時以一學分計算惟無須課外預備之學科每小時以半學分計算
2. 成績在八十分以上者爲甲等七十分以上者爲乙等六十分以上者爲丙等不滿六十分者不給學分
3. 學分三分之一不及格者不得升級不及格之學分不滿三分之一而成績在五十分以上者得於學期開始前一日補考之
4. 此單請家長妥爲保存

十三　學生出席表

號數	學號	學生姓名	學程 年級 週次 曜日	第　週 月	火	水	木	金	土	號數	第　週 月	火	水	木	金	土
1										1						
2										2						
3										3						
4										4						
5										5						
6										6						
7										7						
8										8						
9										9						
10										10						
11										11						
12										12						
13										13						
14										14						
15										15						
16										16						
17										17						
18										18						
19										19						
20										20						
21										21						
22										22						
23										23						
24										24						
25										25						
26										26						
27										27						
28										28						
29										29						
30										30						
31										31						
32										32						
33										33						
34										34						
35										35						

十四 各級學生第　週缺席統計表

年級＼姓名										
缺席／曠課	缺席	曠課	缺席	曠課	缺席	曠課	缺席	曠課	缺席	曠課
高三										
高二										
高一										
初三										
初二										
初一A										
初一B										

十五　各級學生每週缺席學程統計

第　週　中　年級　組導師

姓名／曠課缺席／科別										
國文										
英文										
數學										
化學										
物理										
生理										
歷史										
地理										
文學史										
體操										
教育										
黨義										
圖畫										
音樂										
英選文										
總計										

十六 學生每週缺席總登記表

學生每週缺席總登記表

中部　年級　組

民國二十　年度第　學期

學號	姓名	週次／缺席時數	第　週	第　週	第　週	第　週	第　週	第　週	第　過	第　週	統計		扣分
											請假	曠課	

◀註▶虛線上為請假時數，虛線下為曠課時數

十七　學生各科缺席扣分暫行辦法一覽表

B/A \ C	1	2	3	4	5	6	7
1	1	•5	•5	•5	0	0	0
2	2	1	•5	•5	•5	•5	•5
3	3	1•5	1	1	•5	•5	•5
4	4	2	1•5	1	1	•5	•5
5	5	2•5	1•5	1•5	1	1	•5
6	6	3	2	1•5	1	1	1
7	7	3•5	2•5	2	1•5	1	1
8	8	4	2•5	2	1•5	1•5	1
9	9	4•5	3	2•5	2	1•5	1•5
10	10	5	3•5	2•5	2	1 5	1•5
11	11	5•5	3•5	3	2	2	1•5
12	12	6	4	3	2 5	2	1•5
13	13	6•5	4•5	3•5	2•5	2	2
14	14	7	5	3•5	3	2•5	2
15	15	7•5	5	4	3	2•5	2
16	16	8	5•5	4	3	2•5	2•5
17	17	8•5	5•5	4•5	3•5	3	2•5
18	18	9	6	4•5	3•5	3	2•5
19	19	9•5	6•5	5	4	3	2•5
20	20	10	6•5	5	4	3•5	3
21	21	10•5	7	5•5	4	3•5	3
22	22	11	7•5	5•5	4•5	3•5	3
23	23	11•5	7•5	6	4•5	4	3
24	24	12	8	6	5	4	3•4
25	25	12•5	8•5	6•5	5	4	3•5
26	26	13	8•5	6•5	5	4•5	3•5

說明
A 各科缺席鐘點總數
B 扣該科實分數
C 各科每周教學時數

「附註」各科缺席鐘點總數如超過表上定數依表類推

十八　各級教學進度預定表

中年級　組　學程　|　年度第　學期自　月　日起至　月　日止　|　每週教學計　小時　本學期共計　小時

週次	預定教學進度摘要	備註
第一週		
第二週		
第三週		
第四週		
第五週		
第六週		
第七週		
第八週		
第九週		
第十週		
第十一週		
第十二週		
第十三週		
第十四週		
第十五週		
第十六週		
第十七週		
第十八週		
第十九週		
第二十週		

注意：
1 請於開學後第一週內填交教務處
2 請用墨筆書寫

十九　教師担任學程暨級別時數一覽表

姓名	担任學程	担任學級	每週時數	備註
共計時數	中學 小學	時合計	時	

二十　教師擔任學程及授課時間表

先生

學程	年級	週時	學分	教學期間	授畢期間	必修或選修	備註
總計				附註			

授課時間表

節次 \ 時間 \ 學程（學科、教室、教員） \ 星期		星期一	星期二	星期三	星期四	星期五	星期六
1	8—9						
	室						
	員						
2	9—10						
	室						
	員						
3	10—11						
	室						
	員						
4	11—12						
	室						
	員						
5	1·5—2·5						
	室						
	員						
6	2·5—3·5						
	室						
	員						
7	3·5—4·5						
	室						
	員						
8	4·5—5·5						
	室						
	員						

年度第　學期

三　教師缺席通知單

逕啟者茲因事/病請假　時　日（從　日至　日）所有初/高中　級　學程祇可暫缺或已請　先生代授即希

貴處告知學生爲荷此致

教務處

台鑒

啓　月　日

二二一　教員缺課時數統計表　民國　年　月　日至　月　日

姓字																
學程																
級別																
事由 時數 日																
1																
2																
3																
4																
5																
6																
7																
8																
9																
10																
11																
12																
13																
14																
15																
16																
17																
18																
19																
20																
21																
22																
23																
24																
25																
26																
27																
28																
29																
30																
31																
總計																
補課時數																
總計																
備註																

一三 高初中各級教材用書一覽表

學門	學程	教本 著作人	教本 書名	教本 出版處	用書級別
國文學門	國文	選授	北新文選	北新	高三
國文學門	國文	朱劍芒	高中國文	世界	高二
國文學門	國文	蘇教廳委員會	高中標準國文	世界	高一
國文學門	國文		北新文選	北新	初三
國文學門	國文	姜亮夫 趙景深	北新文選	北新	初二
國文學門	國文	姜亮夫 趙景深	北新文選	北新	初一
國文學門	文學史	顧實	中國文學史大綱	商務	高三
外國語學門	英文	錫錦森	英文名人述異	中華	高三
外國語學門	英文	謝福生 嚴獨鶴	全國學生成績大觀中學之部	世界	高三
外國語學門	英文	陸殿揚	英語構造法	商務	高三
外國語學門	英文	陸殿揚	英語構造法	商務	高二
外國語學門	英文	李儒勉	標準高級英文選	商務	高二
外國語學門	英文	沈杉胡達	模範高級英文選	大東	高一
外國語學門	英文	商務編譯所	簡要英文法	商務	高一
外國語學門	英文	林漢達	英語讀本第三冊	世界	初三
外國語學門	英文	吳獻書	實驗英文文法讀本	世界	初三
外國語學門	英文	胡憲生	English Reader and Grammar, Book two	商務	初二
外國語學門	英文	Newson	Newsan Grammar	商務	初二
外國語學門	英文	胡憲生	English Reader and Grammar, Book one.	商務	初一
數	解析幾何	Smith Gale Neellen	New Analytic Geometry	小說林	高三

學門	學科	著者	書名	出版	年級
學學門	大代數	Fine	College Algebra	小說林	高三
	立體幾何	Wentworth Smith	Solid Geometry	小說林	高一
	三角	Wentworth Smith	Trigonometry	小說林	高一
	幾何	仲光然 嚴幼芝譯 徐任吾	三S平面幾何學	中華	初三
	代數	溫德華氏	溫氏高中代數學	商務	初二
	算術	嚴濟慈	現代初中算術	商務	初一
自然科學門	物理	Black Davis	New Practical Physics	小說林	高三
	物理	勃拉克 台維斯	最新日用物理學	文怡	高二
	化學	Black Conant	Practical Chemistry	小說林	高二
	化學		化學概論		高一
	生物	吳元滌	生物學	世界	高一
	植物	徐克敏	徐氏初中植物學	世界	初一A
	化學	朱昊飛	朱氏初中化學	世界	初二
	物理	胡憋風	初中物理	北新	初三
	生理衛生	顧壽白	生理衛生學	商務	初三
	衛生	龔昂雲	初中衛生	世界	初二
	生理衛生	薛德焴	北新生理衛生	北新	初一
社	歷史	李季谷	高中外國史下冊	世界	高三
	地理	鄭昶	高中新中華外國地理	中華	高三
	歷史	朱翊新	高中本國史下冊	世界	高二
	地理	葛綏成	高中新中華本國地理	中華	高二
	歷史	余遜	高中本國史上冊	世界	高一
	地理	葛綏成	高中新中華本國地理	中華	高一
	歷史	朱翊新	初中外國史上	世界	初三

學門	科目	教員	教本	書局	年級
會學門	地理	余傚生	復興初中外國地理上	商務	初三
	歷史	朱翊新	初、本國史（第二冊	世界	初二
	地理	譚廉遜	初中本國地理	世界	初二
	歷史	朱翊新	初中本國史	世界	初一
	地理	譚廉遜	初中本國地理	世界	初一
	黨義	自編		競志油印	高三
	公民	徐逸樵	高中公民	世界	高二
	公民	徐逸樵	高中公民	世界	高一
	公民	舒新成 馮瞻伯	新中學公民課本	中華	初三
	公民	徐逸樵	初中公民	世界	初二
	公民	陳彥舜	初中公民（第一冊）	北新	初一
其他	教育		自編講義	競志油印	高三
	教育		自編講義	競志油印	高二

二四　教務日誌

無錫私立競志女學校教務日誌　民國　年　月　日　星期

教務概況	課程更調	學校大事摘略	信件來往

二五　各科教學計劃

一　國文科之教學計劃

(一)選材　各學校對于國文科之選材大都漫無標準即書坊中所出版之國文選本亦未能盡慊人意本校有鑒於斯特組織國文學科研究會一方面爲求各級國文科之聯絡所以謀方法上之改進一方面則專重于選材之討論選材標準既須符合部頒標準復須顧到本校之情形其所注意者固不僅徒適乎外觀已也

甲、各學年國文選材之支配分量及標準　本校國文科各級除指定一種教科書爲敎本外復依照研究會所擬定之方案用講義補充之以期在可能範圍內引起學生之興趣與確定其堅決之認識並注意到將來之應用

		初一	初二	初三	高一	高二	高三
形式	語體	7	5	4	3	2	2
	文言	3	5	6	7	8	8
內容	記敍	7	5	4	4	3	2
	抒情	2	3	3	3	3	3
	說理	1	2	3	3	4	5

乙、各學年國文目錄之規定　目錄之規定所以免除隨教師而變更之流弊初高中六學期之選文目錄由初高中國文教師共同訂定之初高中每學期所選範文數各爲三十篇以期符合于原方案規定之數目

丙、精讀略讀之書籍　本校對于初高中六學期(包括假期)之精讀略讀之書籍在本學科研究會中曾有詳細之確定惟部數與原方案略有出入茲遵照原方案改定如下

1. 初中
   精讀書籍六部
   略讀書籍十部

2. 高中精讀十部
署讀書籍十六部

（二）方法　國文之選材既定則方法尙矣選材雖佳而方法不講亦屬徒然本校國文學科研究會對于該科敎學方法上之改進曾訂定詳細方案以爲進行之標準茲將要點略述如下

甲、每篇範文之講授也事前必先令學生作一詳細之預習關於生字之音義句讀之點斷整句之解釋一一錄諸筆記本上上課時再作精密之討論此法在初中各級嚴厲實行高中學生則酌量行之總之以不過於被動爲原則至於每篇之深究內容抽調背默本校已行之有年深能收效者也

乙、學生國文成績之考查本校不純以作文爲基本標準平日之札記筆記均可視察學生之勤惰茲分三點言之

1. 作文　初中每星期一次在規定時間內繳卷高中一年級每星期一次二年級三星期兩次三年級兩星期一次得視題義不當堂繳卷但不得過一學期作文次數十分之三均由敎師命題分數占十分之六

2. 筆記札記　國文筆記精讀閱讀書籍之札記每星期輪流繳敎師評閱分數占十分之二

3. 精讀略讀書籍之考查　除令學生每間星期繳閱札記外復舉行不定期之試驗或國文演說競賽會以鼓勵學生之興趣茲爲求與原方案之符合不定期試驗改用測驗並定每學期舉行國文競賽二次分數占十分之二

二、數學科之敎學計劃

（一）選材　本校關於數學科之選材亦由數學各敎師所組織之數學研究會中選定之選材標準於部頒算學課程標準中之目標敎材大綱畢業最低限度以及決定之情形均能顧及遇敎本上之材料有不足時由敎師編發補充材料以期高初中各級學生至畢業時其數學程度不致較部定之標準爲低落

（二）方法　本校既組織數學專門研究會對於該科教學方法上之改進訂有詳細方案茲將要點略述如下

甲、以養成學生思想周密書算整潔作圖精確等之各種能力及習慣尤于高中學生能就定理與公式熟習併題之方法

乙、於課後練習每週指定習題限期繳閱嚴密訂正

丙、使學生對於數學基本方法練習純熟

丁、每週舉行臨時試驗一次每月舉行月考一次

戊、由數學研究會指定書報指導學生參考并限令學生每二週繳閱札記一次酌給平時積分

己、每學期舉行數學競賽一次由數學研究會各教師担任出題學校略備獎品獎給優勝之前三名以引起學生學習數學之興趣

三、英文科之教學計劃

（一）選材　本科教材之選擇大部採用坊間出版之適當教本教本之決定一方面根據部頒標準一方面經本科專門研究會討論審定之教本上所感不足者則由各教師酌加補充材料或指定課外讀物補充之其在上課開始時所用之英語練習教材並不根據何項教本由教師隨時變通決定至教本之內容茲分兩項述之

甲、初中　生字之準音與講解　簡單句子之構造　初步文法　初步修詞　各種語句之構造　長篇故事及現代名人著作　初步應用文件

乙、高中　生詞之準音與講解　文法修詞　長篇論文或小說　普通應用文件

（二）方法　英文教學方法與他科似有不同之點本校根據部頒標準特別注重口耳手之各種練習茲分別述之

甲、耳之練習　聽音會意　聽音辨音　聽後口述

乙、眼之練習　抄寫　默讀

丙、口之練習　朗讀　會話　獨說　背誦

丁、手之練習　默寫字句　翻譯作文　聽時默寫　臨帖

除上述四種練習外復由學生組織英語會話會或演說競賽會教師負指導責任前者爲個別之練習後者爲團體之組織其方法雖不同而其主旨在耳目口手之練習則一也

四社會科之教學計劃

(一)選材　本校社會科教材之選擇根據部頒課程標準但各教師得參酌各科情形自編講義設法補充並設有社會學科研究會詳細討論之

(二)方法　社會科之範圍甚廣其所含之材料復極豐富以每週有限之教學時間從事社會問題精密之討論實爲事實所不許故本校除在正課提綱挈領指示學生學習途徑外極注意課外作業之督促蓋社會學科之各項問題每每隨時隨地而發生決非教本及講義所能確定也茲將課外作業要項略述如下

甲、閱讀書報　雜誌報章陳列圖書館中學生可隨時閱覽每週紀念週時復由教師詳述一週內之國內大事或國際狀況以爲綜合而收一貫之效

乙、習作筆記　筆記分課內課外兩種前者由學生在上課時將教師所講授而課本上所不載者記之後者由學生在課外閱讀時所記錄紀錄之內容或摘述事實或發揮心得均以言論純正不悖事實者爲主此兩種筆記隨時由教師命學生呈繳審閱

指正之

丙、練習圖表　史地講解之宜應用圖表盡人皆知本校即注重令學生設計作圖表每學期每學生至少作圖表兩張以養成其精確與分晰之觀念

丁、研究問題　研究問題分課內課外兩種前者由教師隨時在教室內提出若干問題研究討論之以啓發其思想充實其理解後者由教師指定一問題任學生自由研究作簡明論文或公開討論之所以養成其自由研究的能力

戊、實際考察　本校每學期舉行修學旅行一次以作實際的考察事前發有圖表或古跡考証等講義供實際考察時之佐證事後即令學生作成報告

五、自然學科之教學計劃

(一)選材　本校關於自然學科之選材初中部以常識爲中心高中部則與初中自然科相銜接並設自然學科研究會詳細討論之

(二)方法　自然學科與他學科有迥異之處蓋自然學科爲實驗之科學斷不可以書本上字意之瞭解爲已足並需注意於實物儀器標本圖表之觀察與生物理化之實驗惟觀察始能明晰自然界各種現象惟實驗始能研究自然科學之方法本學科教法即依據斯二要點茲略述如下

甲、上課時充分利用實物儀器標本圖表等養成學生觀察及考查之能力及習慣

乙、講習時研究與實驗並重實驗分教師示範實驗與學生自行實驗二種示範實驗於教室中行之自行實驗於實驗室中行之若物理化學每週規定自行實驗各一次生物礦物則偏重於示範實驗

丙、實驗前教師須用科學方法予以充分之暗示及詳細之指導以引起其自動觀察與研究之興趣實驗後須督責學生根據實

驗之結果作詳細之報告

丁、各科教授于可能範圍內採用先實驗後講授之方法俾學生習用歸納法

戊、本校理化科方面于講習必要時酌量參加理論上材料以補教本上之不足並于課後作實地參觀

己、本校生物科方面在課後指導學生往郊外採製各項動植標本

庚、本校礦物科方面每于授課時必示以本國各省所採之各種地質標本令學生詳細觀察至考查成績時必將已觀察之標本及同類而未觀察之標本令其辨別及推想認識同類未經觀察之標本

辛、本學科成績考查之方法即依據平日所作之筆記實驗之報告教師所擬之問題或教本中之演題以及不定期之短期測驗與月考等

壬、關於國防上生產上之應用科學甚爲注重其教材由各學科教師於講習時隨時加入使學生明瞭本學科之重要

癸、參考書籍可分課程參考與隨意參考二種課程參考由教師選定數種與教材有關之書籍作常期之閱讀隨意參考由學生任選數種與教材無直接關係而能引起學生興趣之書籍報章作不定期之閱覽

附註

本校各科教學計劃係根據二十一年教廳頒發之「提高中學程度方案」所訂定實施以來尚著成效惟年來制度屢易頗感無所適從之苦本校開辦卅載此卅載中所造就之人才與夫貢獻于邦國者海內共知至本校平日教學方法一本卅年來之辦學宗旨埋頭苦幹初未嘗以新穎自尚亦未敢以虛僞眩人耳目也本計劃之編制與現行制度稍有出入茲不加修正而刊諸本刊者即本此旨耳明日黃花自知不免幸閱者諒之

無錫私立競志女校三十週紀念刊　教務概况　三八

訓育概況

一　訓育目標

本校教育目標，爲：「眞實勞苦勤肅樸潔」八字，三十年來，身體力行，一以貫之。冀有以養成敬業樂羣之青年，爲社會上健全有用之分子。根據上述宗旨，定本校訓育綱要爲：

1. 養成改進革新之思想與創造獨立之精神；
2. 養成犧牲私利爲公服務之精神；
3. 養成高尚優美之情操與无妄不欺之意志；

【根據本校「眞實」之教育目標】

4. 鍛鍊充實堅强之體魄；
5. 養成刻苦耐勞之習慣；
6. 養成互助合作之精神與組織自治之能力；

【根據本校「勞苦」之教育目標】

7. 養成嚴守紀律及秩序之精神；
8. 養成勤業奮鬥之精神；
9. 養成善用工作閒暇之習慣？

【根據本校「勤肅」之教育目標】

10 養成廉潔及儉約之習慣

11 養成注意衛生之習慣；

12 養成整齊清潔之習慣；

【根據本校「樸潔」之教育目標】

二　學生操行成績記分標準

考查事項	記分標準	考查方法
1. 自修	無故缺席或怠惰工作或不守秩序每次扣二分至四分	由級導師舍務員逐日巡視查察
2. 無故缺課	每次扣十分遲到一次扣二分	由級導師逐日考查
3. 請假	每三小時扣一分逾限每一小時扣一分	由級導師隨時考查
4. 借閱圖書	汚損圖書每次扣十分逾期每次扣五分	由圖書館管理員隨時考查於學期終報告訓育處執行
5. 服務	服務成績分優良中次劣五等以中等爲及格優良遞增次劣遞減	由級導師隨時考查
6. 集會	紀念週及規定之集會無故缺席一次扣十分	由級導師點名查察
7. 遵守時間	不遵守時間每次扣三分	由職教員隨時查察
8. 聽從指導	不聽從指導每次扣二十分	由職教員隨時查察

9. 秩序	破壞秩序每次扣十分至三十分	由職教員隨時查察
10 公德	以私害公或不愛護公物每次扣二十分	由職教員隨時查察
11 整潔	個人整潔分優良中次劣五等以中等為及格優良遞增次劣遞減	由級導師隨時檢查
12 衞生	不注意衞生每次扣二分至六分	由職教員隨時查察
13 交際	同學間爭噪每次扣五分至十分	由職教員隨時查察
14 其他	由級導師按照操行成績考查標準酌量記分	
15	普通警告每次扣三十分特別警告每次扣一百分記過每次扣一百五十分	

三 學生操行成績扣分考查表

中　年級　組學生

操行成績考查表

各項配分／考查大綱		各項分數／考查細目	標準分數	及格分數	評定分數	備註
勤學	130	1. 學習勤惰情形	50	30		
		2. 請假多寡情形	50	30		
		3. 借閱圖書情形	30	18		
思	80	1. 思想有條理與否	30	18		

想		2. 言論純正與否	50	30		
服務	80	1. 服務熱心與否	50	30		
		2. 處事靈敏而縝密與否	30	18		
紀律	250	1. 遵守時間與否	50	30		
		2. 按時出席紀念週及規定之集會與否	50	30		
		3. 聽從指導與否	50	30		
		4. 維護團體秩序與否	50	30		
		5. 制服整齊與否	50	30		
公德	100	1. 顧全公共與否	50	30		
		2. 愛護公物與否	50	30		
衛生	90	1. 身體健康情形	30	18		
		2. 服裝整潔情形	30	18		
		3. 勤學合於衛生與否	30	18		
態度	150	1. 有禮貌與否	50	30		
		2. 舉止穩重與否	50	30		
		3. 接洽事務合度與否	50	30		

情趣 50		社交 60		總分數	評定等第
1.精神積極而愉快與否	2.嗜好高尚與否	1.交友能慎擇與否	2.一般酬應能合度與否		
30	30	30	30	1000	
18	18	18	18	600	

四 學生操行成績扣分存查表

年度第　學期

姓名	級別	事由	處置方法	月日	備註

五　訓育之實施

一　紀念會　紀念會種類頗多，大概都有一種紀念的意義和價值，使紀念者發生強烈的情感，儀式應簡單而莊重，茲將一學年中舉行的紀念會，分列於下：

一月一日	中華民國成立紀念。
一月二十八日	淞滬抗日紀念。
二月二十七日	本校立校紀念。
三月十二日	總理逝世紀念並舉行植樹典禮。
三月十八日	北平民衆革命紀念。
三月二十九日	革命先烈廣州殉難紀念。
四月二十日	清黨紀念。
五月五日	革命政府成立紀念。
五月九日	國恥紀念。
五月十八日	先烈陳英士先生殉國紀念。
六月十六日	總理廣州蒙難紀念。
七月九日	國民革命軍誓師紀念。
八月二十日	先烈廖仲愷先生殉國紀念。

八月二十七日　孔子誕生紀念。
九月九日　總理第一次起義紀念。
九月十八日　東北失陷紀念。
九月二十一日　先烈朱執信先生殉國紀念。
十月十日　國慶紀念。
十月十一日　總理倫敦蒙難紀念。
十一月十二日　總理誕生紀念。
十二月五日　肇和兵艦舉義紀念。
十二月二十五日　雲南起義紀念。

二　普通集會　集會是訓練學生的良好時機，利用團體以刺激個人，使學生改善習慣，向上發展，不過這裏所說的集會，是指紀念週，歡迎會，話別會，送別會等普通集會而言，分列於下：

紀念週　每週月曜日上午舉行，以一小時爲度，初高中學生全體集合大禮堂，行禮讀默後，分時事報告校務報告教員演講三項。

歡迎會　每學期開始後一週於課外時間舉行，由在校舊師生發起，歡迎新任教師及新同學

話別會　每學期或學年結束時舉行，由畢業生發起，對在校師友致感謝和離別的意思。

歡送會　每學期或學年結束時舉行，由在校師生發起，對畢業生致勗勉和希望惜別的意思。

三　談話　利用適當的時機，對於學生行懇切的談話，是訓練上最有效的方法。分爲全體談話，學級談話，個人談話

等三種。分列於下：

全體談話　一名訓育指導，每週一次，於水曜日下午課後舉行。目的在以適切有效之談話，指導學生共同趨向正當之途經，就事實上之需要，有時或高初中分部舉行。

學級談話　全體談話，雖然力求普遍，但是究竟不容易適合全體學生的心理，學級談話，就是救濟全體談話的缺點。學級談話大概由本學級級導師行之，其要項是：1·闡明全體談話的意思；2·本學級臨時發生的事項；3·他學級優良的事項；4·本學級應行改進的事項。

個人談話　因學生個性和境遇上的不同，或發見性行上的缺點，而施行懇切的談話，以督促其改進。

四　調查　訓練學生的初步工作，在明瞭學生的現實狀況，本校施行的方法，有個性調查，家庭狀況調查，經歷調查，讀書興趣調查，身體健康調查，道德意識調查等多種。——調查表格式見後。

五　學級自治　學級自治會，由學級自行組織，但學年有高低，因此能力有強弱，所以學級自治會的事業，也各有不同。在學校方面，僅能把他的程序，大概規定。——組織大綱見後。

六　各種競賽　利用學生的好勝心，把各人工作結果集合起來，組成一個小團體的成績，使個人運動，變為團體運動。如校訓實踐比賽，時事測驗比賽等，至於演說競賽文藝競賽等，則於同一時間，同一階段，同一材料之下，以比賽個人成績優劣，給他們互相觀感。

校訓實踐比賽　分勤肅樸潔四項，每四星期結算一次，逐週由學級導師，常務導師，訓育主任，檢查實際狀況，評給分數。勤字比賽，以全級缺席遲到早退人數多少為標準。肅字比賽，以全級上課時集會時靜穆與否為標準，樸字比賽，以全級平日是否一律穿着制服及有無愛好燙髮及塗脂抹粉等習尚為標準，潔字比賽，以全級逐日掃除及每週大掃除清潔程度爲標準，——批評表格式見後。

演說競賽　每學期舉行一次，初高中分組，演說材料，均由學生自定。——批評標準見後。

文藝競賽　每學期舉行一次至二次，初高中分組。——批評標準見後。

時事測驗比賽　每月舉行一次，就最近期間發生的重要時事，測驗學生的觀察和記憶能力。

七　模範生選舉　每學期舉行一次，選舉標準分：勤業自治尙公互助健康清潔六項，分初選複選兩次行之，以得票最多者爲當選。但六項標準中，勤業及自治，如缺去一項，不得當選。

八　臨時集會　每學期中定期舉行，有成績展覽會學藝會運動會……等。

九　旅行及遠足　旅行在每學年春假中舉行，其地點及辦法臨時決定，遠足就適當時間內行之。

十　名人演講　每四星期敦請校外名人蒞校講演一次，就修養上及學習上，加以深切之指導，俾資感發。

十一　升學指導　在將近畢業的學級舉行。其指導的程序如下：1.組織升學指導委員會。2.調查學生志願。3.徵集預備投考各學校章程。4.搜集各學校試驗材料。5.演講6.假設試驗。

十二　職業指導　在將近畢業的學級舉行，其指導的程序如下；1.組織職業指導委員會。2.調查學生志願。3.參觀銀行工廠及各機關。4.演講。

上列各項，爲固定的實施方法，此外遇事實上的需要，臨時舉行的，茲不備載。

六　學生性行考查表

姓名	入校前之狀況

環境											心理上和生理上之生活力				
家庭				伴侶			自然界				心性	言語	行為	體質	對於他人之態度
生活力	營業	睡眠	娛樂	兄弟	姊妹	朋友	公共生活	地域	鄉居	社會風尚					

七　學生家庭狀況調查表

姓名		年歲		籍貫	省　縣
住址				通信處	
已否結婚				已否訂婚	

家				
父	名	字	職業	
	在：現年幾歲	亡：因何疾病	家居或在外	由何人保護
母	在：現年　歲	亡：患　病	有無職業	幾歲時去世
	有無疾病	由何人撫育		
祖父	名	字	職業	
	存：現年　歲	亡：去世已　年		
祖母	存：現年　歲	亡：去世已　年		

注意之點			備註
長處	短處	矯正方法	

族、	兄　人業	姊　人業	弟　人上學否	
	妹　人上學否	尚有何人	共有　人	婢僕　人
財產	田　畝	市房　間	住屋　間自建否	工商投資
	每年收入	房租　元	田租　元	利息　元	薪金　元
	每年支出	生活費　元	交際費　元	教育費　元	其他　元
	收支相抵		盈餘若干	虧耗若干

八　學生經歷調查表

畢業之小學	校長姓名	何年畢業	畢業之名次或等第
畢業之初中	校長姓名	何年畢業	畢業之名次或等第
肄業之小學	在校幾年	何故出校	
肄業之中學	在校時期	何故出校	
喜歡閱讀之書籍			
喜歡研究之學科			
敬仰之師友			
歷來求學之困難點			

今後當注意之點	
將來之志願如何	

九　學生讀書興趣調查表

填載者

課內	何種學科最感興趣？	
	何種學科較前有進步？	
	進步的原因何在？	
	何種學科最感困難？	
	困難的原因何在？	
	自覺能用功否？	
	用功的方法如何？	
課外	喜歡閱覽書籍否？	
	閱覽的書籍何種最多？	
	有無讀書札記？	
	每日作日記否？	
	閱書有不明瞭處如何解決？	

十　學生道德意識調查表

填載者

什麼事情是頂好？	
什麼事情是頂不好	
別人無端侮辱你時你怎樣對付他？	
古人中你最佩服的是誰？	
爲什麼佩服他？	
你將來想做怎樣一種人？	
什麼事情是頂可憐	
什麼事情是頂可恥？	
誰的說話你最該聽？	
你頂愛的東西是什麼？	

十一　學生身體健康調查表

填載者

每日有無定時運動？		愛好何種運動？	
獲得何種運動優勝？		飲食有無定量？	
吃零食否？		種痘幾次？	

大便有無定時？		指甲是否常剪？	
每日刷牙幾次？		束胸否？	
沐浴勤否？		有無不良習慣？	
曾患何種大病？		現在有無病痛？	
牙齒完整否？		足趾平整否？	
有無隱疾？		易感冒否？	
失眠否？		便祕否？	
曾患凍瘡否？		曾患目疾否？	

十二　學級自治會組織大綱

一、凡本校高初中各級，均須組織學級自治會。

二、學級自治會，以聯絡情誼，研究學問，發展自治事業為宗旨。

三、學級自治會，分執行及監察兩部：執行部設部長一人，游藝組長一人，幹事二人至四人，修養組長一人，幹事二人至四人，讀書組長一人，幹事二人至四人，監察部長一人，監察四人至六人。

四、學級自治會各項職員，由本級全體同學選舉，任期以一學期為限，但連舉得連任。

五、學級自治會，各項職務，為求事業專一起見，均不兼職。

六、學級自治會各職員及會員，如因辦事不努力，舉動不純正，監察員得隨時提出糾正，糾正後仍不生效力，得提出全體大會公議適當之處置方法。

七、學級自治會，每兩週開常會一次。執行部長主席，如有特別事故，得開臨時會。

八、凡議決案件，均須切實執行。

九、學級自治會，需用經費，經大會通過後，臨時募集。

十、學級自治會舉辦之事業，如演說競賽，文藝競賽，清潔隊，新聞社，體育會，音樂會，游藝會，展覽會等，由各學級自行酌定。

十一、學級自治會以本學級級導師負指導之責。

十二、本大綱未盡事宜，隨時提交全體教職員會議修正之。

十三　學級自治會事業系統

事業
- 修養組
  - 養成良好習慣——教師訓導——修養講演
  - 注意日常言行——自己勗勉——反省會
  - 尋求服務機會
    - 執行教師指示及自治上事務
    - 辦理本學級一切公益事務
- 讀書組
  - 定時讀書——讀書會
  - 分組研究、報告心得、質問疑難——研究會
  - 定期演講——學術講演會
- 游藝組
  - 游——利用休假時間作旅行或郊游
  - 藝——自由組織各種藝術團體
- 監察部——表示公正的態度——評議監察本學級全體會員之行動

十四　學藝研究會組織大綱

一、凡本校高中二年級以上之學級，均須組織學藝研究會。
二、學藝研究會，賡續學級自治會之精神，以研究學藝發展自學能力爲宗旨。
三、學藝研究會，暫分中國文學組，外國文學組，社會科學組，數學組，自然科學組，藝術組等六組。
四、學藝研究會，不分級別，由學生志願認定，每人至少加入一組至多三組。
五、每組設組長一人，主持本組中一切事務。幹事二人，襄助組長徵集本組中研究結果及整理稿件等事務。
六、各組組長及幹事，均由本組同學公推任之。任期以一學期爲限，連舉得連任。
七、學藝研究會組長及幹事，爲求事業專一起見，均不兼任。
八、各研究組每兩週開常會一次，組長主席。如有特別事故，得開臨時會。
九、凡議決案件，均須切實執行。
十、學藝研究會需用經費，經各研究組聯席會議通過後，臨時募集。
十一、凡上列各研究組，本學門担任教師，均爲指導員。每組另設常務指導員一人，就本學門担任教師中推請之。
十二、指導員之任務如左：
1. 規訂研究綱要。
2. 指導研究方法。
3. 提出研究問題。
4. 介紹書報。

5．學術演講。

6．批閱學生研究所得之結果。

十三、研究組之工作如左；

1．定時讀書。

2．分析研究。

3．質問疑難。

4．讀後筆記。

5．報告心得。

6．整理本組研究報告。

十四、本大綱未盡事宜，隨時提交全體教職員會議修正之。

十五　演説競賽批評標準

一　語言　35%

清楚響亮　10分

聲調同言語中感情符合　3分

聲調有高低輕重　3分

聲調快慢　3分

能表示特別意志的變音（從高變低從低變高）　3分

善於停頓　3分

國語程度　10分

二　內容　30%

大體的意思　8分

證據確鑿　3分

意見正當　3分

理由充分　3分

全局有組織（引論，証論，結論）　7分

能引起聽衆注意　2分

能引起聽衆興味　2分

能引起聽衆同情　2分

三　態度　25%

上台下台很從容態度鎮靜和靄　4分

有確定位置全身能移動　3分

頭部正直　3分

面部有表情　4分

眼睛注視聽衆並能轉動　4分

臂部能活動　2分

手能作出合宜的動作　5分

四　時間　10%

不滿五分鐘　3分

不滿六分鐘　5分

不滿七分鐘　6分

不滿八分鐘　8分

九分與十分之間　10分

十分鐘以上　8分

十六　文藝競賽批評標準

一　形式方面　40%

用字妥恊　8分

造句合法　8分

段落分明　8分

接筍合拍	6分
符號合式	6分
構寫清楚	4分

二　實質方面　60%

題意顯豁	10分
敍事明瞭	10分
說理通暢	10分
獨具見解	10分
情感眞實	6分
引證確當	6分
首尾勻稱	8分

十七　校訓實踐比賽表(甲)

部　年級　組勤字統計表

民國　年度　第　學期第　屆　級導師

學生姓名	缺席時數	事由

算例說明

(1) 每週時數×週數×全教室人數=全級合得受課時數

(2) 休假日時數總和×全教室人數=休假日扣去時數

(3) 本屆學生缺席時數總和

(4) 全級合得受課時數——休假日扣去時數=實得受課總數

(5) 學生缺席時數總和÷實得受課總數=學生缺席比較

校訓實踐比賽表（乙）

部　年級　組肅字統計表　民國　年度　第　學期第　屆　級導師

學生姓名									
級導師分數									
訓育主任分數				教導主任分數					
科任姓名									
科任分數									

算例說明

(1) （全教室分數總和÷全教室人數）×.2＝級導師分數

(2) 訓育主任分數×.2＝訓育主任分數

(3) 教導主任分數×.1＝教導主任分數

(4) （各科任分數之和÷科任人數）×.5＝科任分數

(5) 級導師分數＋訓育主任分數＋教導主任分數＋科任分數＝肅字實得分

校訓實踐比賽表(丙)

部 年級 組 僕字統計表

民國 年度 第 學期第 屆 級導師

學生姓名	級導師分數	訓育主任分數	教導主任分數

算例說明

(1) (全教室分數之和÷全教室人數)×·5=導師分數

(2) 訓育主任分數÷·3=訓育主任分數

(3) 教導主任分數×·2=教導主任分數

(4) 導師分數+訓育主任分數+教導主任分數=僕字實得分數

校訓實踐比賽表(丁)

部　年級　組潔字統計表

民國　年度第　學期第　屆　級導師

學生姓名	級導師分數	大掃除分數				
		第一次	第二次	第三次	第四次	第五次

算例說明

(1) 全教室分數之和÷全室人數＝級導師分數

(2) 大掃除分數之和÷次數＝大掃除平均分數

(3) (級導師分數＋大掃除平均分數)÷2＝潔字實得分數

十八　校訓實踐比賽結果統計表

項目／學級／成績／別	勤 分數	勤 名次	肅 分數	肅 名次	樸 分數	樸 名次	潔 分數	潔 名次

十九　校訓實踐比賽各教員批評通知單

啓者查本學期第　　屆勤肅樸潔統計於上星期六止茲奉上　　中　　年級　　組肅樸分數希即塡算於

月　　日以前擲交敝處以便統計發表是荷此致

先生　台鑒：

一、肅　　分

一、樸　　分

附註　勤自第　週至第　週止學校休假日爲　月　日（星期　）天

謹啓

二十　各級肅字分數批評表

學級	分數	備註
初三上		
初二上		
初一A		
初一B		

學級	分數	備註
高三上		
高二上		
高一上		

批評者　　年　月　日

甲、批評標準：1.有無互相談話　2.有無營本課以外工作　3.有無擅離坐位　4.有無擾雜發聞　5.有無遲到早退　6.有無擅自出入敎室　7.其他

乙、給分標準：1.極整肅者……八十分以上

2. 頗整肅者……七十分至七十九分
3. 尚整肅者……六十分至六十九分
4. 不整肅者……六十分以下

丙、附註一　肅字批評完全根據教室內上課時情形

附註二　各位先生批評分數後請將本表於二日內交訓育處以便彙集統計

謹啓　年　月　日

二二　各級教室清潔考查表

中學各教室清潔考查表

年級 \ 事項 成績	清潔事項 拂拭	清潔事項 洒掃	清潔事項 窗戶	清潔事項 整理	合計
高三甲					
高三乙					
高二甲					
高一A					
高一B					
初三甲					
初二A					
初二B					
初一A					
初一B					
備註					

第　週(　月　日—　月　日)

二三 學生週記格式

月　日至　月　日週記第　週

國外要聞	國內要聞	校聞紀要	訓話摘要

學業心得

疑問待質

反省隨錄

備忘	
隨筆	

二三　學生週記記載方法說明

一　學生週記，須按週記載，不得間斷。

二　學生週記，須繕寫清楚，不得草率。

三　學生週記，一律於每週月曜日呈交學級指導檢閱。

四　國內外要聞，記載本週中發生之重要事實，或列舉數事，或單就一事詳記，加以批評。

五　訓話摘要，記載公共集會及學級訓話之大要。

六　學業心得，記載本週中教授或閱書所得，足資感發者，或記其要項，或發抒個人之意見。

七　疑問待質，記載自習時遇有疑難之點，以備質問。

八　反省隨錄，記載本人言行上之得失，以為改進之助。

九　備忘隨筆，記載預定之事，以及友朋約言，往來函件等。

二四　學生臨時事故出校証

二五　學生臨時事故出校人數逐週統計表

無錫私立競志女子中學校

中　年級　　組生學
出門証存查
民國　年　月　日

第　號

無錫私立競志女子中學校

中　年級　　組生學
出門證
民國　年　月　日

中學各級學生領證出校數表

級別／次數／曜日／月日	月	火	水	木	金	土	合計
高三甲							
高三乙							
高二							
高一A							
高一B							
初三A							
初三B							
初二A							
初二B							
初一A							
初一B							
合計							

二六　學生請假證格式

學生請假證

部　年級　組

學生

民國二十年度第　學期

無錫競志女校訓育處製

請假時數	請假事由	家長簽名蓋章	級導師簽名蓋章	備註
自　月　日　午　時 至　月　日　午　時				
自　月　日　午　時 至　月　日　午　時				
自　月　日　午　時 至　月　日　午　時				
自　月　日　午　時 至　月　日　午　時				

學生請假規程摘要

一　本校因督促學生學業起見對於學生缺課特別注意

二　學生因故缺課須豫先請假

三　學生因故請假須將請假時數及事由用墨筆分別塡注淸楚經家長簽名蓋章後交該生所在學級級導師簽名蓋章方爲准許

四 級導師對於學生請假有准否之權

五 學生如猝遇要事不及豫先請假者得於事後補假但須附家長來函證明

六 學生未經請假而缺課者作曠課論

七 請假證每學期開始時由級導師發給每人一份學期終繳還

八 寄宿生請假另訂辦法

二七 訓務日誌

月　日　星期　天氣	
執行事項	
訓話摘要	
擬辦事件	
備註	

事務概況

一 本校校舍統計表

項目	室數	面積（以公尺爲單位）	備註	項目	室數	面積（以公尺爲單位）	備註
禮堂	1	266		體育室	1	19·9	
校長室	2		在禮堂樓上	烹飪實習室	1	26·4	
教導室	1	19·32		通學生膳堂	2	56·7	
訓務室	2	40		寄宿生膳堂	5	243	
事務室	2		在禮堂樓上	廚房	4	133	
舍務室	2	46·92		調養室	2	36·58	
男教員豫備室	2		在禮堂樓上	消費合作社	1	10·92	
女教員豫備室	2	35·2		傳達室	1	18·5	
教室	16	742·32	上列面積指樓下十二教室面積	會客室	2	32·4	
特別教室	3	138·5	此項教室指勞作藝術音樂教室	電話室	1	4·2	
職教員寢室	12	130·6	上列面積係樓下寢室面積	盥洗室	2	73·5	
學生寢室	21	450·9	上列面積係樓下十寢室面積	浴室	3	126	

圖書館	3		樓上	運動場		1896	
閱書報室	2	77	圖書館下面	雨操場		483	
校友會辦事室	1	38·5	圖書館下面	校園級園		379·5	
學生自治會及編輯室	2		在禮堂樓上	校工臥室	4	52	
成績室	2		在禮堂樓上	儲藏室	2	65·92	
生物陳列室	1		在膳堂樓上	晒台			在浴室屋頂
理化器械室	7		在膳堂及音樂教室樓上	廁所	3	98·	

二　校具統計表

品名	數量	備註	品名	數量	備註	品名	數量	備註
方櫈	40		大黑板	27		儀器橱	16	
長方櫈	77		三角橱	19		物理化學櫈	16	
大菜櫈	6		大書箱	2		傘架	6	
寫字櫈	7		小書箱	2		大浴盆	16	
閱書櫈	7		鏡框	110		小提桶	7	
單人課櫈	40		成績櫈	21		大提桶	6	

雙人課檯	416		成績櫥	1		木水箱	2	
連橫靠背單人課檯	153		標本匣	12		箱架	24	
籐椅	49		面盆架	36		小黑板	14	
長櫈	200		書架	24		大碗	9	
大長凳	10		樓梯架	174		大盆	2	
西式靠背椅	45		床架	174		小盤	16	
中式靠背椅	18		痰盂	36		飯碗	137	
圓凳	22		書櫥	17		匙	120	
長靠背凳	10		鉛皮方痰盂	14		大鉛筒	2	
大骨牌凳	20		投稿箱	2		中鉛筒	6	
小骨牌凳	560		大鐘	1		小鉛筒	24	
屏風	8		揭示板	4		大屏鏡	1	
圓檯面	3		碗櫥	3		著衣鏡	3	
長方教檯	10		飯罩	20		啞鈴	72	
半圓教檯	8		飯架	7		棍棒	74	
遺物箱	2		五線譜板	1		木環	32	

時鐘	6		手工檯	34		網球拍	6
大茶壺	10		生物標本橱	3		短棒	36
公文橱	2		生物掛圖架	1		球杆	32
風琴	2						

三　現有物理儀器調查表

1. 計算器

名稱	件數	出品處或自製	約價	設備要旨	名稱	件數	出品處或自製	約價	設備要旨
粎桿	四	商務印書館	一六元		曲尺	四	商務印書館	二元	
市尺	四	仝上	一元		天平(連法碼)	四	仝上	一二〇元	
跑表	一		三〇元		掛鐘	二		三〇元	
彈簧秤	一五	仝上	三七·五元		市秤	二		四元	
體溫表	一		二元		最高寒暑表	一	仝上	一二元	
最低寒暑表	一	仝上	一二元		攝氏寒暑表	五	仝上	一〇元	
乾濕寒暑表	二	仝上	三〇元		安培弗打表	四	仝上	三二元	
量筒	一〇	仝上	一五元		量杯	三	仝上	六元	
測圓規	一	仝上	一元	外徑用	測圓規	一	仝上	一元	內徑用

名稱	件數	出品處或自製	約價	設備要旨	名稱	件數	出品處或自製	約價	設備要旨
螺旋測微器	一	商務印書館	一六元		測角器	一	務印書商館	一〇元	
2. 固體力學									
秋尺	四	仝上	一元		市尺	四	仝上	一元	
圓板斜面	一	自製	一•五元		重心說明板	二	商務	二元	
天平（附法碼）	二	商務	六〇元		慣性說明	二	自製	二元	
不倒翁	一	惠山	〇•五元		圓錐體	二	仝上	一元	
橢圓形	二	自製	一元		奔馬	一	仝上	一•元	
複滑車連架	一	商務	二〇元		斜面	一	仝上	一•五〇	
槓木	二	自製	一元		雌雄螺旋	一	商務	三元	
彈簧秤	一五	仝上	三七•元		市秤	二		四元	
木棒	五	自製	〇•五元		線	一〇		〇•一元	
鉛球	一〇		一元		滑車輪軸	一	商務	九元	
齒車	一	商務	四元		模型螺旋	一	仝上	一〇元	
螺旋壓榨器	一	仝上	一五元		泡準器	一	仝上	四元	
攝氏寒暑表	五	仝上	一〇元		比重球	四	仝上	一元	

名稱	件數	出品處或自製	約價	設備要旨	名稱	件數	出品處或自製	約價	設備要旨
表面張力試驗器	一	商務	一・八元						
3.液體力學									
嘴杯	二	商務	四元		燒杯	五	商務	二元	
天平(附法碼)	二	仝上	六〇元		市秤	二		四元	
水壓機	一	商務	[illegible]二一元		連通管	二	商務	一元	
阿基米得原理說明器	一	仝上	三元		浮秤	一〇	仝上	一五元	
比重瓶	一	仝上	五元		泡準器	一	仝上	三元	
水力上壓試驗器	一	仝上	二・五元		側壓力試驗器	一	仝上	一元	
巴斯加原理說明機	一	仝上	一五元		吸上喞筒	一	仝上	八元	
押上喞筒	一	仝上	八元		瓷製水銀槽	一		三元	
滲透器	一	仝上	一〇元		浮沈子	一		三元	
虹吸管	二		二元		噴水器	[illegible]		八元	
4.氣體力學									
比重瓶	一	商務	五元		大玻管	二	商務	五元	
氣壓表	一	仝上	三・五元		波義爾說明機	一	仝上	二元	

名稱	件數	出品處或自製	約價	設備要旨	名稱	件數	出品處或自製	約價	設備要旨
抽上喞筒	一	仝上	八元		吸上喞筒	一	仝上	八元	
麥氏半球	一	仝上	七元		瓷製水銀槽	一		三元	
攝氏寒暑表	五	仝上	一〇元		最高寒暑表	一	仝上	一二元	
最低寒暑表	一	仝上	一二元						
5. 熱學									
氣壓表	一	仝上	三五元		壓氣發火管	八	仝上	一六元	
金屬球試驗器	一	商務	四元		最高寒暑表	一	仝上	一二元	
攝氏寒暑表	五	仝上	一〇元		蠟燭	一〇	仝上	一元	
最低寒暑表	一	仝上	一二元		線膨漲試驗器	一	仝上	八元	
液體熱漲試驗器	一	仝上	二元		銅網	一〇	自製	一元	
銅線	一丈		〇·八元		定冰點器	一	商務	三元	
定沸點器	一	商務	八元		回熱凹鏡	一	仝上	二〇元	
補整擺	一	仝上	一〇元		乾濕寒暑表	一	仝上	二〇元	
沸騰球	一	仝上	二元		銅鐵縫合板	一	仝上	二元	
濕度溫度兩用表	一	實學通藝館	四元		蒸發杯	五	實學通藝館	三元	
熱之工作當量試驗管	一	商務	一元		量容熱器	二	實學通藝館	一〇元	
汽機雛形	一	商務	一六元		鐵球	一	自製	〇·五元	

名稱	件數	出品處或自製	約價	設備要旨	名稱	件數	出品處或自製	約價	設備要旨
鋁球	一	自製	〇・六元		傳熱比較器	一	商務	四元	
液體交流試驗器	一	商務	四元		氣體交流試驗器	一	仝上	二元	
射熱輪	一	仝上	一二元						
6. 聲學									
音叉256顫	一	商務	五・五元		音叉384顫	一	商務	四元	
音叉512顫	一	仝上	四元		捧振動試驗器	一	仝上	一・五元	
捧振動試驗器	一	自製	〇・五元		板振動試驗器	一	商務	六元	
風琴管(開)	一	仝上	三・六元		風琴管(閉)	一	仝上	三・六元	
胡弓	一		三元		柯氏共鳴器	一	仝上	八元	
真空鈴	二	仝上	一〇元		玻鐘	二	仝上	五元	
孔板測音機	一	仝上	四八元		蓄音器	一	仝上	四元	
準弦器	一	商務	二元		凸面鏡	一	實學通藝館	五元	
凹面鏡	一	實學通藝館	五元		圓錐鏡	一	商務	七元	
揚聲筒	一	自製	一元		接聲筒	一	商務	二元	
曲線記音器	一	商務	一六元		槌橡皮	一	仝上	〇・八元	

名稱	件數	出品處或自製	約價	設備要旨	名稱	件數	出品處或自製	約價	設備要旨
篩管	一	商務	〇・四元						

7.光學

名稱	件數	出品處或自製	約價	設備要旨	名稱	件數	出品處或自製	約價	設備要旨
本生氏光度計	一	自製	二元		三分心洋燈	一		四元	
平面鏡	一	商務	二元		凸鏡(玻製)	一	實學通藝館	五元	
凸鏡(金屬製)	一	實學通藝館	五元		凹鏡(玻製)	一	仝上	五元	
凹鏡(金屬製)	一	仝上	五元		迴轉鏡	一		八元	
光線反射試驗器	一	仝上	三・二元		光線屈折試驗器	一	實學通藝館	二・四元	
平行平面鏡	一	商務	六元		多像反射鏡	一		一〇元	
圓錐鏡	一	商務	七元		玻璃水槽	一	商務	三元	
方解石	一	仝上	六・五元		電石	一千公分	仝上	一六元	
照相機	一	仝上	四〇元		眼球模型	一	仝上	一一元	
實體鏡	一	仝上	三元		顯微鏡	一	仝上	六〇元	
顯微鏡解明器	一	仝上	一〇元		望遠鏡解明器	一	仝上	一〇元	
雙眼鏡	一		四元		牛頓七色輪	一	實學通藝館	八元	
三稜鏡	二	實學通藝館	六元		光波干涉圈試驗器	一	商務	二〇元	
角度鏡	一	自製	一・五元		色玻璃	五		一元	

名稱	件數	出品處或自製	約價	設備要旨	名稱	件數	出品處或自製	約價	設備要旨
萬花筒	一	自製	〇・五元						
8.磁學									
磁鐵鑛	一	商務	一・五元		磁鐵棒	四	商務	一・五元	
鐵粉	一磅	仝上	〇・五元		蹄形磁鐵	二	仝上	三元	
羅盤	一	仝上	一・二元		磁針	二	仝上	一・五元	
大縫針	一〇		〇・一元		小縫針	一〇		〇・一元	
測伏角環	一	商務	九元		軟鐵棒	二		〇・六元	
鍛鐵棒	二		一元						
9.電學									
蹄形磁鐵	二	商務	三元		磁針	二	商務	一・五元	
磁棒	二	仝上	九元		軟鐵棒	二	仝上	〇・六元	
鍛鐵棒	二	仝上	一元		絕緣金屬板	一		三元	
硬膠棒	一	商務	一元		玻棒	一	商務	一元	
毛巾	一		〇・一元		絹	一		〇・一元	
貓皮	一		一元		金箔驗電器	二	商務	一〇元	

名稱	件數	出品處或自製	約價	設備要旨	名稱	件數	出品處或自製	約價	設備要旨
起電機	一	商務	三〇元		感電盤	一	商務	一〇元	
感電機	一	仝上	三五元		金箔	一〇	仝上	二元	
錫箔	二〇	仝上	〇・六元		銅箔	二〇	仝上	〇・四元	
木髓球	一〇	仝上	〇・一元		來頓瓶	二	仝上	五元	
鎢絲電燈	二		二元		電流分水器	二	商務	一二元	
鋅筒	二	商務	四元		磁筒	二	仝上	三元	
炭精條夾	二	仝上	〇・五元		鋅筒夾	二	仝上	〇・五元	
驗電板	一	仝上	一元		鋅棒	六		三元	
炭棒	六		一・二元		乾電池	六	商務	一八元	
直流發電機說明器	一	商務	一五元		電扇	一	仝上	二〇元	
弗打安培表	四	實學通藝館	三二元		蓄電池	一	商務	二〇元	
蹄鐵型電器磁石	一		三元		電動機雛型	一	商務	一二元	
電報機雛型	二	仝上	一二元		電鈴	一	商務	二元	

四　現有化學用具及藥品調查表

名稱	數量	價格	出品處	每學期消耗數量	設備要旨	名稱	數量	價格	出品處	每學期消耗數量	設備要旨

天平	四	商務
細口瓶(250c.c.)	一〇	仝上
細口瓶(125c.c.)	一五	仝上
量杯(500c.c.)	一	仝上
量筒(100c.c.)	二五	仝上
鑷子	二〇	仝上
燒瓶(500c.c.)	五	仝上
燒瓶(125c.c.)	三〇	仝上
漏斗(玻製)	三五	仝上
曲頸瓶(250c.c.)	一六	仝上
受器(250c.c.)	一〇	仝上
長頸漏斗	二七	仝上
水槽	一六	仝上
玻鐘罩	三	仝上
玻管	四磅	仝上
玻棒	二磅	仝上
氣壓表	一	商務
廣口瓶(250c.c.)	五〇	仝上
細口瓶(1000c.c.)	一〇	仝上
量杯(100c.c.)	二	仝上
乳鉢(磁製)	二五	仝上
燒瓶(1000c.c.)	二	仝上
燒瓶(250c.c.)	三〇	仝上
長玻筒	三	仝上
濾紙	二包	仝上
曲頸瓶(125c.c.)	一八	仝上
二口瓶	五	仝上
蓄氣瓶架	一〇	仝上
毛玻片	六〇	仝上
燃燒匙	一五	仝上
膠皮管	二丈	仝上
瓶刷	二〇	仝上

輭木塞(各號)	一二〇	商務
木塞拔	一具	仝上
酒精燈	二四	仝上
鉄絲網	三千平方糎	仝上
三足臺	一〇	仝上
橫桿	一〇	仝上
鋏	二〇	仝上
試管	三〇〇	仝上
華氏寒暑表	三	仝上
最高寒暑表	一	仝上
浮秤	一二	仝上
刻度試驗管	四	仝上
磁蒸發皿	三〇	仝上
銅鋏	一〇	仝上
提勃士氣體發生器	一	仝上
吹管	一二	仝上

橡皮塞(各號)	三六	商務
木塞穿孔器	四具	仝上
銅燭扦	二五	仝上
玻璃水盆	三	仝上
直桿	一〇	仝上
十字樞	一〇	仝上
三角錐	一五	仝上
乾電池	六	仝上
攝氏寒暑表	五	仝上
最低寒暑表	一	仝上
比重瓶	二	仝上
坩堝(磁製)	三〇	仝上
定量滴管	四	仝上
試驗管固定鋏	一二	仝上
試驗管架	三〇	仝上
鐵三足架	一二	仝上

有側管之圓底燒瓶	四	商務		電流分解水器	三	仝上	
小白金絲	十寸	仝上		醋酸	一磅	仝上	半磅
蟻酸	仝上	仝上	六盎斯	草酸	半磅	仝上	四盎斯
硫酸	一二磅	仝上	五磅	鹽酸	一〇磅	仝上	五磅
硝酸	七磅	仝上	四磅	火酒	五加侖	仝上	三加侖
鉀礬	一磅	仝上	半磅	硫酸鋁	八盎斯	仝上	五盎斯
氯化錏	一磅半	仝上	一磅	氫氧化錏	八磅	仝上	三磅
硝酸錏	六盎斯	仝上	四盎斯	草酸錏	三盎斯	仝上	二盎斯
硫化錏溶液	一磅	仝上	半磅	銻粉	二盎斯	仝上	一盎斯
氯化	一〇盎斯	仝上	六盎斯	漂白粉	一磅半	仝上	一磅
骨炭	一磅	仝上	半磅	硼粉	一磅	仝上	半磅
溴	二盎斯	仝上	一盎斯	硝酸鎘	二盎斯	仝上	一盎斯
炭酸鈣	三磅	仝上	二盎斯	氯化鈣	二磅	仝上	二磅
養化鈣	二磅	仝上	一磅半	石膏	三磅	仝上	一磅
二硫化炭	二磅	仝上	仝上	四氯化炭	一磅	仝上	半磅
硫酸鉻	六盎斯	仝上	四盎斯	氯化鈷	二盎斯	仝上	一盎斯

硝酸鈷	二盎斯	商務	仝上
氯化銅	一磅	仝上	八盎斯
氧化銅(綫)	一〇盎斯	仝上	仝上
硫酸銅(結晶)	一磅	仝上	八盎斯
曹林氏液	一瓶	仝上	三分之一瓶
甘油	八盎斯	仝上	五盎斯
碘片	二盎斯	仝上	一盎斯
鐵屑	一磅	仝上	半磅
硫化鐵	仝上	仝上	仝上
鉛	仝上	仝上	六斯盎
炭酸鉛	一〇盎斯	仝上	五盎斯
硝酸鉛	一磅	仝上	仝上
試紙(紅藍)	一二盎斯		六盒
炭酸鎂	一〇盎斯	仝上	五盎斯
硫酸鎂	一磅	仝上	半磅
氯化鍊	一〇盎斯	仝上	六盎斯
水銀	六盎斯	仝上	四盎斯
銅片	八盎斯	商務	四盎斯
氧化銅(粉)	一〇盎斯	仝上	四盎斯
硫酸銅(乾)	二盎斯	仝上	一盎斯
以脫	一磅	仝上	半磅
福墨林試液	一瓶	仝上	三分之一瓶
過養化氫	一磅	仝上	半磅
氯化鐵	六盎斯	仝上	四盎斯
硫酸鐵(無水)	一磅	仝上	半磅
高嶺土	仝上	仝上	仝上
醋酸鉛	五盎斯	仝上	三盎斯
養化鉛	一磅	仝上	半磅
氯化鋰	二盎斯	仝上	一盎斯
鎂	二盎斯	仝上	一盎斯
氧化鎂	四盎斯	仝上	二盎斯
二氧化錳	二磅	仝上	一磅
硝酸鍊	四盎斯	仝上	二盎斯
硫酸鎳	六盎斯	仝上	四盎斯

非諾夫司令	一盎斯	商務	一盎斯	赤燐	二盎斯	仝上	仝上
黄燐	六盎斯	仝上	三盎斯	酒石酸鉀	六盎斯	仝上	四盎斯
溴化鉀	五盎斯	仝上	三盎斯	炭酸鉀	七盎斯	仝上	四盎斯
氯酸鉀	二磅	仝上	一磅	氯化鉀	六盎斯	仝上	三盎斯
鉻酸鉀	六盎斯	仝上	三盎斯	氰化鉀	五盎斯	仝上	三盎斯
鉻酸鉀	四盎斯	仝上	二盎斯	重鉻酸鉀	一〇盎斯	仝上	五盎斯
赤血鹽	八盎斯	仝上	三盎斯	黄血鹽	八盎斯	仝上	三盎斯
氫氧化鉀	二磅	仝上	一磅	碘化鉀	三盎斯	仝上	二盎斯
硝酸鉀	一磅	仝上	半磅	草酸鉀	二盎斯	仝上	一盎斯
過錳酸鉀	二盎斯	仝上	一盎斯	酒石酸鉀鈉	一〇盎斯	仝上	五盎斯
二氧化硅	五磅	仝上	四磅	硝酸銀	六盎斯	仝上	三盎斯
氫氧化鈉	二磅	仝上	一磅	鈉	六盎斯	仝上	三盎斯
氫炭酸鈉	一磅	仝上	半磅	次亞硫酸鈉	一磅	仝上	半磅
炭酸鈉	仝上	仝上	仝上	炭酸鈉(無水)	八盎斯	仝上	四盎斯
食鹽	五磅	仝上	四磅	鈉石	一磅	仝上	一磅
硝酸鈉	一磅	仝上	一磅	過氧化鈉	一〇盎斯	仝上	五盎斯
燐酸鈉	八盎斯	仝上	四盎斯	水玻璃	一磅	仝上	四盎斯

硫酸鈉	仝上	仝上	六盎斯	Sodium thiosulfote	二磅	仝上	一磅
澱粉	一磅	仝上	四盎斯	氯化錳	四盎斯	仝上	二盎斯
糖	二磅		一磅	硫黃花	仝上	仝上	仝上
松節油	一磅	仝上	半磅	鋅粒	二磅	仝上	一磅
硫酸鋅	八盎斯	仝上	四盎斯				

五　校工職務分配表 民國二十三年度第一學期

姓名	年齡	性別	籍貫	職務
陳張寶	二九	男	南通	一、管理門禁 二、接待來賓 三、收發公文信件 四、司上下課搖鈴事宜 五、傳遞電話 六、助理印刷 七、清除大門內外道路及應接室
趙步洲	四〇	男	鎮江	一、助理上列一至五各事 二、值小學部各教室及女教員預備室 三、打掃小學部圖書室及附近走廊 四、承應各教員差遣事宜
袁阿川	七七	男	無錫	一、印刷各項講義及文件 二、打掃通學生膳廳及揩拭桌凳 三、承應各教員差遣事宜
孫榮德	三一	男	常熟	一、值男教員寢室 二、值訓育處教務處及男教員室預備室 三、司各處茶水 四、承應各教員差遣事宜
陳金奎	三六	男	常熟	一、灌溉全校花草樹木 二、整理全校盆栽 三、清除青草 四、管理農具 五、整理雨中操場 六、打掃中學部樓下四教室及圖畫手工教室
馮春瑞	三九	男	江陰	一、打掃寄宿生膳廳及安排碗碟等事 二、管理各項運動器械及球類 三、收拾球場操場等處 四、值生物室理化實驗室 五、打掃音樂教室及體育室 六、承應各教員差遣事宜

秦阿富	一七	男	無錫	一、打掃寄宿生膳廳及安排碗筷等事　二、打掃中學部樓上四教室　三、值校長室事務室　四、打掃中學圖書館及學生會辦事室　五、承應各教員差遣事宜
羅媽	五六	女	江陰	一、值寄宿生面水及泡水倒便桶　二、值女教員寢室及女教員厠所　三、打掃寄宿舍樓下走廊及盥洗處晒台調養室等　四、司女教員預備室茶水　五、承應各女教員差遣事宜
樊媽	五四	女	江陰	一、值寄宿生面水及泡水倒便桶　二、打掃寄宿生通學生廁所及宿舍內天井盥洗室　三、值女教員寢室　四、司寄宿生茶水　五、承應各女教員差遣事宜
李媽	三九	女	宜興	一、值寄宿生面水及泡水倒便桶　二、打掃寄宿舍樓上走廊宿舍前園地及烹飪實習室家事實習室浴室　三、司寄宿生茶水　四、值舍務主任寢室　五、承應各女教員差遣事宜

附記

一、每逢星期日揩洗大禮堂地板及揩拭玻璃窗由步洲榮德金奎春瑞阿富五人共同工作

二、每逢星期三揩洗寄宿舍地板及擦拭玻璃窗並洗寄宿生洗面毛巾三人共同工作

三、以上派定事務如有未能盡職者一經查出輕則罰大洋弍角重則罰大洋五角均以節賞內扣除給予代行工作者

四、凡遇公共事務仍應通力合作不得推諉如有推諉亦須分別照罰

五、能於一月內不停工者加工資四天若停歇一天則於節賞內按照每日工資扣算惟自行僱用替工者仍照不停工計算

六　本校學生作息時間表（一）

四月一日起實行

作息	時間 起	時間 止
起身	六時	
早餐	七時	
早操	七時四十五分	
第一課	八時	八時五十分
第二課	九時	九時五十分
第三課	十時	十時五十分
第四課	十一時	十一時五十分
午膳	十二時	
第五課	一時三十分	二時二十分
第六課	二時三十分	三時二十分
第七課	三時三十分	四時二十分
課外運動	四時三十分	五時三十分
晚膳	六時十五分	
自修（一）	七時	八時
自修（二）	八時十分	九時
入舍	九時十五分	
熄燈	九時三十分	

本校學生作息時間表（二）

（十月十五日起施行）

作息	時間 起	時間 止
起身	六時三十分	
早餐	七時十五分	
早操	七時四十五分	
第一課	八時	八時五十分
第二課	九時	九時五十分
第三課	十時	十時五十分
第四課	十一時	十一時五十分
午膳	十二時	
第五課	一時三十分	二時二十分
第六課	二時三十分	三時二十分
第七課	三時三十時	四時二十分
課外運動	四時三十分	五時三十分
晚膳	六時	
自修（一）	七時	八時
自修（二）	八時十分	九時
入舍	九時十五分	
熄燈	九時三十分	

七　無錫私立競志女學校購置物品單

品名	數量	用途	需費約計	何日用

民國　　年　　月　　日　需要者——

事務主任簽字　　校長簽字

八　無錫私立競志女學校領用物品單

品名	數量	用途	附記
			一、領用物品必先填寫領用物品單 二、須用物品單經事務主任簽字後即交事務處辦理 三、添置物品需費在五元以下者須商得事務主任同意其在五元以上者并須商得校長之同意 四、此單由事務處保存

民國　　年　　月　　日　需要者——

事務主任簽字　　校長簽字

九 校具分類登記簿（第 類 器）

品名	件數	號數	估計價值	有無損壞	備註

九 校具調查表一

無錫私立競志女學校

第 號 室

品名	號數

校具調查表二

無錫私立競志女學校

品名	
號數	
地點	

民國 年 月 日

十　物品出納簿

月	日	品名	收		支			備註
			商號	數量	領用處	數量	領單頁數	

十一　繕寫講義通知單

講義名稱	從何處寫起	何級用	印幾份	星期幾用	備註
民國　年　月　日星期　致　員					

注意　1 諸位教員所用講義，務請於期前兩日上午，將原稿檢同此單
飭交繕寫員，俾便早日付寫，以免遲誤。
2 如有附帶事項，請在備註格中聲明。

十二　講義繕寫工作考查簿　繕寫員

月	日	講義名稱	交來數員	實寫幾頁	用去蠟紙幾頁	損壞蠟紙幾頁	備註

十四　學生會客單

No.

無錫私立競志女學校會客單存根			
會何人		何級	
事由			
來客姓名		對於所訪者之關係	
住址			
中華民國　年　月　日　時			

來客於此存根上須逐項填明後始得通報

……………………騎……縫……章……………………

No.

無錫私立競志女學校會客單				
會何人		何級		
事由				
來客姓名		對於所訪者之關係		
住址				舍務處蓋章
中華民國　年　月　日　時				

來客於此單上須逐項填明後始得延見

體育概況

(一)體育目標

本校對於體育，定其綱要爲：

1.發達肌肉，改正姿勢，

2.增加疾病抵抗力，使血液循環迅速，

3.發展本能，使肌肉運用靈敏，

4.發達各機關之感覺能力，

5.增進衛生常識

6.增進模倣技能

7.養成高尚人格，優良品性，

8.養成領袖與服務能力，遇事有快樂精神

9.養成誠實，忠信，服務，犧牲，愛國，合羣等心理

10發揚尚武精神，增進民族健康。

(二)體育行政上之組織

本校分教務，訓育事務三部共同主持一切事宜，爲學校最高機關，各部又因事之繁簡，設立若干股，體育一股，歸於教務部管轄之下，專任學校體育事宜，由體育主任主持一切，設體育室爲體育辦事，機關全校體育事項之規劃皆由此產生

所有體育用品之購置與保管亦由此負責

(三)體育之經費

除校中原有體育器具外，每學期均酌量添加，由事務部預算項下，劃出一部份（約三百元左右）為臨時添購體育器具及開會運動並校外比賽等費用

(四)體育之設備

因限於校址僅有大操場一、兩操場一、為運動之場所至於運動之應用器具設備雖未完善總計約有：

田賽　沙坑一、鉛球圈二、跳高架二、

徑賽　五十米跑道

球類　排球場二、籃球場三、壘球場一、網球場一、

器械　啞鈴六十四副　棍棒六十四副　木環木鈴短棒藤刀，　排球六　籃球五　網球四　網拍四　壘球二　壘球棒三　排球網二　鉛球二　鐵餅二、標槍六、繩梯一、

測驗器　公尺　磅秤　量長器　馬表

(五)中學部學生人數

本校中學部共分七級，初中四級高中三級人數共二百五十六人

(六)體育課程之規定

本校學生每日在課前須上朝操一次，約十分鐘每週上體育課二小時

朝操　本校之朝操于每日（星期一除外）上午七時四十五分起至八時止，以級爲單位，每級排列成雙行由各級導師同時分級點名體育敎員司令演習柔軟操至一個秩序操完後始散

體育正課　學生每週須上午體育課二小時，除走步柔軟操外並作田徑賽及各項球類運動，初中一、二、及各級新生，另授以各種基本動作

（七）課外運動實施情形

學生每週除上朝操五次體育正課二小時外，仍須上課外運動二次時間爲四時半至五時半由各級級長副級長各級級會中之體育部長部副共同負責支配，體育敎員指導之運動項目，如球類，田徑等各人任意選擇其運動成績欠缺者個別練習之，以期達到合格之標準

（八）校內外運動比賽情形

校內比賽　除每日規定各級課外運動外每學期舉行球類級際賽一次上學期籃球下學期排球每學年舉行運動會一次均以級爲單位，各級選手不得無故缺席成績優良者由學校獎勵之

校外比賽　校外比賽選手，由體育敎員選定選後令其組織成隊推舉隊長幹事各一人照料一切，並由體育敎員特別訓練之，每學期除參加中等學校體育聯合會各項比賽外，遇江蘇省開全省運動會時亦照例參加

（九）全校代表隊訓練情形

每日下午半時起至一時半爲代表隊訓練時間，當某種運動比賽時，則某種運動訓練較多，必要時，則于課外臨時召集之

(十)課外各項運動之組織

本校學生除由體育教員選定之學校代表隊外，各級均有排籃球及田徑隊之組織以參加校內運動比賽

(十一)體育成績考核情形

每學期規定小考一次，大考一次。所考項目：如徒手操器械操及發排球與籃球投籃準等臨時指定其一或二，平時積分則以田徑運動成績，所給分數一律以六十分爲及格，百分爲滿分，田徑運動標準規定如下：

項目	標準
五十米	9秒
急行跳遠	1·6米
三級跳遠	4米
六磅鉛球	4米
鐵餅	7米
標槍	7米
擲壘球	9米

(十二)體育之獎勵

除運動會各種比賽優勝者得應得之各項獎品外，凡體育分數在九十分以上者由校給予體育名譽獎狀蓋本校每學期有名譽獎狀四種一、學業成績各科均列甲等者，二、一學期中從未曠課者，三、操行列甲等者。四、體育分數在九十分以上者，凡具此四項之任何一項，得名譽獎，凡四項兼備者得獎學金免費一學期，所以示德智體並重之意也。

(十三)體格檢查

本校每學期檢查學生體格一次，時間在開學後一月中，由校醫體育教師負責並請各教職員輔助辦理，檢查之紀錄，列表陳列于體育室中，學生得隨時觀覽，

體格檢查統計表

項目 比較 年齡								單位
人數								人數
身長	坐							公寸
	立							
體重								公斤
胸圍	平時							公寸
	呼時							
	吸時							
肺量								立方公分
握力	左							度
	右							
聽力	左							公寸
	右							
眼	左							視力表
	右							
	砂眼							人數
牙齒	全							人數
	缺							
	蛀							
	蝕							
疾病								人數
其他								
檢驗日期	民國　年　月　日製							

體格檢查表

中部　年級　組			
姓名		性別	
年齡			
身長	坐　公寸	立　公寸	
體重	公斤		
胸圍	平時	公寸	
	呼時	公寸	
	吸時	公寸	
肺量	立方公分		
握力	左　度	右　度	
視力	左　%	左　%	
聽力	左　公寸	右　公寸	
牙齒			
疾病			
其他			
檢驗日期	民國　年　月　日		

圖書館概況

一　圖書館規程

一、本館依照本條例之規定辦理本館一切事宜

二、本館由學生自治會選出股長一人統理全館事務督率幹事執行職務副股長一人協助股長辦理一切事項

三、本館暫設以下各股

一、登錄股專司登記中西書籍檢查卷冊核對發票等事

二、編目股專司中西圖籍編目等事

三、典藏股專司書庫圖書傳遞收入借出保管等事

四、總務股專司圖書購訂統計及文書會計庶務等事

四、各股設主任一人股員若干人主任承館長及圖書股股長之命督率股員辦理本股一切事務

五、各股辦理事務遇有本股人員不敷支配時得由館長酌添人員或指派他股人員幫同辦理

六、各股人員因事或因病請假者須經館長核准將經辦事務陳明主任委託其他人員代辦

七、本館凡遇有重要問題得由館長臨時召集館務會議議決之

八、本館各股辦事細則另定之

九、本館規程自公布之日實行如有未盡事宜得由館務會議議決隨時修改

二　圖書館各股辦事細則

甲、登錄股　本股專司登記書籍雜誌事宜

一、關於書籍之登錄事項

一、圖書收到後各書檢查一過如有倒裝損破等情即送回掉換

二、所到書籍檢查卷冊核對發票有無錯誤

三、所到圖書檢查無誤後在發票上加蓋本股圖章即將該票交總務股付賬

四、圖書校收無誤後在新到書籍上加蓋本館圖章

五、在登記簿上將新到書籍分別登記其書名著者到期價格發行所出版期及登記號碼等（登記號碼以一部為一號）

六、將登記號碼到期價格三項由登記簿轉入裏書標該標應貼於圖書封面裏頁上再送編目股編目

二、關於雜誌之登錄事項

一、編製雜誌報紙目錄以便檢查

二、各種外來雜誌按期登記於雜誌登記卡

三、各項雜誌登記後加蓋館章再陳列雜誌閱覽室供衆閱覽

四、缺少之雜誌報紙隨即通知總務股函索補寄

五、各項雜誌報紙期滿時即通知總務股續訂

六、雜誌每年彙齊後每種分若干冊裝釘裝釘後即由各股依照圖書登記

三、各項圖書登記後依其性質分別登記於購書總登簿以便檢查

乙、編目股　關於中文者

一、本組專司中文圖書之分類及編目事宜

二、圖書之分類均依照王雲五氏所編之中外圖書統一分類法並酌加修改與擴充

三、各種圖書均依其內容審定門類給予類碼類碼之外應有之著者號碼則照王雲五氏之四角號碼檢字編定之

四、本館圖書目錄卡暫用一種圖書分類目錄卡

五、每編一書應先查書架目錄有無相同之書相同之書碼以免衝突雷同

六、卡片編就後即交主任校對後再交館長核閱

七、目錄卡依書碼排列存編目股以便參考

八、編目手續完畢後即交典藏股檢收

九、每月將本週所編新書目錄公布

十、遇書籍遺失或撤消時應將該書所有各種目錄卡抽去以免有卡無書

丙、典藏股

一、本股專司書庫圖書之保管流通事宜

二、辦公時間每星期一至每星期五上午七時至八時下午四時至六時星期六下午六時至九時星期日晚七時至九時

三、股員須按照所派定辦公時間到館辦事

四、每組股員辦公結束時將書庫及閱覽室之鑰匙交與下一組之股員收執下次開館即歸下一組股員負責

五、出納手續

一、借閱書籍須先向出納股領借書證

二、書籍借出時借書人之借書證存留本館按照日期先後排列

三、借取書籍在館閱覽者用取書條交還時將取書條領回

四、用取書條所借書籍閉館時須全數收回

五、每次閉館前十五分鐘停止借書即在此時將該次開館時所還之書收藏原架原位

六、留意閱者出館時是否有手續未備而携帶館內圖書出外者

七、每組股員對於該組開館時間圖書之保管及閱覽室之秩序負完全責任

八、各教員指定在館內保留以備參考之書籍須妥為管理

九、每學期之末清查書籍一次

丁總務股　本股專司文書會計庶務購訂及統計事項

一、關於文書事項

一、掌理一切往來公文函件

二、繕寫每日各報要目張貼佈告欄並登記日記等事

三、關於圖書雜誌之函訂及徵求謝贈等事項

四、本館每月報告新書介紹及借閱統計表等

五、保管本館圖記及一切公文案卷

六、保管塡購之圖書購訂單卡以備查考

二、關於會計事項

一、校事務處撥付款項由館長領到後交本股點收動用經費時須憑館長簽字蓋章存摺則由本股保管

二、凡有應付款項先核對發票是否與所購之品名件數相符

三、發票核對後而須即付者塡寫領款單送呈館長簽字蓋章領款付給

四、各項發票及收據須妥爲彙存每學期編造清冊呈館長鑒核後再送事務處報銷

五、各項出納採用新式簿記

三、關於庶務事項

一、一切新書點收事宜槪由本股辦理之

二、凡本館各種購置事宜經館長核准後交本股辦理

三、一切設備清潔衛生事宜悉歸本股辦理

四、關于購訂事項

一、分發圖書購訂單卡與各科教員塡註應購書名

二、購訂單卡塡就交來隨時送編目股審查館內曾否已有此書再呈館長鑒核後分別購訂

三、購訂手續分函購現購定購三種悉以書籍需用之緩急爲標準

四、圖書購到時隨將發票送交掌理會計者記賬書籍則交登錄股登記

五、現購圖書時得預支款項唯書到後即須報賬

五、關於統計事項編製本館各種統計表如下

一、現藏圖書冊數分類比較表

二、每月圖書借閱次數統計表

三、其他

本細則如有未盡善處得經股務會議議決隨時修改之

登記簿格式

日期＿＿＿＿＿＿

登記號數	著者姓名	書名	出版者	版期	頁數	面積	裝訂	來源	價目	分類	書號	冊數	備註

月刊半月刊登記卡（正面）

年	卷數	一月	二月	三月	四月	五月	六月	七月	八月	九月	十月	十一月	十二月	備註

編輯處　　出版處

月刊半月刊登記卡（反面）

年	購訂機關	起 月	起 日	起 期數	訖 月	訖 日	訖 期數	備註

創刊年月	刊期	每年卷數	雜誌名目	定價
停刊年月	冊數	每卷始期	目次索引	實價

週刊日刊不定期刊物登記卡

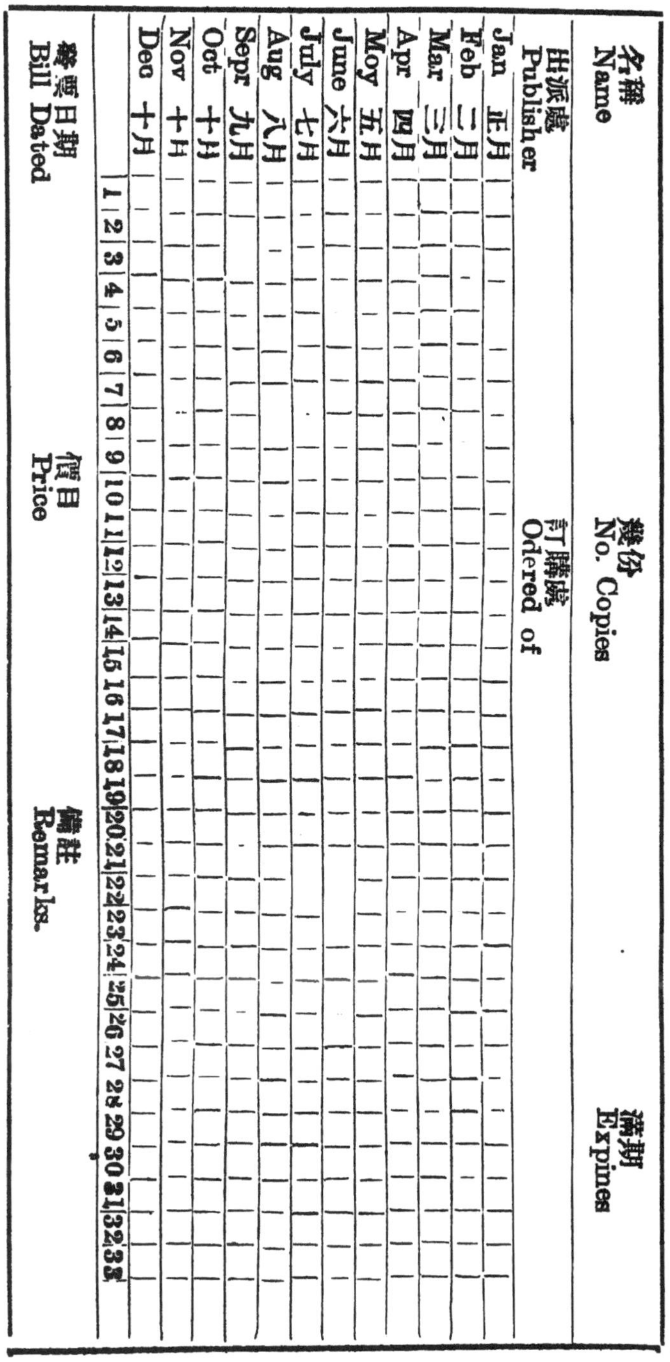

名稱 Name				數量 No. Copies				續期 Expires		
出版處 Publisher				訂購處 Ordered of						

	1	2	3	4	5	6	7	8	9	10	11	12	13	14	15	16	17	18	19	20	21	22	23	24	25	26	27	28	29	30	31	32	33
Jan 正月																																	
Feb 二月																																	
Mar 三月																																	
Apr 四月																																	
May 五月																																	
June 六月																																	
July 七月																																	
Aug 八月																																	
Sepr 九月																																	
Oct 十月																																	
Nov 十月																																	
Dec 十月																																	

發票日期 Bill Dated	價目 Price	備註 Remarks

書標

裏書標

期限表

目錄卡

類號
書名
著者
出版處
出版日期
登記號數
冊數

競志女中圖書館通知單

住址＿＿＿＿　日期＿＿＿＿

姓名＿＿＿＿

請來圖書館因有下列之事

現已預備借閱
圖書館現有要用
已預留但未見來借取
現已過期

館長簽字

借書證

姓名＿＿＿＿ No.＿＿＿＿

附屬小學概況

一 學則

第一條 教育宗旨 本校根據三民主義遵照中華民國教育宗旨及其實施方針以發展兒童身心培養國民道德基礎及生活所必需的基本知識和技能以養成知禮知義愛國愛羣的國民為宗旨

第二條 修業年限 本校小學部分初高兩階段初級修業年限為四年高級修業年限為二年

第三條 學級編制 本校學級編制初級採用複式教學高級採用單式教學均屬雙軌制每班以五十人為限

第四條 教學科目 教學科目遵照小學課程標準復參加女子應修科目暫定如下

(一)初級小學 公民訓練 國語 常識 鄉土 算術 勞作 美術 歌遊 縫紉

(二)高級小學 公民訓練 體育 國語 社會 自然 算術 勞作 美術 音樂 英文 家政 縫紉

第六條 成績考查 本校成績考查分下列四種

(一)平時 在上課時間內每課結束時，由教師斟酌情形採用口頭問答黑版演習檢查練習簿或筆記簿記載分數

(二)學月測驗 每學月舉行月終測驗一次

(三)學期考試 每學期終了時，定期舉行以決定兒童升級留級

(四)畢業試驗在畢業時舉行

第七條 計分方法規定如下

無錫私立競志女校三十週紀念刊　附屬小學概况　二

(一)在每學期終了時每科將平時學月學期三種分數相加平均計算各占三分之一

(二)每學期總成績則以時數乘分數除以每學期總時數

第八條　升級留級規定如下

一、升級　每學期終考査兒童成績總平均在丙等以上者爲及格得遞升一級倘各科成績平均及格而主要科目不及格者不得升級

二、留級　兒童成績平均在丁等或主要科目有一科以上或普通科目有三科以上成績在丁等者均須留級

第九條　學業成績及格標凖　本校規定六十分以上爲及格其等第如下

八十至一百分爲甲等

七十至七十九爲乙等

六十至六十九爲丙寺

五十至五十九爲丁等

五十分以下爲戊等

第十條　主要科目　本校規定主要科目如後

初級　公民訓練　國語　算術　常識

高級　公民訓練　國語　算術　社會　自然

第十一條　學年　本校每年以八月一日爲學年之始七月卅一日爲學年之終

第十二條　學期　一學年分兩學期八月一日至翌年一月卅一日為第一學期二月一日至七月卅一日為第二學期

第十三條　休業　本校校歷及休假依照教育行政機關之規定

第十四條　入學　凡已屆就學年齡而身體健全者均得入本校一年級肄業

第十五條　插級　須具有原校修業或轉學證書及成績表經編級試驗及格者

第十六條　入學試驗科目

國語　算術　常識

第十七條　退學　學生有下列各項情形之一者得令其退學

1.不守校規者

2.繼續留級三次以上者

3.開學後兩週不到而又不具函請假者

4.新生於第一學期成績過劣者

5.每學期操行成績列入丁等者

6.不遵章繳納各項費用者

7.因病不能繼續肄業者

第十八條　休學　學生休學以一次為限其期間規定為一學年期滿不入學者以退學論

第十九條　續學　學生在休學規定時間內來校繼續肄業者得免入學試驗

第二十條　納費　依照本校事務處規定每學期學生應繳各費表辦理

(二)學生入學時須繳清各費始得入校上課

(三)學生中途退學所繳各費除膳費照算外其餘概不退還

第二十一條　免費　本校爲普及小學教育起見特設免費額二十名合左列資格之一者得免學費

(一)學生各科學業成績均在甲等者操行優良者

(二)學生家境清貧經本校調査屬實者

(二)教務上各種應用表簿格式

甲　報名單

名姓	年齡	籍貫	曾在何校畢業或肄業	通訊處

乙　上課證

無錫私立競志女中附屬小學校

上課證

姓　名

年　級

年　月　日

此證於第一次上課前須交級任先生査驗

己　教員代課通知單

敬啟者鄙人因事請假所有下開功課費神暫代不勝感謝此致

先生台鑒

拜託　月　日

日期	曜日	節次	年級	科目	教材	以前經過	現用何種教學過程	如何收拾

庚　教員缺課記載表

姓名	月日	年級	科目	節次	分數	教務代理人	職務代理人	備註

丙　學籍表

姓名	籍貫	年齡	入校年月	通訊處

家屬	
父名號	
職業	

保證人	
姓名	
職業	
通訊處	

從前之經過	
曾在何校畢業肄業或未進學校	
家庭之境遇	
住居之環境	

備考

中華民國　年　月調查

丁　教案表

星期	第一時	第二時	第三時	第四時	第五時	第六時
年月日						
學科						
教員姓名 教數						
案						
備註						

戊　學級日誌

月　日輪記生　年　歲任本校第　學年　教員驗印

天氣溫度	第一時	第二時	第三時	第四時	第五時	第六時
時間學科						
輟學者姓名及事由						
在學總數						
輟學總數						

記事

辛 學業成績記載表

擔任者＿＿＿＿

順序	項別／記分／次數／姓名	平時積分								平時均分	得分	月考成績			月考平均	占分	學期考分	占分	實得總分	百分比
												1	2	3						

無錫私立競志女校三十週紀念刊　附屬小學概況　七

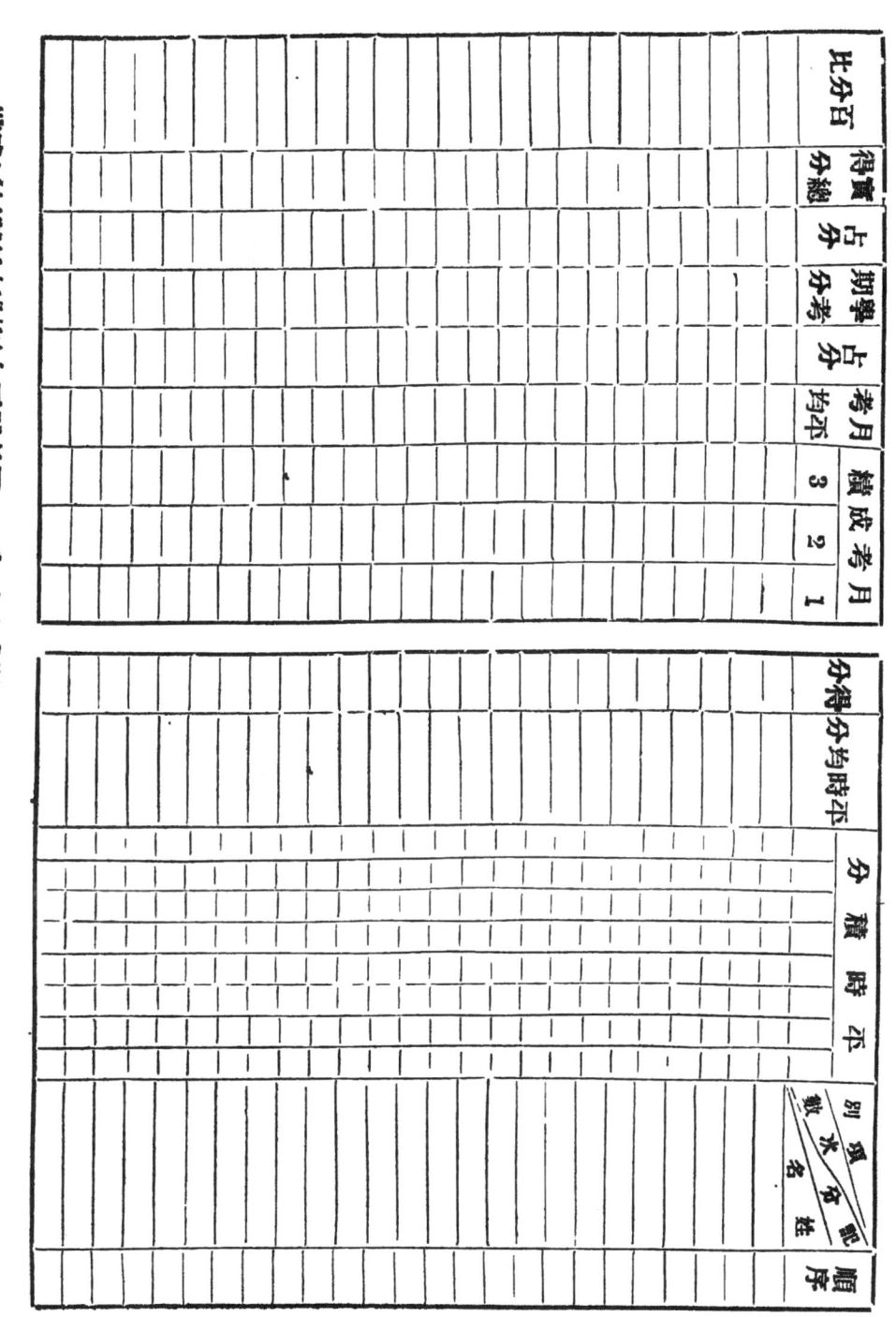

壬　年級月終報告單

第　學　月			
學期始人數			人
在籍兒童		男	名
		女	名
		共計	名
出席	總數		
	百分比		%
缺席	總數	事	
		病	
	百分比	事	%
		病	%
精勤生	總數		
	百分比		%
教學	優等生		人
	劣等生		人

記載者

癸　工作簿

月日	工作事項	記載者	備註
月　日			
月　日			
月　日			
月　日			
月　日			
月　日			
月　日			

工作簿

月日	工作事項	記載者	備註
月　日			
月　日			
月　日			
月　日			
月　日			
月　日			
月　日			

(三)各級教材用書一覽表

學科	教本			用書級別
	著作人	書名	出版處	
國語	李小峰 趙景深	高小國語讀本(第四冊)	北新	六下
國語	李小峰 趙景深	高小國語讀本(第三冊)	北新	六上
國語	李小峰 趙景深	高小國語讀本(第二冊)	北新	五下
國語	李小峰 趙景深	高小國語讀本(第一冊)	北新	五上
國音	齊鐵根	復興說話教科書(三，四)	商務	六上下
國音	齊鐵根	復興說話教科書(一，二)	商務	五上下
國語	吳研因	國語新讀本(七，八)	世界	四上下
國語	吳研因	國語新讀本(五，六)	世界	三上下
國語	吳研因	國語新讀本(三，四)	世界	二上下
國語	吳研因	國語新讀本(一，二)	世界	一上下
算術	趙侶青 錢選青	高小算術課本(三，四)	中華	六上下
算術	趙侶青 錢選青	高小算術課本(一，二)	中華	五上下
算術	趙侶青 錢選青	小學算術課本(七，八)	中華	四上下
算術	趙侶青 錢選青	小學算術課本(五，六)	中華	三上下
算術	趙侶青 錢選青	小學算術課本(三，四)	中華	二上下
算術	趙侶青 錢選青	小學算術課本(一，二)	中華	一上下
歷史	朱翊新	新主義歷史	世界	六下
地理	董文	新主義地理	世界	六下
社會	顧絹明 顧曾華	社會教科書(第三冊)	商務	六上
社會	顧絹明 顧曾華	社會教科書(第二冊)	商務	五下
社會	趙承預	復興社會教科書	商務	五上
公民	胡鍾瑞 趙复	復興公民教科書(三，四)	商務	六上下

公民	趙景深 魏志澄	復興公民教科書(一，二)	商務	五上下
公民	薛天漢	好公民(七，八)	世界	四上下
公民	薛天漢	好公民(五，六)	世界	三上下
公民	薛天漢	好公民(三，四)	世界	二上下
公民	薛天漢	好公民(一，二)	世界	一上下
自然	徐允昭 黃堅白	復興自然教科書(三，四)	商務	六上下
自然	徐允昭 黃堅白	復興自然教科書(一，二)	商務	五上下
衛生	程瀚章 莊畏仲	復興衛生教科書(三，四)	商務	六上下
衛生	程瀚章 莊畏仲	復興衛生教科書(一，二)	商務	五上下
常識	徐應昶 徐映川	復興常識教科書(七，八)	商務	四上下
常識	徐應昶 徐映川	復興常識教科書(五，六)	商務	三上下
常識	徐應昶 徐映川	復興常識教科書(三，四)	商務	二上下
常識	徐應昶 徐映川	復興常識教科書(一，二)	商務	一上下
英語	周越然	新法英語教科書(第二冊)	商務	六下
英語	林漢達	初級英語讀本(第二冊)	世界	六上
英語	周越然	新法英語教科書(第一冊)	商務	五下
英語	林漢達	初級英語標準讀本(第一冊)	世界	五上
音樂	吳夢非	初小唱歌教本	青白印刷公司	五上下
音樂	吳夢非	初小唱歌教本	青白印刷公司	三上下
音樂	劉質平	初小唱歌教本選擇	競志油印	四上下
音樂	潘伯英	小學校應用書	商務	一二
體育	Cecil J. harh	土風舞	女青年會全國協會編輯部	五上 四下
鄉土	侯鴻鑑	鄉土博物志，鄉土史地課本	競志	三四
家事	顧樹森	中華女子家事教科書	中華	六上下

四、小學訓育

一　目標

本校以發揚中國民族固有道德以忠孝仁愛信義和平以及本校校訓勤肅樸潔眞實勞苦爲訓育中心並製定下列目標訓練兒童以養成健全公民

一、關於體格的訓練：養成整潔衛生的習慣，快樂活潑的精神。

二、關於德性的訓練：養成禮義廉恥的觀念，親愛精誠的德性。

三、關於經濟的訓練：養成節儉勞働的習慣，生產合作的知能。

四、關於政治的訓練：養成奉公守法的觀念，愛國愛羣的思想。

二、標準

本校根據上列四大目標復訂定三十二信條以爲訓育之標準復根據三十二條而分析爲若干具體細目以便學生之實行

(1)好公民信條

1.中國公民是強健的　　2.中國公民是清潔的

3.中國公民是快樂的　　4.中國公民是活潑的

5.中國公民是自制的　　6.中國公民是勤勉的

7.中國公民是敏捷的　　8.中國公民是精細的

9.中國公民是誠實的　　10中國公民是公正的

11中國公民是謙和的　　12中國公民是親愛的

13 中國公民是仁慈的　　14 中國公民是互助的
15 中國公民是有禮貌的　　16 中國公民是服從的
17 中國公民是負責的　　18 中國公民是堅忍的
19 中國公民是知恥的　　20 中國公民是勇敢的
21 中國公民是義俠的　　22 中國公民是進取的
23 中國公民是守規律的　　24 中國公民是重公益的
25 中國公民是節儉的　　26 中國公民是勞動的
27 中國公民是生產的　　28 中國公民是合作的
29 中國公民是奉公的　　30 中國公民是守法的
31 中國公民是愛國愛羣的　　32 中國公民是擁護公理的

五、訓育之實施

根據部定訓育目標以及訓練之具體標準本校暫定訓練方法為公共的分團的個別的三種

1．公共的訓練　利用兒童團體的需要或發現兒童公共的缺點時擇定適當的訓練條文為訓練的中心

2．分團的訓練　或以級做單位或一級分為若干組每團或每組請一有關係教師担任訓導視各級各組之需要程度之深淺施以適當之訓練以求訓練總效果之增加担任教師每一星期或二星期必需考核訓練成績一次

3．個別的訓練　古語說人心不同如其面的確學生個性之差異幾乎各人不同因此不得不注意個別訓練以補公共訓練之不足負責教師為級任訓導主任校長及全體教師隨時隨地如發現有個別訓練必要時得召兒童個別談話

訓育實施方法約分下列幾種

甲紀念會　根據部定各種紀念日舉行集會紀念儀式使學生發生强烈的情感以引起愛國愛人愛社會的思想以努力做成中國的公民

紀念會規定如下

一月一日　中華民國成立紀念

一月二十八日　淞滬抗日紀念

二月二十七日　本校成立紀念

三月十二日　總理逝世紀念並舉行植樹典禮

三月十八日　北平民衆革命紀念

三月二十九日　革命先烈廣州殉難紀念

四月四日　兒童節

四月二十日　淸黨紀念

五月五日　革命政府成立紀念

五月九日　國恥紀念

五月十八日　先烈陳英士先生紀念

六月十六日　總理廣州蒙難紀念

七月九日　國民革命軍誓師紀念

八月二十日　先烈廖仲愷先生殉國紀念
八月二十七日　孔子誕生紀念
九月九日　總理第一次起義紀念
九月二十一日　先烈朱執信先生殉國紀念
十月十日　國慶紀念
十月十一日　總理倫敦蒙難紀念
十一月十二日　總理誕生紀念
十二月五日　肇和兵艦舉義紀念
十二月二十五日　雲南起義紀念

乙紀念週　在每星期一上午舉行時間為五十分鐘教員學生都有在紀念週說話的機會以檢討一星期內的工作引起學生學業品性之改善其秩序規定如下

1. 黨歌
2. 向國黨旗及總理遺像行最敬禮三鞠躬
3. 主席恭讀總理遺囑
4. 報告
　甲、時事
　乙、校務

丙、兒童活動

5.演講

丙訓育週　就兒童公共需要或發現缺點時擇定適當德目爲訓練的中心本學期豫定訓育週如

1.禮貌週

2.秩序週

3.整理週

4.雪恥週

5.勤勉週

6.惜時週

7.親愛週

8.儲蓄週

9.樸素週

10消寒週

關於訓育週成績之考查特製定訓育週效果考查表每星期考核一次利用級際比賽以引起學生興趣如認爲尚未達到豫定目的得延長一星期與兩星期務必達到目的而後止

丁晨夕會　每日在上課前散學前有十分鐘晨夕會之時間其目的在計劃和整理每日的工作及性心的改善由各級任導師担任分級舉行規定程序如下

晨會秩序

一、唱晨會歌

二、檢查

1.檢查出席人數

2.檢查清潔

三、靜默反省

四、報告

五、訓話

六、豫定工作

夕會秩序

節目同惟改唱夕會歌

戊公民訓練　根據部頒條文分成十三階段每階段取具體而易於考查者另備公民訓練實踐記載簿及反省表兩種由教師學生記載其在校難於考查者在可能範圍內請家長予以糾正指導

已校訓實踐比賽　分勤肅樸潔四項每四星期結算一次逐週由級導師訓導主任檢查實際狀況評給分數

勤字比賽以全級缺席遲到早退人數多少爲標準

肅字比賽以全級上課時集會時靜肅與否爲標準

樸字比賽以全級平日是否一律制服及有無愛好燙髮及脂粉等習尙爲標準

潔字比賽以全級逐日掃除及每週大掃除清潔程度爲標準

庚模範學生選舉　每學期舉行一次選舉標準分勤業自治尚公互助健康清潔六項分初選複選兩次行之以得票最多者爲當選但六項中如勤業及自治如缺去一項不得當選

辛學生自治　由學生自行組織在三年級起組織三一市一二年級另組幼童團擇各有關係教師爲學生自治各部指導其目的在養成學生自治自動能力其自治概況另詳

壬升學指導　在六年級生施以升學指導校中特組升學指導委員會其指導方法如下

1.調查學生志願
2.調查各校情形
3.決定投考學校
4.指導投考方法

癸談話分團體個人兩種就各團各人之需要當施以特殊之個別訓練

六　訓育上各種應用表簿

甲公民訓練考查表

公民訓練條文考查表＿年區

號數	姓名（不遵守次數／條文）					

（說明）總結以百分法計算不能做到者每次扣十分每條一百分

（記載）不遵守的記「？」

乙　監護日誌

民國廿三年　月　日　星期　監護者	天氣	溫度
偶發事項		
注意事項		
提議或通知事項		
大事記		

丙　監護輪值表

監護輪值表

曜日	監護教師
月	朱尙眞　劉道珍　過杏元
火	夏緯琳　傅楚珍
水	姚毓珍　張葆琇
木	趙壯悔　胡雲英
金	顧瑜仲　周佩星
土	朱尙眞　夏緯琳

丁　團體訓練記載簿

團體訓話記載簿　月　日

訓話教師		訓話團體	
訓話原因			
訓話要點			
訓話效果			

戊　個別談話記載表

姓名	性別	年級	談話原因	談話要點	記載月日	記載者

己　總理紀念週錄

總理紀念週錄

年　月　日　第　週			
教師報告	校務		
	時事		
兒童活動報告			
演講紀要			
其他			
主席		教員出席數	
紀錄		學生出席數	
司儀		時間	

庚　特殊集會記載表

特殊集會記載表

年度　學期　月　日　紀念日			
報告			
演講			
學生演講			
地點		出席教師	
時間		出席學生	
主席		司儀	
紀錄			

癸　年級學生學業勤惰記載表

姓名／週別／缺席數	一	二	三	四	五	六	七	八	九	十	十一	十二	十三	十四	十五	十六	十七	十八	十九	二十	二十一	二十二	合計
王觀全																							

辛　學生每週出席人數統計表

年級學生每週出席人數統計表

第　週自　月　日至　月　日

原有人數					
出席人數					
月	火	水	木	金	土
平均每日出席人數					
出席人數百分比					
備註					

壬　教室清潔檢查表

項目／成績／年級										
窗戶										
牆壁										
黑板										
講檯										
桌子										
坐椅										
地上										
走廊										
痰盂										
字紙箱										
抹布										
掃帚										
水桶										
總計										
週次	檢查者									

附註：凡整潔的作一『☆』號，次整潔的作一『△』號，不整潔的作一『×』號，

『☆』=2分　『△』=1分　『×』=0分

六、兒童自治

本校兒童自治之實施發端於民國廿二年迄今一年有半歷史較短故無特殊成績之表示至三一市之命名乃因本校開辦始於前清光緒卅一年以紀念開辦之年份也茲就實際情形作一簡略之報告

甲三一市政府組織系統

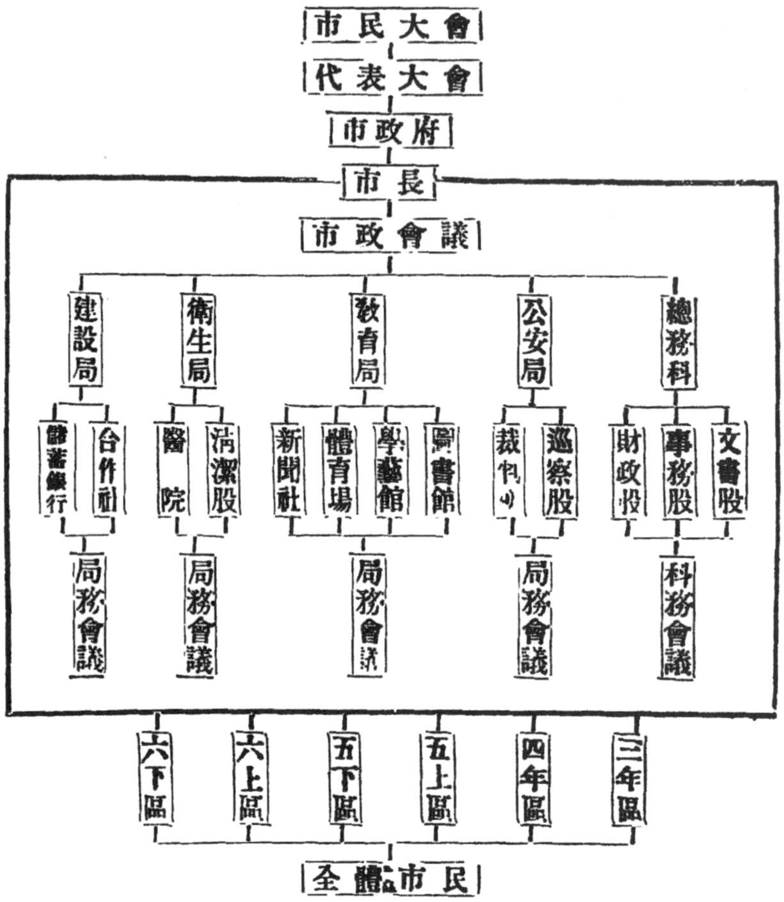

乙組織規程

1.名稱　定名爲三一市

2.宗旨　以培養市民自治能力及陶冶服務習慣爲宗旨

3·市民　凡小學部三年級以上同學都屬市民

4·職員　本市設市長一人委員若干人組織市政府辦理一切事宜

5·組織　市政府設　總務　公安　教育　衛生　建設　五機關分別辦理本市一切行政事宜

6·事業　市政府各機關任務如下

1·總務科　辦理本市一切屬於總務事宜

(甲)文書股　辦理本市對內對外一切文書紀錄等事宜

(乙)事務股　辦理本市採辦事宜

(丙)財政股　負責保管本市經濟及收付款項

2·公安局　辦理本市一切公安事宜

(甲)巡察股　維持本市秩序

(乙)裁判所　處理本市不守秩序之市民

3·教育局　處理有關教育方面之事宜

(甲)圖書館　增進市民智識處理圖書設備及借貸事宜

(乙)學藝館　提倡藝術並主持市民正當娛樂事宜

(丙)體育場　鍛鍊市民體格辦理運動事宜

(丁)新聞社　傳達全市消息培養圖畫文字發表興趣

4·衛生局　促進市民健康事宜

(甲)清潔股　處理本市清潔事宜

(乙)醫院　處理急救及看護事宜

5•建設局　處理以下兩項事宜

(甲)合作社　本合作精神練習生產事宜

(乙)儲蓄銀行　奬勵市民儲蓄事宜

6•職權　科長局長兼做市政府委員

7•任期　本市職員半年一任連舉的連任但不得過三次

8•行政區域　本市爲謀行政便利起見將全市暫分爲六區每區設正副區長各一人受市政府委托辦理各區自治事宜

9•改選　本市職員於每學期開始後一個月中改選之

10委員　由市民代表大會產生之

丙　區自治組織大綱

第一條　本市凡三年級以上學級的市民得正式組織分區

第二條　以一教室爲一分區得自定本區名稱以資識別

第三條　各分區爲本市的基本組織其宗旨

一、砥礪學行養成自治能力

二、分工互助共謀市民的福利

第四條　各分區的最高權力機關爲各區代表大會

第五條　每區設執行委員三人候補委員一人由各區市民互選之

第六條　各區內部組織分設總務學藝風紀三部每部部長由執行委員互選分任之總務部長兼任常務開會時為主席

第七條　各部職務分列於下

一、總務部

(一)規劃本區一切事務

(二)處理本區書記庶務及宣傳工作

(三)對外代表本會

(四)担任保管收支及文件事項

二、學藝部

(一)計劃各科比賽

(二)布置本區各項成績

(三)籌備表演事務

(四)分配運動物品

三、風紀部

(一)維持本區秩序

(二)檢查本區清潔並督促察值日員勤惰

(三)紀載本區工作日誌

第八條　各區執行委員任期一學期連選得連任

第九條　各區常會每兩星期舉行一次

第十條　各區對於上級機關的議決事項必須遵守實行

第十一條　各區得向區聯合會代表會提出議案

第十二條　各區請各級級任先生爲指導議決案件須經指導先生核准執行

丁　區代表會組織大綱

第一條　各區代表會以聯絡各區感情交換意見共謀市民福利爲宗旨

第二條　代表會由每區推舉代表三人組織之

第三條　代表會職權如下

一、召集市民大會並爲主席

二、質問或彈劾行政各機關

三、創制或複決本市法律提交市民大會或市議會

第四條　代表會分設下列三部執行一切事宜

一、常務部　處理本會書記庶務及對外交際等事宜

二、組織部　考核及調査各區的活動情形並指導其組織

三、宣傳部　宣傳本市進行方針及社會重要事件

第五條　代表會開會時以常務委員爲主席

第六條　區代表任期一學期連選得連任

第七條　常會每半年二次遇必要時由常務委員開臨時會議

第八條　代表會得請教師一人爲指導議決案件須經指導教師核准重要者須交校務會議審核後施行

江蘇無錫

私立競志女學

三十週紀念刊

下冊

中華民國二十六年一月

無錫私立競志女學三十週紀念刊序目

插圖

記述

名人演講

三十週紀念刊序目

二

圖書館閱書室

體育室

鑛物標本室

高中二成績室

初小二年級成績室

初小四年級成績室

初小一年級成績室

初小三年級成績室

記述

回顧與前瞻

三十年前之回顧

三十年來之感想

侯鴻鑑

民國二十四年元旦，爲吾競志女學三十周紀念開會之期，鴻鑑不敏，回首三十年前，固如何景象乎？社會政治教育三者，有何相當改良之方乎，鴻鑑於是與內子沭蘭創辦斯校於風氣未開之時，女子教育尤難着手，故事無大小，一草一木，皆躬親從事，從千辛萬苦中，與當時社會奮鬥，不知幾經挫折，幾費經營，始有今日三十周年之一日，此可以回顧者一也。蓋鴻鑑當時有鑒夫義務教育不普及，皆由於母教之缺乏，非從女子教育入手，胡有義務教育普及之希望，況中國女子十九未能識字乎，今三十年來，女子識字者，較三十年前之比較，雖畧識之無之婦女，未必有若干倍之增多，然吾邑及鄰縣之來學者，固較之三十年前，已增加十之六，此可以回顧者二也。吾校初辦時，年長婦女來學者甚多，舊文學似甚注重，既而年齡漸少，服務社會者，成績雖佳，然多偏於藝術，今則兼事科學及新文學，而研究舊文學者尤日鮮，是以新舊文學果將如何兼收並蓄乎？此吾之足以回顧者三也。雖然，此三十年中足以令吾發生感想者有三焉。吾校創始之時，經費艱困，固人人皆知，第一年中校內購置一切，經常臨時所費數千金耳。迨今物價之昂，日用之需，一校之中，非數萬金不足以支持常年經費，而三十年來之經費總數，已達四十七萬，社會生活之艱，十百倍於昔者，任何事業不易發展，況教育乎？此生產教育之不能不設法者，應如何使一般女子，有獨營生產之知識，此吾之感想一也。吾校於創辦時，一般婦女，頗注重於藝術方面，所以設藝術專科，文藝專科，體育講習等科，是以在前十五年，各縣各省來吾校聘請藝術教員，體育教員者，踵相接。最近十年，體育之注重，在本校參加省聯運會，屢得錦標，出席全運，尚不落人後，而藝術方面，依部定標準，高中無圖畫手工之科，致感藝術落後日甚一日，是以提倡藝術，以應需要，此吾之感想二也。師範教育，爲小學之母，吾校昔日向有師範科，自十六年後，遵部令裁去師範，至今耿耿，竊謂女子性質，最宜師範，教導兒童，尤屬相宜，近年省令私立學校不准辦師範，恐將來師資缺乏之時，終有相當提倡之一日，吾校中學在畢業前一年，即有教育學及小學各科教授法兩科，所以便服務小學之應用。是以對於一般社會，爲教育普及起見，師範一科，仍宜善爲培養，以資應用，此吾之感想三也。茲者，以三十週年之紀念，回顧從前辦學之宗旨，與經過之艱困，以及感想前後生活之不同，藝術科目之重要，師範教育之不容忽略，特表而出之，以序本刊之首，尙祈各界同人，有以指正之，尤爲感盼者也。至於三十年來之經過，已備載本刊上册，茲特約舉梗概，附綴於後，以爲邦人告。

三十年來之校舍

本校於遜清光緒三十一年開學時，租借水獺橋廉氏之屋二十餘間爲校舍，既而由廉氏後園隔牆，開通北禪寺之荒園，向北禪寺租借基地，建築幼稚園三間，室內操場一大間。翌年，建小學教室十間，又建寄宿舍樓房十間。又添教室十間，不久又建零星應用房屋五間。民國二年，開通北寺禪巷，建校門三間，爲男教員起居，建預備室，臥室，辦公室，成績室等十間，校舍落成後，即將本校遷入新校舍，而盡還廉氏之屋。民國三年至民國十二年，此十年中，建築宿舍樓房十間，家事實習室樓房四間，又浴室，女僕室，厠所等五六間，教室十間，膳堂樓房五間，樓上五間，爲鴻鑑住屋，此外又建厨房僕室等五間，東西教室七間，建求進化室兩間，爲校長室，改建教室四間，租借顧氏竹素園，建築運動場，建築百一樓三間，爲藏書及儲列植動鑛標本之所，又建陰雨操場五間，十三年建築大禮堂一座，樓上爲四教室，一成績室，一儲藏室，爲儲藏歷年學校成績品之用。十五年建手工教室三間，十七年改平屋十間，爲樓房上下二十間，爲中學教室。十九年添建零星儲物之屋兩間，男僕室一間。二十年鴻鑑自建滄一堂住宅，將前建樓房五間，改爲物理化學儀器室，化學實驗室，生物生理標本室，百一樓改爲地質學標本室。將求進化室改爲訓育室。最近由校友募建圖書館樓房上下六間，樓下三間，一爲校友會辦事室，一爲閱報室，一爲閱覽雜誌室，樓上三間，半爲書庫，半爲閱覽雜誌室，現今共計本校校舍大小約有一百五十間之譜。若論應有盡有，尚病未能，得寸則寸，勉爲敷用而已。

三十年來之經費

三十年前鴻鑑歸自東瀛，竊不自諒，以獨力樹女學之先聲，始之以師範及小學，繼之以藝術專修科，幼稚園，而舊制中學，而初中，而高中，班級編制，逐步擴張。更就校舍言之，初僅租賃水獺壂廉南湖先生宅，繼之以租地建屋，而教室，而宿舍，而自闢校門，正式遷入北禪寺巷。而膳廳，而運動場，而操場，而儀器室，而禮堂，而中學各教室，事業既逐年擴張，經費遂日增無已，於是竭其所入，如講學及視察之所入，編譯版權之所得，又不足，益之以私人營業之贏利，羅掘既窮，於是北走遼薊，南窮炎熱，乞靈文字，將伯呼籲，以勉渡難關，延競志一線生機。綜此三十年中，本校臨時經常各費，共四十六萬九千餘金，平均每年亦僅一萬五千金耳，約其消費，耗於建築者，殆百分之三十，耗於圖書儀器及校具設備者，殆百分之十以上，而教職員之俸給，占百分之五十以上，其餘均屬日常消耗焉。茲將三十年來經費收支之概數，畧述於下：

甲 收入項下

一、學生學費	一九〇一九三元
一、前省公署補助金	四七〇四〇元
一、教育部獎勵金	五〇〇〇元
一、同志贊助金	一五七〇〇元
一、江蘇教費管理處補助金	一二〇〇〇〇元
一、鹽餘補助金	一三四六〇元
一、舊生補助金	九〇〇〇元
一、地方機關補助金	二〇〇〇元
一、外國人寄附金	一〇〇元

一、創辦人捐助金　一八九七二四元

以上共收入　四六九七二七元

乙　支出項下

（經常及建築設備消耗）

一、第一年起至第十年止　一二〇五一〇元

一、第十一年起至第二十年止　一四九四九〇元

一、第廿一年起至第三十年止　一九六五二七元

一、基金　三二〇〇元

以上共支出　四六九七二七元

三十年來學校行政之變遷

本校創辦時，純粹爲私立，鴻鑑爲校長，冰蘭任內部管理。翌年，請浙江方景昭女士任舍務，繼因鴻鑑任省視學于蘇也，卽請吳松雲先生任教務主任，顧介孫君副之。事務則請薛華閣先生爲會計，內部管理爲楊達權先生，以彭愼敏女士副之。又因鴻鑑赴江西任省視學也，改請蔣仲懷先生任教務主任，彭愼敏主任舍務。民國元年，校中教務，由浙江俞丹石先生主任，夏蔚孫校友，孫寶如女士，及陳懷貞李素儀兩女士，相繼任舍務。迄民國四年，劉念茲先生爲主任，丁鈞女士，劉冠昭校友，相繼任舍務。五年，楊瀚如先生爲主任，顧曜君女士任舍務，薛釆臣君任會計。七年，因鴻鑑赴閩任集美校長也，請泰縣韓亮

侯先生爲校務主任，仲古喬先生爲教務主任。韓可吾先生爲事務主任，李繹之先生爲師範主任。八年，鴻鑑赴南洋考察教育，請黃淡如先生爲代理校長外部分教務事務師範三部，內部請章文琴女士任舍務，以中學受省欵補助，改名江蘇代用女子中學校，師範及小學則爲私立競志女子師範學校及附屬小學校。九年，請劉念茲先生代理校長，中師各級改級任制，事務方面，添庶務書記等職。九年以後，鴻鑑返自南洋，爲校長。分教務，訓育，事務三系，各教員屬教務系，各級任屬訓育系，會計庶務書記屬事務系。十一年，鴻鑑赴閩任泉州明新師範校長，本校外部秦有成，仲古喬，李繹之三先生分任校務。內部冰蘭及章文琴女士兩人主持一切。十二年，奉省令改爲江蘇第一代用女子中學校。十三年，因鴻鑑往歐美考察教育也，校中組織委員會，以冰蘭爲委員長，章松菴爲教務委員主任，章文琴爲訓育委員舍務主任，徐東屏爲事務委員主任。十四年，鴻鑑歸國，仍爲校長，松菴文琴東屏三人，分任教務訓育事務。十五年秋，盧肖輿先生爲教務主任。十六年二月，改組委員制，選舉委員十三人，分交際，訓育，教務，事務，四股：華純安，李康復，趙壯悔，倪蓉裳，章文琴，陸芝孫，榮貞雲，盧肖輿，周君略，秦有成，薛樂山，徐東屏，周冬心任之，推徐東屏爲委員長。四月八日，本校因時局關係，暫行停課。五月一日宣布開學，周君略爲教務主任，東屏爲事務主任，文琴爲舍務主任。十七年，因鴻鑑赴鄭州，又赴閩，任教廳祕書，俞鶴琴先生任訓育。十八年，朱恬持先生任訓育，而舍務方面則顧若亞担任，既而馮媧英女士任之，不久又請孫縵眞女士任之。十九年，冰蘭任校務主任，許洛九先生任教務，李康復任訓育，凌薈芝爲舍務主任。二十年，周君略先生任生活指導員。二十一年秋，請張大圻爲小學教導主任。二十二年，因鴻鑑赴西南各省考察教育，也，校董會推舉章繩以校友任校長，請項爲賢女士爲校務主任，兼訓育主任，教務則仍許洛九先生。二十三年，李康復爲黨義訓育員周君略先生爲訓育主任，兼事務。前後三十年，校務組織之變遷，僅十三年及十六年春兩次爲委員制，而十六年之委員制一月變遷較爲不同，其餘均校長制，僅系統上稍有不同，及名稱上略有變換耳。

三十年來學級編制之更迭

本校學級編制，約分四時期：（一）師中小學混合時代，（二）師中小學分離時代，（三）中學分科，小學照舊時代，（四）純粹普通中學及小學時代。

曷爲師中小學混合時代？自光緒三十一年創辦本校時，爲師範高小初小三種之編制。翌年，即添設中學，以四年爲畢業，直至民國七年，共十四年中，均爲師範中學小學三部混合之編制，中學四年畢業，小學初小四年高小二年畢業，惟小學有複式單式之分，且有完全單級一教室，所以爲師範生實習之用。在遜清之季，又曾附設藝術專科兩班，一爲造花造果組，一爲圖畫手工組。

曷爲師中小學分離時代？自民國八年，本校中學受省款補助，且不收學費，純粹爲私立性質，故名私立競志女子師範學校及附屬小學校。惟當時高小，自十三年後，改爲二年畢業，而中學仍四年畢業，曾一度增設文藝專科，以兩年爲畢業期，文學一班，藝術一班。

曷爲中學分科時代？民國十三年，舊制中學改新學制，爲三三制。十六年起，即辦高中分科制，以數理化爲一科，文史地爲一科，教育爲一科。初中則仍爲單軌，惟初中一年爲雙軌制。小學則至十六年後，改爲高小二年，初小四年，亦共六年。

曷爲純粹普通中學及小學時代？民國十六年後，裁去師範，專辦中學，十九年後，即純粹普通中學制，以迄於今日無所變更。小學方面，則初小均爲複式編制，高小均爲單式編制，至於中學自十九年即爲純粹秋季始業，不開春季始業班。小學則始終春秋兩季均有始業。惟於二十年，二十一年，二十二年，二十三年之春季均開補習一班耳。其餘在二十二年時，曾對於中學有職業陶冶性質之設備，設蠶桑選科及商業簿記選科。

以上所言，約略述及師範中學小學三部之編制。惟尚有一事，應附帶述之者，則本校於開辦第二年時，即設幼稚園，有幼稚生兩組，迄民國七年之冬，遂停辦，前後共辦幼稚園十三年。

至於班級最多之時，則在民國十九年，二十年，二十一年之三年，共有十七教室，二十二班至二十四班。

是三十年來學級編制之變遷概況，約略志之如此。

三十年來之教職員

本校教職員，雖以久任其事駕輕就熟爲原則，然以人事變遷，或另有高就，或年老退休，先後離校有簿册可稽者，都二百八十八人，如吳松雲、黃淡如、黃蔚如、顧述之、蔣仲懷、鄧傅若、嚴堯欽、張滌珊、錢子泉、錢孫卿、范寅伯、王師子、楊達權、曹慎余、楊蔭枌、孫蘇玉等諸先生，均屬一時知名之士，扶掖贊勷，教誨諄諄，俾本校逐步滋長，得有此三十年之歷史，撫今追昔，要亦足資感念，此二百八十八位舊教職員中，以性別區分，則男教員爲一百四十八人，約占總數百分之四十八。女教員一百四十八人，約占百分之五十二。以籍貫分則屬於本縣者一百九十八人，約占總數百分之六十八。屬於外省外縣者，遠如廣東、四川、湖南，近如吳縣、武進、江陰、宜興，凡八十九人，約占總數百分之二十二。至於自國外延聘來校教授者，僅日本金原村子一人而已。更就女教員一百四十八人中分析言之，則自各方面延攬羅致者五十五人，以擔任中學部分職務爲多。本校畢業生留校服務，及曾在本校肄業轉入他校畢業之校友延請回校服務者，合共九十三人，以擔任小學部分職教務爲多。鴻鑑向主小學教育，應以女教員爲中心，而教育職務尤爲女子唯一之出路。畢業生服務母校，師友一堂，觀摩切磋，更能收教學相長之效。茲當三十週紀念，爰述概略如右。

三十年來之學生

本校自開辦迄今，四方學生之來校肄業，列名學籍者，數逾萬人。就數量上觀察，開辦之第一學期爲最少，僅六十四人。民國十九年下學期爲最多，有九百八十餘人。就籍貫上觀察，當然以本縣爲最多。武進、宜興、江陰、靖江、常熟、金壇等處，負笈來校者，數亦不少。外省學生，近如浙江、安徽，遠如貴州、廣西、四川、河北，均聞風而來。迄今新舊學生，占十四省區、六十四縣區之廣。開辦初期，肄業生之年長者，今且六十以外，含飴弄孫矣。尤堪記者，本校歷屆學生中，有母女同爲校友，亦有姑媳同在本校畢業，更有祖孫三代均經列名學籍者。此種現象，在歷史稍久之學校，常常見之，不過在歷史簡短之中國女子教育，似有一記之價值也。茲根據學籍，列表如下：

歷年學生學籍調查分區表

學生籍貫

- 江蘇
  - 無錫 武進 宜興 江陰 靖江 吳縣 常熟 吳江 太倉 松江 上海
  - 鎮江 丹陽 寶山 金壇 溧陽 句容 青浦 金山 江浦 江寧 江都
  - 儀徵 崑山 泰興 灌雲 高郵 嘉定
- 浙江
  - 杭縣 平湖 浦江 嘉興 鄞縣 吳興 德清 桐鄉 餘姚 江山
- 安徽
  - 桐城 盧江 舒城 歙縣 太平 安慶 蕪湖 涇縣 泗縣 青陽 桐廬
  - 巢縣
- 江西——南昌 修水
- 湖北——武昌
- 湖南——長沙
- 廣西——桂林
- 廣東——番禺 香山
- 河南——開封
- 山東——無棣
- 四川——成都 墊江
- 河北——天津
- 貴州——印江
- 福建——壽寧

三十年來之畢業生

本校畢業生，以階段區分：有幼稚班、初級小學、高級小學、舊制中學、初級中學、高級中學、師範科、藝術專修科。茲略述之：專修科僅辦一班，畢業五人，以款絀中止。師範科第一屆畢業，在清光緒三十四年，嗣後每畢業一班，續招新生一次，至民國十六年止，計先後七屆，畢業生共五十七人。舊制中學第一屆畢業在清宣統二年，至民國十六年改行新學制，計先後十八屆，畢業生共二百人。高初級小學，分春秋始業，每年畢業兩班，計至民國二十三年暑假止，高小畢業四十三屆，都七百八十三人。初小畢業四十二屆，都八百六十九人。幼稚班先後畢業七屆，都三十五人。實行新學制以後，中學部分春秋季始業，分組招考新生，所以高中在民國二十二年以前，每年有兩班畢業。初中在二十一年以前，每年亦有兩班畢業。自此以後，春季班停止招生，高初中每年各畢業一次，計高中自民國十八年第一屆畢業，至二十三年暑假止，先後九屆，畢業生共七十一人。初中自民國十八年第一屆畢業，至二十三年暑假止，先後八屆，畢業生共二百四十七人。三十年來，統幼稚班、初高級小學、舊制中學、師範科、藝術專修科、初高中學生，先後在本校畢業者，共得二千六百五十二人。至畢業生離校以後，升學、服務，分道揚鑣，據最近統計，撮舉如下表：

歷年畢業生服務狀況表

- 服務
  - 分區
    - 國內
      - 江蘇
        - 無錫 武進 吳縣 嘉定 太倉 丹陽 江寧 江浦 川沙 奉賢
        - 崑山 吳江 常熟 鎮江 儀徵 上海 松江 寶山 金山 青浦
        - 崇明 高郵 寶應 江都 靖江 江陰 宜興 金壇 句容 溧陽
        - 銅山 灌雲 東海 淮陰 漣水 南通 如皋
      - 浙江—紹興 杭縣 鄞縣 吳興 餘杭
      - 江西—南昌 湖口
      - 安徽—懷甯 蕪湖 鳳陽
      - 福建—閩侯 晉江 思明
      - 湖北—武昌 漢口
      - 湖南—長沙
      - 山東—歷城 青島
      - 山西—大同 平地泉
      - 河南—開封 鄭縣
      - 甯夏—甯夏
      - 四川—巴縣
      - 河北—北平 天津 保定
      - 陝西—長安
      - 遼甯—瀋陽 錦縣
      - 吉林—吉林 長春 農安
      - 黑龍江—龍江
    - 國外
      - 日本—東京 橫濱
      - 暹羅—盤谷
      - 荷屬—爪哇 棉蘭 南婆羅
      - 英屬—新加坡 檳榔嶼
      - 俄京—莫斯科

- 分職
  - 黨部——縣黨部執行委員　其他職員
  - 法院——司法院職員，地方法院學習推事　錄事
  - 鐵道部——總務處會計員　事務股職員
  - 財政部——祕書處職員
  - 軍政部——文書股職員
  - 內政部——祕書
  - 省政府——秘書處課員　繕寫
  - 縣政府——總務課課員　監印
  - 農界——農場指導員　蠶業取締所指導員　其他職員
  - 工界——絲廠廠長　訓導部主任　工場指導員　舍務員　托兒所教導員
  - 商界——書局會計　其他職員
  - 醫界——醫院院長　主任　醫師　護士
  - 學校
    - 大學助教
    - 專門學校女生指導員　技術指導員　教務主任　教員　舍務員
    - 女中學校長　教導主任　級導師　舍務主任　各科教員
    - 女師範校長　訓育主任　事務主任　各科教員
    - 小學校長　級任教員　總務主任　各科教員

歷年畢業生升學狀況表

- 國內
  - 大學
    - 南京
      - 中央大學
        - 教育心理系
        - 建築工程系
        - 體育系
      - 金陵女子大學—文學系
    - 杭州
      - 浙江大學—英文學系
      - 藝術大學—國畫系
    - 上海
      - 交通大學—理科
      - 大同大學
        - 教育系
        - 文學系
        - 化學系
      - 宏才大學—法學系
      - 持志大學—政治經濟系
      - 醫學院—內科婦科系
      - 大夏大學—文學系
      - 法學院—法學系
    - 蘇州
      - 東吳大學
        - 文學系
        - 法學系
        - 音樂系
    - 北平
      - 女子文理學校—物理系
      - 女子大學—音樂
    - 天津
      - 南開大學
        - 文學系
        - 物理系
  - 南京
    - 省師美術專科
    - 美術專門學校
    - 暨南女子師範專科
    - 法政專門學校

- 升學
  - 專門
    - 上海
      - 女青年會體育師範學校
      - 美術專門學校
      - 同德醫學校
      - 聖瑪利亞女學院
      - 啓明專門學校
        - 英文科
        - 音樂科
    - 蘇州——美術專門學校
    - 無錫
      - 國學專修學院
      - 教育學院
        - 農業系
        - 民衆教育系
    - 浙江——高等警官學校
    - 湖北——漢口美術專院
    - 北平——藝術專門學校
  - 國外
    - 專門
      - 日本——東京女子專門醫學校
      - 美國——波士頓體育專門學校
      - 英國——倫敦女子工藝學校
      - 奧國——醫學專門學校
    - 大學
      - 法國
        - 中法大學
        - 里昂大學——文學
      - 英國——倫敦大學
        - 理科
        - 文科
      - 德國
        - 柏林大學醫科
        - 醫學研究院
      - 奧國——醫學大學

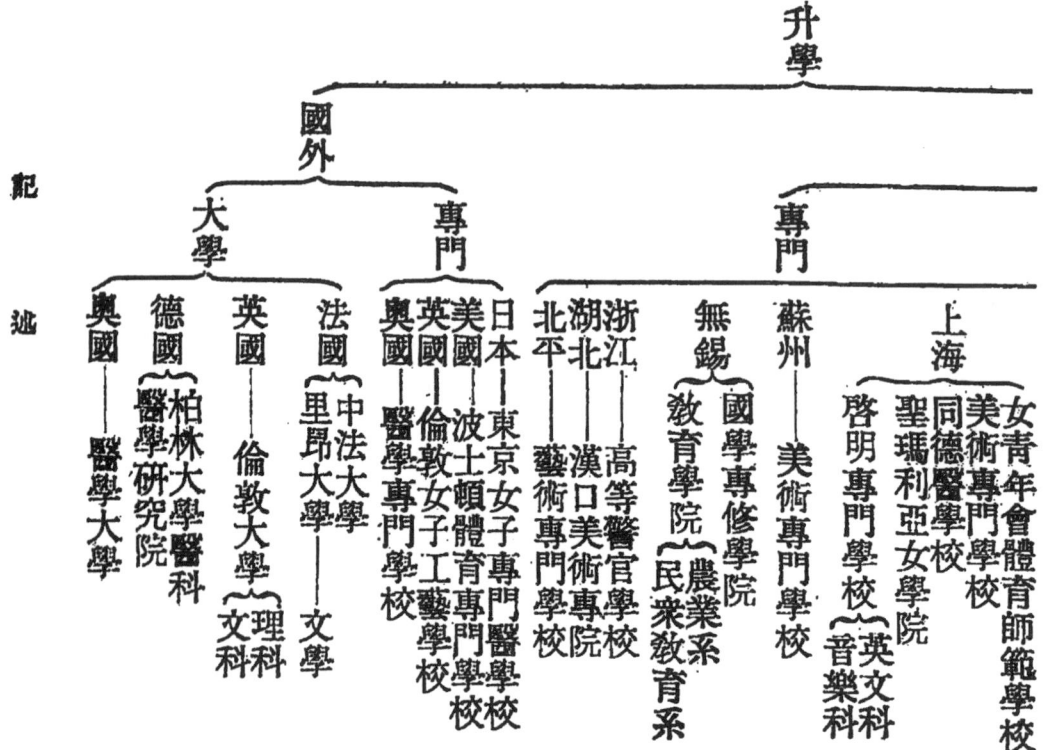

三十周紀念會之籌備

夏敭章

二十四年元旦，爲吾校值三十周之交，故舉行紀念典禮焉。自開辦之日始，其初也幾歲有展覽游藝之會。其後則十周二十周，必有較盛大之紀念，即十五二十五周，亦未嘗無是舉也。本茲歷史，三十周紀念會之舉，固不容已。而侯校長始終一貫之精神，亦不願以老而示餒！是以不自難其闕然不完之病，畧爲陳諸紀念之會，願與世之人士一研究之。

是會籌備之初，尚在二十二年度下學期之開始，侯校長將爲考察西南之第二遊也，集會討論，爰將籌備事宜，分組付託而行。籌備會之組織，其分設凡八股：文書、編輯、成績、游藝、運動、事務、圖書、儀器、交際。而開會日期，則二十三年雙十節也。六七月之交，侯先生歸自南遊，會學期終了，職教員尋亦先後假歸，籌備之事暫寢。

二十三年度上學期既始業，校長復召集會議，時距雙十節，不能三十日，而圖書館改建不克竣工，凡所準備者，多不及蒇事。各小組進行事宜，亦不及就緒。咸以展期爲是。於是遂定二十四年一月元旦，舉行三十週紀念典禮，他則一仍前議。自是各股分工協力，校長亦不遠遊。其編輯限期出版，務在開會之前。本校三十周紀念刊，初定一册；既以材料過豐，分上下册，上册多屬插圖、表格、記載、規章之類。下册則演講、記述、校友、學生之作品爲多。開會之日，上册自可陳覽，而下册則後會期而續出也。其成績可畧分三部：學校行政成績，校友成績，學生成績。學生成績，不以科目分類，而以學級爲單位。其責任集中於各級導師，蓋以指導學生習熟多便也。學校行政成績，間有教員研究所得之教學成績；與夫校長考察所得之各省品物，雜然列陳，以資研究。其圖書、儀器，皆略有購置，以補不足。其交際則除敦請名人演講外；凡與學校有關者，雖海外名流，亦必通知，告以吾校剏辦迄今，且三十周也。

開會期間凡四日，三十周紀念儀式，圖書館落成典禮，均在一日午前。午後則名人演講，敦請而業允蒞講者四人。四人者：本邑則通儒碩望之唐蔚芝先生，民衆教育專家俞慶棠先生。南京則教育名流鍾道贊先生，上海則新從西洋歸國之江亢虎先生。是日成績不展覽，而優待特殊來賓，則爲非規定之參觀，并祈指正焉。成績展覽自二日始，八時半達十時半而終，爲二小時之參觀，逾時則不予開放。參觀途徑，越禮堂，達圖書館，校友成績列館下。轉向學校行政成績室，更進而學生成績室。依次遞進，自初一達高三，上下樓而中學畢。復轉而入內，則小學初高級全部在焉。次又及中學部儀器實驗室，生物標本及礦產室。下樓則學生會新建之三十周紀念塔在焉，達此而參觀之事竣。是日下午遊藝會。三日上午與二日同，下午則異，開始舉行運動會，而天雨順延。四日與三日同，略無稍異。

游藝會聯合中小學暨校友會而成。劇目十有五，中小學皆七節，而校友會佔其一焉。一者何？南遊恨也。南遊恨者，侯先生之創作也。蓋以南遊之親歷，所感觸者深，撫懷抒衷，良有不能自已，遂灑毫而爲此眞性流露之作。庶有以感吾學生，而喚醒世人也。其餘諸目情節均大佳，惟多屬流行社會之普徧物而已。今試將其目次分列於左：

1. 表情歌　　小學一年級

2. 俠女傭　小學中級
3. 玫瑰舞　小學部
4. 表情歌　小學二年級
5. 毒櫻花片片凋零　小學高級
6. 愛國商人　中學部學生會
7. 吹泡泡　小學部
8. 紀念日　初中部
9. 藝術家　高中部
10 火棍　中學部
11 一片愛國心　初中部
12 獨唱　中學部
13 到明天　高中部
14 土風舞　小學高級
15 南游恨　校友會

是日來賓參觀游藝會者，人必一券。幹辦游藝會者，分任有別，前後臺主任二，化妝、保管、會場佈置，以及檢票，皆有二人以上或六人以下之幹事。維持秩序，則有糾察員十人。中小學合而爲一，任務協共而不離。

運動會來賓入場者，亦必以劵。惟劵色各異，三日三色，分紅、黃、藍。兩日運動會，則先黃而後藍也。運動會節目，第一日凡十有八。除中小學各會操外，兩部皆八節，徑賽各一，田賽共有五，而中學佔其四。團體表演凡八節，而小學佔其五。球類一而已。則小學高級者也。第三日共十有五，徑賽如前日，而田賽則中小學各三節。團體表演如田賽，球類亦如前日之數，則屬中學者也。兩日田徑球類之賽，惟徑賽則分日爲預決，其他田賽、球類，皆就日一決而已。不備預賽焉。茲將其節目分列如左：

第一日

1中學部會操 2小學部會操 3五十米預賽（中學部） 4五十米預賽（小學部） 5擲標槍決賽（中學部） 6採梨（小學五甲） 7棍棒操（高中部） 8急行跳遠決賽（小學部） 9急行跳遠決賽（中學部） 10徒手操（小學一甲乙） 11啞鈴操（初中三） 12踢毽子（小學一甲乙） 13推鉛船決賽（中學部） 14丹麥操（小學六甲） 15跳高決賽（中學部） 16徒手操（小學五乙） 17徒手操（初中A一） 18籃球決賽（小學六甲乙）

第二日

19擲鐵餅決賽（中學部） 20跳高決賽（小學部） 21壘球擲遠決賽（中學部） 22五十米決賽（小學部） 23五十米決賽（中學部） 24籃球擲遠決賽（小學部） 25旗操（初中二） 26好月亮（小學二甲乙） 徒手操（初中一B） 28推鉛球決賽（小學部） 29三級跳遠決賽（中學部）

30土風舞（小學四甲乙） 31啞鈴操（初中二） 32徒手操（小學六乙） 33籃球決賽（中學部）

備兩日運動會以表平時成績也，不能無相當之指導，是以敦請田徑賽評判員十六人，以謀臨事處務，得以從容餘裕。而總幹事二人幹事及檢票招待各八人，此皆本校職教員。而評判者，亦有現任職教員及前任教師焉。他則皆已卓著聲譽之校友也。

紀念會之前星期，爲籌備會積極進行，間不容髮之候。凡文書、編輯、成績、游藝、運動、事務、圖書、儀器、交際八股，均以不間之身，而疊加無限之事。是以寢食不安，未暇煖席者有之。終日治事，兀坐不起者有之。手不停筆，猶慮不及者有之。夜以繼日，而事如山積，甚未易了者，更無不有之。凡學校行政成績，各項表格，如關於統計者，關於記載者，關於概況者，而概況又有行政、教務、訓育事務、圖書、體育諸部之分。雖皆有舊製之具，然年久染垢，色澤殊妨美觀，有損展覽之雅；乃大都分部易爲之。於是於其內容，可以考其歷史之有素；於其外表，又可悅目而不損雅觀。蓋人之情，無不欲求歷史之陳跡，又未嘗不好光澤新美之可覩也，是以籌備之事，紛至沓來，不計多少，愈作愈不得盡！

侯先生之言曰：「素衷不可違，社會不可徇，違素衷者進退失據；徇社會者，畏首畏尾，身其餘幾？吾雖老！吾本此一貫之精神，苦幹到底。吾辦學之宗旨，以爲有改變之必要，則不待舉世附和，而我已易之矣。若其不然，則雖風雨狂驟，我猶未之聞也。彼世好之事更張者，豈誠知事君子哉？恐亦未可爲訓。」侯校長之辦事精神，細大躬親，三十周紀念之籌備會，既總其大計，猶下問雜務，至開會各部聯語之微，亦大都十九手成之。他若李康復先生之手編紀念刊，絲毫不假人力。間亦助侯先生規劃大計，尤在功不可沒。而周君略先生任務博而力不得專，勞績分於各部，而驟不可指實則費力爲獨多。劉亞鐘楊受繇二先生則主持游藝，指導良苦，而劉先生任務尤多。其他各股，無不猛力苦幹，成績卓著，不能詳述。

三十日各部佈置當完竣，陳列成績，亦當就緒。三十一日開游藝預演會。越日即明年元旦，三十周紀念會正式開幕焉。

三十周紀念會之盛况

夏敷章

吾校三十周紀念會正式開幕之期，始於二十四年元旦，而終於四日。其間會幕之次第，始紀念典禮，既圖書館落成典禮，繼而名人演講，又繼而成績展覽，又繼而游藝會，殿以運動會焉。其陳列之部分，其動作之實況，有不可殫紀覼縷而陳者，今畧述其梗概云。

一日上午，舉行紀念會及圖書館落成兩典禮。侯校長報告開會宗旨，並統陳三大計劃，其語宏肆，其義質實。條分縷析，之不絲引。繼而來賓演說者五人：五人者，部督學鍾道贊先生，本邑教育局長臧佛根先生，邑教育名流高踐四先生，又章繩以陳淑兩先生也。章陳兩先生，世知其爲教育名流，而又本校校友也。鍾先生之講辭甚長，大抵謂私立學校，一切都以學生爲基礎，惟在辦學者與任教者之殫精竭慮，經營推進而已，擴大事業，至任何範圍，皆可爲也。教育果能取信於社會，雖至經費之募集，不難且日而坐致。臧先生則與侯校長交最深，身既長邑教育行政，而又爲本校校董者舊矣，是以對本校所發表之言論與貢獻之意見，亦殊切實懇摯。而高先生主辦民衆教育者已有年，其對大衆之講辭，自不外其主張，至其切要之言，則曰：「欲求普及教育，願諸位學成之日，撤去城市生活而到鄉村去。」章陳兩先生，則更與本校休戚有關，發言陳義，猶指臂之回護胸腋也。然亦不至阿其所好。傳曰：「如有所譽，其有所試。」蓋其譽於母校者，皆已試之效者也。凡演講紀錄，都入本編演講類，此其畧也。若夫詳述之，則別見各篇。

同日下午，爲正式名人演講之一幕。合之預爲敦請者畧有不同，計所到名人蒞席演講者：有唐蔚芝夫子，唐慶增先生，陶行知先生，江亢虎先生四人。鍾道贊先生業於上午講畢，俞慶棠先生則未到席。唐夫子所講爲女學救國，以中國四千年來女教立說，其言尤宏通而遠大。唐慶增先生則講關於經濟問題，陶行知先生乃詮發其所謂小先生制之教育宗旨，並指斥普通教育所養成現代女子之缺點。江亢虎先生所講者則爲將來世界女子在社會上之趨勢。凡諸名流所講述，各有詳細記錄，茲不贅述，是日各部成績尚未公開展覽，優待特殊來賓，則爲非規定之參觀。

二日上午，始公開展覽各部成績，參觀二小時，自八時半至十時半而止。下午則舉行游藝會，在展覽成績期間，來賓參觀者，自學生家屬以至各界人士，遠近畢集，而所著評語，於中國文科爲多，於科學少則較焉。評語別有彙錄，之不記。游藝會則觀衆益形擁擠，表演成績，亦精彩百出，樂者使人喜，悲者使人涕，激昂慷慨者使人義憤填膺而不克自已。其內容有關於文學情緒者，有描寫社會缺憾者，有激發愛國熱忱者，其大義不出此。其節目詳見前篇，不復載。

三日四日上午，皆與二日同，學生成績室由各級導師指導學生佈置，一室一規劃，無有同者。而採用裝飾，亦不費而精美，而新穎，學校行政成績極詳備，而教務表格尤稱完密。校友成績，亦有奇製焉。此皆事實，觀衆之共同語也。同日下午皆運動會運動會照原定計劃，無甚變更，届時圜場而觀者，日至千人以上。學生各項運動，奮勇表演，亦精彩疊出，甚博來賓贊賞。是以自始至終，觀者未嘗少懈。

本紀念會中小學合併舉行，學生成績勢不能不就各部分別佈置；而學校行政成績則共之，此其關於陳列部分者也。其動作情況，則內外場分日同時間作。游藝會場幕設本校大禮堂，運動會皆分類表演於外操場焉。至外界贈賀本紀念會之卷軸，則藻飾文數雅足賞覽，美妙者不可一二數也。紀念會閉幕之明日，以全體師生之勞瘁功績，於各項陳列頗有不忍遽撤之感，乃復攝影以留紀念云！

記述

名人演講

女學救國

唐蔚芝先生講

女學之始，載於儀禮，曰：『婦德婦言婦容婦功。』德容言功四者，無異於聖門教弟子德行言語政事文學四科，而女德爲尤要。周易家人卦彖傳曰：『女正位乎內。』又曰：『正家而天下定。』蓋女子能修道德學問，植其基于家庭，本之以教其子女，俾孝悌忠信禮義廉恥之說，子女自幼即習聞之，則其長也，庶不至於爲惡。和氣洋溢，人人親其親，長其長，而天下平，此救國之大本也。

請以史事證之。吾國聖君，莫如周文王。文王之祖曰太王，太王之妃曰太姜。詩所謂：『爰及姜女，聿來胥宇。』胥相也，言相定岐山之土宇也。文王之父曰王季，其妃曰太任。詩所謂：『思齊太任。』言其德容之齊莊也。文王后妃曰太姒。詩所謂：『太姒嗣徽音。』言能繼太任之美德也。文王生武王，其妃曰邑姜，在周功臣十人之列。以四代賢母承家開國，爲一時美談。此外婦女之仁孝智勇者，史書中不勝枚舉。其最著者，如敬姜孟母緹縈木蘭之屬，皆女德之可爲矜式者也。

而吾謂女學之爲救國者，其要端有二：曰孝，曰慈。按禮記內則篇，戒女子事父母，婦人事舅姑，以至相夫生子，名子教子之禮，無一不備，其孝至矣，其慈亦至矣。論語載孔子曰：『孝慈則忠。』蓋孝出於天性，慈亦出於天性。孝經一書，精微廣大，意義無所不包。倘能推孝德以及于仁民，及于愛物，則慈祥惻隱之心，周浹於宇宙國安有不太平者哉。此救國之方，所以必推本於理學也。昔賢謂仁人愛護百姓，視民如傷，如慈母伏其將死之子，而必救之使生。今世之民命慘怛甚矣！願諸同學共救之惟救民乃所以救國也！

女子教育的動向和競志的將來

鍾道贊先生講

窮苦的校長及窮苦的教員，當然是窮的了。但是照現在的校友在社會上辦事的精神及能力看來，競志的教育並不是窮苦的教育，所以這個學校決不可停止的。若每個學生從民國二十四年度起，每年捐助銀一元作教育經費，那末經濟的基本上便可解決了。

競志學生的將來現在一班女學生，好像在迷路上，不知怎樣走，但是一成了家，便發生種種問題了。因爲有了家庭之累，便不能在社會服務了。那末國家爲什麼要用了許多金錢，去栽培她們出洋呢，進大學呢？所以在未出洋之前，或未進大學之前，應當先立志將來要同男子一樣在社會上服務。總之，女子多讀一年書，應當多一層思想，將來能在社會上多服務幾年。

女子的教育，如因爲能力有限，經濟有限，將來服務的機會又有限，那末這個女子，可不必進中學。女子讀書的人，少於男子，所以女子的教育，與男子的相差得很多。但是女子的教育，終究有相當地位的。因此女子不必完全讀書，不過最普通的教育，是家庭教育，如果女子教育好，那末丈夫和子女，都能得到好的幸福，所以我們應當談談家庭教育。其要點如下：

1.經濟教育，2.衛生教育，3.心理教育，4.教育問題，5.社會問題，6.實用科學問題。7.建設問題，所以女子教育並不簡單，如果讀到養育等事，這尤其難了。

競志女學從今年起，應當別開生面，下一個計劃，設立關於女子生活方面的教育，應養成刻苦耐勞的精神，把整個的學校，應分爲兩部，把資質體格經濟等不好的人，放入生活教育裏面，把資質體格經濟等好的人，放入普通中學裏面，這班學生，將來可入大學，或出洋去。

總之：1.維持學校的永久，畢業生每人每年出銀一元幫助學校的經濟，2.把學校分成家庭教育及普通教育兩部。

小先生

陶行知先生講

現在中國的教育，所培養的人材，可分兩大類：(一)是小姐，(二)書袋教育。所謂小姐，就是上海的女學生，整天的塗油擦粉，也就是所謂摩登小姐，摩登小姐是脚不能走路，手不能工作。現在侯先生所辦的教育，要用脚勞動的，要用手工作的，所以侯先生所培養的人材，並不是小姐！

有了書，並不是藏起來的，要應用的。做學生的不要做藏書袋，讀了書能應用，——解決人生一切問題。現在侯校長所辦的教育，是培養有用的人材，並不是書袋教育！

看到社會上，現在進學校讀書的人：(一)是有錢的，(二)是有面子的，(三)是有父母的，(四)是有幸運的。因爲這個原因，所以中國受教育的人少，而不受教育的人多，受教育的人，應當教授無知無識的人，—無父母的貧的，不健全的，這就是叫做普及教育。

我中國人有兩個要關（一）歡喜洋錢，人人喜歡把洋錢裝入袋裏去，這種人就叫做守財奴。（二）守財奴的弟弟—守知奴，他歡喜灌進知識，不歡喜錢。可是他但把知識灌進去，而不知道把他開出來的，所以叫做守知奴。

要謀教育普及，便不可做守知奴，要把灌進去的知識，傳授給無知識的人。所以做小學生，同時要做小先生，就競志每個小學生能教二十個學生計算，就是五百個小先生，教出一萬個學生來，這是競志學生未來的責任！我來預祝侯先生七十歲的對聯如下：

造十萬小先生　　壽七旬大校長

女子教育的四種趨勢

江亢虎先生講

江亢虎先生是最先創辦學校的，在遜清光緒三十一年創辦女學于北平，他講三十年前的歷史，大概如下：

在三十年前，想創辦一個女學，因爲北平的房子很小，不適於學校，所以建築一座樓房，但是對面是一個姓戴名鳳如住的，他是迷信很深的，不准我造樓房，後來想了一個方法，和他商量後，樓房便造成。

在北平發起女學自治會，叫女學生出去募捐，在一星期內，捐到一萬元。後來報張上載了叫女子出頭露面應當禁止因此便停止募捐。

女學校辦理三年後，學部裏規定女學校組織規程內有一條，—學校內一定要請女教員担任，在萬不得已時，方可請男教員，不過男教員須在五十歲以上。想起這時候的情形，眞是可笑。

女子讀了書，將來出嫁治理家事，這樣的女學生，仍是做太太奶奶。國家如果培養出這些女學生來，不是太不經濟嗎！家庭培養這等女學生來，也是同樣的不經濟。但中國女學生的成績和歐美各國比較，並不見弱。不過中國的女子，在經濟上法律上或其他地位上，總是差於男子。但在歐美各國則不然，這是因爲經濟的原因。就外國教育界見到的，現在世界上女子教育有四種趨勢：

（一）家庭主義：各國都主張賢妻良母，這種思想，不僅中國所有，就埃及三十年前也已有此種思想，不過不是絕對的。自歐戰後，復興及新興的國家，都採用他，把從前陳舊的思想剷除。例如德國，自大戰後完全採用家庭主義—賢妻良母。從前他們所養成的是小姐，現在知道家庭教育的重要，從前不知道女子的健康及教育的，把女子關在家裏，現在德意等國，注意到養成家庭中心人物，將來或許推到全世界。

（二）半家庭主義：把女子的聰明才力分爲兩部分，一天的工作，幾點鐘爲社會服務，幾點鐘爲家庭治理，分配得非常平均，可使家事不致荒廢。此外還有終身分配法，把女子一身分爲三個時期，小時爲受教育時期，出嫁後任家務，到小兒大了進了中學，他便可入社會服務了。這個主義，很不圓滿，因爲女子的聰明才力有限，既不能勝過男子，怎樣能應付此兩面—家庭社會呢；

(三)絕對個人主義：多數的女子，節制生育，至多生一個小孩。有的始終抱着獨身主義。像現在外國洗衣炊飯…等用機械或電力所以女子可不必管理家事因此家務可完全沒有了，不過這種主義，亦不圓滿。

(四)社會主義：有許多女子，抱獨身主義。但是過了三十歲，就要改變了。且此種主義，是違反自然的，因爲養育兒女是女子應盡的天職，不過生兒女，是女子的本能育兒女，則不是個個女子所擅長的。在現在教育不普及之時，所以女子未必個個是賢妻良母。女子養育兒女，是一個重大的責任。有的主張，要有公共的機關，把小孩子放在一起，共同養育，那末一個婦女，可教養二十多個小孩了。所以教養兒童，爲一種專門技藝因爲人民爲公共的人民，因此把他們放在一起之後，可打破家庭間之私情，那時可親吾親以及人之親老吾老以及人之老了。有許多人是反對社會主義的，因爲這要破壞家庭間一切幸福的，有的說母子間之愛是先天的，如小孩沒有產生時，爲母親的就愛護他的，所以要把母子間之愛分離，是不可能的。

照上面四種主義，各有各的流弊，且因個性的不同，環境的不同，主張的不同，所以不能彼此相容。

個人有個人的思想個人有個人的環境，個人有個人的主張，所以女子的教育或有另立別種主張的。從前的人，不覺得女子教育的重要及需要現在已覺悟到了，所以各個人應把各人的主張思想發展起來，別開新生面。

今後女子教育與社會經濟問題

唐慶增先生講

中國婦女界之地位與外國比較，不外因爲外國經濟富饒，而中國窮困。從前中國是閉關自守的，那時婦女的責任很輕，但是現在婦女的責任是兩樣了。自民國二十年後，中國國勢一年不如一年，英美日等列强，常來侵略，現在處於外患日迫，內亂紛起之時，中國婦女，尤應負起重大之責任！分三點來講：（一）消費問題：任何人生存於世上，都免不了經濟問題，現在中國所處的環境，是十七八世紀時的，但是消費的，却是二十世紀的。現在中國人生產的少，消費的多，所以中國的經濟，一天窮困一天了。以致農村經濟，將臨破產，這種情形，外人不來滅我，我將自滅。中國婦女，處於這種情形之下，應當節制消費，處處不用外國貨，更不應當模倣外國人，因爲外國人，是用自己的貨物，而中國如欲模倣，則用外國貨了，因爲要用外國貨，所以使外人之生意隆盛，如不用外貨，則外人生意自然不好了，而中國的經濟不致如此艱困了。所以現在我們應當減少消費。（二）創造：中國四萬萬同胞，如個個能謀幸福，則中國便好了。大學有言：『生之者衆，食之者寡。』今中國則反之。故中國急須改革纔好。報章上常載婦女應當謀經濟獨立，所以現在婦女須準備創造的精神，來謀經濟獨立。（三）商業問題：如耐勞耐苦，是中國婦女所特長，如手工技藝等，都是婦女勝過男子的。道德方面，婦女也應當注意的，中國的貧窮，也是因爲道德墮落的緣故，所以婦女應當特別注意的。將來復興中國，亦基於此。　完了！

名人演講

三二

成績批評

無錫縣長嚴慎予先生

其一

競志創辦卅載，以葆三先生百折不撓之精神，得有今日。總觀各種成績，足證貴校學生於智德體三方面，均有平衡之發展，彌深嘉佩。尚望老當益壯，繼續努力，前途光明，可預卜也。

教育局長臧佛根先生

其二

民國三年，競校十週紀念時，祐曾參加展覽成績，略事批評，忽忽廿年，又屆廿週紀念會，祐適在錫，主持教育行政，又到會參觀成績。憶廿年前校舍約五十餘間，今則兩倍於前，大禮堂儀器標本室百一樓及教室宿舍增建完備矣。現又得校友之助力，集貲建築圖書館，亦於此時落成，圖書雖不多，已有五千餘册，甚望逐漸擴充，以備教者參考，學者閱讀之用，館中布置，秩然有序，已具雛形，統計圖表雖只四分，調製法尚精當。校友成績室，過昭華之袞繡機針繡，出品新穎。奂若璉之建築工程設計圖樣三組，精工已極。鈕若瑜之山水，饒有氣韻。侯毓汾之化學工業表，亦有研究。其餘文字報告及攝影圖表，雖出品不多，亦足可觀。

學校行政成績室，學生學籍統計，占十四省。畢業生服務國內占十七省，國外在日俄及南洋羣島，均有蹤跡。升學於國內各大學及留學各國者，亦不乏人。可見教育分布之廣。經費綜三十年計之，有四十七萬餘元，公家補助亦有六萬餘元，募捐只得萬五千餘元，歷年維持洵不易易。教務訓育事務三部分，均有統計圖表，一切設施，瞭如指掌。

中學成績室，初中部各室布置，以初三爲最藝術化。初二國畫較佳。初一AB手工及縫紉，切於實用。國文初二作文本學期只作七篇，似嫌太少，命題有落葉衰柳等等，偏重風景，不接近學生生活及切於實用，似非所宜。初一AB作文命題，較爲合度，學生程度高低不一，似宜注意。 高中部史地圖表甚多，或注重外交方面，或注重人文方面，或注重地文方面，各有意義，非談死教育者可比。理化方面實習有紀錄，尙見認眞，英算成績，亦見合度。統觀中學全部學生各項成績，本字跡多見整齊，亦少汙損，足徵女子愛好整潔，實足稱許。各級均有週記，教師批改甚勤，惟項目格式，似嫌拘束，有妨學生思想發展。

小學成績室：

六年級甲組

(一)作文週記成績，有記載表，使比較而得進步，方法甚善。(各級皆然)

(二)圖畫多圖案，切於實用，惟風景及實物寫生，尙宜注意。

(三)勤惰比較表，儲蓄記載比較表，皆使學生對于新生活方面，能加以注意。

(四)工藝成績頗佳。

六年級乙組

(一)手工成績，用彩帶結成各式的結，美觀清潔。

(二)小楷最切實用，此級成績頗工，練習本極整潔，錯字極少，吳蘋書聯，結構運筆均可取。

(三)社會筆記除表解外，用問題回答，可運用兒童思想。

(四)縫級工藝，極切實用。

(五)各種記載表亦詳。

(六)美術方面能再注意寫生，綴法能再注意標點尤佳。

五年級甲組

(一)佈置頗兒美觀。

(二)手工方面能裁製普通衣服，切于實用，刺繡成績甚佳。

(三)地圖數幅，清楚正確，惟覺太小，如能放大，兼可作教具，更佳。

(四)沈婉珍之書法，臨柳公權甚佳。

(五)圖案及風景，均能注意，惟對于靜物寫生，尚少表現。

(六)各科筆記，未見陳列。

(七)作文本首頁可加檢查表。

五年級乙組

(一)手工成績，用紙製成桌椅等物，使兒童于生產教育，逐漸加以注意。

(二)有小考及週記成績表甚好。
(三)國語筆記，除文體要旨段落大意等幾項外，最好再注意于練習與做作。
(四)算術補充題分量頗多。

四年級

(一)清潔檢查記載表，用紅綠藍顏色剪貼，學生較易注意。
(二)自然科教學，能注意採集甚佳。
(三)國語筆記頗整潔詳細。
(四)綴法再注意新式標點的應用。

三年級

(一)佈置優美，成績簿册，整潔可愛。
(二)筆記均整潔，綴法本再附目錄檢查表，以便檢查。

二年級

(一)佈置優美，牆壁圖案佈置元旦二字，含有慶祝之意。
(二)各種成績簿册，整潔可愛。
(三)綴法本首頁可加一檢查表。

一年級

對于健康教育頗能注意，有衛生掛圖清潔檢查表，以及各種玩具，恰合一年生應用之設備。

競校成績能到如此地步，頗不容易，非成績優美，已至於極點，實辦理私校而能日積月累，以成此規模，其中慘淡經營，概可想見。祜於今日在此參加批評，回思廿年前如何，推想至廿年後又何如耶。深望立校者本其初衷，繼續奮鬥到底。尤望校友方面，努力愛護母校，發揚而光大之。

其三　參觀競志女學三十週年紀念記

無錫師範校長周伊耕先生

一、緒述

競志女學設無錫北禪寺巷，係侯葆三先生一手所倡辦，其間歷盡艱苦，已詳侯先生手編三十年校史，茲不復贅。校舍逐年添築翻造，備極輪奐，圖書館、禮堂、教室、自修室等，無不畢具。三十年前舊迹幾不復覩，閨閣名媛出其門下者遍十四省區，有教育家、有體育家、有藝術家、有文學家、有工程家、有科學家人才輩出，成績卓著，皆侯先生三十年辛苦經營之結果也。二十四年元旦，開三十週年紀念會，展覽三十週年之成績。茲將參觀中學部份所得，略述如次：

二、各部

（一）圖書館

樓凡三楹，樓上陳列圖書數千册，南部闢作閱覽，間陳列銀製紀念品，大都係校友所贈。壁間貼革命先烈遺像，令學生於閱覽之餘，薰染忠烈之氣。圖書雖不甚豐，然私立學校得此，實非易事也。管理亦殊周密。

(二)校友成績室(在圖書館樓下)

陳列工程設計圖畢業校友生活報告及校友文學美術作品等，藉此可知校友之實況，佈置亦井井有條。

(三)學校行政成績室(設於選科教室內)

此室備三十年來之行政教學及其他各種記錄簿，其間興革變遷，歷歷可覩，宛如中國新教育辦理經過之縮影，各種統計表格，調製周詳。

(四)初中一B級成績室(初一教室)

陳列各科練習簿筆記，自繪地圖，自製衣服，及手工圖畫成績均有可觀。初一學生顧娥英書聯

間年其半乎，所學何有，

成績亦次矣，聊勝於無。

該級學生，到校纔四閱月，年未及半，有此成績，已非易易。

(五)初中一年A級成績室

該室設初中一年級A教室內，成績種類，大致與初中一年B級相同，而佈置殊見精美。

學生邵龍書聯

半載絃歌，愧無心得，

卅週紀念，聊解人嘲。

蓋謙辭也。

(六)初中二年級成績室

此室設初二教室內陳列練習簿，週記作文本，地理形勢圖等，而圖書手工縫紉成績尤佳，聯語爲

來學一年有半，

成績渺乎其微。

亦謙詞也。

(七)初中三年級成績室

陳列種類與前相仿，而鉛筆寫生及人體解剖圖，堪稱此室之傑作。

(八)高中一年級成績室

陳列種類，大致亦與前相仿，佈置整齊。

(九)高二成績室

陳列種類與前相仿，數量雖較少，製品則較精。

(十)高三成績室

此室亦以精美勝，而不以數量勝。聯語曰：

三三卜六爻皆吉，

一一旋大地皆春。

三三成九，一一爲一相加成十，完成之象也。

結語

（一）各室成績均收集學生平日作品，一洗從前臨時製作之惡習，具見辦學認眞，足資楷模。
（二）各級作文生活週記及練習本筆記等批改亦甚認眞，均係平日成績，毫無做作。
（三）陳列之縫紉及手工作品均精美，足見平日注重生產教育之一斑。
（四）該校學生對於藝術，夙具令名，觀此可以徵信。
（五）各室均有聯語與精美之成績相映成趣。
（六）各室佈置精雅，隨室異趣，極見心裁。

其四　競志女學卅周紀念會成績展覽記

向賓諷先生

民國二十四年元旦，無錫競志女學校開卅周紀念會，同時舉行圖書館落成典禮。先期　驥叟並柬邀觀禮，屆期以本校適開校友全體大會，致不克恭賀觀光。嗣以校閱試卷，碌碌兩日，陰雨連綿，又未及一瞻美滿之成績，殊爲悵惘。四日課罷，接　驥叟電話，約前往參觀，乃欣然赴召，惜以授課四小時之後，精神不能貫注，加以天色陰暗，光線不充，致琳瑯成績，竟未能一一品題，有負　驥叟盛意，爲可憾耳！垣於競校服務，將及十年，自審非泛泛者可比。　驥叟亦以老校友視之，故雖草草拜觀，良不能已於言。

驥叟之言曰：『競校十周紀念時，曾一度得教育界饒有價值之批評，時越廿年，論理極應得更有進步之指示，以爲改進之資料，乃開會三日，大失所望，結果並十年前而不如，遑言進步！』　驥叟之言如此，是固由於虛懷使然。但月旦之評，誠有待於明達之士耳，謭陋如垣，烏足語此，謹抒管見，藉質高賢！

（一）總評

考競校誕生於遜清光緒乙巳年，時值日俄戰役，蔓延東省。驥叟痛國亡無日，女教沉淪，爰發宏願，創設茲校，篳路藍褸，以迄於今。校舍自租賃而建設，由建設而擴充，學級由小學而中學，由中學而專科，其間慘淡經營，間關南北，奮鬥頻年，規模日擴，校友之服務於國內外者，何止數千，人材濟濟，黌舍巍巍，固已有口皆碑，似花長好，驥叟更以老當益壯之精神，抱進而益上之志願，卅年邁進，成績燦然，良堪欽佩。特是錫邑人烟稠密，地價昂貴，競校適占西郭中心，擴充匪易，此則迫於環境，尚有待於籌劃者也。

全校成績，分列爲學校行政，校友出品，小學中學三部，除圖書館因垣到稍遲，不及參觀，學校行政及校友成績，未遑展覽外。驥叟並殷殷以中學相勗，乃以一時有半之時間，周歷七教室，覺佈置之藝術化，裝璜之合理化，均各盡其妙，頗能發展女子縝密之特性，與整潔之精神，使非於平日訓練有素，曷克臻此。

（二）級評

初中一年級A組　佈置井然，各種筆記，寫作均見認眞，壁間有漢唐兩代經營域外圖兩幀，頗見用心。

初中一年級B組　所給地圖均極整潔，風景路徑，兩址分布兩圖，尤爲合用，初年得此，均非易易。

初中二年級　龔丹芬黃河改道圖特佳。藝術成績國畫特佳，週記謄寫批改均認眞，偶檢閱級任導師

簽字前兩頁係蓋名章入後似書西文最好須用中文簽字，以符功令而昭劃一。（憶政府曾有明令各機關當局簽字應一律用國書云云）

更有陳者，初中一年級分AB兩組，固無不可，但準上項理由，似仍以用中文爲妥，因是報畢業時，用AB字樣，究不如用甲乙字樣爲合宜也。質之 驥，叟以爲何如！

初中三年級 成績較精彩，所繪各種外國地圖，均甚清晰。人體解剖圖，尤爲特色。作文及遊記，寫作均工整可喜。手工有縫紉等件，尤爲難能可貴。

高中一年級 佈置有條不紊，所陳自然地理圖極細緻，人口分布圖尤勝。中國沿海圖一幀頗別致。但垣意仍以直幅爲宜，因地圖通例，率以北爲上南爲下也。又鄭桂媞長江流域圖工細逾恒，堪稱全校傑作。餘以時促，未及細觀爲歉。

高中二年級 成績佈置，大致相仿，惟見條約表兩幅，較爲特別。惜以時晏，未暇翻閱，其他佳製也。

高中三年級 本室年級最高，所列成績，較偏於科學的，綜其特色有二：(1)各項物質比較圖，極有價値。(2)國恥略歷兩幅，搜羅富有，獨具苦心，足徵指導周詳，閱竟佩甚。

以上匆匆瀏覽，署貢所知，明知於內容掛一漏萬，失言之處，統希 鑒諒！

（三） 贅言

疇昔侈談女子教育者，率以職業爲號召，比年以來，覺職業之出路甚滯，而家庭糾紛又風起而雲湧，女子治內之說，既爲新教育所打破，而花瓶話柄，則到處喧騰，竊以爲教育毋寧不辦之爲愈！競校向主眞實務者，對于家庭烹飪縫紉諸端，素極注重，平時校服之樸素，尤爲人稱道勿衰。（錫地素以青衣青裙學生目爲競校同學，堪與商團之黄老虎齊名）竊願今後宏此遠謨，一洗時下摩登惡習，舉凡舶來之化裝品等，行見絶跡于競校之門，庶足以副良妻賢母之實，而樹婦女國貨年之先聲，驥叟聞之，倘亦掀髯以許我乎。更願繼今以往，於四十周紀念時，以校友或學生之烹調成績，舉以餉客，俾觀禮者均大快朵頤，芳留齒頰，豈不快哉！謹綴數言，以當息壤。

最後有請更正者一，即校刊記垣任職競校爲創校之第十四年，實則在其前一年也，驥叟曾詢及此，歸而檢查，憶及舊事，爰書此以資徵信云。

其五

李玉彬先生

競志女學卅週年紀念會展覽成績，琳瑯滿室，彬得詳瞻盛況，幸何如之，觀覽既竟，驥叟强屬加月旦之評，固辭不獲，聊志數語。

統觀成績，分學校行政成績，校友成績，學生成績三部。行政成績，陳列選課教室；內壁懸圖表，桌置簿籍，依次排列，井井有條。三十年來之行政教學與其間之興革變遷，歷歷可觀，令人一目瞭然。而於學生之來路，如學籍分區調查表及畢業生之去路，如服務升學狀況表，尤見精細。學生總數逾萬人，畢業生達三千。升學及服務者，在國內遍十七省區，有赴德法英美與日留學，服務至南洋群島，而遠赴俄京莫斯科者。職務分類，除服務大中小各學校外，普見於農工商醫各界，財政軍政鐵道內務各部，及法院黨部，並省縣各政府。遍國中無論公校私校，恐無有此盛況者。進觀行政變遷史，三十年中，統由侯先生伉儷一手維繫而來；教職員雖不無更變，而精神一貫，統系不紊；以視今日之公立學校，年易一長，長易而教職員全部紛更，以致訓教方鍼，時時變易，學生橫遭挫折者，其損益爲何如耶？再進觀三十年來經費之統計；創辦人捐助金與學生學費相埒，共達三十八萬左右；而公家補助獎勵諸金，僅八萬有零；而學校事業日見擴張，房屋逐年添建；以視公立學校之年耗鉅金，而收效僅僅者，又何如耶？

校友成績，陳列圖書館樓下。中多畢業校友之生活報告，及文學工藝美術作品，而以鈕恂言君之國畫爲最精雅；過昭華君之賽繡爲最新穎；吳若瑾君之建築工程設計圖，侯毓汾君之化學工業表，爲最有價值。觀覽之餘，恍見各校友在外之實況。竊嘗謂學校成績，不在校內，而在校外；不見於肄業時，而見於畢業後。而一般學校之於學生，往往俟其一出校，即置諸不聞不問之列；而競志女學，獨能重視此層，宜其校況蒸蒸日上，而校友遍海內外矣。

學生成績，自初一至高三，依次陳列各本教室，佈置精雅，改室異趣。統觀各級之週記、作文本、各科練習簿、筆記本、地圖、縫紉、圖畫、手工，多係平日成績，絕非臨時製作；尤無教師或工匠代製之品，一洗時下惡習，足爲各校楷模。各室均有聯語，多諷詞，均由本級學生所書，尤見事事求實。作文筆記簿，謄寫多整潔，具見富愛美之心，與男校學生之任意塗鴉者，迥然不同。教師改筆，亦極認眞，即生活週記中之譌別字，均爲摘出，並註明從某不從某等；際此無聊文人，提倡廢漢文，主張寫別字時期，而能注意及此，可稱中流抵柱，殊與文化有關。鄙見以爲譌文別字，務宜矯正；俗體則不必強改，倘學生自能避免俗體，而寫正書，則教育亦不必強令其從俗。高二某君之作文本中，書卽爲「卽」，似不必令其改「即」也。評閱週記後，教師所答之字，似亦以不答外國文爲宜。質諸高明，以爲何如？競校藝術，夙具令名；此次陳列之縫紉及手工成績，均覺精美絕倫。而初中一ＡＢ兩級成績室中已見自製衣服，初二室中之手工縫紉尤佳，足見平日注意生產之教育。辦理女校，誠宜重此；今日自命高貴之女子，貪吃而不能自烹肴饌，愛穿而不能自製衣件者，比比也。競校倘能從根本上着想，於已裁之師範科，繼續辦理；並於中學師範外，設家事訓練，職業專修等科，培養生產技能，注意家庭事務，造成賢母良妻之新教育，其收効當更眞切也。

騏叟聞之亦以此言爲然否？

其六　參觀私立競志女學三十週紀念成績展覽會贅言　　宋泳生先生

我邑競志女學，創辦於前清光緒三十一年，迄今已三十年矣。校主葆三先生夫婦，斥私貲，勞心力，艱苦奮鬥，乃有今日；學生自六十四人以至七百餘人，先後畢業者達二千六百五十餘人，升學者除國內各大學外，在國外大學者有英德法奧美日等國；服務者除國內廿三省市之都會與鄉村外，在國外者有英，俄，日，荷，暹等國。實開吾國風氣之先，中國女子教育之有今日，競志女學其嚆矢也。觀其卅年一日，始終不懈之精神，尤足爲私人辦學之典型。今年元旦，該校舉行三十週紀念展覽成績，欽敬先輩，謹以所得書之於左，以備採擇，倘希

葆三先生
泳蘭女士　敎正。

（甲）優點撮要

1.　敎導能注意家庭組織及家庭生活，同時亦能顧及社會服務能力之養成。

2. 對於基本智識之學科，如國文，算術，英語，理化，生物等，尤能督促學生練習。
3. 校風注意眞實勞苦，對於新生活之整潔簡樸禮義廉恥，亦素所提倡。
4. 訓練學生，不僅顧及在校時期，對於畢業生之生活，尤能關心。故畢業學生，咸能愛護其母校。
5. 布置成績，各室不同，能各運匠心，以表見其精神。學生練習簿訂正，書寫均極清楚。
6. 三十年來主持校務之精神，始終不怠，故有一系相承之校史，而不稍中斷。
7. 學校行政簿籍，自丁巳年起，均能保存無遺，國內學校，實所僅見。
8. 規模宏大，設備完善，三十年來無日不在進展中。
9. 學校環境布置，整潔優美。
10. 學生各科練習簿，整潔清楚。
11. 對於體育，頗能注意，於民族極有關係。
12. 本屆成績展覽會，事前準備充足，設計完善。

（乙）各室概況

校友成績室

本室有吳若瑾女士之建築工程圖樣—經濟公寓，天文台，郵政局等，顧佩鈞女士之托兒所計劃，侯毓汾女士之化學工程表，朱宜振女士之療養院概況等，均爲現代所需要。至如過昭華女士之賽繡，鈕長瑜女士之國畫，亦均新穎可觀。

學校行政成績室

本室成績，如學生學籍統計圖—北至河北，南至桂粵，西至川黔，凡十四省。三十年大事記，三十年經濟概況，畢業生升學及服務概況表，體育概況統計表，學校現況表等，均清楚可觀。簿冊自丁巳年起，均能保存無遺，國內學校實所僅見。

中學部成績室

初中一A教室

勞作成績，如縫紉之衣，及籐工之花籃，均優美適用，學生練習簿整潔。

初中一B教室

學生週記，用正楷記載，練習注重英，國，算，地，均頗清楚。

初中二教室

勞作成績如衣，枕，幼童之衣服及圍涎等，均切實用。國畫尤佳。

初中三教室

學生練習簿英，國，算等均全。生理掛圖，鉛畫等，均清晰美觀。勞作成績之籐製被拍，尤切實用。

高中一教室

作文，算學，英語，及國語筆記等，均清楚。中國人文地理各圖，繪畫設色，均頗合度。

高中二教室

週記及國語筆記等，均能按期記載，作文命題適當，學生發表能力亦強，自製之中國進口貨及出口貨比較圖，中國與外國輸出輸入比較圖，國民知識比較圖等，閱之能發人猛省。

高中三教室

國，英，算，及化學等科，學生程度適當。自製之中國喪地表，國恥畧歷表等，書寫清楚，邊緣以飛機，炸彈，戰士等點綴，尤能予國民以暗示。

小學部成績室

一年級教室

陳列兒童玩具，注意健康娛樂，算術，作文練習，均用圖畫，頗合兒童心理。

二年級教室

各科測驗及級際比賽成績均佳。

三年級教室

本室佈置，簡靜可愛，以課桌排成卍字形，課卷有週記，作文測驗等。美術，勞作，程度亦合。

四年級教室

自製玩具，注意保育及家具。測驗成績裝訂美麗。且能採集自然標本，以便教學。

五年級乙教室

陳列剪，尺，粉線，針線，及自製衣服等，均爲家庭所必需。每種工作，必有標準工具陳列，足見平時教學有方。各科練習簿亦完全。

五年級甲教室

本室成績，有衣，鞋，枕套，兒童衣服等，既合實用，又能注意生產。美術注重圖案畫，測驗成績裝訂優美，自製掛圖，如各國軍隊比較，各國文明比較，亦頗精細。兒童集團活動之組織健康標語等，布置規劃，具見精神。

六年級乙教室

練習簿完全，有各科成績表及兒童勤惰表等，勞工成績亦可觀。

六年級甲教室

國，算，史，地練習簿均完全，作文已練習十四篇，週計無脫漏，簿冊首附記載法，極清楚。勞作成績如椅墊，玩具等頗佳。且有各種統計表陳列。

（丙）改進芻言

1. 中小學歷史科各級大都無筆記，似不甚注意。教學該科，應注意中國民族之演進，及光榮之史蹟，以激發民族復興之思想；注意中國文化之演進，及其對於世界之貢獻，使知吾國民族之偉大，以養成其自强不息，發揚光大之精神。
2. 再能注意於女子職業與女子實際生活之訓練，以恢復並鞏固家庭之組織。
3. 中學部學校行政成績，關於簿籍方面，近年來似覺不全，廿二廿三年無教案，廿三年之簿籍，僅見各級清潔檢查表一冊。

4. 小學部行政簿籍自十九年後即甚少，僅有學業成績總錄一種。似宜添置並記載以供考核，而便研究。

5. 初中二圖畫，應使學生發展天才，並須注意圖案及透視，勿事助長。

6. 中小學課程名稱，均應依照課程標準。

7. 小學低年級生玩具，勿用大形磁器人物，因價大而易於破碎。

其七　沈顯芝先生

1. 校友成績少而精。學校與畢業生密切聯絡，是一件重要的事情；貴校畢業生雖在國外服務國外求學，仍不忘母校時通消息寄示成績，而學校亦能予以相當協助和指示，此種精神，爲他校所罕見。

2. 歷年行政成績保存完好，學校進展情形，不難瞭然。今後簿册形式如能劃一，各年簿册如能編次，則保管檢查，將更感便利。

3. 學生學籍遍及十四省，學生服務及升學於國外者爲數不少，學校精神非特籠罩全國，且廣被世界，令人見之更信教育力量之偉大，歷年學生學籍調查表和歷年畢業生升學狀況表服務狀況表爲　貴校最寶貴最光榮之一頁，可慰　侯校長多年艱苦興學之心，可堅　侯校長今後繼續努力之志，一般辦理私立學校者見此表，宜知所振奮，爲社會努力服務矣。

4. 小學各級各科練習均充分，練習簿形式劃一，書寫整潔，教師删改甚少，成績斐然。

5. 初中週記，記載無間斷，可見學生平時之努力。週記簿本用印就格式，頗覺整齊，惟各項地位甚少，學生記述不能充暢，鄙見以爲僅規定項目，不限制地位，比較有伸縮性，希各位先生再加研究。

6. 初中練習作文之次數，未免太少（初二僅七篇初一AB各十篇）雖有週記可以補充，實際性質稍有不同，能按週練習爲佳。

7. 貴校對於縫級頗能注意教學，所有成績均合於實用。（小學縫級成績比中學多）

上述各點觀察容有不當，希　俟校長指正！

華晉吉先生

其八

校友成績室

陳列材料雖未見多，而各就所學，均有報告及具體成績表現，俱徵愛護母校，對于各個前途，亦有光明發展之象徵。

1. 過昭華所作賽繡，係最新式之畫，燦爛奪目。
2. 高爾雲報告創辦志明小學，周示甚詳，足資參考。
3. 校友會刊報告歷年不同，內有言論研究文字，此種精神殊佩。
4. 校友吳若瑾建築工程各圖，極見精詳。

圖書館

成績批評

1. 設備萬有文庫四部備要二十四史，學校圖書館有此三種，可爲骨幹。
2. 雜誌贈送者極多，應充分添購社會科學書籍。
3. 編目用卡片極適用。
4. 壁面宜有地圖設備。

行政成績展覽室

1. 三十年內學生學籍統計圖達十四省。
2. 學級自治會組織大綱，關於演說競賽、清潔隊、新聞社、體育會、音樂會、游藝各項課外活動，均由自治會中發展，殊見適當，若再有集團訓練事項，則更完美矣。
3. 校工職務分配周詳，且科學化。
4. 敎鑑廿四項，新舊參訂，頗切實際，想爲侯校長所手擬，曰鴻鑑，似名副其實也。
5. 三十年後之三種計劃，分上中下三策，字裏行間，侯校主勇敢之精神，以決死之心，自任苦幹之責，充分表現，此交誠足爲辦學者所警惕。
6. 敎訓簿册，自辛亥迄今，無一遺漏，自訂敎育實施各種表格，亦極詳明。最近應用簿册不全，廿三年祇見中學各級清潔檢查簿。
7. 歷年升學國內外調查表服務分職分區調查表，明白最有價值。

初中一AB成績室及初中二成績室

特點

1. 日用簿册整齊清潔。
2. 女紅縫紉手工，均見精采。
3. 學生週記，未見脫遺。
4. 教師改筆誠懇。

研究點

1. 週記教師應多加指導，免其流於俗套。
2. 作文數量支配，能求分量充足。

其九　競志女學三十週紀念成績展覽會觀光錄

潘揖山先生

民國二十四年一月四日，奉競志女學校主　侯保三先生召參觀該校三十週紀念成績展覽會，又命特別注重小學部分，歷三小時之久，周覽全部展覽室，覺心得甚多，特記述如下：

（一）校友成績室

競志女學畢業校友都三千餘人，升學服務，遍於國內外，此次送校陳列之成績，雖不爲多，就中以吳若瑾之各種建築工程設計圖樣，侯毓汾之化學工業研究報告，過昭華之藝術作品，已極有學術及文化上之價值。此外有校友在各地服務報告書多種，學校與校友關係之密切如此，實爲一般學校所不可冀及。

(一)行政成績室

學校行政成績室一大間，列校務教務訓育舍務學生自治等統計圖表數十幅，均精美可觀。小學部分亦多適當其三十年來事業進展，經費擴充及畢業生升學服務分布等圖，可以見該校人才之輩出，精神之一貫，表末殿以侯先生之三種計劃，更可見侯先生愛護學校之深切。案上陳列三十年來各項校史典籍百餘種，殊堪珍貴，在此種視爲廢紙之堆中，可以檢閱吾國三十年來教育發展之軌跡焉。

(二)小學部成績

(1)六年甲級教室　該室陳列兒童平時成績，如作文筆記簿籍自然社會圖表美術勞作作品，均整潔可觀，尤以自製衣服用品及兒童玩具，更能顯示女子教育之特點，壁間懸掛平日學級活動統計圖表，亦可推見平時教導狀況之一斑。

(2)一年級教室　一年級教室陳列各種衛生掛圖，兒童玩具，佈置方法，極爲精巧，參觀時徘徊不忍去。

(3)二年級教室　成績內容大致與一年級相同，美術寫字讀書算術等，均有簿籍，具見平時教學之認眞。

(4)五年甲級教室　該室除各種課卷及家事成績外，有圖案畫多幅，均甚新奇美觀，是項教材，頗合工業區域及女子教育之本旨。

(5)五年乙級教室　陳列平時課作成績，極爲豐富，此種不專爲開成績展覽會而製造成績之風氣，亦教育上一大進步也。

(6)三年級教室　成績豐富，佈置整潔。

(7)四年級教室　四年級成績甚整齊美觀，尤以兒童自製昆虫及植物標本兩大盒，爲全校各級冠。成績陳列各種大小字，亦能顯出特色。又有編織工藝中各種結法，排列表示，殊多教育意義。

（四）結語

余參觀該校成績既畢，獲有兩種心得：(一)所有成績，確能代表平時工作，非特別爲開會而製作。(二)所有成績，皆爲普遍的能力之表示，而非少數優異選手之成績，此種情形，實爲近年來展覽會之一種進步，亦極合乎展覽會之本意。嘗參觀時，偶見小學部某教室，懸有大幅用英文製成之標語或格言，殊爲醒目，惟是項外國文字之裝飾品，在小學校中，不知有無商榷之處否？

其十　　程恩九先生

貴校開東南女學之先河；　侯校長三十年來慘淡經營，其手植之成規及教育實施之方法，多足爲儕輩借鏡者。光圻忝列小學教育界，對於　貴校小學部分成績，觀摩較多，彰樹人之澤效一得之愚。是或酬答盛懷之微義也。參閱　貴校行政部分成績，分類臚列，綱舉目張，至繪圖之精美絕倫，固其餘事。其中校史一項，於昔今艱難締造之經過，繪色繪聲，可驚可愕，洵足昭　貴校後來之曙光。其簿籍中學籍一項，三十年來了無遺漏，已屬難得，而畢業生之繩母校餘緒者，遍南洋歐美，主政者血心之所植，尤蔚爲國光。入校門，廣廈櫛比，入教室，琳瑯滿目，課卷皆整潔完好，凡識字、儲蓄、勤惰、清潔等等，每週均列有比較表及優勝錦標，實地推進教育上應有之效能，合諸學生衣履之質樸無華，出入有序，應對有禮，具證平日實行訓教合一之有方。低級利用圖畫，塡寫文字，提起兒童讀書興味不少。其分列各類玩具，令認識物類之狀態，深合興趣教育，殊爲可法。各小幀愛國畫，情態逼眞，使兒童瞭然敵我相處之地位，幼年即深植犧牲爲國之意念於心坎中，尤屬意味深長。中級書法整齊，綴法已具條理，於十七周課期中，已綴作十六篇，週記次數相同，具見批閱之勤。而勞作課中工作、縫紉二項，自本階段始，盡屬實用作品，深合女子本位教育。高級綴法，大都就時令及偶發事項暨與課文相聯者命題，使兒童之思想易於生發入彀，而批改細到，亦爲可法。算術立式，淸晰整齊，錯誤殊少；課外補充題甚多；月考亦大都及格；教育之認眞，具見一斑。各級成績中，似尚須稍加斟酌者：低級書法等成績，陳列者，尙屬少數。中高級各科小考卷，是非法分量，似嫌稍多。算術問抄原題，如係補充者，最好印發講義，以節省時間，俾得稍有餘暇，從事於級會活動。綴法於正稿外，似應添置初稿，使兒童多一番思想上之整理與矯正。社會、自然等科筆記抄表過詳，苟能易爲自動排列簡表，似能較多實益。光圻參觀　貴校小學部成績既竟，覺大醇多而小疵少。教師之教導有方，與學生之聽受有則，課卷中觸處可見；而施教具有聯絡一貫之精神，尤爲可師。行知觀摩者取法而去，借作南針，相濡則傚於無旣也。

其十一

嚴桐孫
須小山先生

二十三年新正月，本邑女校始祖競志女學，舉行創校卅周紀念，特往參觀成績展覽會，關於學生成績，分級陳列，佈置各異。計中學部七室，小學部八室，琳瑯滿目，美不勝收。語其特點，簿册整潔，書寫清楚，內容充實，訂正細密。小學各級，有各類比較表，若學業比較、勤惰比較、儲蓄比較皆能利用兒童競爭心理，督促進步，而勞作功課，重於衣服鞋襪之裁製，各種日常應用物品之造作，於生產教育，尤爲注意。至言尚待改進各點，就觀察所及，敢貢愚見如下：

一　低級對於單元設計之成績，尚少表見。

二　中高級常識筆記簿中，除歸納列表外，尚少運用兒童思想之練習，若問題之回答，地圖之填製等。

三　中高級國語筆記簿中除生字預習、段落大意、全篇要旨等數項外，尚少應用練習。

四　高級書法科，尚少小楷行書成績。美術科中，寫生應與圖案，同樣注意。

五　形式方面，作文簿首頁有備題目等第一表者，用意甚佳，最好各級多能照此，以昭一律。

成績、批評

贈詞

本校三十週紀念承　黨政機關各地方教育團體本外埠同志以及歷屆校友或　寵錫宏文或惠贈珍品謹刊於右永誌　高誼

頌詞一

江西省立九江鄉村師範校長繆　正

卓哉競志　三十週記　蔚鑄羣英　多成國器　圖書館開　教育完備　遐邇欽名　共爭附驥

頌詞二

省立無錫師範學校

治平大計基築修齊發開化育化洽璇閨三千女弟先後提撕卅年一世譽溢梁谿瑯嬛闢境縹帙署題圖書滿架煥璧耀奎知識之府今居古稽前瞻遠矚千仞始躋

頌詞三

泰興鄒　楫

於鑠競校　坤德其昌　瀝心浴血　艱苦備嘗　況逢努力　存亡苞桑　年方而立　聲譽遠揚　錫山在側　五館堂皇　八千桃李　輝映門牆　社會受益　邦國增光　式瞻靡已　遙祝無疆

頌詞四

天津市教育局長鄧慶瀾

庠序靈光

序　競志女學校教育家　侯保三先生所締造也事無鉅細必躬親之垂數十年如一日校之成立與我津嚴範孫先生所締造之南開學校實爲同年南北競爽巍然并峙偉哉今年一月舉行三十七年紀念典禮株守津門不能與盛會心嚮往之吏晉一言以志仰企

頌詞五

保三老友創立圖書館落成紀念拓漢唐兩鏡以慶祝之吾二人所主張之女子教育雖歷盡艱危然已忽忽三十年尚未達到樸實勞苦之目的以救國家則不足言樂觀今圖書館落成乃吾　老友一手一足之勞所積聚者科學標本圖書金石鄉邦文獻皆足以貢獻社會傳諸千秋洵足自豪爲　吾老友之大樂事是由平素艱貧蒙難之痛苦而換來者也爰綴數語以誌同情且備他日教育史上留一佳話云

中華民國廿四年元旦江西南昌蔚挺圖書館主人蔡敬襄手拓并識

頌詞五

徐錫璜　謝繼曾　巢楨　江卓羣
阮志道　楊元珪　鄧傳

於唯競志　淑世淑人　歲周三十　與日俱新　侯翁瞿鑠　淬厲精神　眞實勞苦　率教以身
賡運更始　盛會嘉賓　堂開滄一　陳列奇珍　學溢南國　學子莘莘　邦之媛子　感受陶甄

頌詞六

私立三樂小學校

中華民國二十有四年元旦無錫私立競志女學校三十週紀念會私立三樂小學校全體同人進一言曰昔者教育不重於女子以女子職責仰事俯育主持中饋爲事習成重男輕女之風孰知子道端自母教女學難緩於男學也讓淸之季

保三先生歸自東京遂有倡立女學之志偕其夫人

冰蘭先生創立競志女學校是爲吾錫女學開始之端其時風氣未開入學者鮮辦理數年成績斐然女子之來學者漸多於是增校舍添教員他鄉之聞風連袂而來就學者歲有增加迄今三十年由小學而

中學學生最多時聞有千餘人三十年間學生之衆多共達十數萬門弟子任事於國內外不知凡幾保三冰蘭兩先生艱苦備嘗經幾許辛勞竭幾許心力得有此效果凡事之創始難守成更難今保三冰蘭兩先生勇於前進不肯一日稍懈學校之前途正未可量爰進以頌曰

維女學之創始兮回溯己巳之年開吾邑之風氣兮着江南女教之先鞭轉瞬已屆卅週兮遠近負笈豈徒化雨之三千家庭之改革兮庶養成妻良而母賢科學進步其無量兮敬祝競志二字永光吾邑太湖之湄惠峯之巔

頌詞七

調寄眞珠簾　無錫縣立第一小學校

襟湖枕郭參差樹指虹樓有個仙才人住驥足天涯收拾烟雲無數天地吾廬身是客携明月清風爲侶堪數徐霞客平生誰與伊呂　卅載教育先河灑肝腸化作春風時雨吾道起芬芳被瀛洲島嶼廣廈如雲輪與奐更鄰架瑯嬛標舉士女看連袂齊來同謌酣舞

頌詞八

畢業生竇文德　倪雲裳

龍山蒼蒼蠡湖湯湯乾坤淑氣於斯毓藏懿歟母校名在梓桑篳路藍縷歷三十霜英才化育敷教有方溫柔敦厚廣博易良新知培養舊學商量道傳絳帳言滿青箱曹昭史簡道韞詩囊江南桃李半列門牆春風昔坐長毋相忘欣逢嘉會星聚萱堂載瞻宏宇插架縹緗弦誦不倦教澤無疆千秋萬歲爲邦國光

贈詩一

黃炎培

雄文海外署侯生垂老猶懷萬里程喚醒春婆無限夢琅琅長聽讀書聲城東門巷付凋零務本人琴愴

十齡七二湖峯烟水裏書鐙照見卅年青窗下文章儘自豪閨中鍼綫莫輕拋興亡有責誰肩得大地河山一半挑亞且和平女天使發明居利老夫人贈君七字精金鑄賢母良妻好國民（亞丹姆當歐戰時出入戰場勸導和平居利夫人發見鐳錠）

贈詩二

易君左

勞苦功高三十年嬴來競志萬人傳錫山驥叟何曾病一馬衝鋒天下先

贈詩三

江亢虎

民國廿四元旦競志女學卅週紀念述贈保三先生

卅年爲一世屈指又新年桃李成陰日桑榆問晚天移山開大路逝水感前川莫惜芻薪苦心香盡火傳

贈詩四

王立齋

歸從海外溯當年文字中原輒改弦歲月頻經半甲子績功資助典釵鈿風被巾幗家甘毀雨化鄉閭敎更綿驥馬雄心 如壯日衝寒冒雪志彌堅

贈詩五

江都李豫曾

天半飛來一朶雲臨風雒誦字清芬卅年蘭畹栽桃李爾雅溫文總不羣

推行化雨出吾蘇水秀山明接太湖不有文宗侯壯悔那能事業冠三吳（病驥先生十度揚州名勝題柱徧處當時有吳中病驥今才子贈句）

吹氣如蘭風過香月宮清曲詠霓裳神仙不斷揚州路曾試弦歌上講堂（病驥高弟倪容裳君曾佐吾私立揚中施敎成績卓著）

惠山上與白雲齊城郭周遭塔勢低提倡女權人競志明星敎界重梁谿

贈詩六　　華尊

風氣開通事可珍最憐女教太消沉北禪寺巷興黌舍辛苦於今三十春

贈詩七　　宋泳生

卅年心力行拋盡四海蒼茫一禿翁支住東南賢母教勾吳風氣早開通
手栽桃李已三千（競志自開辦迄今畢業學生已有二千六百五十餘人）不用人間造孽錢惟賴賣文與館穀（驥叟以編譯之資教授之薪作開辦及經常等費）此心
端不愧前賢如公海內已無多垂老猶能挽頹波行遍天涯九萬里歸來最喜聽絃歌（驥叟今年六十有三夙以賢母良妻相提倡（今歐洲意德等國致力復興民族者亦倡此說）遊蹤遍天下今歸任校長）

贈詩八　　房少臣

嗚鶴在陰子和之蒼松百尺影參差卅週紀念逢元旦却喜梅花放滿枝

贈詩九　　舊教員顧鴻志

校慶逢元旦會開氣象雄鴻猷欽上谷爲國揚英風　卅周宏樂育梁孟志願同桃李門牆盛春風遍亞
東　巍巍建館舍萬卷圖書珍學子鑽研日淵源識益新　琳瑯成績品滿目見思聰蛾術曾襄助愧無
化育功

贈詩十　　畢業生楊同昭

母校記心田難忘樂育年同班諸姊妹卒業計三千坤道昌明日當思女訓篇今逢元旦節喜聽武城絃

贈聯一　　省立南京中學校長張海澄

五千言成歸藏柱下　三十道立教溥惠南

贈聯二　　省立蘇州中學校長吳元滌

女學樹先聲東壁輝騰蘭質廣培馨一世　惠泉方教澤梁溪流遠椒花新頌燦元辰

贈聯三　　省立南通中學校長王士倡

絳帳紹薪傳風氣開先卅載英華毓桃李　丹楹煥梓匠人文啓後百城美富擁琳瑯

贈聯四　　省立洛社鄉村師範學校

儲萬卷圖書葄史枕經光女界　宏卅年教育熱心毅力邁人羣

贈聯五　　江西南昌私立義務女學校蔡敬襄

涓流積至滄溟水　拳石崇成泰華岑

贈聯六　　蘇州振華女學校長王季玉

棫樸呈材綿亘一世　縹緗滿壁坐擁百城

贈聯七　　無錫國學專修學校

太乙青藜丕基肇造　扶風絳帳積世彌尊

贈聯八　　無錫縣教育局長臧　祜

拼三十年苦幹精神成此事業　願千百輩後先同學共起維持

贈聯九　無錫縣地政局長胡品芳

北山梓南山喬一室競弦歌滿座春風宏樂育　奇數三偶數十新年志紀念會看大廈集羣英

贈聯十　無錫縣教育會

求賢廣培桃李樹　新聲雜奏木蘭辭

贈聯十一　無錫縣立圖書館

前程無量就過去成績而言已足稱雄一世　開卷有益閱古今名人所著何殊親炙羣賢

贈聯十二　大公圖書館

女教聿宣蘭蕙廿年勤培植　宏圖大啓縹緗萬卷供鑽研

贈聯十三　私立無錫中學

集古今中外諸書藏於一室　宣德言容功之化業已卅周

贈聯十四　錫光中學

興學樹人千輩女英嫻內則　傳薪風教五車書卷迪多方

贈聯十五　江南中學

寶笈瑯嬛搜羅古今　春風馬帳化及三千

贈聯十六　無錫縣立初中

苦心孤詣卅載經營教育推先驅　巾幗英賢有造國

右史左圖諸生葄枕文章仗後起江山錦繡不輸男

贈聯十七　　無錫縣立女初中

三十年化雨春風開遍西神桃李樹　萬千卷圖史典籍羅搜東壁鳥虫書

贈聯十八　　積餘職業中學

藏書千萬卷美奐美輪　辦學三十載樹木樹人

贈聯十九　　振秀女學

興女學爲一邑先河看英賢迭出化及釵裙時閱春秋三十載

集名著佐諸生習業値歲序更新落成館舍富藏緗縹萬千箱

贈聯二十　　榮氏女學

桃李滿城化雨春風三十載　圖書盈架牙籤玉軸萬千行

贈聯二十一　　公益第一小學

立校三十年惠麓女教推巨擘　圖書千萬卷梁溪文化建大功

贈聯二十二　　陶氏績成學校

費一生心血作育人才時屆卅週曾彈指　羅萬卷圖書宏開館舍春回四序慶落成

贈聯二十三　　唐氏小學

競趨育英才長我十齡絳帳尤多女弟子　志成欽上谷藏書萬卷素園恰近聖人居

贈聯二十四

捐資立學校開女界先聲事功彪炳超萬世　建館置圖書培學術根本德澤芬芳留千秋

福民學校

贈聯二十五

剏立已卅年溯從前租房屋購基地建校舍毅力熱忱苦心卓著

時期逢元旦看今日有小學有中學有師範因材施教成績斐然

侯氏小學

贈聯二十六

班馬師宗卜世三十　瑯嬛福地羅軸萬千

唐文治

贈聯二十七

門下三千大士化行大千界　樓開百一滄桑同話滄一堂

向紹軒

贈聯二十八

富貴不能淫貧賤不能移威武不能屈辛苦三十年贏得光明放女界

博學而不窮篤行而不倦上達而不困實遊九萬里廣搜圖籍惠諸生

蔡焦桐

贈聯二十九

競倡平權三十而立　志專興學耄耋猶强

童致旋

贈聯三十

女學倡先聲毅力熱忱歷盡三十年薺荼甘苦　校名標競志春風化雨栽成千百個巾幗英雄

唐光漢

贈詞

贈聯三十一

竹素弦歌忽焉一世　芸香編簡蔚爲百城

錢鍾亮

贈聯三十二

萬卷嗣前徽陳列古今經史子集　卅年垂四教振起當代德言容功

秦毓鈞

贈聯三十三

興學獨早湖山添秀色　英才廣植桃李滿春城

李惕平

贈聯三十四

導女學先河樹卅年人物　祝中華元旦羅四壁圖書

暨陽向頡垣

贈聯三十五

及門弟子七千數　仰止于今三十年

孫翔風

贈聯三十六

萬卷藏書地鄰北寺　卅年興學人老東門

孫譔誥鴻

贈聯三十七

藏書萬卷　樹人百年

胡汀鷺

贈聯三十八

女學道先聲春風噓拂九萬里　個人捐資力苦志經營三十年

莊蔭梧

贈聯三十九　　周　斌

歲序計葩經什之一　門徒追杏壇百而千

贈聯四十　　王同樓

巾幗啓文明萃各方女界精華組成這卅周紀念　堂階頌美奐得幾輩英才教育好觀此萬軸琳瑯

贈聯四十一　　楊達權

競勝爭優及門奚止數千輩　志道游藝立校剛逢三十年

贈聯四十三　　俞　霖　俞宗振

嘗一日爲師和女弟子同列侯門樂得英才教育　居卅年之後溯侯老人肇興女學實開本邑先聲

贈聯四十四　　段盈科

卅年樂育　滿館琳瑯

贈聯四十五　　章錫奎

安排圖史餘閒好　領略詩書滋味長

贈聯四十六　　楊高令融

三十周締造艱辛喜遇元辰作紀念　數百人絃歌誦讀非昌陰敎煥文明

贈聯四十七　　陸畸民

萬卷集縹緗從茲道藴文姬嬴得一堂皆飽學　卅年樹李桃行見程門馬帳蔚然十里盡成陰

贈聯四十八

卅載費匠心婦道化成坤元貞吉　五車壯鄴架光分東壁地接西溪

樂群書局

贈聯四十九

溯母校慘淡經營得覘桃李盈門卜世欣符周祚遠

看文庫商皇典麗正值椒花晋爵歡顔恍挹杜陵春

校友陳淑

贈聯五十

萬里春風過淮北　卅年化雨遍江南

俞鈺

贈聯五十一

舊學生舊教員忽忽韶華三十　新課程新建築蓬蓬氣象萬千

校友侯鏡斐

贈聯五十二

三十年前奠女學基礎　七千餘輩祝母校春秋

校友過昭華

贈聯五十三

長民國六齡育賢才卅載　有奇書萬卷祝母校千春

校友龔　暉

贈聯五十四

女學創興於今卅載　人文廣集勝昔五車

校友王師韞

贈聯五十五

校友吳若瑾

卅年如一日　萬卷擁百城

贈軸

省立上海中學校長鄭通和

昌明女敎

省立松江高級職業學校

棫樸作人

省立蘇州女子師範學校

壽考作人

省立松江女子中學

樹人

東南女子體育師範校長余子玉

百年樹人

武進縣立女子師範學校

多士樂育

無錫輔仁中學

立志希聖

省立鎭江師範校長曹　芻

進德修業

省立常州中學

女敎昌明

省立揚州中學校長周厚樞

化被東南

江蘇南菁中學

名盛梁溪

上海女子中學校長吳志騫

成績斐然

武進芳暉女子中學

如入瑯嬛

匡村中學

女學權輿

贈詞

疏雪女子中學
　菁莪雅化
無錫師範附屬小學校長潘　仁
　女校先進
縣立中心小學
　聲譽卓著
縣立民衆教育館
　百年樹人
上海中華書局
　桃李盈門
民生印書館
　成績斐然
無錫縣長嚴慎予
　女學先鋒
彭敏慎
　桃李盈門

胡氏初級中學
　書圃翱翔
縣立東林小學
　如時雨化
私立秦氏公學
　桃李盈門
上海商務印書館
　蘭茁蔚秀
文華書局
　樂育英才
陳天鷗　黃紹鴻　陳錫芳　相菊潭　薛筑泰　薛溱舲
　三十而立
鄭敦仁　彭樹笏　宋星橋
　歷有卓績
賈道符
　陶鑄女宗

任祖頤

菁莪棫樸

張祖年

樂育英才

秦冕鈞　孫希韞

春風化雨

畢業生竇去病　竇文勤

母校之光

畢業生胡琦珍

永沾時雨

畢業生徐爲裳

任重道遠

畢業生曹慧貞

蒙養聖功

贈物

楊嘉吾 浦振青　銀盾一只

丁鈞

女界明星

宋泳孫　沈顯芝　嚴仰斗

桃李成陰

校友夏緯森

立三不朽

畢業生夏涯　鍾海英　唐兩儀　唐三才

仰沾化雨

畢業生秦奉蓁

母校萬歲

畢業生薛鴻秀

作人壽世

校友過昭華　花繡鏡框二只

贈詞

校友秦醒世　體育攝影鏡框一具
校友高玉英　學生作業攝影八幀
校友閔婉若　油畫鏡框一具
校友鈕恂言　山水立軸一幅
校友孫　顧　銀花籃一只
校友蔡　曜　銀盾一只
校友某　君　鏡框四具
校友陸留芳 倪蘊華 陸韞西 黃去病 陸蕎芬 陸蘊芬　銀盾一只

校友陸韞西　學校攝影鏡框一具
校友高攝秀 王民英　絲織風景鏡框二具
校友章緝以 陳毅　磁花瓶一只
校友榮貞雲 方閣珍 陸韻西 顧蓊　鏡框一具
校友張志遠 陳景侃 楊文藻　銀盾一只
校友華　錚 王梅英 榮梅雲　銀盾一只
校友金婉範 胡蘊玉 祝景芳 楊素珍 嚴覺先 姚雨裕 王企新 陳希韞　銀盾一只

研究

高中國文教學之嘗試

武進夏敷章

緒言

嘗讀禮記學記篇而憮然爲間曰：今之風行世界，人皆奉爲金科玉律之教育學，何能出此！則知此學記一篇，乃古代教學法之精義，今人所不能或異者也。其開宗明義，提挈綱要之語，一則曰「教學爲先」；再則曰教學「相長」；又引說命曰「斅學半」之語以證足之。其他「藏、修、息、游」之則，「苦難去速」之失；教之所由興者四，教之所由廢者六；教者當知「三弗」「四失」，而后教喻之道得。故曰記問之學，不足以爲人師。此其大要也；至其詳，則不勝縷書焉。由是而上推鄒魯之教，論語載孔子之教人也，曰「志於道，據於德，依於仁，游於藝；」此即「博文約禮」之說也。所謂表裏精粗無不到，則其教材之用，咸得因材施教之宜也。曰：「循循善誘。」則言其教法之程序，教態之不倦也。曰：「不憤不啓，不悱不發，舉一隅，不以三隅反，則不復也。」此則又今之教育學所謂「自學輔導」之明證矣。孰知先哲已於二千年前實施之？孔聖而後，大教育家其惟孟荀乎？請得復言孟荀之教學法。孟子宗孔子之學而無稍異，益以文辭發揚光大之。故其教學之主旨，亦貴「自學，」而資師以扶導之。荀子固儒家也，然好爲創論。於性惡一篇，即可見其於儒家學派別樹一幟。故其學說主善假於物而成務；以爲天下之開物成務，必假外力。是以其教學之道，亦尚「督責，」「強迫」而不稍寬假。然亦非信口臆說，立異好高，蓋詳審中智以下之經驗語也。孟子曰：「學問之道無他，求其放心而已矣。」又曰：「君子深造之以道，欲其自得之也，自得之則居之安；居之安則資之深；資之深則取之左右逢其原，故君子欲其自得之也。」又曰：「持其志，無暴其氣。」曰：「是集義所生者。」曰：必有事焉而勿正，心勿忘，勿助長也。」又曰：「如將戕賊杞柳而以爲桮棬，則亦將戕賊人以爲仁義歟？」曰：「求放心，」曰：「自得，」曰：「居安，」「資深，」曰：「持志，」曰：「集義，」曰：「勿正，」「勿忘，」「勿助長，」皆「自學」之道也。曰：「戕賊杞柳。曰戕賊人。」則力非「嚴督責」之論也。此孟子之敎，不尙「督責，」而貴「自學」明矣。荀子勸學篇曰：「木直中繩，輮以爲輪；其曲中規，雖有槁暴，不復挺者，輮使之然也。故木受繩則直，金就礪則利。」又曰：「登高而招，臂非加長也，而見者遠；順風而呼，聲非加疾也，而聞者彰；假輿馬者，非利足也，而致千里；假舟檝者，非能水也，而絕江河。君子生非異也，善假於物也。」又曰：「蓬生麻中，不扶自直。」其曰；「登高」而「見者遠，」曰：「順風」而「聞者彰。」曰：「假輿馬。」曰：「假舟檝。」曰：「蓬麻自直。」皆假助於物之說也。曰：「木直中繩，」曰：「輮，」曰：「輪，」曰：「曲中規，」皆嚴「督責」而「强迫」之喩也。曰：「槁暴，」曰：「不挺，」曰：「木受繩則直，金就礪則利。」皆言「督責」「强迫」之功效也。然荀子亦嘗曰：「騏驥一躍，不能十步。駑馬十駕，功在不舍，鍥而舍之，朽木不折。鍥而不舍，金石可鏤。」則又言痛下苦工，刻意「自學」之道矣。故吾以爲先哲之言，同而異，異而同，要當攷覈旨歸，未可執其一端而遽賅一切也。其短長得失，貴在後之學者善取之而已。余不曉西文，不敢談來自歐邦之教學法。直宗吾宗邦之三大教育家，本其實施之定論，而推闡之，亦間能得其疏通廣大之概，絜靜精微之細。復核諸學記之篇，而嘗試之至再四，未嘗不適然而合也。則顯然以喜快然自足，以爲教學之善法，卽在於此，又他求哉；然終以爲此乃吾一曲之見，未敢質諸重繭萬里服膺西歐之當今大教育家，吾知人有聞吾之說者，必啞然失笑。雖然吾所治者國學也，所以教授學生者國文也，爲學門之一科而已。我行吾素，教國文而實施我國固有之教學法，我實不謬！我殊無愧！用敢書諸端，爲吾之取徑焉。

國文之價格

人皆曰：「保存國粹。」則「保存國粹」爲今日當務之急，夫人而知者也。「保存國粹」之一語，夫人而能言者也。且不特此也，復有進焉者，非獨保存之而已，要當發揚而光大之焉。治是業者，聞斯言也，疇有不聞風而興起者乎？孰知究之事實則不然？夫國文之價格，旣知重要矣。其如莘莘學子不能力行何？今之學者，有四習焉！有十病焉！何謂四習？好悅時行小說，一習也。浮動，二習也。欲速，三習也。潦草塞責，四習也。何謂十病？淺嘗輒止，一病也。畏難苟安，二病也。希圖幸免，三病也。不用心，四病也。不振作，五病也。翫忽時日，六病也。不知求己，七病也。道聽塗說，八病也。是非不明，九病也。盲從無主，十病也。夫求學貴乎深造，深造之道，循序漸進，體味涵泳，未可或作或輟，一暴十寒者也。豈淺嘗輒止而可以得「尺寸之厝」之學乎？宋賢語錄有云：「看文字須如猛將用兵，直是鏖戰一陣；如酷吏治獄，直是推勘到底。」近見歐西探險家十人，經五月之久而達喜馬拉亞山之次高峯，爲冰雪颶風所捲而死其三人焉。斯事也，在吾人視之，必曰何苦如此，不將視爲僨也乎？然而西人願以生命之犧牲易之。而吾人於讀書之業，雖毫毛之犧牲，且有難色焉！故吾以爲畏難苟安者，始終無成者也。希圖幸免，則又取巧之善者也。天下之不長進者，莫甚於取巧；害篤實者，亦莫甚於取巧；止精進深入者，又莫甚於取巧。其能取宋賢語錄之語以針砭之，則或可自救歟？此三者，柔懦害之也。柔懦之人，不可與立身。且也旣已柔懦矣，其有不怠惰者乎？天下遺事誤業者，尤莫惰人若也。所謂不用心不振作者，惰之過也。惰者有心不用而靈機泯焉！精神不振而氣頹喪焉！如此，其能免爲庸愚之流乎？庸愚之人，飽食終日，而不知日月之流轉也！依賴生存，而不知來日之難立也！所謂翫愒時日，不知求己者此也。然而好惡不由其衷，唱和一隨於人，尤爲今之莫大之通病焉！吾所舉十病之八之九之十，職是故耳。而其人終不免爲庸愚而已矣。此皆抽象者也。請復得言其較爲具體者。夫無聊文人之於今日之中國也，衆羣如毛。以其境遇之艱困也，賣文求活。所作皆淫靡之小說，深中青年心理，其罪惡實不啻戕賊青年也！凡此作品，最爲國文進度之大敵。吾無以名之，名之曰時行小說。然而青年好之之心，不容喻也！凡中是毒者，莫不浮動焉！豈有學子一染浮動之氣而尚可求學乎？荀子曰：「蟹六跪而二螯，非蛇蟺之穴，無可寄託者，用心躁也！是故，無冥冥之志者，無昭昭之明。無惛惛之事者，無赫赫之功。」蓋言學非專默精誠無以成也。以其浮動也故欲速，孔子曰：「欲速則不達。」惟其欲速也，故作事潦草塞責。此雖有明聖，無如之何也！夫今之學者，旣已有此四習十病矣，而國文之價格又如此其重。而欲收學子讀國文之效。是誠所謂背道而馳，雖日行千里，而其去彌遠也。然而國文吾國之魂，生民之命脈也。文化之工具也。豈可不岌岌乎哉？學者茍能舉其四習十病而一反之，則求取國文之工具，莫利於是也。且吾以爲時未至而已。充其類究其實而言之，國文之將來，必見重于全世界，天地間所有人羣，皆將奉爲圭臬，而不容或失者焉。此非吾之夢囈，實可斷言者也。今之學者，盍爲先知先覺以負誘導繼起者之責歟：

國文之境界

新文學運動之下，其流而下者，悠悠然皆國文之罪人也；其上焉者，以中國文學之敝極，而必須改革之也。故唱之不遺餘力風會所至駸駸乎幾至以附庸而奪上國之席。附和之者弗知也見附庸之大，即以爲上國而不知故有上國也。於是歷史不明，境地不清吾爲此懼！此界說之所以不容已也夫文學者國文之一脈，而非國文之具體也。論語曰：「文王既歿，『文』不在茲乎？」斯「文」也，即今之所謂「文化」也。亦即古之所謂「道」也。道也者，非必普通人理想中所印以爲「端方不苟」之物也。老子曰：「道可道，非常道。」而斯「道」也，則「常道」也。天之所覆，地之所載，日月星辰之所照，霜露之所墜，國之所以立，人之所以生生不息，皆此「道」也。故「道」也，「文」也，「文化」也，一也；一也名不同耳。故老子又曰：「名可名，非常名。無名，天地之始；有名，萬物之母。」　且夫盡力於文學革命者，盡一人之力以爲公於天下之一事而已；非可以該事事也。如欲以賅事事，納新進青年於偏激之域，是則「文化」之大罪人已！教育者，疏通知遠，博大廣深之事也。非若爲某學術之運動者，獨樹一幟，橫掃千軍，以强略人地者也。故任國文之教育者，乃遺傳國家之文化於青年；復爲青年推進文化者也。就其質而言之，名之曰國學；就其華而言之，名之曰國文。實則學也，文也，體也，用也，一本而已矣。然而盲從者不知也。以爲文學即國文已。國文即文學已。以致國文之境地盡失，而皆爲文學所佔！又助之以魔道文學，驅使下之椎埋剽攻之徒，鼓舌如簧之流之劫佔餌誘，而青年學子大爲所誤！　嗟乎！莊叟之言曰：「子獨不聞夫壽陵餘子之學於邯鄲與？未得國能，又失其故行矣；直匍匐而歸耳！」今之學者，其能不失國文之故，而免匍匐之羞者幾希？故吾爲是說，欲今之學者，恢復國文固有之境地，而還我河山。使知吾國之文字，無所不賅，無所不備。其大無外，其小無內。放彌六合，歛納方寸，撓之不屈，揉之不折。是以氣也，理也，性也，心也，智也，勇也，仁也，義也，事也，物也，人也，我也，國也，家也，痛苦煩怨也，則哭泣呼籲，喜樂愉快也，則歌吟唱嘆。謡在乎是矣。是則國文之眞相也。嗚呼！痛哉？傳曰：「今天下溺矣！」我則曰：「今中國之人羣溺矣！」中外感之毒者，一病至不可復救。且夫國文之爲用也，在政則理，在官則賢，在師則正，在國則忠，在家則孝，博文約禮，行己有恥，出處辭讓取予之間無少苟焉。是則國文之正也。而在文學則又純潔天眞之歌吟笑呼，悲哀哭泣而已。今則不然，舉目皆爲文學之不肖子，而文學落沒之日至矣！其他則又一反吾前之所稱。舉其大者言之，則國土且可以讓人；國文其又何惜！此吾所以必正國文之境界而後國文可敎也。凹者其能不以吾爲狂妄也夫？

授課之嘗試

吾嘗敎人而不收效矣。吾嘗授課而屢失敗矣。以其不收效也，故知學有所不足。以其屢失敗也，故知敎有所困。積數四年來自反之篤，自強之志，屢求改進，力謀善法，未始無愚夫千慮之一得，然終未能足吾願望之所期也。嗚呼！難矣！敎之爲道也。孟子曰：「流水之爲物也，不盈科不行。君子之志於道也，不成章不達。」我則以爲敎之爲事也，無有本之學，富足之經驗，不足以有功。故曰：「觀水有術，必觀其瀾，日月有明，容光必照焉。今之敎者，率見其大而遺其小，易其明而忽其暗。是蓋未能觀水之瀾，而照不及乎容光之所也。是其於事之疏，不過累黍之爽，而不知遺誤所至，涓涓之流，將成江河，爲可懼焉！吾嘗授課而失敗者，其事有五：

一　曰：編選無善本。
二　曰：貪多務高深。
三　曰：遷就不強制。
四　曰：閱卷贅冗批。
五　曰：改筆欠複閱。

夫編選無善本，其失則煩。貪多務高深，其失則獵。遷就不強制，其失則懈。閱卷贅冗批，其失則費。改筆欠複閱，其失則漏。故煩也，獵也，懈也，費也，漏也，皆失敗之癥結所在也。此其略也，請復道其詳。

何以言編選無善本，則其失煩？　大抵編書者，未必深知教育之人；而教育者，未必能兼編書之業。是以情多隔閡而不適於用。其爲書也，或失則富，或失則深，或以遞進之故而偏於一途。或但求編制之大觀，而不知其瓠落無所容。是皆未免苦教者之削足適屨，或買屨而就足也。其能便於步履哉？或曰：豈不可自選講義乎？應之曰：子言則善矣。然猶知其一，未審其二也。繕寫講義，止限於本文，必不能盡舉詳註而並書之者也。即欲爲之，非大規模之省立學校不能辦。然除省校外，其勢不能無學校。而私校之教員，任務繁重，記室不多，補充講義，率多自書，故繕寫講義以補充則可；欲純用講義則勢所不能。然此固教師之不勝煩，且不必言；學生攜講義以聽講，所有註釋，教者必板書之，學生率多錄諸講義之端，備筆記簿者甚尠也。事趨簡易，固亦人之常情。烏能強人人而爲曾湘鄉之篤實治學哉？如是則草率模糊，已大非課本註釋之一目了然可比。學生憑此自習，所得自當減半。則徒費去授課講解之時間而已！徒增學生之麻煩而已！故教國文純用講義之流弊，雖審教者亦所不免。

何以言貪多務高深則其失獵？　讀書貴精熟，能體味涵泳爲上；若走馬看花，無異鳥獸好音之過耳，轉瞬即亡矣。李康復前輩嘗謂曰：『我已爲嘗試之人矣！君毋徒往還也！是必勞而不見成功。』斯蓋覩余之好高務遠而爲是言也。余猶未之卽信而終蹈失敗之悔，曰：獵而已矣。孟子言養氣曰：「是集義所生者，非義襲而取之也」蓋讀書之道，循序漸進。譬如登高自卑，行遠自邇，非可躐等而至也。夫求學豈可以一蹴之中而襲其全哉？吾故曰：貪多務高深，則其失獵，而其終必一無所得。

何以言遷就不强制則其失懈？　好逸惡勞人之常情也。趨易避艱，又人之通病也。任其逸而趨於易，則勞且艱者，誰其任之？事不能皆逸而易也。且事之足法，求夫學之有造就也。非忍勞行艱，曷足以動其毫毛。故遷就不强制者，閱讀不力，課藝誤期，將不勝其弊！必至懈不復振矣！彼倡放任之說者，蓋以餔餟也！

何以言閱卷贅冗批則其失費？　夫批詞之用意，在乎誘道獎戒而已。獎之使樂而勉；戒之使懼而改；要不外誘導之用。然至其弊，多冗贅不情之譽詞，則費矣。以有用之腦筋，經濟之時間，費此無益於教學之筆墨，儘可不必。設欲爲之，其必實事求是乎？

何以言改筆欠複閱則其失漏？　憑卷一覽而無遺，雖有明目如離婁不能也。振筆直書而不顧，雖有絕才如司馬子長如太白東坡亦不能免舛繆錯亂也。今之敎者，積如山之卷求一閱而無失，雖至人所不能。然他人閱之，見其紕繆屢出，則「誤人」之譏，加之而不容辭矣！吾知改筆欠複閱者，紕漏必多，其失不可不救也。

吾嘗教人而不收效者，其事有六：

一 曰：專事教本，不指導課外閱讀。

二 曰：限於課藝，不注重閱讀筆記。

三 曰：不甚注重抽調背誦。

四 曰：不指導閱讀所授課文。

五 曰：不抽調復講。

六 曰：不勤小攷。

論語曰「日知其所亡，月無忘其所能。」此先哲求學最切要之定例也。故今日引之以爲教學方法之原則，實千古不易者也。吾之教人而所以不收效之六事，皆有違乎此焉。宜乎事倍而功半，勞多而獲少矣。故吾所認爲五事之失，六事之不足，必求改進。此雖質諸當代任何教育大家而不能認吾爲非者也。

教材之選擇與課外閱讀書籍

國文教學之難，莫難於選擇教材。選擇教材亦云當矣，則教者學者自能收事半功倍之效。今姑就臆見所及者而略定之。其說明綱要如左：

1. 第一學年以指示學文途徑爲綱。國文之體製，代有變遷；而變遷所在，有得有失。其得也古今一轍，無新舊之別；其失也於古爲一時之好尚所趨，於今及後世則棄之如敝屣而不屑爲矣。然積重難反，甚有流弊，沿習之久而不知其爲非者，此不可不有一明切之指示，以清源致流。

2. 第二學年以認識體裁類別爲綱。文學隨時代而流演，流演而成品者俱有詣極之致。然流演之品類皆具有專門研究之性質，而不盡有普徧實用之價值。故其分量之輕重，求合于高中程度而貴實用者，則大有區別。有讀之精熟受用不減於布帛菽粟者；有過之一時，快耳悅目，不過如花鳥煙雲者。實難同日而語矣！

3. 第三學年以研求學術思想爲綱。學術之純駁，最繫國家安危，況當國本未確立，學派思潮膨脹之秋。故其說頗有不良影響者，概不入選。惟以「博學於文，行己有恥」爲主，要當養成學生自立之精神，建其救國之職志。不務求容，不好立異，祇須切於時代之需要而已矣。

本教材之選用，有精讀略讀之分。而精讀篇章務必能爛熟胸中，於其義蘊纖細無遺，而自得深造之所至，要當經久不忘。即略讀之篇，亦以能得其概要，充裕常識，養成別裁辨惑之力，以資鑽研比較，而非瀏覽一過，以不經意之涉獵爲事也。且精讀篇內亦有分量輕重爲用緩急之別，而略讀篇中轉有急於補充，不容或疏者焉。其所以不入精讀之選者，蓋以時間之被限，各科之分力，而文字或有篇章太長，艱於誦讀者。此亦無可如何之事，要在教者伸縮展施耳。並有特選書籍，酌量三學年進程而選授之，實國文之基礎也。茲將進度各篇目分列於左：

第一學年第一學期

(甲)精讀篇目

一 胡適中國文學改良芻議
二 尚秉和民黨死事傳
三 多爾袞致史閣部書
四 史可法答多爾袞書
五 柳宗元永州八記
六 韓愈畫記
七 龔自珍說居庸關
八 杜甫詩三首 1.新安吏 2.潼關吏 3.石壕吏
九 白居易新豐折臂翁
十 曾鞏越州趙公救菑記
一一 古詩爲焦仲卿妻作
一二 全祖望陽曲傅先生事略
一三 韓愈柳子厚墓誌銘
一四 杜甫佳人　李白長干行二首
一五 惲敬三代因革論(五)
一六 曾國藩原才
一七 歐陽修與高司諫書
一八 後漢書范滂傳
一九 袁枚書魯亮儕事
二〇 梁啓超祭蔡松坡文

(乙)略讀篇目

一 胡適建設的文學革命論節一、二、三、三節
二 梁啓超思想解放
三 唐鉞中國人不可不醒的大迷夢
四 顧炎武文人摹倣之病
五 劉師培論文雜記
六 侯方域癸未去金陵日與阮光祿書

七　白居易琵琶行　　八　蔡琰悲憤詩

九　林紓記九溪十八澗　　一〇　洪亮吉意言二則

第一學年第二學期

（甲）精讀篇目

一　曾國藩湖南文徵序　　二　曾國藩復陳右銘書

三　國語敬姜論勞逸　　四　張士元自立

五　資治通鑑淝水之戰　　六　李白詩二首　1.贈韋祕書子春　2.贈何七判官昌浩

七　國策虞卿諫割六城與秦　　八　崔述爭論

九　潛夫論救邊　　一〇　諸葛亮前出師表

一一　胡銓上高宗封事　　一二　李白詩二首　1.廬山謠寄盧侍御虛舟　2.夢遊天姥吟留別

一三　黃宗羲原君　　一四　鄧牧吏道

一五　柳宗元送薛存義之任序　　一六　曹丕與吳質書

一七　吳質答魏太子牋　　一八　杜甫詩二首　1.別唐十五誠因寄禮部賈侍郎　2.草堂

一九 司馬光訓儉示康
二〇 馬援誡兄子書
二一 韓愈五箴
二二 國策趙威后問齊使

(乙)略讀篇目

一 章學誠古文十弊
二 周作人自己的園地
三 周作人人的文學
四 鼂錯論募民徙塞下書
五 鄧牧君道
六 黃宗羲原臣
七 劉敞患盜論
八 林紓致蔡子民書
九 蔡元培復林琴南書
一〇 顏之推勉學
一一 古詩十九首

本學年特選書籍

詩經節選

第二學年第一學期

(甲)精讀篇目

一 姚鼐古文辭類纂序
二 曾國藩經史百家雜鈔序
三 賈誼過秦論上
四 孫文建國大綱宣言
五 湯誓
六 諸葛亮正義

七 李白詩二首 1.灞陵行送別 2.宣州謝朓樓餞別校書叔雲

八 方苞萬季野墓表 九 曾國藩歐陽生文集序

一〇 琵琶記吃糠 一一 桃花扇沈江

一二 蘇軾前赤壁賦 一三 歐陽修秋聲賦

一四 杜甫詩五首 1.羌村三首 2.茅屋爲秋風所破歌 3.聞官軍收河南河北

一五 蘇軾詞二首 1.水調歌頭 2.念奴嬌 岳飛滿江紅

一六 陸龜蒙野廟碑 一七 柳宗元答韋中立書

一八 韓愈張中丞傳後叙 一九 李白詩三首 1.經下邳圯橋懷張子房

2.將進酒 3.早發白帝城

二〇 蘇洵六國論 二一 蘇洵上歐陽內翰書

二二 韓愈詩二首 1.八月十五贈張功曹 2.雉帶箭 白居易賣炭翁

二三 白居易與元九書

(乙)略讀篇目

一 鄭振鐸文學的分類 二 韋應物寄李儋元錫 白居易買花 柳永

雨霖鈴

三 辛棄疾詞二首 1.破陣子 2.賀新郎 姜夔揚州慢

四　馬致遠漢宮秋第三折
五　琵琶記祝髮買葬
六　曹操自明本志令
七　司馬相如喻巴蜀檄
八　趙構親征詔
九　曹丕典論論文
一〇　賈誼過秦論中
一一　賈誼過秦論下
一二　劉大櫆焚書辨
一三　姚鼐李斯論

第二學年第二學期

（甲）精讀篇目

一　許慎說文解字序
二　關雎序
三　鄭玄詩譜序
四　鍾嶸詩品序
五　劉勰文心雕龍神思
六　東方朔答客難
七　韓愈進學解
八　鄭道元水經注江水
九　姚鼐登泰山記
一〇　杜甫詩二首　1.奉先劉少府新畫山水障歌　2.短歌行
一一　鮑照蕪城賦
一二　曹植白馬篇　陶潛歸田園居五首
一三　歐陽修瀧岡阡表
一四　曾鞏先大夫集序
一五　王安石答司馬諫議書
一六　賈誼陳政事疏節—長太息之一

一七 班昭爲兄超求代疏

一八 史記屈原賈生傳

一九 韓愈祭柳子厚文

二〇 韓愈伯夷頌

二一 史記信陵君傳

二二 左傳城濮之戰

二三 左傳呂相絕秦

二四 楚辭九章涉江

(乙)略讀篇目

一 蕭統文選序

二 江淹恨賦

三 洪亮吉出關與畢侍郎牋

四 陳衍游泰山記

五 蘇軾書王定國煙江疊嶂圖

六 梁啓超記載文作法

七 樂毅報燕王書

八 李斯諫逐客書

九 史記滑稽列傳

一〇 三國志諸葛亮傳

一一 後漢書班超傳節選

一二 韓愈守戒

本學年特選書籍

左傳

第三學年第一學期

(甲)精讀篇目

一 禮記儒行

二 尚書無逸

三 韓愈爭臣論
四 荀子勸學
五 孫詒讓墨子傳略
六 劉向諫起昌陵疏
七 禮記樂記節選
八 禮記禮運節選
九 史記孔子世家節選
一〇 漢書藝文志六藝畧諸子略
一一 孟子有爲神農之言章
一二 荀子天論節選
一三 老子節選
一四 莊子逍遙遊
一五 韓非子難勢
一六 韓非子定法
一七 史記自序
一八 史通六家
一九 國策蘇秦以連橫說秦
二〇 國策張儀以連橫說楚
二一 劉向戰國策序
二二 文獻通攷總序
二三 劉歆移讓太常博士書

（乙）略讀篇目

一 梁啓超中國三大史學家
二 莊子秋水
三 韓非子五蠹
四 韓非子六反
五 史記游俠列傳
六 馬致遠曲二首秋思 1.天淨沙 2.雙調夜行船（附全套）

七　明清詩詞選（篇目畧）
八　文史通義詩教上
九　文史通義詩教下
一〇　漢書藝文志詩賦略以下至末

第三學年第二學期

（甲）精讀篇目

一　禮記學記
二　禮記大學
三　朱熹大學章句序
四　宋史道學傳序
五　後漢書逸民傳序
六　晉書阮籍傳
七　論衡自紀篇節（充即疾俗情……敦爲多者）
八　史通自叙
九　呂氏春秋察今
一〇　黃宗羲原法
一一　墨子法儀
一二　章學誠浙東學術
一三　顧炎武與友人論學書
一四　王守仁答徐成之
一五　曾國藩聖哲畫像記

（乙）略讀篇目

一　莊子天下篇
二　古樂府三首　1.陌上桑　2.古歌　3.上邪
三　陶潛飲酒二十首
四　陶潛讀山海經
五　文史通義文集
六　韋莊菩薩蠻四首

七　李煜詞七首　1.虞美人　2.浪淘沙　3.相見歡二首　4.清平樂　5.搗練子　6.憶江南

八　王士禎詩十五首　1.秦淮雜詩十首　2.眞州絕句五首

本學年特選書籍

1.中庸　2.論語　（以上課內篇目終）

凡課外閱讀書籍之類，不以年級限制。蓋青年正天才發露之秋，頗多天資秀出，異於羣衆者，不妨聽其自由選擇。且仁者見仁，智者見智。或升其堂，或入其室，或知其顯，或究其微。力弱者取一，功深者知十。豈可指以範圍，而又狹其取徑哉？惟對於進取力薄弱之學生，則當加以督促。量其進度之何若？而示以必閱讀之書籍，不可稍忽者。其每學年之重心，則仍以所訂課內大綱爲標準。庶幾緣督以求解，當有渙然之日矣。茲將書目次列於左

（甲）史部類

	書名	著者及編者		書名	著者及編者
一	綱鑑易知錄	周之炯　吳楚材　周之燦　同輯	二	資治通鑑	司馬光
三	史記精華錄		四	漢書精華錄	中華書局編
五	陽明先生傳纂	余重耀輯	六	太戈爾傳	鄭振鐸
七	愛迪生傳	伍況甫	八	錫山先哲言行錄	吳叔渭
九	讀通鑑論	王夫之	一〇	人物評述	生活書店編譯所

一一　白話文學史　胡適

（乙）子部類

書名	著者及編者	書名	著者及編者
一　墨子	墨翟	二　荀子	荀況
三　管子	管仲	四　韓非子	韓非
五　孫子	孫武	六　呂氏春秋	呂不韋
七　論衡	王充	八　諸子精華錄	張之純編

（丙）集部類

書名	著者及編者	書名	著者及編者
一　飲冰室叢著	梁啓超	二　胡適文存	胡適
三　昌黎全集	韓愈	四　歐陽文忠公全集	歐陽修
五　古文辭類纂	姚鼐	六　續古文辭類纂	王先謙
七　古詩源	沈德潛	八　曾文正公文集	大達圖書供應社輯
九　曾文正公尺牘		一〇　曾文正公嘉言鈔	梁啓超輯
一一　曾文正公嘉言類鈔	大達圖書供應社輯	一二　曾文正公日記	新文化書社
一三　曼殊全集	蘇曼殊	一四　冰心詩集	謝婉瑩

(丁)學術類

書名	著者及編者	書名	著者及編者
一 學術演講集	梁啓超	二 清代學術概論	梁啓超
三 浙東派溯源	何炳松		

(戊)教育類

書名	著者及編者	書名	著者及編者
一 愛的教育	亞米契斯著 夏丏尊譯	二 續愛的教育	孟德格查著 夏丏尊譯

(己)言論類

書名	著者及編者	書名	著者及編者
一 小言論	韜奮	二 中國家庭改造問題	麥惠庭
三 婦女解放新論	英國博士著 劉英士譯		

(庚)文藝類

書名	著者及編者	書名	著者及編者
一 詩經學ABC	金公亮	二 中國文學ABC	劉麟生
三 農民文學ABC	謝六逸	四 意大利文學ABC	傅紹先
五 德國文學ABC	李金髮	六 俄國文學ABC	汪倜然

七	英國文學ABC	竹虛白	八	美國文學ABC	竹虛白
九	法國文學ABC	徐仲年	一〇	希臘文學ABC	方璧
一一	辯論術ABC	陸東平	一二	演說學ABC	余楠秋
一三	將來之花園	徐玉諾	一四	海浜故人	黃廬隱
一五	支那女兒	劉大杰	一六	往事	謝婉瑩

(辛)遊記類

	書名	著者及編者		書名	著者及編者
一	新遊稾刊續編	姚祝編	二	徐霞客遊記	

(壬)小說類

	書名	著者及編者		書名	著者及編者
一	模範小說選	謝六逸輯	二	儒林外史	吳金梓
三	曾左彭	徐哲身	四	冰心小說集	謝婉瑩

實施之方法及其改進

間嘗憑吾平日得之於教育甘苦者而推求之，以爲天下之事，祇有原則而無法律。蓋法律之爲物，最機械板實而毫無靈機之用。適用於此，轉瞬卽不適用於彼。教學爲何等事，豈可若是其限哉？善乎學記之言曰：「君子之教喻也，道而弗牽，強而弗抑，開而弗達。道而弗牽則和，強而弗抑則易，開而弗達則思。和易以思，可謂善喻矣。」此非千古不變之教學原則乎？今之教學法，孰有善於此者乎？而或者則縱無韁之野馬，以爲任其天機之活潑，且自詡其教之得也；或者則又太限以法，靈機窒塞，所謂隱其學而疾其師，苦其難而不知其益也。之二者，一失之妄；一失之固。皆不能收錙銖之效者也。故善教者不可不知學生之環境與夫一時一日之工作，此科與彼科之相互關係，而施之以教學方法之縱送嚴緊緩急與否。且一人之精神有限，今日之學科繁重，必不能以超等天資特殊精力之生，而求之全體。故吾取孔孟自學輔導之旨，而不敢欲速也。然而人心之不同如其面，性質之不一，又奚啻毫毛之不可計數。故其品性，非皆能純也。非皆能自立，日求進取也。荀子曰：「枸木必將待檃括烝矯然後直；鈍金必將待礱厲然後利。」蓋卽指中中以下下下以上之資而言也。然天下之衆人皆此類也。荀子之說，實千古不易之定論。吾於是而得所從事矣。吾所不能者，日求其故焉。鍥而不舍，積漸之久，吾其更有得乎？茲將其試用方法列之於左：

（甲）授課方面　每一課文字，開始指示學生以題解，及作者生平事實，與時代背景。次及文法，體裁，內容。凡一篇之總綱，枝義或主旨，綫索段落，層次之往復，虛實，先後，詳略。敘述之追記，補寫，起訖，始末之佈局，謀篇與夫褒貶善惡，言外寄託或諷刺。最後則指示以朗讀之頓挫，抑揚，音調之緩急，疾徐，陽剛陰柔之氣勢與識度，讀態之各異而無有同。此則由教師「啓發」而「注入」者也。其他論學生之「受納」與「反應」，「力學」與「心得」，猶有四者焉。

1. 受教之反應　先決問題，須注意學生興趣，方得同情之感，而受納愈益深切有效。蓋講材不宜經久單純；亦不宜變易無常。經久單純則生厭心，厭心生，便易引起枯燥無味之反感；變易無常，則又認識膚淺，而獲益殊尠。然而學生心理大多喜輕快簡易，輕快簡易，不足以見學問之大。故當注意引之入深，壯其勇往之膽，激其猛進之心。而后可與圖肩鉅任重之學，確立其思想，始肯歷艱險持苦境而不棄也。

2.了解之程度　測驗了解之程度，可分三種步驟：(一)指導閱讀，命學生發問，隨問隨答，務必使疑竇渙釋。(二)教師抽問，更可提撕警覺。(三)抽調復講，隨時矯正錯誤。此項最不可或缺，可以避免學生紕繆疏漏之處不少，吾本諸實施之事實而所見者也。頗堪自信！

3.習學之勤惰　所授之課，除時間能力之所不及，與文字性質之不便朗讀艱於背誦者；其他一概期以精讀背誦爲要，該級學生人數過多者，則抽調背誦，人數少者則可不必，惟教者之隨時應變耳。

4.筆記之演習　此項工作，屢有變遷。始余舉行之，旋又覺其雷同者多而廢之。越時又覺不能闕如而仍復其初；後終惡其無效而放棄焉。然亦未嘗恝然置之，每求其故，始知前日之所爲，乃我所板書者多，學生徒鈔而錄之耳。今復欲舉行之，擬惟責學生以口講指畫，而間亦板書其概況，予以相當之輪廓，而不一一。試列筆記演習法說明於後：

一文法　凡綱要柱義段落體裁皆是。

二講解　凡書中特異之點，及解釋不一，所應表而出之者。

三研究　本書中所述，或可推勘學術及歷史之究竟，並藉以新闢途徑，爲專攻之資者。

四作意　凡借喻，寄託，影射者，均當抉而出之。

五評論

(乙)習作方面　課藝之發端首重思想，次論篇段，次論辭句。書法以整潔爲要，戒苟簡之疾；並當加以標點符號，以清眉目。茲將所履行之五點分列如下：

1.言文之增減　第一學年，白話佔十分之四。第二學年佔十分之三，第三學年佔十分之二。白話每學年遞減，文言每學年遞增。

2.定期之應用　間周習作一次，一次課內交卷，一次課外交卷。課內交卷，所以促其筆性之敏捷。課外交卷，則習作時間，轉爲授課時間，補其不足，以充實力。

3.命題之適應　課藝一事，命題最難。命題果當，則流水自然，作者易以施其巧，改者不難下其筆，所謂事半而功倍，一舉而兩得也。命題失當，則反乎是，各不勝其苦矣。故命題不宜好高深，好求異，亦不能太限，要當境而不囿。須先注意學生之環境，與夫程度之高低，是否適應，而命之以題，則庶乎得其十之七八焉！至題境則以紀實，敘述，抒情，議論四者爲標的，而通之以開導思想爲原則。流轉調濟，活動應用，不拘泥某者須以某學期或時期爲單位，定爲純一之施行。因個人生平最不主張如此板滯教育，然亦審之事理，似固不宜然也。

4.解題與助作　凡一題目，必有其要旨，必有其中心點。學生往往認題不眞，致勞費詞，奔逐於拋荒之途而不知反，始終無一語入裏。若是者雖屬學者之愚，亦教者乏術之過也。故解題之法，必有一一語而不詳，開而勿達」之指示，撥其靈機之感觸，使知動向之所詣，而不至有盲目迷亂失道之苦。助作之方，則有「口講」「板書」之別，凡屬於抽象方面之思想或理論以及事物情狀，均以口講之，訓練其「聽覺」「腦力」之「敏捷」「運思」之能。凡屬於具體方面之「史蹟」「典實」「佐證」等，必用板書者，則板書之所以廣其識而多其資，備其取材之用，而益其剪裁之工。此吾所以認爲助作之不容已也。

5. 批閱務實際　改卷之歸切要而合實用者，莫如提其精而解其惑，正其誤而喻其味。故思想之過激者，曉以利害而切誡之。思想之悠謬者，洞以理論而教喻之。字書之不正，或誤而別。文法之不解，或亂而蕪。措辭引書之不切而乖於情者，均一一抉其病之所在而是正之。冗贅不關痛痒之批詞，無需也。與其贅此冗批，不如省其精力，詳細複閱，可免疏漏，且補不足，其利何止千百焉。故余於批閱之事，知之切而守之篤者，有戒條二：一曰不贅冗批，二曰不憚複閱。本此而行，其可以寡過矣乎？

（丙）攷試方面　「日知其所亡」，教之事也，而「月無忘其所能」，則攷試之功也。故攷試之事，其功不在講誦下。且人無智愚，皆好逸而惡勞，不加督促，則多所因循苟且。此可見攷試之尤不容已也。故雖經講習背誦，小攷則萬不可免。每學期以三次爲常，可增而不可減。其攷試之方分列於下：

1. 試題之種類　試題可分「理想」與「記憶」兩方面，關於「理想」方面者，答案甚有異，貴在思致與理解能力之强弱而別。所謂「百慮而一致，殊途而同歸」，要以「神思」爲尚。關於「記憶」方面者，答案頗多同，要在能「說明」或「具列」其所指之事物而已，其效由工夫之深淺而著。然亦有在「理想」與「記憶」之間者，則必「神思」與「工夫」兼至矣。且「記憶」題目雖無甚須夫「理想」，而「理想」題目則必有相當之「工夫」方能舉。尤可見力學之道，固不可偏摘，乃觸類而通者也。故關於「理想」方面者，所以攷諭其智慮之精粗，腦力之遲速，而導之爲旁推交通，變化一貫之旨。關於「記憶」方面者所以詳徵其「博聞彊記」之功，卽傳所謂「多學而識之」之法也。玆舉其方法如左：

（子）關於理想方面者

（一）問答類

（二）述論類

（丑）關於記憶方面者

（一）常識類

（二）撰擇類

（三）是非類

（四）典實類

（五）史事類

2. 分量之裁別　小攷之用意，本在督促學生用功。故其所佔分量，在一小時左右，當可完畢，不必過於繁重。但出題之方，概而不盡；而學生準備，則不能不週到。至裁別其各篇分量之輕重，則其大要，凡既經背誦者，較輕；未經背誦者較重。然亦當視其篇文而定，未可一概論也。惟既經背誦之文，要以抽象者爲多；未經背誦之文，則具體之性爲較富耳。

（丁）課外閱讀方面　教學之道，僅就課內之指導，殊未能盡；苟欲充其實力，廣其識見，發其思想，使其知所不足，而力圖自強，則莫善於課外閱讀。然閱讀必須導學生作筆記，否則徒勞無功，幷怠而勿學，安能收效。其筆記所取法者有三：

（一）倣三蘇策論體者，如（權書，衡論，洪範論，志林，厚財用，訓軍旅）等。

（二）倣日知錄體者

（三）倣語錄體者

其內容之取徑有五：

（一）關於思想者

（二）關於研究者

（三）關於文藝者

（四）關於批評者

（五）關於論斷者

統求吾實施之方，其所不能切實踐履，償吾心願者，要惟課外閱讀一項耳。本吾之素志，日求其故，其果合者，當力求其實現，果有未盡善者，則當更謀改進之效。其有得乎？其無得乎？惟在努力爲之而已。

準備之必要

傳曰：「凡事豫則立，不豫則廢。言前定則不跲，事前定則不困，行前定則不疚，道前定則不窮。」故「五達道，」「三達德」以及凡爲天下國家之「九經」所以行之者一也，一者，何也？曰：豫而已矣。然則教學之道，獨可疏於豫乎？且夫教學之爲事，至艱難也。其責任至重大也。青年之心思，志慮，舉動，技能，一俟乎教者之誘導指示，豈可以輕忽爲事而苟取哉？故教之一事，非若坐臥之可以不經意行之。苟不經意而偶有失愼，則拙者必露捉襟肘見之窘；而巧者難免謾言飾非之辭，以抵其窮。爲教而至於如此，其尙可以自安乎？今請得於準備與否之利弊而列舉之。其未嘗豫有充分準備之功而輕忽從事者，厥弊十有二：

一 內心之不充實
二 教態之不自然
三 吐辭之不能盡
四 不勝含糊阻格之患
五 文義多忽略
六 佐證參考均遺棄
七 要著輒疏漏
八 無整理統系
九 聽講乏興趣
十 教室反應易浮動
土 感受之概念不深切

十三　學生對於課文不勝乖誤百出之弊，其必將豫爲充分準備之功而兢兢於事者，厥利十有四：

(一)具有「力厚氣壯，才思贍足」之學養。

(二)講演時聲色合度。

(三)自有「綽然餘裕，口齒清晰」之致。

(四)提舉文義有把握。

(五)疏解教喻有條理，學生便於依據。

(六)在可能範圍內疑問自可隨答。

(七)增加學生興趣。

(八)教時可使聽者寧靜專一。

(九)受業者印象深刻。

(一〇)成效易見。

(一一)指導作文命題必新穎，無拉雜或彊掇之病；無隔膜與陳腐之失。

(一二)能合「適應環境，與時推移」之自然學理。

(一三)學生課藝可無大乖謬處。

(一四)閱者與作者兩得快適之慰。

統觀上述，前者所謂「不豫則廢」言跲而事困，行疚而道窮也。後者所謂「豫則立」言不跲而事不困，行不疚而道不窮也。而其所以判然者「前定」與「不前定」而已矣。「前定」者豫之功也。且夫學無止境，教亦無止境也。故學記曰：「教學相長」又兌命曰：「斅學半」時代之變遷，教育之改進，日新而月異，無有窮也。而國文又學科之範圍尤廣，豈可以故步而刻期自封乎？莊子曰：「井魚不可以語於海者，拘於虛也；夏蟲不可以語於冰者，篤於時也；曲士不可以語於道者，束於教也。」何謂拘於虛？限於故居之意也。何謂篤於時？厚於一時之見也。故教學之道，必出於崖涘，不可拘虛，不可篤時；而曲學之士，知束於教而視不及遠，其爲人也，必見棄於時，而瞠乎人後！若是者，不足與圖進。然則彼自恃其一日之得而晝然不進者，更不足道矣。若謂「吾事已熟，如王良之御，駕輕車以就熟路。」吾知其爲是說者，非愚則誣也。何以言之？引王良之御以爲喻，非可若是其淺也。其必學滿儲時而后可舉爲言；非可夫人而舉以爲辭者也。其臆固已不相當矣。彼不以準備爲事者，直惰人而已！且夫教學乃積散之事也。非積無以散，需散而事積，至理之所不易者也。山氣爲雲，厚積而爲雨，周遭乎天下者，雨之化也。天地之氣之積散爲然也。人事不能背天理，亦明矣。獨於教學之事，惟日散而無所積，其豈有不窮者乎？故準備者求進之階梯也，亦現實之本職也。現實之本職不能盡，求進之階梯不能履，於人於己，兩失之矣。豈爲教之本意也哉？雖然世固有天才高超之士，不假人工。人百能之，彼將一斯可已；人千能之，彼將十斯可已。則我之說，豈直爲彼一吷哉？然我固自謂；并以自警！且我乃一方之陋人也，陋人之爲事，其能免困心橫慮，困知勉行之難哉？吾懼才弱，吾懼僨事！救吾之失者，非豫之道而何！

結論

人之性有智愚，才有厚薄，皆天也。非可舉而齊，強而一者焉。是以方法雖多，必有所窮；教喩雖博，時有所困。雖曰：「人一能之，己百之，人十能之，己千之。雖愚必明；雖柔必強。」然而用有棄物，材有朽木，人固有不可造就者矣。孟子曰：「梓匠輪輿，能與人規矩，不能使人巧。」蓋亦無可奈何之事也。余嘗誨人，憫其不進者矣。察其平日之自習，無論其面與背也，未始非一孜孜勤於學者。而功課則紕繆百出，荒蕪不堪，此又何也？輒召而問之，則曰：「心常恨之！然心有餘而力不逮，己亦不知其何以不能進也。」必詳爲指示曉喩之而去；然其效不過十一而已！此豈非所謂未得其巧妙，而徒勞也夫！雖然，若此者，亦少數而已。其他天資聰穎而不勤者，可促之使勤，而無慮矣。若夫天資既不弱，而又勤奮勉力者，固本吾嘗試之法而收效非止一日矣。故孟子曰：「大匠不爲拙工，改廢繩墨；羿不爲拙射，變其彀率。君子引而不發，躍如也。中道而立，能者從之。」此蓋言教者持其中，不在上而絕，下而極，惟守其平以類推焉。此吾教之術也；吾猶有進者，夫智識，人之技術學問也；道德，人之精神學問也。技術學問，人之所以應用於世者；精神學問，人之所以立體於己者。體之不立，用何能應。故人格教育，吾所尤重者也。且夫今之世，既經破壞，而未有相當之建設。是以每況愈下，人道淪棄，風俗墮壞，開青年之智識，而不予以人格之確立，是掌教者之大罪惡也。而國文尤非其他學門所可比。其性質無異乎吾人之衣食；其重要無異乎吾人之命脈。爲國文教師者，尤當身體力行，爲青年之先導。示之以素，所以昭其志也。行之以樸，所以昭其質也。遇之以誠懇篤實，所以定立身之基也。爲之以刻苦耐勞，所以濟時艱之急也。節用非樂，勇爲不屈，而以「博學於文，行己有恥」爲不易之坦途焉。是以人格薰陶，非特坐而言，要當起而行也。凡出處辭受取與之間，一以人格爲證，則庶乎可爲教師，庶乎可爲國文之教師。否則徒辛勞於技術智能之誘導，而絕不顧人格之陶冶，由是而社會益以紛歧，人心益以險巇，豈時代所需要之教育哉！吾直見其爲害滋甚爾矣。吾甚恐！吾書此以自鑒焉！

吸收毒氣之新試驗

膠質二氧化矽(Silica gel)—氣體吸收劑之一

侯毓汾

固體表面有吸收他物質之能力者常名之曰吸收劑固體愈小卽表面積愈大則吸收效力亦愈強膠質二氧化矽 Silica gel 爲氣體吸收劑之一種能吸收多種氣體爲用極廣惟對于化學戰劑之吸收效力尙未有論及者蓋吸收劑之可用爲防毒防劑者今有活性炭及曹達石灰二種而活性炭最普遍因大量製造且適宜于多種毒質之吸收必需原料來源豐富效力強大今二氧化矽膠質既可以吸收多種氣體則對于毒氣之吸收似有有效之可能性且製法並不複雜原料來源亦不困難尤便利者吸收效力已經消失之廢物仍可利用爲第二次製造之原料如能確實證明其吸收毒氣之效力未始非活性炭後之又一防毒要品也今特畧述其製法效用等如次：

製法：製造膠質二氧化矽之方法有三派屈列克氏法福爾摩氏法及熱處理法是也茲分述之

一　派屈列克氏法(Pateicks method)

原料—水玻璃 Na_2SiO_3 鹽酸 Hcl

方法—將水玻璃入鹽酸中結成膠狀沉澱過濾後用清水洗滌使沉澱物稍乾最後用攝氏三百度之熱使活性化在此方法中最宜注意者在所用酸及鹼之濃度僅在一定限度內產生沉澱即所含自由酸之氫游子值(PH)不過2.81所含自由鹼之氫游子值不過10.62

二 福爾摩氏法(Holmes method)

原料—三氯化鐵 $FeCl_3$ 水玻璃

方法—將密度1.375之水玻璃($Na_2O:SiO_2$)=1:3.5五十立方糎冲淡至十竔入2N之三氯化鐵溶液一千四百四十立方糎中混合後兩日成深紅棕色之沉澱過濾置暖室中乾燥之數日後入熱水中蒸煮以去氯化物取出稍乾用135°至145°之熱經過十二小時之活化若需去鐵氧化物可將此固體浸于6N之鹽酸中使三氧化鐵成溶解之三氯化鐵過濾後用水洗去之

三 熱處理法(Heat treated gel)

原料—水玻璃三氯化鐵鹽酸硫酸(H_2SO_4)

方法—密度1.375之水玻璃2.5竔冲淡至50竔入8竔2N之三氯化鐵溶液中混合時迅速攪拌得紅棕色沉澱六十小時後用鐵絲網過濾乾燥後分成直徑二糎之小塊含百分之六十水份若需去氧化鐵可將沉澱分成小塊入6N或9N硫酸中煮一小時使沉澱之紅

色盜失爲止如是者三次再用清水洗滌以去硫化鐵在150°之濕度下乾燥之歷八小時

最後用 140° — 200° 之蒸汽活化

吸收量之檢視　試驗吸收量之大小可用下圖之裝置

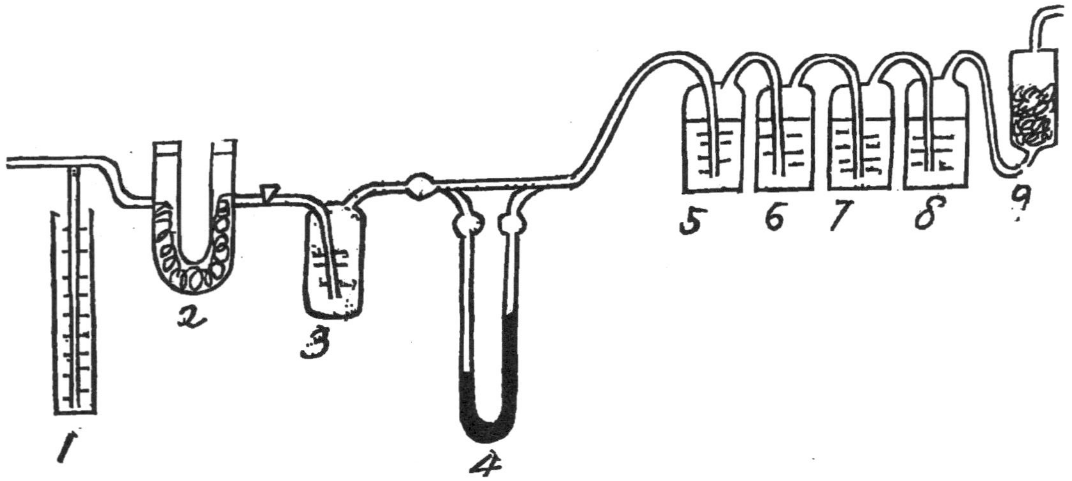

1. 氣壓校正器
2. 氯化鈣管($CaCl_2$ tube)
3. 玻瓶內盛硫酸
4. 水流表

5.
6.
7.三玻瓶內盛吸收之氣體
8.玻瓶內盛棉花以防氣體散失
9.吸收管內盛吸收劑

試驗時以吸收劑置于吸收管中先秤其重量將各器連結如圖用壓縮空氣將氣體以每分鐘100立方糎之速度迫入吸收管至重量不增加為止再秤其重量以計算其吸收之多少

效用　氣體之能被膠體二氧化矽吸收者甚多畧舉例如次

（一）C_6H_6（二）CO_2（三）NH_3（四）S（五）NO_4（六）O_2（七）O_3（八）Cl_2（九）SO_2（十）此外能被吸收者尚多如：

（一）惟他命A（二）芳香屬化合物（三）提瀝青中之硫（四）油之精鍊（五）染料（六）油漆（七）發酵（八）分解ketone

廢物利用　凡經過吸收作用之廢物可入90°—150°之硝酸溶液中處理之然後再照原法製造二氧化矽膠體之製法應用等大略如是此種吸收劑對于毒氣吸收之效用愚意度之似有極大之可能性尚未證實不敢確定因此對于毒氣之吸收效力吸收氣體之種類廢物製造者之效力擬依次試驗以冀證實總之科學之寶庫豐富不待言惟在吾人之探求而已

服務報告

離母校十五年之回憶

王湧德

民十年春畢業母校升學未果蒙俟師不棄留校服務所謂人之患在爲人師既恐自誤尤恐誤人因此益感學之不足教之困難於是升學之志彌堅遂於十一年夏辭去母校教職考入國立暨南二部師範翌年春由主任章君度先生派往南洋暹羅潮州女校執教至十四年春返國同年夏考入國立東大今名中央大學十九年畢業後卽服務于國民革命軍遺族女校等繼長安徽五河縣立女校最近任職于鎭江縣立師範此離母校後經過之大概茲于意識中能回憶及者分述于後：

暹京潮州女校十二年春余與同學劉君淑行由京往暹途中自滬搭輪經汕頭換輪越兩週始抵暹京盤谷在行程中氣候逐漸和暖終至由春而夏矣該校爲旅暹華僑潮州人公立乃一完全女子小學學生約一百數十人余任六年級級任兼授國文修身理科等課每週約廿小時每月待遇暹幣八十元折合國幣六十元左右同事多爲潮人校長則中暹各一課程除暹文爲必修課外餘均與國內小學無異學生程度英文較高國文稍差學生之身體強健性情勇敢待人誠懇家長對教師則頗敬視故雖遠涉重洋來此異域然精神上尚得相當慰藉也

暹京華僑所辦學校除潮州女校外尚有培英學校專收男生人數較女生爲多校舍及一切設備

均較女校爲優、然華僑教育殊不易發展、蓋暹政府對華僑教育横加阻撓、如校長一職、規定爲外人、幾經交涉、結果折衷辦法中選各一、故僑校均有正副校長此其一、課程方面規定暹語爲必修此其二、教員須一律學暹文並須經多次之考試、及格後方爲合格始克繼任教職否則雖有豐富之學識經驗、不能蟬聯、昔余在暹亦曾經兩度之考試、暹政府故意阻撓者三、

服裝及風俗　男女服裝之形式及色料上均無多大分別均喜着大紅大綠、因氣候關係、男子多不着上衣女子多着背心下體不着小衣均用布包而兜之、遠視之不辨其爲男女也、暹人信佛、故非嚴燦爛之廟宇、觸目皆是且佔盡自然界之優美廟內之佛多且大殊爲鮮見余曾覩一睡佛之手、較人猶大、佛之大可知矣而當地土風、男子到相當年齡均須爲僧數月所以報父母恩也女子則多喜嫁華僑、蓋以其善經商、故僑胞中不問已婚未婚多娶暹女爲婦、暹之男子上而官吏下而農夫經商者少小商販等多爲女子擔任、蓋暹羅女子率皆有生產能力故其在法律上社會上之地位在數十年前已較中國女子地位爲高任期滿後歸國、乃考入東大肄業、繼續研究教育及兒童心理讀書期中兼任本校助教此乃襄助兒童心理專家陳鶴琴先生以個別測驗方法研究兒童心理與智力、逐日往公私立小學校及幼稚園測驗三歲至八歲之入學兒童、先後作此研究者約有五六年之久蓋個別測驗手續既煩又費經濟、而時間較久、但較團體測驗精密可靠耳余對此深感興趣、惜未能由余統計得一相當之結果以貢獻吾教育界是爲憾耳、想該書不久當可問世、余于中大畢業後即任職于遺族女校、

國民革命軍遺族女子學校　專收革命軍人之遺族女子、該校有小學及初中共八級、當時該校

主任爲吾競志校友章君度先生、余則擔任訓育主任、及初中一二年級訓導、兼任史地等課、所得經驗較諸已往爲佳、尤其是訓育方面得章先生之指導良多、所惜者僅歷半載、學校改組、予亦相繼去職、至一二八滬戰方殷、因特殊關係、離京返皖、即長皖五女小、

安徽五河縣縣立女子小學校　該縣縣立學校、僅有男女各一、其餘區立學校、僅付津貼而已、以全縣之教育經費、辦理兩個小學、及民衆教育館一所、以常理論應綽綽有餘、但結果實出人意外、余接辦是校、適在廿年水災之後、繼以旱荒、而經費之來源、除少數田賦附加外、悉依學田收入爲主、但歷經浩劫、立呈苟延殘喘之慘像、予既主校政、只得竭綿薄以掙扎、幸未隕越、由此益知教育基金之重、否則所謂教育、終不免日處于風雨飄搖之中也、

自余忝長是校後、略事整頓、規模稍具、尙得當地社會人士之嘉許、然終困于經費、未能實現計劃、共六學級分五班上課、學生由數十人增至二百餘人、每年經臨兩費三千餘元、惟拮据不堪、不但不能按期撥發、竟至伙食有時亦難於維持、大有中途輟誦之虞、余惟有盡力籌措撑持、以區區之小學、且爲縣立者、尙如此難於發展、因念艱難締造之母校、能維持卅年之久、實侯師一生心血之結晶也、五河教育既無發展希望、爲讓賢計、余乃堅辭、廿三年秋、就職于鎭縣師、

鎭江縣立師範　該校於民國十七年度開辦、校長韓文慶先生、當時校址在鎭江山門口、十八年度校址遷黃墟鎭、校務改組、即由李西濤先生長校、迄今尙無變更、惟校中因奉廳令停止招生、故僅有師二師四兩級、男女兼收、但女生僅有數人而已、余擔任師二國文及全校教育課程、共十七小時、兼女

生指導員、

余離母校後、即厠身社會、任職教育界、奔馳南北、最感興趣與最感困苦者、在忝長五河女校時、一方面在艱難困苦中求永存、而另一方面在苟延殘喘時謀發展、結果女校幸得一線生機、于可生可滅之剎那中、而學生日有增加、校務漸上軌道、雖未能得教育上偉大收穫、但在個人方面、尚得相當慰藉今母校不覺已三十週年、回憶十年前、母校二十週紀念時、余適自南洋歸來、特往母校參加祝賀、往事歷歷如昨、而轉瞬已十年矣、緬懷母校之生存與發展、殆無日不在困苦艱難中以求掙扎、侯師犧牲畢生之精力、乃召今日之繁榮、顧吾校友、本侯師之精神、使母校繼續發展、繼續永存、

南洋英屬海峽殖民地新加坡之幾種報告

杜覺民

予來星洲未及三載、對於種種方面、未能洞悉其詳、今擇所知者、報告如下、

(一)氣候

新加坡居熱帶之中、距赤道僅一度左右、氣候終年炎熱、無四季之別、然因地為島國、受洋流海風之調劑、氣候亦稍有變動、最熱時上季在三四月、下季在九十月、最涼時、上季在七八月、下季在十二月正月、風向則自十一月至三月、多東北風、土人名之曰東北季候風、自五月至九月、多西南風、名之曰西南季候風、每當氣候漸涼時、雨水亦漸多、每隔一二日、輒降雨一次、甚或無日不雨、忽晴忽雨、變動甚速無連綿不絕之細雨也、每日最熱時在正午左右、赤日照灼、酷熱如焚、居民避匿室中、不敢外出、傍晚海風徐來、熱度稍減、至夜中則近似北方初秋天氣、亦頗覺涼爽矣、居民恆終歲著單衣、雖夾衣亦不用、皮

棉衣更無論矣、每至日中最熱時、卽不外出、用冷水澆頭部、並浴全身、謂之沖涼、蓋不如是不足以調和體溫也、最高熱度九十度以上、最低在七十以上、平均八十度左右

(二)人口

新加坡全島人口、未得其確數、大約在三十五萬八千左右、種族極複雜、有中國人、馬來人、爪哇人、泰米爾人、歐羅巴人、歐亞混血人、中以吾國僑民占最多數、其職業大半經商耕植傭工等、

(三)交通

新加坡政府、對於交通機關、力求完善、故其路政之修明、交通之便利、最堪令人欽服、全市重要地點、皆通火車、窮鄉僻壤、亦無不通汽車、市內道路、皆柏油塗飾、光滑如鏡、又皆設有電車、至於航路則四通八達、郵電則非常敏捷、尤足覘其設備之進步、迥非鶩虛名而鮮實際者所能及也、華人移殖南洋數百年、而進步甚少、西人不過移殖數十年、而成績大著、政府所以靈便工商、所以發達防務、所以鞏固皆在道路建設之一端、西諺有云、交通卽是文明、豈惟文明、卽富強亦何莫由此、此吾人所當自愧者也、

(四)實業

新加坡爲英屬商業中心、輸入輸出、率不課稅、多爲一種通過之貿易、主要輸出品爲錫、糖、胡椒、肉豆蔻、木、牛皮、籐、咖啡、橡樹膠、染料、煙草等、輸入品爲米、錫、椰子、巴勒、橡樹膠、鹹魚、煤、糖等、

(五)名勝

新加坡地居熱帶環、以大海、草木繁生、所在皆有蒼翠之森林、海邊風景變幻、漁舟出沒天際、望之

如在畫圖中、故其地除市鎮以外、幾無一非風景絕勝之區、而所謂名勝之地者、轉不多覯、茲就我所知之名勝、述之如下、

(1)獅子港　(2)錫山　(3)蓮山　(4)萬壽山　(5)巴沙班影　(6)蔡厝港　(7)丹戎加東

(六)教育

新加坡教育事業、大體尚稱發達、英人所立、稱完備者三處、其設立最早者來佛士學校、創於一八二三年、其常年經費本撥自印度總督、校址甚佳、堪為擴充規模之用、蓋來氏初意本為教授華僑及馬來人而設、以為融和各民族情感之始基、迨來氏歿後、發生他種原因、前議作罷、改為國立學校、又有教會創立者二處、一曰聖約瑟翰學校、為基督教會所立、一曰中西學校、為美以美會所立、以上三校、其程度與我國中學相等、而學科則偏重商業知識、其中學生各國人皆有、而華僑最佔多數、畢業後可升入英國劍橋大學及其他國立學校、又有英巫合辦之學校數處、日人自辦之學校一處、內容視英人所辦者稍遜、至華僑之教育、在昔知識未開、各幫門戶之見甚深、故各幫自辦學校、不相為謀、自創設南洋華僑中學校、其基金由閩僑全體捐助、極稱雄厚、董事則每幫二人、實合僑人大多數之力而成、無復曩昔強分畛域之淺見矣、所聘教育、亦各省人皆有、教授純用國語、尤為特色、其他兩等小學、大都各幫自辦、惟所收學生、則不限地域、現廣幫所辦者為養正學校、閩幫為道南學校、潮幫為端蒙學校、瓊幫為育英學校、規模皆甚宏大、內容亦頗完好、又有啟發愛同崇德廣福應新等校、亦頗有名、工商補習學校、成績尤著、女學校之最著者、有南洋女學校、南華女學校、崇福女學校、中華女學校等、均為完全小學、並內設

初級師範班、此新加坡教育狀況之大概也、

（七）教育界之生活狀況

新加坡華僑教育、其初本不發達、後因國內名流南來者漸多、莫不以提倡教育爲急務、於是僑民重要人士爲之感動、競捐鉅資、創立學校、冀促教育之推行、所用校長教員、大率取材於江浙湘蜀等省、其待之也極盡優禮之意、薪金既豐、且供其往返路費、一時文學之士、師表之才、聯袂南來、學校紛紛成立、而新埠教育之偉業、燦然可觀矣、自是以後、新埠教育界、全爲江浙湘蜀諸省人士所佔有、江浙人勢力最優、湘蜀人次之、故此時可謂華僑教育勃興之期、亦可謂江浙湘蜀諸省教職員鼎盛之時也、其後各校學生、多已畢業、程度較高之校、亦多附設師範部、師資日多、勢不能不取江浙湘蜀人士之席而代之、且以本籍人教授本籍學生、語言可通、習慣相近、較外省人尤易得力、由是各校教職員、僑民日多、而外省人日少矣、迨至今日、外省教職員、殆已寥若晨星、無復曩昔之盛、况其待之也、亦無復曩昔之優禮、大抵月薪不過六十元、且不供饌、以其地生活程度甚高、一月之間、飲食費需十元、車資需十元、衣履之添置及洗濯、又需十元、加以娛樂應酬及各項雜費、所入月薪、僅足個人生活、况往來路費、校中亦不供給、即欲儲蓄餘資、爲他日辭職返國之需、且大非易易、其他更何望焉、現在外省教職員、欲留不可、欲罷不能、陷於進退維谷之境者、頗不乏其人、故今日華僑學校中、外省教職員、有減而無增、有悲觀而無樂觀、世有謀赴南洋任教職員者、可以止矣、

服務江蘇省立鎮江圖書館報告

夏　濂

濂自民國廿一年秋離母校後即服務於江蘇省立鎮江圖書館迄今二載有半自愧學無專門濫竽斯職茲特將該圖書館概況約略陳述於母校師長及校友諸君之前以代一堂共話而已

(一)組織

江蘇省立鎮江圖書館正式成立於民國廿二年秋自籌備時期起迄今約三載館長童履吉先生主其事成績頗著館長之下設總務徵存編纂閱覽推廣五部每部除總務部設會計庶務文牘外各設主幹及幹事若干人濂先後服務於徵存部及編纂部等職

(二)經費

本館每年之經常費有三萬元最近規定之建築費約四萬元其中購置圖書雜誌及報章購置設備及職工薪金辦公費等均由教育廳規定之

(三)建築及設備

館址設於鎮江太平橋東租敏成學校淩校長之房屋占有門房二大禮堂一書庫二閱覽室三報章室一辦公室五每月租金約一百餘今秋由建設委員會設計規定於南門火車站建設新館舍現正在動工約明春完成館中設備如書架雜誌架目錄櫃文件櫃及檯凳椅棹等類概從最新從式樣卡片及零星用具一半就地購置一半則自上海購來

(四)藏書

現有圖書總數約八萬餘冊雜誌二萬餘冊報紙有百餘種

(五)購書

本館每年購書費、如中西書籍普通參考書雜誌報章等、各有規定、凡購置書籍、先由徵存部採訪、填寫訂購單及訂購卡、經館長審查簽字、然後將訂購單交總務部、由總務部核算經費、再發出訂購各書、訂購卡則仍留於徵存部、排列於目錄櫃中、以便檢查、

(六)分類

本館之中文西文書籍、以及雜誌公報等、分類均係採用杜威 Dewey 氏十進分類法、並參照王雲五氏中外圖書統一分類法而分之、該法先分圖書爲十類、

○○○總類　1○○哲學　2○○宗敎　3○○社會科學　4○○語文學　5○○自然科學　6○○應用技術　7○○美術　8○○文學　9○○史地

此十類中、每一類再可細分子目、

(七)編目

中文書編目、每書記載於卡片上、須註明該書之著者書名出版處出版期卷數冊數等、通常一書有卡片三種、卽書名片著者片標題片、叢書中之子目、則須另作分析片、以便檢查、西文書編目與中文書同、惟製片時皆用空白卡片用打字機編之、普通一書亦有卡片三種、(一)爲 Author card. (二)爲 Title card. (三)爲 Sucject card 其他如 Editor Compiler or Txanslator card. 遇必

要時亦須用之至於西書中有中文譯本書、或西人著作華人註譯者、或華人著作者皆爲中國編目事業中之特列情形、不得不另定條例編之、

(八)編輯雜誌報紙論文索引

館內所有雜誌及報紙等、均選擇其精美之文字、分門別類、編製索引、陳列於雜誌閱覽室、以供研究學術者之參考、至今已編就之雜誌索引凡二百餘種、三千餘冊、始終積極進行日後當付印以供參考也、

(九)修補裝訂

凡書籍有破爛者、雇專員以修補、雜誌報紙以若干期卽合釘成一冊、

(十)流通

本館閱覽室分爲三部份、卽普通圖書閱覽室、特別閱覽室、雜誌閱覽室、普通圖書出借時、須由閱覽者塡寫借書單、向出納處領書、每人至多以二冊爲限、特別閱覽室之書籍、皆爲參考書、一部分用開架式陳列、架上可使閱覽者自由取閱、一部分之書籍如辭典字典等、陳列櫥中、閱覽人欲借時、須向管理員塡寫取書單、領取雜誌閱覽室、則所有雜誌、完全用開架式、閱覽者可隨意取閱、閱覽時間每日自早晨八時半起至晚間八時半止、共十二小時、星期日照常開放、星期一例假、每日平均閱覽人數、約有三百餘、擁擠不堪、他日新館舍建築後、當擴大閱覽部範圍也、

(十一)推廣事業

本館於公園內並設立一部份之圖書以便民衆閱覽、

(十二)學術研究會

辦公時間外本館同人並組織學術研究會專請館外各科專家來館講學及研究圖書館學、

本館創立未久有類新闢荒園同仁等不敢自滿待墾之處正多甚盼海內圖書館專家之垂教也、

以上所述僅就館內現狀而言之雖濂服務此館已閱兩年有半、然對於圖書館專家之學殊鮮研究之端敬貢區區略爲母校作服務之報告、還祈母校師長及諸校友有以指正之尤爲感荷

第二十五屆中學畢業生夏　濂報告

服務警界報告書

秦端保

端保自在母校畢業高中數理化科後忽忽數年深愧無以報告但可分作三個時期說第一時期服務母校小學教員時期第二時期升學南通農學院時期第三時期學習警務實習警察任職警界時期茲特將第三時期的生活報告之試述我在警界的生活一篇作報告母校之書於左：

我們要知道警察的責任，不僅是維持社會秩序，保障民衆安寧，進一步還要感化人民，防止犯罪，唯其因爲警察是代表國家執行法令，直接管理社會的一個公務員，所以他非受過相當教育有充分的知識和經驗不可。例如：要研究痕跡，就要有科學的頭腦，緝捕盜匪，就要有偵探的本領，救護病人，便須有醫學常識，至于明瞭犯罪的原因，減少社會的罪惡，更非有專門學識不可。是以先進各國的警察都受過中等以上的教育，所以他們的警政辦得好，反觀我們中國一向的觀念，就認爲警察是一種下

賤的工作，因此警察的份子非常複雜；待遇既菲薄，份子又複雜，更談不到警察本身的教育問題，爲了生活的驅使，敲詐勒索便無所不爲。然而時代是演進的，這種惡劣現象，自然不能永久存在，故最近數年，提高警察程度，增加待遇，改革警政，便視爲當今之急務了。同時社會上許多複雜問題之中，有許多問題是需要女子來解決的，有許多地方讓女子來處理，較爲妥當，外國遂有女警察之設立。她們協助着男警做犯罪搜查的工作，以及預防犯罪的種種檢查和監護，都得到男子所不及的效果，所以民國廿二年四月杭州便創辦女警察訓練班，開我國的新記錄，其後各地紛紛舉辦，至今都市中到處都有女警察爲社會服務，警察程度既需提高，負教育管理指導責任的警官，非有豐富的學識，特殊的技術不可，因此中央在浙江省設立警官學校，來訓練精幹有爲的警官，以達到改革警政的目的。在全國視線尚未轉移之前，我們抱定「我不入地獄，誰入地獄」之宗旨，毅然的不顧旁人批評，不畏任何艱難困苦，決心去投攷警官學校，來做一個開路先鋒，來嘗試過去女子未嘗試的滋味，廿一年夏，浙江省立警官學校，才正式招收高中畢業以上的女生，我便在這時候踏進了警官學校，一變過去普通學生隨意的習慣，而度着有紀律的軍人生活。現在我得介紹些關于學校中的一切：

一、警校沿革　浙江省立警官學校，始創于民國十七年九月，內有正科，速成科，警官訓練班，巡官訓練班，及附屬的警士教練所等，先後畢業同學三千餘人，至廿五年九月，奉命改組，遂有今日南京中央警校之產生，畢業同學分佈于浙省各縣，並推及于全國各大都市，公費留日留奧留德留美的同學很多，現在已次第回國，他們正在爲改革警政前途而努力。

二、爲養成健全之警官計

a.正科訓練期限爲兩年實習半年

b.教育方針注重實用養成廉潔行爲，及犧牲自我精神準備爲國家社會服務。

c.訓練科目 (1)學科：除普通警察上各種學識外，並設指紋室，槍械檢驗室；刑事法學研究室；人事管理研究室；刑事偵查研究室，外事警察研究室；交通整理研究室；此外並有政治訓練及英俄德日各種外國語等等。

(2)術科：除軍事訓練外，尤注重于跳距，跳障碍物，射擊，擒拏術，拳術等等。

(3)技術訓練，有汽車摩托卡駕駛，騎馬，攝影，游泳，化裝術等。

d.平時實習 如舉行犯罪搜查，指紋採取，假預審，警察勤務等。

三 兩年來學校中的生活

自民國廿一年九月進校後，我們共有二十個女同學，我們並不因爲自己是女子而落伍，大家都抱抱很大的决心，想一洗從前舊式女子的恥辱，而教官也不因爲我們是女子而優待。每當隆冬午夜，晨光熹微，披星戴月的赴野外演習的時候，如荷槍實彈登山越嶺或在坟堆裏山谷中射擊衝鋒測地形，我們不能因爲體力不如男子而落伍，爲了提高一般女子的地位，所以祇有咬緊牙關努力前進，來受男子同等的教育，同樣的訓練。有時候杭州市忽然有一批形形色色的人物在走動，有汽車夫，有算命人，有和尚，也有賣花生米的老太婆，這就是我們的化裝表演或實地偵查演習。又如蘇堤白堤，一帶時常有幾輛汽車來往的開着，這是我們學習汽車駕駛。星期日三三兩兩的騎着自由車，攜着照相機，徘徊于西子湖邊，這都是同學們唯一的消遣，也是技術的練習。再說我們的團體活動，兩年中除了在附近的靈峯探梅，滿覺隴看桂，汪莊賞菊及西湖中蕩漾外，也曾到過國內各大都市，以及浙贛路之蘭谿，滬杭路中心之嘉興，每次除了游覽風景名勝古蹟外，更注重人情風俗及社會上一切事業之調查，一面既可增加團體生活之興趣，一面並作實地調查之工作。此外還有各種清潔，着裝，內務，晚間緊急集合田徑賽等比賽，校方都有種種獎勵，兩年以來，環境的改變，除了得到專門學識以外，還明瞭政治狀況，社會的實際情形，養成了良好的習慣，了解了有團體而後有個人自由的快樂，再次還有廬山實習的情形也值得提一提，江西廬山是世界著名的避暑區域，也是中外人士薈萃的地方，我們于廿三年畢業攷試前去實習，同學們除服內勤外，其餘都實地的當警察，外國人對于我們十分驚異，因為他們覺得這次山上的警官警察，與過去不同，態度莊嚴和平，處事確當幹練，甚至各種外國語都很流利，誰也驚奇中國的警政突飛猛進了，次年牯嶺租界收回自主，而江西湖南等省，都保送學員前來寄讀受訓，這不可不算我們同學在山上努力實習換來的結果。

畢業以後，就分發到浙江省會公安局服務，該局內部設三科二處，第一科掌理總務事項，第二科掌理行政事項，第三科掌理司法事項，秘書處掌理機要事項及參閱文稿，督察處掌理勤務督察及情報事項，全市分設八個分局，以下依情況需要而設立若干分駐所派出所，此外有警察大隊，車騎隊，機車隊，消防隊，偵緝隊，女警隊，拘留所，警犬管理處等。我最初是在督察處實習，其後杭州市政府創辦外人入境護照查驗處，對外人來杭遊歷，必須查驗護照，否則不准通行，當時我被派在城站負責，因爲一向外國人在中國是出入自由的，所以開始查驗時，免不了有許多困難，幸而按照合法手續，努力從事，外人未敢刁難，其後我又調回局内第二科戶籍股任職，戶籍股主辦的事項，便是戶口調查，全市的戶數口數，都用卡片記載着，用四角號碼的方法分類儲藏，這種辦法的特點，就是公安局知道全市每一戶口的人數，思想職業及遷徙，出生死亡等變動，每一人民的行動，來歷和特長等等，假使你到了杭州要找一個朋友，而不知住在何地，或者他家裏有多少人，作何職業等，那末公安局在幾分鐘以内便可以答復你，而最重要的，如壯丁的調查，資源的調查等，都可依此爲據。最後又調回督察處專負文書責任。關于杭州的警政，大體上說，在國内算是進步的，員警的待遇也較高，而局方對于員警的福利事業，在可能範圍中，無不竭力籌辦，已辦者有儲金，消費合作社，警察子弟學校，而警察新村正在籌建中，警察公墓也將建築，這都是謀員警之生活安定，而欲增進行政的效率，

這篇拉拉雜雜的記載，雖沒有系統，沒有價値，但係我離開母校後改變環境的一頁生活史，我們眼看着各地紛紛招用女警，來執行勤務，雖然受了不少磨折，可是各地顯著的有了成績，而所謂女警官，却實在太少，我並不是勸大家來做警察，警官是要大家明瞭警察的重要，贊助有志願的來苦幹一下，何況將來一旦戰爭爆發，女子勢必替代男子來維持後方一部份的治安，我們還不該趁早自己訓練自己嗎？

服務麗新紡染織工廠報告書

顧佩銘

母校三十週紀念，侯師謂余曰，汝等畢業校友，將爲另闢一室，以陳設校友之成績，余自愧才拙，無一物一藝足以貢獻母校，而資紀念者，姑就余最近之服務情狀，作一簡畧之報告如次，

余自春間由申江返錫後，即入麗新紡織廠服務，此廠之範圍，共分紡織漂染印花整理五部，工人三千，而女工之住宿于廠內宿舍者，僅四百餘名，大部均居廠外，而余之職務，亦僅限于管理宿舍內之工人，及担任本廠設立之托兒所爲導師兩種工作，今余將此二種任務，分別述之，

（一）托兒所——女工入廠工作，有小孩者，必感乏人照顧，精神上之掛念苦痛殊甚，則工作之速率，亦因此受其阻害矣，故設立此托兒所，一方面爲兒童教育計，而另一方面亦所以爲女工之精神計，增其生產效率也，余聞歐西各國，因勞工而設立托兒所者，幾遍于各地，然則試拭目視吾中國，際此教育猛進，工業競爭，鼓吹勞工神聖之今日，而此蕞爾鄉村之兒童教育，亦爲當務急需，豈知竟爲吾社會所忽視焉，雖以工廠林立之上海，對此托兒所之設辦，亦竟寥若晨星，前聞有楊姓者，曾于滬南設有托兒所一所，不數月間，終因經濟及其他原因而告停辦矣，本廠設立此托兒所，始于民國十九年，與蘇省立之民衆實驗區合辦，待三年後，即去年七月，始歸廠方完全自辦，入所之兒童，皆以本廠之職工子弟爲限，由家長領至廠內註册，然後入所，現有兒童凡三十餘名，分甲乙二班，有教師二人，輪流指導，兒童因環境之關係，故入所之時間分配，亦隨工廠之工作時間而定，每月禮拜僅一號與十六號兩次，每日上午七點鐘入所，十一點回家進午膳，下午則二時入所，至六時放學，至於入所後之活動，每日有晨會，檢查清潔，戶內外遊戲，研究，吃點心，休息等，皆隨兒童之興趣

以伸縮時間之長短、

(1)檢查清潔—勞工婦女往往因工作時間之匆迫、不能顧及子女之整潔與否、故入所之兒童、十九均囚首垢面、污穢不堪、因于每晨入所之晨會後、即由教師領至所中備之清潔用具旁、導女僕爲彼等洗擦其手，臉，指甲，漱口等、並規定每星期舉行兒童掃除一次、每個分任灑掃及拭桌椅等工作、使兒童養成自動整理之習慣、

(2)研究—此項包括識字，寫算，故事及常識等、鄉村之兒童、因見聞之淺薄、性又眞率而倔强、則較之城市之兒童、有時自難于敎化、故每發一問、必以至淺顯之事物、而能引起彼等之興趣者、待其自動發言後、再引入主題、而大概以農事及淺明之工業常識爲主旨、

(3)戶內外活動—兒童除每日于課內作各項遊戲外、以唱遊爲主要、因音樂與詩歌、最易活潑兒童之身心也、有時則常領至郊外散步、受自然界之陶冶、或往田隴間、研究農植之事物、以長智識、

(4)點心—每日上下午有兩次點心、使兒童學習膳食時、賜與受等種種禮節、

(5)休息—每日飯後有兩小時之睡眠、以調劑兒童之生活、保持健康、

所中甲乙二班兒童、概以甲班重于寫讀、而乙班則重于自由活動、一切設備與費用、均由廠方供給、惟因範圍狹小、故僅限四歲至八歲兒童、可以入所、過此年齡而出所、往往因經濟困乏、而無力升學者殊多、故吾實望于將來擴大範圍、由本廠出費辦一完全小學、以廣收此失學兒童、俾無力使子女受敎育者、得其所而受學、則惠及平民不淺矣、

（二）女工宿舍—凡十四歲至廿歲之生手女工、皆得住于女宿舍內、每月納飯費若干、舍內除主任外、有吾等職員三人、分任管理之責、住宿女工、除規定廠禮拜一月四次（即一號八號十六號廿四號）由宿舍開出門證可以出廠外、平時非有特別事故不得出外、每工至少須受二年之宿舍管理方准遷出廠外居住、而若輩在舍內之生活情形、約略分述于後、

(1)教育—宿舍內之女工、于兩年住宿期間、須實受兩年或兩年以上之教育、能看最淺明之信札、經試驗合格方准遷出廠外、每日廠內之工作時間為十二小時、有日夜班交替工作、規定凡輪值日班之女工、于每日下午七時至八時半、為上夜課之時間、一星期後、則與對班輪換、上課書籍及用具、亦由廠方發給、所授之課目、除國算常識外、尚有勞作音樂等科、但所感困難者、即若輩每因工作時間冗長而感倦乏、或因趕做針黹，洗濯衣服等事、而更無意讀書者甚多、往往初學時皆甚踴躍列席、日久即漸減漸少、此一問題、吾思于今日勞工之三八制未能實行之前、誠無法足以挽回此困難、非特本廠如此、亦吾社會實驗民衆教育者、當有同感也、

(2)清潔—女工因工作之煩冗、而多數不注意清潔、未免妨害衞生、故住宿之女工、每日由職員往各寢室及個人牀位檢查清潔、每年四次公佈其清潔成績、評奪優劣、給以獎品、以資獎勵、

(3)娛樂—星期日有不出廠之女工、得于上午入娛樂室、或看書、或奕棋、或打乒乓球、又于每週抽出一課、專授習各種音樂、

(4)運動—宿舍旁設有運動場地、凡夜班工友、每晨六時放工後、即有一小時之運動、由吾等管理職

員領導練習各項，球類、或田徑運動、惟所來參加之運動員、以曾受過初級教育之高級養成工爲多數云、

以上所述、爲最近服務工廠之工作、僅就個人實施方面所及、約略言之、尚祈吾校友同人、有以指正、是所感禱者也、

服務報告

無錫縣女中第一届畢業刊

無錫縣女中 編

《無錫縣女中第一届畢業刊》一册，不分卷。無錫縣女中編，民國十九年（一九三〇）七月印行。鉛活字印本，無錫市圖書館藏。

無錫縣立女子中學，其前身爲邑紳、近代教育家侯鴻鑑（字保三）創辦於民國元年的無錫縣立女子師範學校，一九二七年改辦爲女子中學。校址在城中新廟前（原金匱縣城隍廟）。首任校長爲顧穀嘉女士。一九三〇年，該校第一届初中學生畢業時，編輯了這期專刊，以資紀念。顧校長爲專刊作《序》，楊鎮華老師具體負責編校工作。該刊主要内容有級史、教職員合影、畢業同學合影、文藝作品（包括散文、詩歌）等，留下了珍貴的歷史文化資料。

解放後，該校先後更名爲無錫市立女子中學、無錫市第一女子中學。一九七二年起男女生合校，改名爲無錫市第十一中學。進入二十一世紀，該校又恢復無錫市第一女子中學的校名，成爲一所新時期的設有初、高中的女子完全中學。

（夏剛草）

本書據民國鉛活字本影印

無錫縣女中
第一屆畢業刊

十九年七月

獻給我們的母校

——無錫縣女中——

目　錄

目　錄

目錄

目　　錄

目　　錄

（9）

目録

FAREWELL WORDS

When dear friends are parting,

They are asked one another to remember:

Remember the spot where " the heart is broken ";

Remember the hours when they sang " yo heave ho " together.

顧校長序

往古女教　崇尚四德　自歐風東漸　學校宏開　吾邑獨得風氣之先　一時女子教育　與男子不分軒輊　年來於三育外　更求應用科學以改善生活　潛移社會爲目的　蓋男女既居平等　其所學所用　固無二致也　余自去秋承乏本校　適值改辦初級女中之第三學年　兢兢業業　不遑寧居　以家庭之所望　學校之所期　與日常生活之所必需　努力研求　以相勗勵　顧韶華荏苒　忽忽已一周矣　茲者第一屆中學畢業　諸生編輯級刊　乞余一言弁其首　余不文　其何敢敘　第念余與此四十五生　聚首之期雖促　而其間或精文學　或攻藝術　或習諳社會常識　固無一不懸心目間　況復別離在邇　烏能緘默無言　諸生其本平時之揣摩出而竭其量以供獻社會　進而探求高深之學識　倘能不負家庭與學校之期望乎　其勉旃

中華民國十九年六月顧穀嘉謹識

畢業刊題詞　調寄奪錦標

金石盟心○雲山結契○白水青松旌潔○浩浩春風挹座○千載馳驅○一堂蹤發○乍歡情幾許○盡更作○離思重疊○甚垂楊○綠草清波○楚尾吳頭揚楫○　　終古河梁恨別○會合難期○暮鼓晨鐘愁絕○幸有佳篇艷什○班傳徐騰○愼詩遊扎○刻畫圖酒落○又留得朱顏彷彿○待他年○夜雨傷神○此外銷憂無物○

十九年六月孫鎮城於女中

贈畢業同學

周揖清

這本書裏面是還沒有受過那惡化社會污濁思想沾染過的女青年們的作品。女青年們啊：你們的論調，從主觀方面說來是平允的；你們的感情，比較起來是坦白的；你們的思想，何等純潔；你們的精神，何等活潑；你們的心地，何等光明！這種平允，坦白，純潔，活潑，光明，都是青年們最寶貴的特質，你們却還深深地在保存着，還自然地在發表着。只在這一點上，這本書的價值，就超過了一切功利主義者洋洋灑灑的大作。

我並不是鼓勵你們，要叫你們回復到初民「渾渾噩噩」的簡單的生活去。也并不是獎許你們，來增長你們的驕氣，叫你們拒絕以後高深的研究；也并不是在說，主觀的批評，是絕對可靠的，叫你們永遠反對客觀意見的採納。

人類是進化的動物，思想是進化的原質。你們的思想，非但不可以落在人們的後面，并且還得要超越前人，向進化的光明的路上跑去。你們的研究，剛得到了一些起碼的工具，正還要利用這些工具，去尋出偉大的智識的途徑來。你們的修養，正還要從科學，從理性，去登峯造極，向廣大的宇宙，作一個平遠的烏瞰，得到一個更確切的更平允的客觀的依據。你們認識了什麽叫「眞」，什麽叫「美」，什麽叫「善」，還得步步向前走去，去體會那最眞最美最善的趣味。

步步走去，道路是又長，又窄，又多荊棘，你們還得要奮鬥，爲保持你們坦白的自我而奮鬥，爲發揚惟一的眞理而奮鬥。

敵人正在一路徂擊着，引誘着。徂擊你，因爲你走的是正路；引誘你，因爲要叫你附和他們去。他們有他們的言論，他們的言論，不過是利慾在說話，而面子上却假裝着客觀的公平輿論。這種客觀輿論，我叫他假客觀。假客觀，還不如坦白的主觀，坦白的主觀，比較與眞理相近；這種假客觀，却去眞理千里而遙，决沒有接近的日子。不過牠的勢力很大，很會恐嚇人家，引誘人家。你們千萬要注意。

你們要本着你們的平允，坦白，純潔，活潑，光明，向進化的正路上走去，同時你們還要奮鬥，和惡勢力奮鬥。避了惡勢力的引誘，你們才會走到「眞美善」的路上去。

但是，我們試以冷眼觀察目今所處的社會，惡勢力膨脹得何等可怕。是非混亂，黑白顚倒，簡直算不得一回事。弱者呢，怕與惡勢力對壘，都好像取着無抵抗主義；强者呢，偏喜歡粉飾太平，面子上把所處的社會，說得多麽好看，多麽光明，甚至還加入了惡勢力，利用惡勢力，來達到他們某種不正當的目的。這種傾向，多麼危險?!多麼黑暗?!

你們漸漸也要入世，身進社會的黑幕裏去，在黑暗中間建立生命去。不得已時我希望你們還是做上述的弱者，切不要做上述的強者。你們要做正當的強者，要從黑中間，建設光明，不要像星星之火，被周圍的寒風撲滅了。

青年潔白的胸懷，就是建設光明的希望之燈；以後的光明，就在現在的青年。你們是青年，你們就是以後的光明，我在熱烈地希望你們，瞻仰你們，看你們輝煌照耀於來日。

十九·五·二十九·于錫女中

女子應有的認識

徐正

凡是人，誰都離不了社會。有了社會，個人的人格才得發展和完成。人與社會的關係，是如此的密切。無論是男是女，無論是少是壯是老，總躲避不了社會。就是一舉一動，也都受着社會的環境的薫陶，可是現在的社會，雖然不敢說牠壞到極點，究竟也談不到一個「好」字。假如我們把一個天眞未失，純潔可愛的青年，放在一個惡劣的社會裡去，那就够危險了，那就够不幸了。

清清的泉水，從山澗裡流出來，流入一個湖裏或是一條河裏，牠以前那種潔淨的原形，就從此汚損了。青年與惡劣社會的關係，也是如此。所不同的，就是泉水沒有自我的意志去決擇牠的去向，人類則有自我的意志去同社會或環境抵抗。

不幸，我們現在的政治，還是這般紛亂，文化仍然沒有增高的希望。一般青年，處在這樣一個惡劣的環境裏，叫他們怎辦？

諸君，你們是畢業了。畢業以後，不再升學的，當然同社會天天接近。就是能够升學的，也不能再同先前一樣，把一切社會問題，擯諸腦後於不顧了。然而當開始和社會接觸的時候，不能沒有自我的立脚點。尤其是關于女子，她有她的特殊情形，自我的立脚點，更其要站得穩固。否則，自我的純潔，難免不沾白璧之瑕的。什麼是我們的立脚點呢？簡單的說，就是「認清了我們所處的時代和地位」。

現在先言地位。

誰都知道的，過去的女子，不，怕現在還是如此吧，好像一座自由之神，因爲一時的不幸，墮入魔鬼隊裏去，於是被偏面的法律和道德等鎖鏈，緊緊的把她束縛住。時候長久了，這位自由之神，反因過慣了鎖鏈的生活，以爲理應如此，而忘却先前原有的自由了。

法律上，女子是沒有地位的。道德上，女子是被動的，甚或竟是奴性的。社會上，女子好像是沒有面目見人的。換句話說，一般人對于女子的觀念，除了她是一個家庭裏的管家婆，種族的傳替者，以及是屬於男性的一樣東西外，其他一切，都沒有分。她們可貴的一生，就這樣葬送了。

然而，「自然」所賦與我們的權利，無論是男是女。全是一樣的。而且在人類的歷史上，最初是母系的社會。在母系的社會裡，母權是極大的。後來經過時代的變更，女權旁落了，社會的組織不同了。家庭就成爲社會組織的中心。在這種家庭的組織裡，經濟的權力，完全是由男子負担的，女子不過做一個寄生者。爲要維持這樣組織成功的社會秩序起見，所以一切的偏面的道德和法律，就從此產生，我們整整的二千多年的生活，就這樣過去。

但是，社會是進化的，一切環境都要變遷的。我們這個老大的古國，也漸漸的由農業社會進而爲工商業社會了。一切的政治組織，經濟組織以及社會組織，都隨着這個變遷而變遷了。從前以家族爲中心的家庭制度，漸漸有崩壞的頃向。就是說，現在的女子也能够由男子手中，拿回自己固有的權力了。

這裡我們應該注意，經濟的變動，是一切社會制度變動的原動力。經濟情形變了，社會制度無有不變遷的。因爲工業革命以後，經濟情形起了極大的變化。於是帝國主義的侵略，弱小民族的被壓迫，勞資兩方面的幸福的懸殊，都由此而起。所以我們如其希望自我生活的改變，社會上地位的增高，就應該緊緊捉住這個中心問題——經濟問題。祇要經濟能够獨立：從前那種偏面的法律和道德，就會自然的失却牠的效力。於是不謀自我的解放，也會恢復了固有的自由。現在，展開在我們的眼前的，就是這樣一個時代。社會主義者拉巴德說「婦女的地位和境遇，是因她們參加人生必要品之產生，和她們的成爲國民生活之經濟的要素而得改善的」。「婦女問題，究極說來，是個經濟問題。」李林才說：「社會主義所要打破的家族制度，只是婦女經濟不能獨立的家族制度」。加本特更明顯的說：「人類一經解決了產業上的問題，巨大的機械力成爲共有物，不論男和女，都不復爲他人的奴隸。於是向爲娼妓，買賣式的婚姻，以及愛情之障礙物等的種種原因，遂消滅以盡。而在這樣經濟上自由的社會，人類的結合，始能以其自己內在的眞正法則爲根據，而不受外物所牽制。」

經濟問題，對於女子的將來，是有這樣重大的關係；但是，經濟問題的解決，不是能夠坐待其成的，還該經過自己相當的努力。將天賦的能力，儘量的發展着。除去一切依賴的惡習性，力求創造。從積極的方面，供獻給社會以與男子同樣能夠供獻的能力。能夠這樣，雖然展開在我們眼前的社會是黑暗的，而光明的降臨，一定不會很遙遠。用自己的能力，取得自己的地位。用自己的能力，造成自己的時代。那末，如同泉水般的悲哀，我們可以免除了。就是身入社會，社會也不至于侵犯我們了。

最後，我希望一般純潔的青年能夠預先堅定着自我的意志。用自己堅強的意志，來轉變這個時代。用自己堅強的意志，來轉換自己的地位。

十九，五，三十于錫女中

縣立女子初級中學第一屆畢業刊

楊鎮華

「縣立初級女子中學第一屆畢業刊」一個多麼好的名字！顧名思義，就可以知道這本書的一切。不是嗎？「女子初級中學」這六個字就使人們想到許多純潔的少女，「畢業」又是一件可喜可賀的事，更何況是第一屆？「紀念刊」又顯示你們同學間互相的情誼。然而，美好的名詞往往使人忘掉內在的真義。現在且讓我提出最淺顯的幾點來，請諸君展開這本紀念刊時，加以注意。

你們從來沒有和社會直接發生過重大的關係，平時除家庭中的慈愛的父母，親愛的兄弟姊妹，和學校裡的師長，同學外，其餘的人于你們都沒有什麼關係。社會的情形，可說全不知道。在白天有光明的太陽，晚上有皎潔的月亮和炫耀的燈光，你們無論如何想不到世界是黑暗的。所以常有人說你們不懂事，換句話說，是天真，純潔。是的，你們有的是純潔。而純潔是世間最可寶貴的東西。一切美和善都由牠產生；沒有牠，一切將失其真。有這樣可貴的特質，多麼使人羡慕。不過，純潔最不見容于人世。不看見嗎？純潔的雪花佈滿大地，洗淨一切汚濁，而聰明的人們非但不向她表示歡迎和感激，反而拿起掃帚盡力驅除。他們要的是灰黑的塵埃，可憐的雪花因之慘敗。他們既不容純潔的雪花佔據大地，對于純潔的你們當然也不肯放鬆。只要看跑在你們前面的姊姊們怎樣地犧牲純潔。她們被「人情」，「世故」教訓，「功利」引誘，「失敗」威嚇，終至于同流合汚，喪失了她們唯一的美性。假使你們不願自己和她們一樣地可憐，諸君，請你盡力永遠地保守你們的純潔。這是要注意的一點。

這次的畢業，不過是個小小的段落的結束。你們在這裏求學時都能很沉靜地努力于學問。此後，我希望諸君繼續努力下去。現在初中固然是畢業了，然而要畢的業還多着呢！升學的，尚有許多學業要畢，不升學的，有許多事業在等着你們去畢。怎能不再努力？旣然要繼續努力，那末，你們得先明瞭自己，認清責任。你們是女子，你們的責任是發展自己的才能以求兩性間的平等。在男女平等的聲浪很高的現在，女子在社會上的地位，外表上固然畧微改變過，實際上，仍是和從前一樣。這是什麼緣故？這並非完全是男子造出來的罪孽，而是女子自己不努力的結果。這都是那些只會喊男女平等的口號，而處處仍依賴男性的女子所造成的現象。諸君如以爲男女是應當平等的，那末，請你們自己站起來，不要等那少數同情于你們的男性伸出手來扶助。否則，你們仍不能除去從前的女子的劣根性——依賴，而叔本華的「因爲她需要一個主人」一句話將爲古今中外不易的眞理。努力吧，諸君！不要忘記你們自己和你們的責任！這也是要注意的一點。

因爲你們是第一屆的畢業生，比較榮耀一點的，這一點榮耀就給你們相當的責任。所以除了對于社會的責任外，你們對于母校有特別的責任。誰都知道事情在開始時能夠有點出色，這件事的結果也許會好些。諸君使你們自已出色點吧！好好地向前努力，做一個好的榜樣，可以使後來的同學跟隨你們。

幾年同學，忽然分離。在臨別的當兒，誰都情不自已。你們這本紀念刊，也就因此而印。但，紀念刊到底不過一本紀念刊而已，牠決不能代表你們內在的情誼。畢業時印一本紀念刊，大家分散，過了幾年，仍是相見不相識。普通的情形大都如此。而紀念刊就成爲一時的高興做出來的結果。假使諸君要這本紀念刊不變爲無意義的東西，我以爲，切不可太相信這本刊物的效力，因爲物質是不能代表精神的。而且你們相互間的交情比將來你們對于別的朋友的友誼要純正得許多，你們現在是不因利害關係而結合，又沒有虛僞，欺詐的成分存在你們交情中。如此眞純的情誼單用一本紙上印着字和像片的紀念刊表示得出來的嗎？所以有了紀念刊，還不夠。大家分別後，在精神上仍須互相連絡，大家永遠地站在一條線上，向前進行。完成你們的使命。這樣，非但能把這眞純的情誼永久維持下去，並且不致于辜負這本紀念刊。這又是要注意的一點。

總之，我很希望諸君永遠保持最可寶貴的純潔，同時大家連合一起努力把牠擴大，造成一個眞美善的世界。到成功時，你們展開這本紀念刊，臉上露着勝利的笑容，得意地說一句：「想不到當時的我們就是今朝的光明世界的實現者！」

十九年五月卅一日。

級　史

本級始於民國十六年九月。終于十九年七月。三載之中。白雲蒼狗。變更實多。茲撮其要。分期述之於下。

第一學期　民國十六年秋。校中始創中學部。（本爲師範。）本級實爲第一級。校長諸希賢先生。教務主任李康復先生。級任陶鴻翔先生。當時教室在北新樓東下。開學後數星期。乃有學級會之發起。正副會長胡瑞珠君單國英君。組織未極完備。僅分風紀演講娛樂三部。俟後胡君因事辭職。舉趙毓芬君繼任之。

第二學期　級任陶先生因事辭職。山鄒天涵先生繼任之。其餘各科教師。調動甚多。級長單國英君袁錦豹君。教室已由樓下遷至樓上。學級會組織如上學期。又增入音樂研究二部。在此時期中。校中曾一度舉行識字運動。本級同學。四往募捐宣傳。結果良好。自是校中有夜校之設。暑假前校中又舉行成績展覽會與懇親會。本級加入國樂一節。頗爲觀衆所稱許。

第三學期　教師大都如上學期。間有調動。級長袁錦豹君趙毓芬君。教室已由北新樓移至南新樓西上○時校中有合作市之發起○由中小合併組織之○其法由各級派代表選舉市長參議長各一人○復由市長委任諸局長○結果本校于文化君被選爲市長○單國英君被選爲參議長○朱鉦英君被委爲建設局長○袁錦鈞君被委爲教育局長○本學期內○校中舉行各項競賽○本級俞鏡浤君奪得文藝競賽第一○藍佩珍君胡寶玉君奪得書法競賽第一第二○黨義演說競賽得獎者○本級有趙鏞芬君及藍佩珍君○十月間○本級遠足黿頭渚梅園等處○遊黿頭渚時○適蔣總司令與宋美齡女士亦莅該處○邂逅相逢○一覩偉人顏色○眼福不淺哉○

第四學期　諸師辭職○由嚴慰蒼先生繼任之○兼訓育主任○教務主任濮源澄先生○事務主任胡永千先生○舍務主任徐望曾先生○級任仍鄒天補先生○其餘各科教師調動者○頗不乏人○級長單國英君朱鉦英君○教室又移至北新樓西上○學級會分總務風紀衛生研究演講娛樂運動七部○另設監察委員會○以監察其行政○校中合作市之組織○與上學期稍有不同○市長之下○爲總務科長與區長○區長有二○一合作區區長○一自由區區長○區長之下○乃爲各局長及諸職員○本級單國英君被選爲市長○朱鉦英被選爲總務科長○袁錦鈞君被選爲合作區區長○胡琦珍君被選爲自由區區長○趙鏞芬君被選爲公安局長○四月二十日○校中舉行運動會○本級章茂蘭君丁勤學君並奪得百米第一○後六日○參加縣校聯合運動會時○本級丁

蘊君許苯英君章茂蘭君並奪得百米第一。張韵花君奪得籃球擲遠第一。俱獲獎章。俟後校中又舉行書法競賽會。本級選代表五人參加之。結果本級唐婉文君奪得第一。胡寶玉君奪得第二。藍佩珍君奪得第三。並獲獎品。五月八日。本級舉行娛樂會。歌劇"春風之惠。"唱作並佳。工力悉敵。觀衆嘖嘖稱異。至今思之。猶足以自傲焉。廿六日。校中又舉行演說競賽會。本級胡佩先君趙毓芬君並獲優勝。

第五學期　學校改組。校長顧毅嘉先生。訓育主任周循清先生。教務主任徐正先生，事務主任華夢予先生。舍務主任顧毅庭先生。周師兼本級級任。其餘各科教師。調動甚多。教室又遷至荷池東角樓上。級長仍單朱二君。學級會組織又異于前。玆列表于下。

全體大會 ──→ 執行委員會 ──→ 級會主席 ──→ 文藝委員、會計委員、體育委員、同樂委員、衛生委員、事務委員、文牘委員

九月間。校中舉行遠足。以級爲單位。結果本級遠足碰頭渚蠡園二處。幷于蠡園舉行野宴焉。十一月間。校

中舉行文藝競賽會。結果本級朱鈺英君胡佩仙君奪得第一第二。顧婉蓮君奪得第四。其餘得獎者。頗不乏人。是月校中又舉行國語為義演說競賽會。本級藍佩珍君趙毓芬君均名列前茅。張文英君丁勤學君任圖書館長。整頓卷籍。不遺餘力。博得諸師長之贊美。本級與有榮焉。本學期最不幸之事。厥惟周師之二次大病。使同學精神上受損不少。旦夕刺探。減一分則喜。增一分則憂。至痊愈乃已。

第六學期　本學期為本級在女中最後之學期。校中一切如上學期。春假內旅行滬杭。先由無錫午夜乘車赴滬。隨轉赴杭。綠水泛舟。蒼峯窮塔。雖天公不做美。又豈足減吾儕豪興于萬一哉。越三日。乘車赴滬參觀海上各大商店書肆竟。乃返錫。五月杪。校中舉行運動會。本級章茂蘭奪得百米第一。三級跳遠第二。籃球擲遠第一。又獲得個人總分第一。獎得顧師徐師所贈之小銀盾兩面。獎章三枚。越數日又參加縣校聯合運動會。章君又奪得百米第一。籃球擲遠第一。三級跳遠第一。個人總分第一。獎得大銀盾一座。獎旗若干面。金獎章三枚。有無錫孫桂雲之稱。校中于本學期內舉行各教室清潔檢查。每星期統計一次。結果本級以常居第一獲得獎狀一懸。五月間。又舉行大掃除一次。結果本級又獲得第一。

本級同學共六十人。凡三越年。存者十之七八。文章則胡佩先。顧婉蓮。張文瑛。數理則藍佩珍。趙毓芬。俞鏡城。丹青則顧佩銓。單國英。張韵花。幹事則袁錦韵。朱鈺英。孫鳳英。體育則龔曜章。

（史　級）

茂闓。楊允瑜。雖進士不怖。抑亦濟濟多才矣。

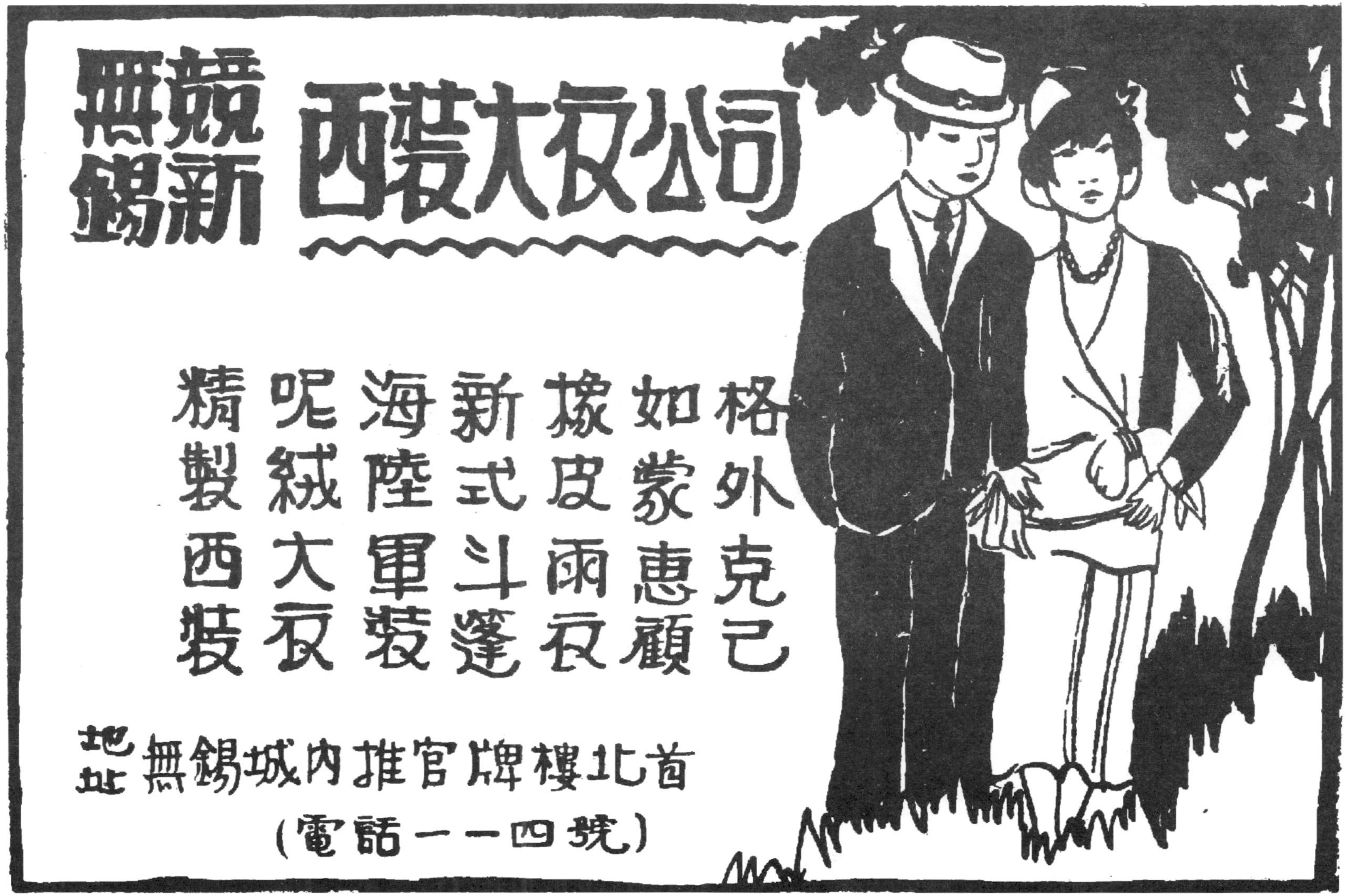
無錫競新
西裝大衣公司
格外克己
如蒙惠顧
㨾皮雨衣
新式斗篷
海陸軍裝
呢絨大衣
精製西裝
地址 無錫城內推官牌樓北首
(電話一一四號)

校長
顧穀嘉先生
兼授本級數學

訓育主任
周撷清先生
兼本級級任及英文教師

（1）

教務主任
徐正先生
兼授本級歷史及公民

事務主任
華夢予先生

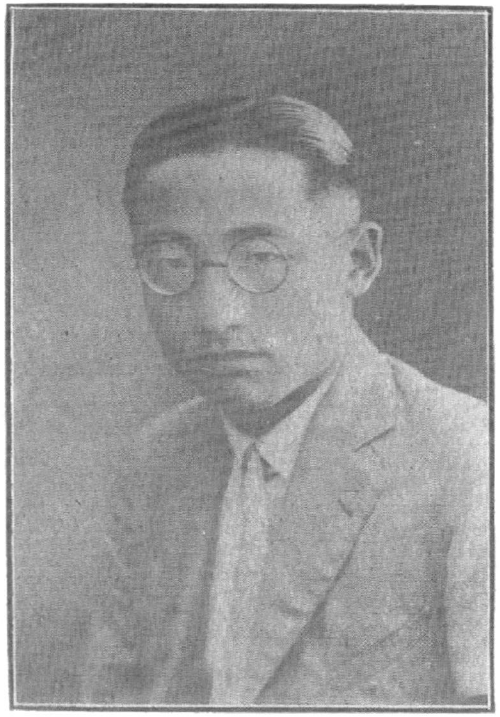

國文教師

孫鎮域先生

物理及三角教師

鄒依仁先生

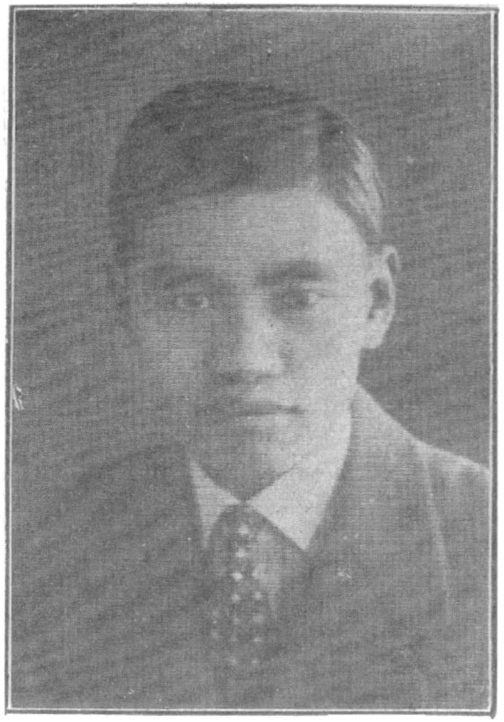

(3)

黨義教師

姜貢璜先生

地理教師

楊鎮華先生

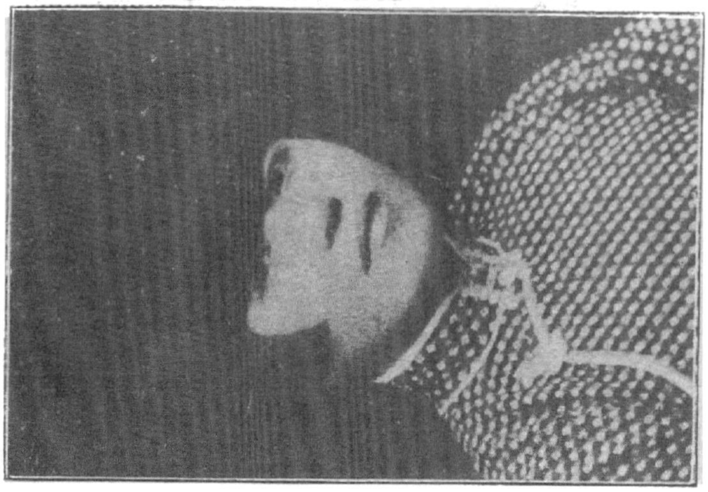

體育教師
周琴仙先生

圖畫教師
錢松嵒先生

（5）

手工教師

華素誠先生

舍務主任

顧穀庭先生

唱歌教師

謝懷瑾先生

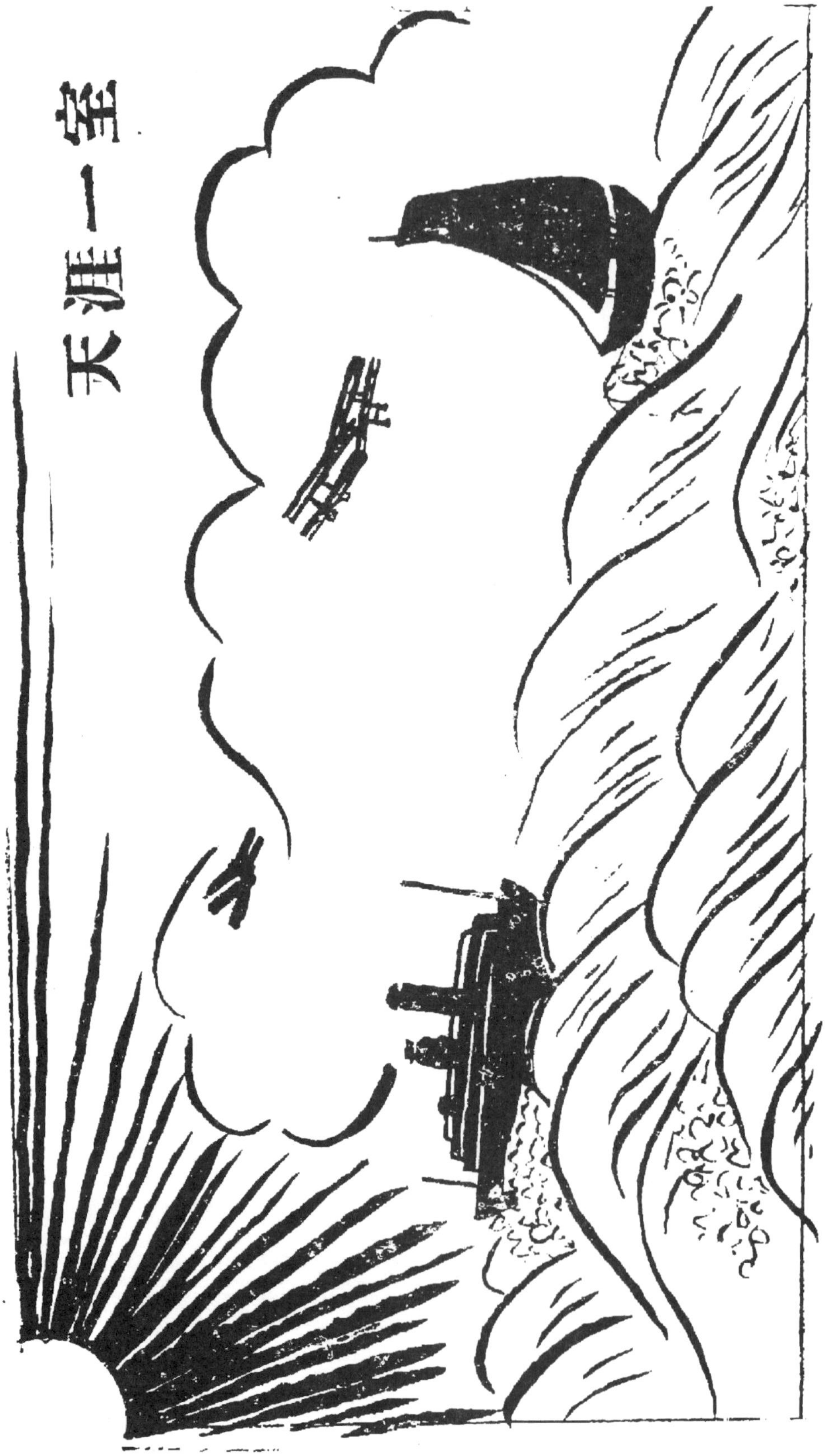
天涯一室

無錫 樂羣書局廣告

本局印行楊蔭瀏先生編、（雅音集）第一集
普通樂譜、出版後風行海內、愛好音樂者、莫
不人手一編、稱爲善本、未數月而再版、本書
之價值、可見一斑、現又續出、
（第二集）（琵琶譜）、全書分三編、
第一編琵琶淺說、考証、配置、學習法、手法
品位、算法等、言之精詳、第二編琵琶小套一百
十三曲、第三編琵琶大套二十三曲、海內諸曲
大都完備、音符用新式譜法、手法記號、註釋
清楚、手此一卷、勝於海內諸家孤本多矣、

▲第一集定價大洋九角第二集定價大洋一元二角照碼七折、兩集合購得照六折計算▼

總代發行所上海文明書局

華明電料公司廣告

本公司開設有年爲錫邑始創之專門電
料商店自運歐美電器材料採辦國貨精
良電料花色美備價目低廉凡蒙惠顧者
莫不交相稱譽至於代客計劃裝置電燈
工程穩妥可靠有口皆碑與登門抖攬之
工料粗劣者非可同日而語也幸垂察焉

開設　無錫北門大街書院弄南首
電話七〇七號

(畢業同學)

錢珍仙
(江蘇無錫)

楊蘋影
(江蘇無錫)

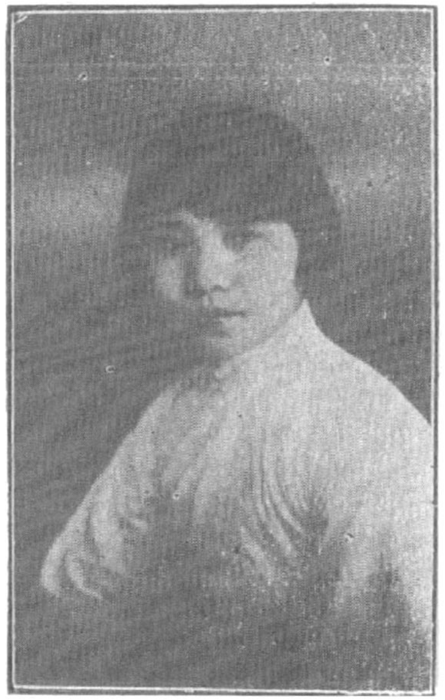

龐素鈺
(江蘇無錫)

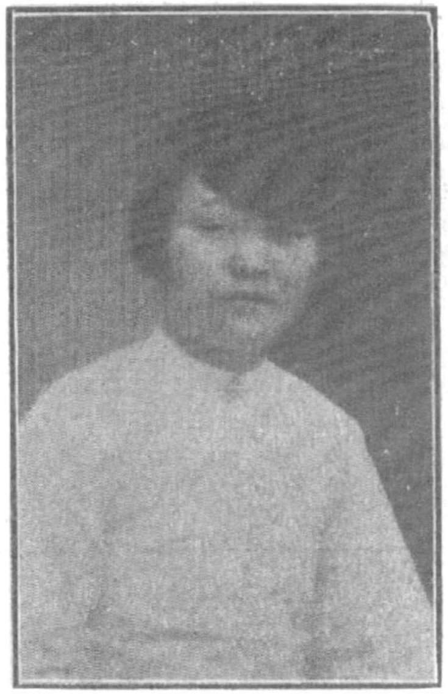

(畢業同學)

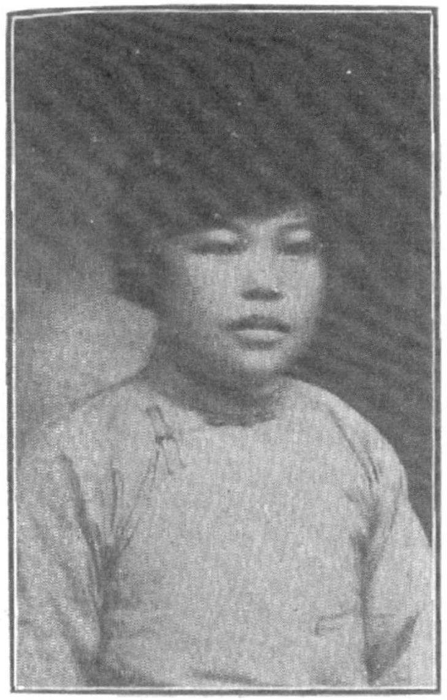

龔素娥
(江蘇無錫)

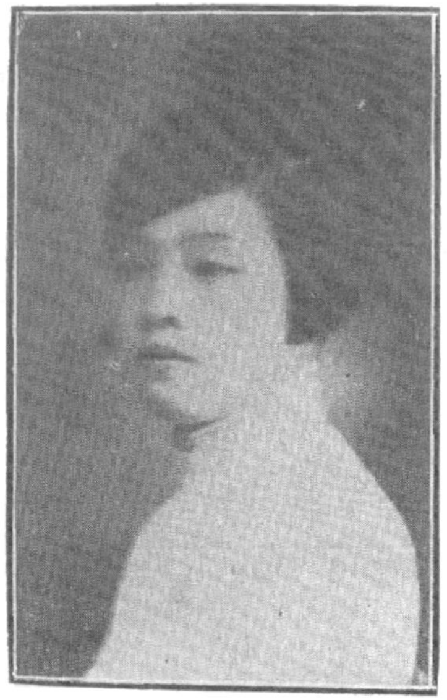

張壽棣
(江蘇無錫)

丁佩仙
(江蘇無錫)

孫琴華
（江蘇無錫）

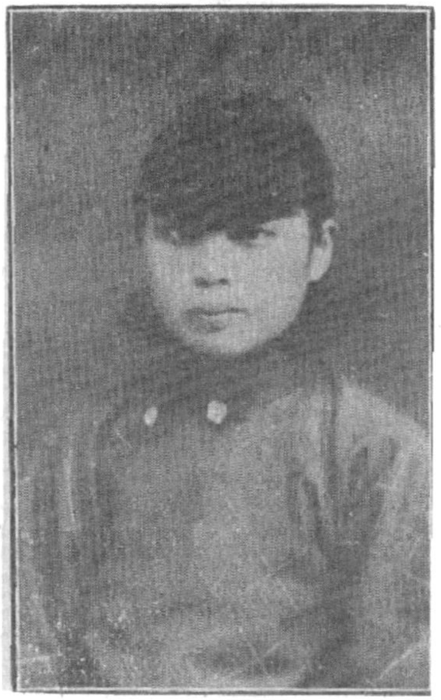

胡佩先
（江蘇無錫）

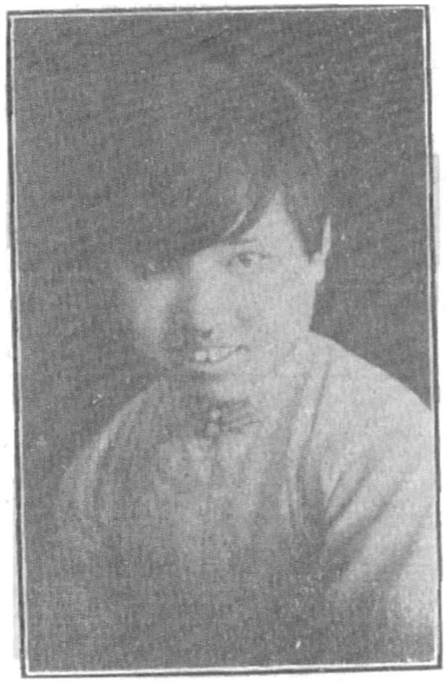

俞鏡澄
（江蘇無錫）

(畢業同學)

王兆鉦
(江蘇江陰)

楊毓秀
(江蘇無錫)

孫玉蜍

(江蘇無錫)

（畢業同學）

顧佩鎰

（江蘇無錫）

陳素雅

（江蘇無錫）

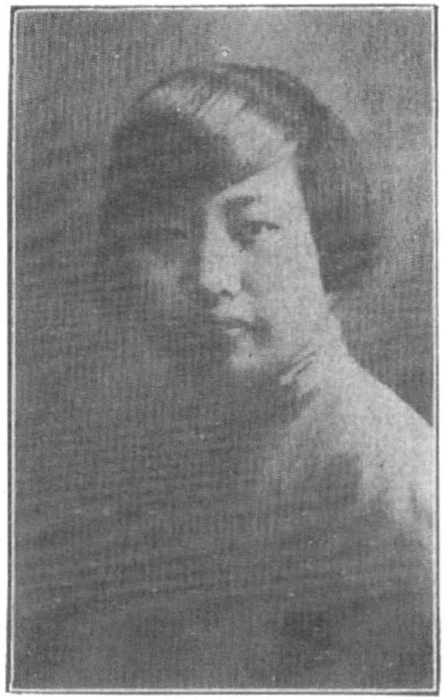

張文瑛

（江蘇無錫）

（畢業同學）

楊允愉

（江蘇無錫）

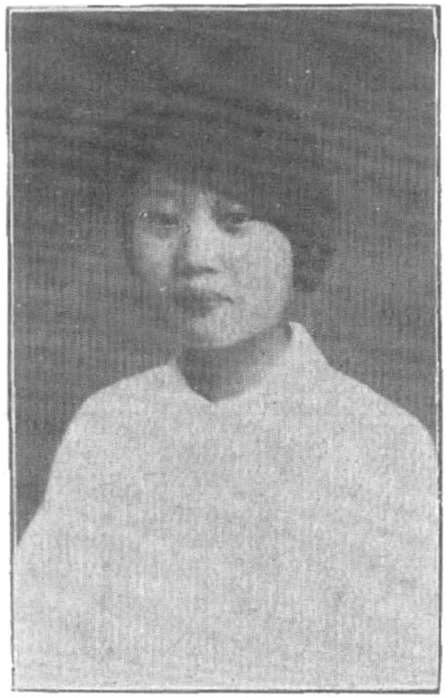

胡慰冰

（江蘇無錫）

丁勤學

（江蘇無錫）

袁錦韶
（江蘇無錫）

薛瑋
（江蘇江陰）

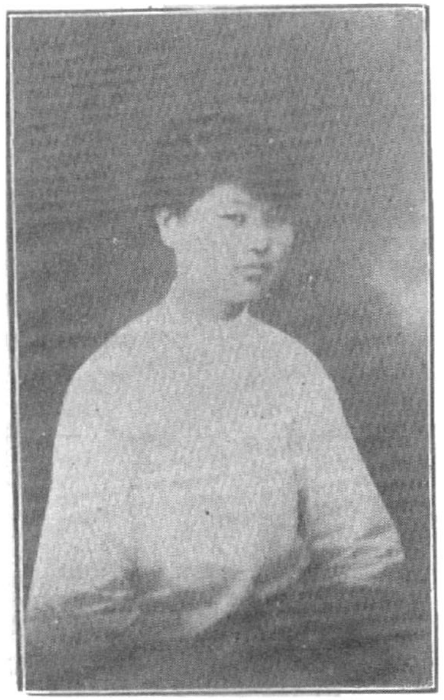

許萃英
（江蘇無錫）

（畢業同學）

丁 蘊

（江蘇無錫）

張韻花

（江蘇無錫）

倪毓英

（江蘇無錫）

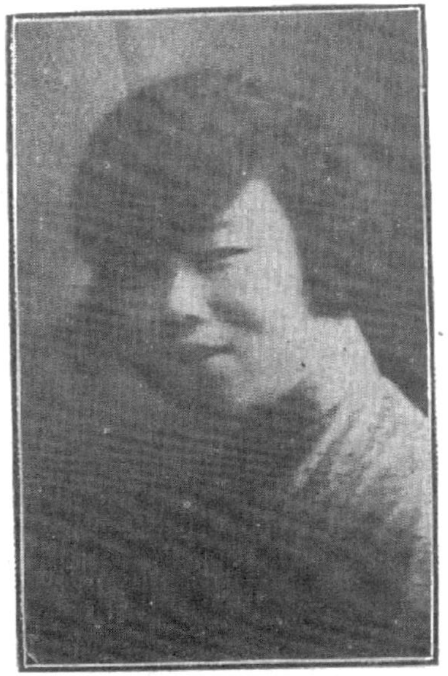

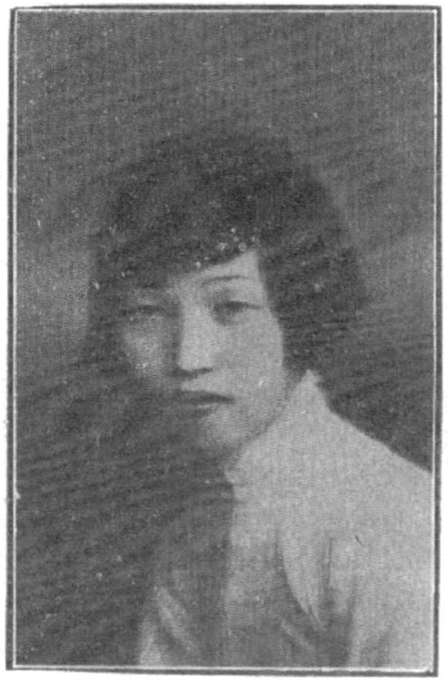

錢菊仙

（江蘇無錫）

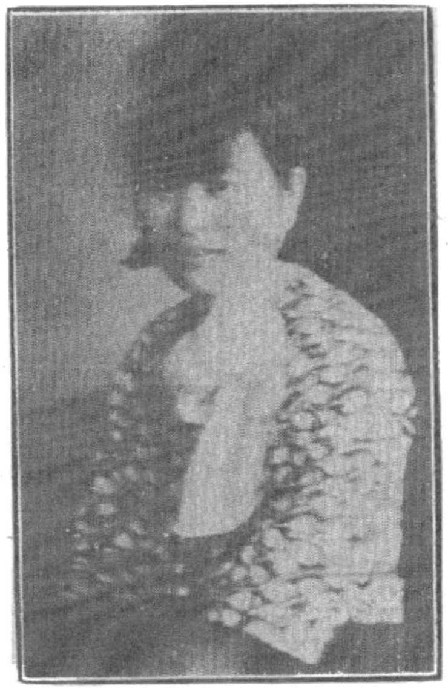

周維本

（江蘇無錫）

唐婉文

（江蘇無錫）

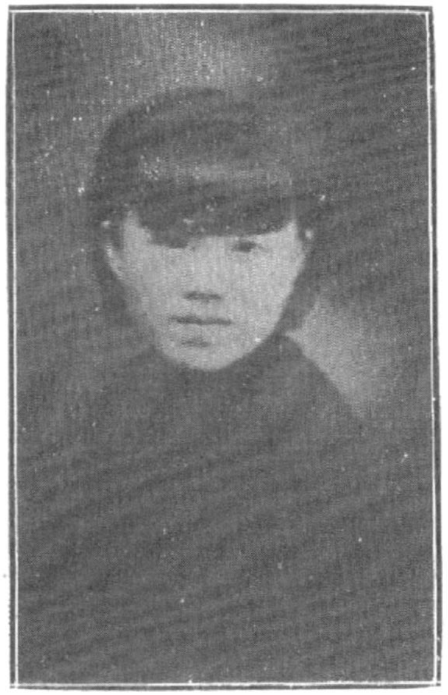

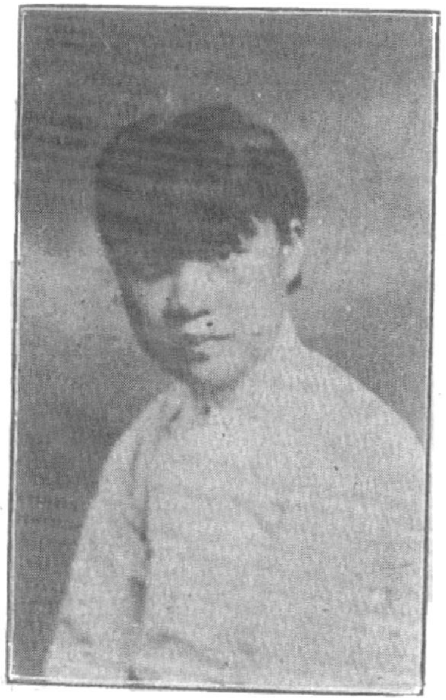

趙毓芬

（江蘇無錫）

錢鳳素

（江蘇無錫）

孫秀瑾

（江蘇無錫）

胡琦珍
（江蘇無錫）

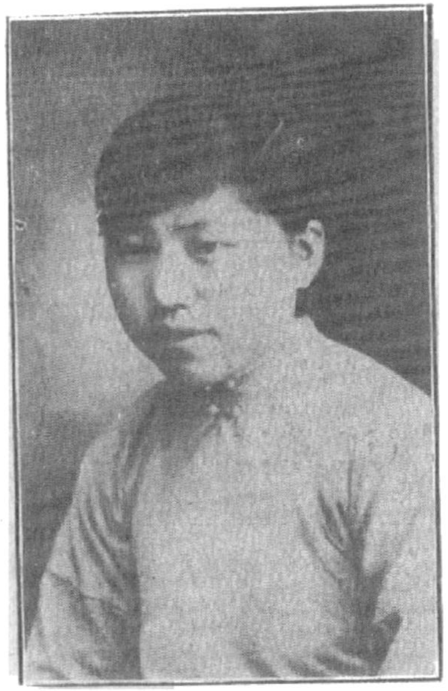

藍佩珍
（江西高安）

龔素娟
（江蘇無錫）

孫鳳英

（江蘇無錫）

諸月珍

（江蘇無錫）

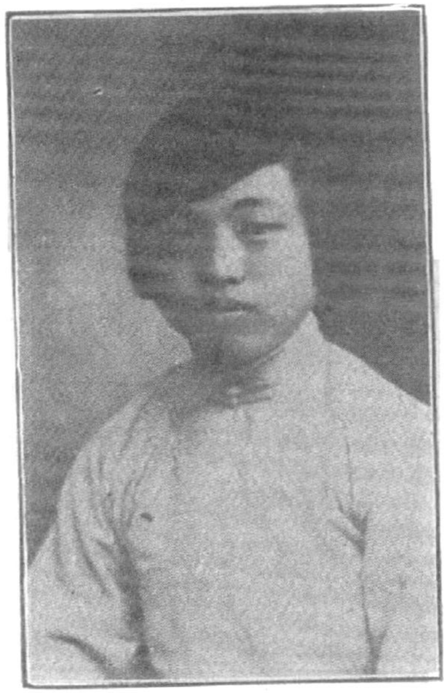

吳莉芬

（江蘇江陰夏港）

張振
(江蘇無錫)

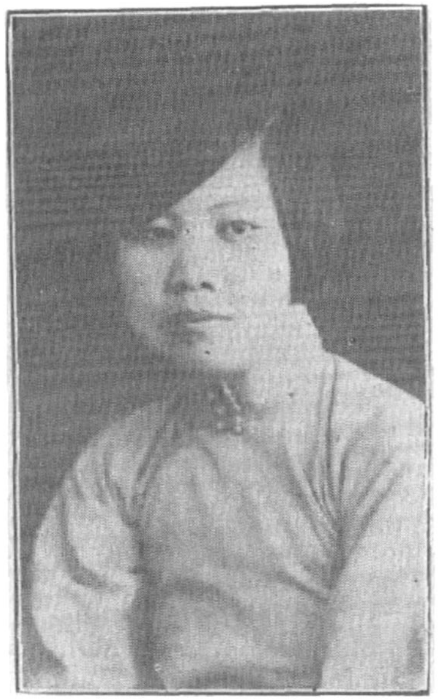

沈榮珍
(江蘇無錫)

單國英
(江蘇無錫)

顧婉瑾

(江蘇無錫)

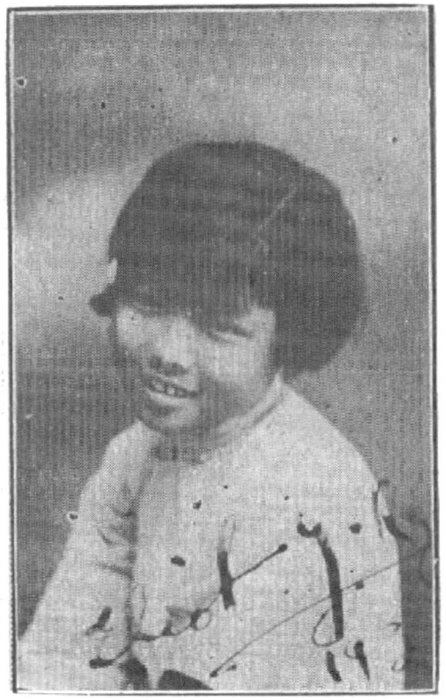

龔曜

(江蘇無錫)

朱鈺英

(江蘇無錫)

(畢業同學)

章茂蘭

(江蘇無錫)

華兆蕃

(江蘇無錫)

喬煜棣

(江蘇無錫)

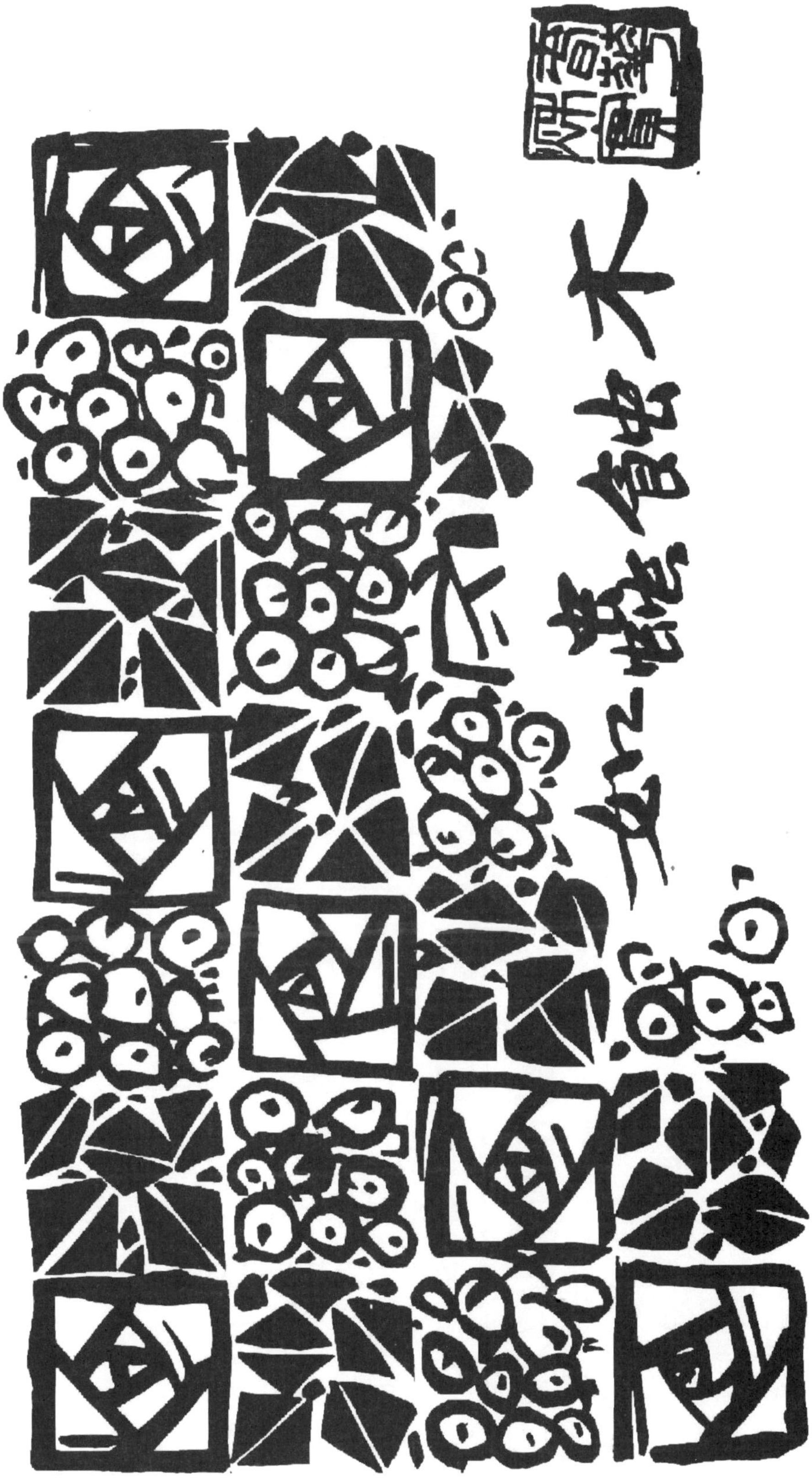

無錫大同書局

營業要目

教科用書　經史子集　各種論說　尺牘字典　中西書籍　信箋信封　中外簿册

中外唱片　自來水筆　各式鉛筆　精製風琴　各色墨水　字畫對聯　運動球鞋

錫山玻璃五金號

註册　商標

本號專運歐美各國花色玻璃厚薄有光花素金木時式鏡架鉛絲白鐵螺絲鉸鏈洋釘明瓦鋼鋸刨鉎工師五金材料如蒙光顧竭誠歡迎

地址　北門內盛巷口

電話　第九百七十八號

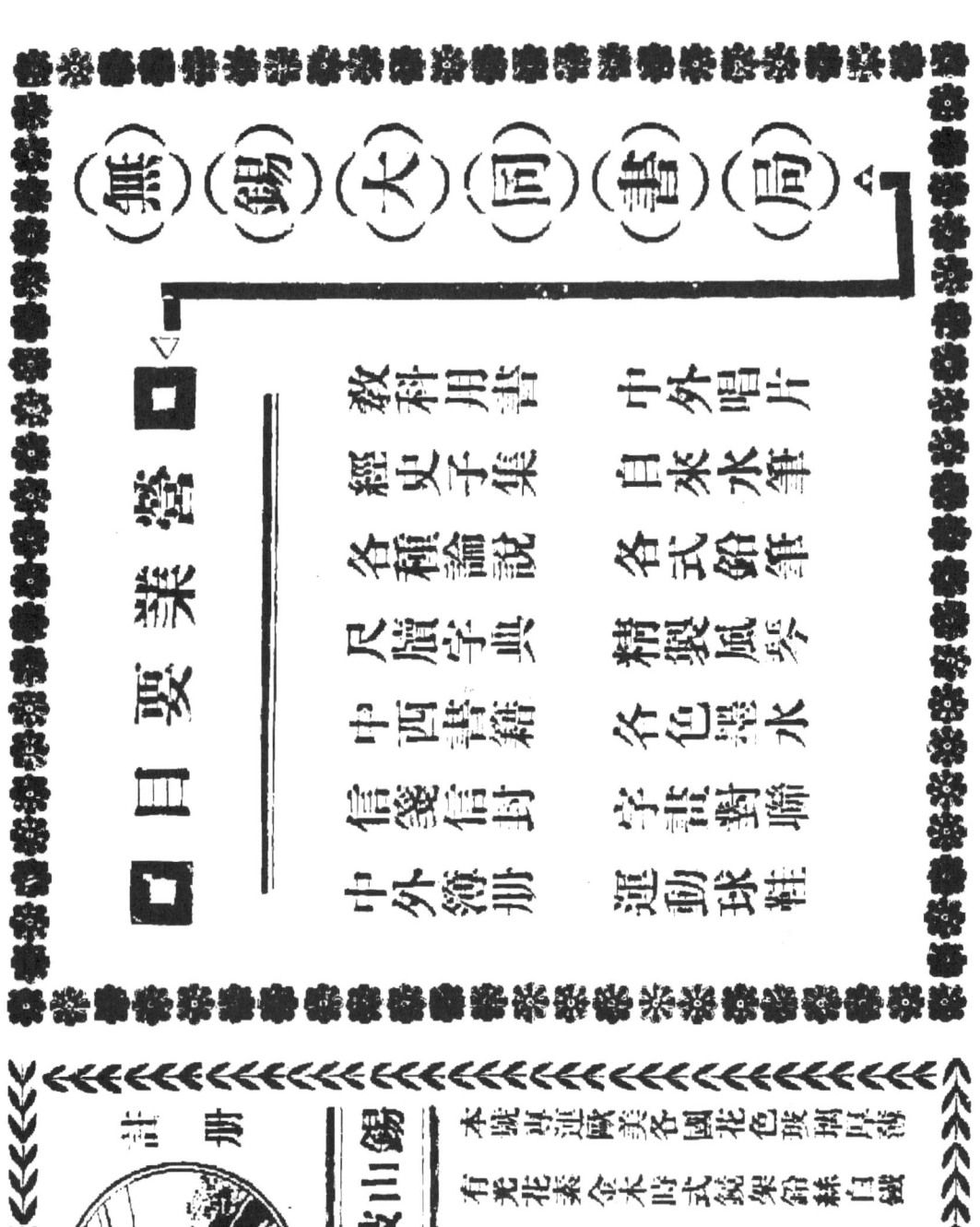

文藝

回憶中的寒假

——建人——

循着老例，又來說一聲光陰眞快：一月的寒假又瞬眼的過去了。不錯，一月的寒假，瞬眼的過去了。話雖陳舊，事實今朝，老例畢竟是打不破的。

日記，寫字，閱書，筆記，——還有宿題，——這都是先生命我們在寒假中做的最低限度。——無論如何，我都應得做的呀。決心，一定的，那有一月中這些瑣細的事都辦不到的嗎？

「喂，來」，我的遊伴們喊着我。——他們已做畢了他們的功課了。——「什麼事」？「玩去」？立刻我拋棄了剛寫了二個字的筆和紙玩去了。拍球，踢毽子，詩謎，五子棋，象棋，整整的消磨了一天。……這樣一天一天的過去，又消磨了一個整整的寒假，——一個整整的寒假。

東神又帶領着明媚的春光來了。學校開學了。我把什麼都忘了，大踏步的走進學校門，只覺得快樂，……高興，……先生同學又重新的相見，我只歡喜得什麼似的。

揭示板上揭着「寒假宿題一律於本星期內交到教務處」。我突然的想到了，想到了我的寒假宿題。

……除了幾頁簡單草率的日記，幾張隨意寫着的字，和着一些算術外，旁的簡直沒有動。——這是先生命我們做的最低限度呀，這是我決心一定要在寒假中做好的呀！

回憶有使人們快慰的，有使人們懊喪的。我對於這寒假的回憶，斷見屬于後者的了。但是古人告訴我：以往的成功，是未來的「法守」；以往的失敗，是未來的警戒。以往的寒假，對于我是失敗的了；倘使我能因了這次的失敗，而愈益奮發自勵，以爲前車之鑒，那麽未來的成功，可以「立而待」的。這不也是我對於這寒假的回憶的一種快慰嗎？

一個小虛驚

——若冷——

惡夢把我驚醒了。揉開了朦朧的睡眼，向窗外望去，見那滿佈在天上的小星，還是在那裡擠眉弄眼的玩着哩。凝望了一會，可怕的幻想繞上我的心來了。如果在那窗下涌出了一個面貌猙獰的惡漢，手裏拿着手鎗，向着我，那我怎樣對付呢？在這時，我給那幻想恐嚇得把眼睛閉得緊緊地。

聽！這不是屋上走路的聲音嗎？那眞的來了，我連忙竄進被窩裏去，身子不由自主的悉索的戰慄着。一面靜靜的聽着，有沒有別的聲音發生。

不得了，外面的門，給他一賊一開了。他是走進了我們的屋子了。呀！這不是櫈子搖動的聲音嗎？一定是他墊了櫈想從門上的汽窗裡爬進來哩。還好，汽窗自從那天發冷關了，從沒有開過呢；要是他把玻璃打破了爬進來，那可糟了，我現在還是喊出來罷。正在計劃，忽然聽見

咪嗚，

咪嗚。

啊，原來是阿花。

把頭往被外一探，天已黎明了。

落日

—— 澂 華 ——

紅日正探着他的半面，來窺視着大地的一切；小鳥早已在那樹林深處，啁啾着將歸巢了；農夫們肩着牠們工作的東西，向田畦邊慢慢的步行着；牧童騎了牛兒，從遠處的板橋上，口裏唱着歌兒，緩緩的回家去了；接着一縷縷的炊煙，在那村裏的一家家的屋頂上輕舞了。

在一夕林深處，有一間小的，孤獨的，將坍而未坍的茅屋；裡面不住發出呻吟聲。和小孩的慘呼聲；茅屋的前面，遠遠的走來了一個八九歲的孩子，十二分的失望和悲哀地，那瘦黃的臉上，掛着兩滴晶瑩的淚珠，急急的跑進那茅屋去了。

一間狹小的臥室裏，在屋隅放着一張板床，床上睡着一個病了好久的婦人，床前立着一個六七歲的孩子，握着他的小手，輕輕的替那婦人搥背；忽然跑進那八九歲的孩子，在那小門裡怏怏垂着頭，向婦人說：「娘呀！我的爸到那裡去了」?!說到這裏，就忍不住的哭起來，他的弟弟也哭了；他一見他的弟弟哭了，恐驚了病危的母親，祇得一面忍住了哭聲，一面替他弟弟用他的破袖子去揩眼淚，而他自己的淚，却不住的滴在他弟弟好久沒有修理的，亂髮上了。他母親慢慢的轉過身來，向他說：「琪兒！…我叫你到親戚家去告貸，究竟借到了些沒有」？琪兒只噙着淚，低頭不答；半晌，那婦人又斷續地說：「琪兒！…明…天…早晨…我…已不…在這世…上了，你…比你弟…弟…大些，一切…要…照…護…他；我…死了…以後，也許…有人…可憐…你們…是…孤兒，…來撫…養…你們…你們………」說到這裏，他們祇有相對哭泣……。

紅日西沉了，同時也把那可憐的婦人，給帶着去了！幾片殘霞搖曳，一對孤兒啜泣；還有什麼呢?!

紅日呀！到了明天清早，你又光明地來照耀大地了；但那給你帶着去的，那可憐的婦人；却怎能隨同你一塊兒再來呢?!

一個大虛驚

——冷波——

晚飯後，她正在書房裡弄月琴，忽然聽得後書房門開了，她母親同人在彳亍的驚語着。…她的好奇心不禁驅使着她去探問。

原來同她母親在講話的人，不是別的，正是她們房西人家的女兒和一個女僕。

因爲她們在前造——房屋——聽得隔壁人家裁縫店裡的老裁縫的通知，說是在他們住房的前邊有七八個男子，穿了白衣青褲，在前門一帶不住的打廻。看上去似乎很不正當，恐防有什麼意外發生，所以來通知她們一聲，好有個防備。她們——房西——聽到這個消息後，已把前門緊緊地關上，然後再來通知她們的房東，把後門也關關好，以防不測。

當時滿宅的人聽了，不覺都不寒而慄。他的大弟一半帶滑稽一半帶慌恐的連呼「佛菩薩……」不止。她心裡非常恐慌，甚至嘴裏發出寒慄的聲音來，一面還裝做怕寒發抖的樣子，表明他不是在怕那不測的…。可是這樣弄得她的母親和姊姊都哭起來了。她姊姊因爲他很起勁，就嚇他道，「聽，外邊是什？…」。她姊姊還沒說完，她已嚇的躲在椅背後去了。

後門已關上了，就開始她們低聲的談話。

「近來外邊風聲很不好，…東也强盜，西也土匪。…」「是啊，像前天靑山寺强盜搶刼，共被刼去四五百元，還鎗傷二個和尙呢。……」

「呀，…可怕。……」

「很有趣呢，在他們分賍的時候，許多强盜還拜了佛。……」

「哈哈，該死的東西，難道他們也信佛的？」

「那當然是騙騙人的。不然，他們就不會做强盜出來殺人放火了」。

「……………………」

「……………………」

她們又講了許多不關緊要的話，覺得沒有什麼動靜，各人的心上才慢慢地平靜下來。

忽然她的大弟推門進來說：「好了，不妨事了，他們外邊已有人備好了手鎗和子彈守夜了。……」說時指手劃脚好像是在演獨人劇似的。「哈哈，…別怕，要是他們來，就是送死。……」說完，又指手劃脚的，把拳頭伸縮了幾回。

她們再坐了一回就上樓去睡覺。

當她在扶梯上走的時候，忽然一隻貓在樓上逃下來，直把她嚇了一大跳。她每走了兩級必立停了靜聽一回，聽扶梯後有沒有人跳將出來。……

…………………………………………

…………………………………………

全房的人都睡熟了，而她仍還是在床上翻來覆去的睡不着。心上不住的想道，「倘若有人來敲門怎麽樣？……倘若打進了門怎麽樣？……還是一個人逃了呢？還是喚醒了家人一同逃？……逃又逃到什麽地方去呢？……後面園裡罷？……不，黑洞洞地怪可怕的。……柴間裏罷？……又不好，抖了有響聲的。……」她忽然聽得街裏——因爲她的房是沿街的所以聽得見——有個行人走過，嘴裡還唧唧噥噥地唱些不知什麽。她當是强盗來了，把她嚇得直望被窩裡鑽，全身還不住的抖着。隔了一回，覺得沒有什麽動靜，她也好笑自己心理的懦弱。

她反測了幾回，總睡不着，只是繼續她剛才的思潮，「倘若眞的來，那麼躲到什麼地方去呢？總要預先想個地點才好。……剛才幸而不是，倘若是眞的，那可怎麼辦了！……或許沒有這種事，是隔壁老裁縫弄錯的吧。……不，一定不會錯的，因爲在前門已打了好幾個迴轉了。……或許強盜這時就躲在牆邊，要等時候到了才動手呢，那眞可怕啊！……」一她忽被一種聲音打斷思潮。

「香脆餅，……麻……餅，…咳，……捲子糖，……麻…酥糖，……糖花…生，……大雪梨，……咳……」這麼一來，她很放心。因爲『賣小食』的仍是照舊機械似的叫過去；倘若牆脚下眞有人躲着，那那賣『賣小食』的老頭兒一定要驚呼起來的，所以她把強盜躲在墻邊的疑問，完全打消了，而她心上也很安定只是沒事一樣。

枕旁的鐘兒，『悉悉悉……』地唱着催眠的調兒，慢慢地把她送入夢鄉去了。

在那天晚上，『平安之神』佔領了她們住房的四周，一切都甚平安，什麼危險也沒有。

一九：九，十一，廿一。

杭遊雜記

——冷波——

（一）

不知是因為睡眠不足的緣故，還是被火車顛播的緣故，——大家都在火車中瞌睡。各人都把自己的頭枕到旁人的肩上，一連過去，大約有十來個。都把圍巾包着頭。等到火車一停，便都惺忪着睡眼望窗外觀看，——看已到了什麼地方了。

（二）

睡夠了，便看。野景——紅的，黃的，綠的，紫的，…白的……覺得非常好看。在平時看見了這些，一定要說它們太俗了。而在這裡，却適得其反，覺得自然的美景都由於她們的點綴。

（三）

在黃龍洞我和佩鎰光是跟着她們賽跑似的拚着命走，對于風景，一些也沒賞識到。不一回好容易追到了她們，一看她們全都到了——那時都坐在洞中休息，旁邊還立着兩個賣荸薺的。當時大家都喚着疲倦，不肯跑路，但是天色漸漸地黑下來了，所以也不得不強着跑了。

（四）

華先生故意要叫賣荸薺的背着周先生下山，一個賣荸薺的當是真的了，連忙跑來說：「好，我就來背着她吧。只要二角錢好了，老實說，這時屋乘轎子到山下，起碼要二塊錢呢！大家聽了，不禁都哈哈大笑。

（五）

我們從黃龍洞回到船上要經過紫雲洞，到紫雲洞是要上山的，在上山的時候，大家都覺得非常吃力，於是就都退縮跑。——這樣覺得要比較不吃力些。

（六）

在紫雲洞下山的時候，有二個同學在人力車中跌了出來，——同學跌碎了臉部，車夫跌破了脚趾，被「啊唷……痛……死了……」的一叫，同學們都嚇的不得了，連疲倦也覺不得了。——都很驚恐的跑到船上，當時的雨下得很大。

（七）

我們每在湖中放棹歸來的時候，輒見新市塲的燈光，把湖水和天空分隔成二。不然，眞要成爲「水天一色」了。

（八）

一天早上，我們又乘了划子到湖上去。在周先生下船的時侯，——船夫正跑開——一隻脚剛跨上船，船忽行開了，周先生還有隻脚沒跨進來，——浸在水中，幾乎要落到水中去。當時全船的人都驚惶的了不得，但是一個人也不動手去捉她。在旁人看來，好說是「袖手旁觀」了，其實我們是因爲恐懼才如是的呢。我們幸而沒動，不然連船都要翻了。

（九）

因爲我不大懂得欣賞自然，所以對于許多的名勝，一些鴻爪也不曾留得。

（十）

末了，我這次在杭州感覺最深的，就是：杭州一般居民的誠實。

春雨

——冷波——

密密的暮雨，不住的打着窗戶，只煩惱了獨坐在室中的小妹妹。暗淡的燈光，也似陪着她緊皺着眉頭，在厭惡那下不盡的散絲。

大好的春光，被雨神打擾的不少日子了，最苦的是小妹妹，因她沒有了出外玩耍的機會，整天的在家玩着洋囡囡，也太沒趣味，洋囡囡汚了的衣服洗了又不能乾，……眞是討厭極了！

台上盆裡的梅花恐她忘掉遊梅園的事，故意放出一陣陣的香味，……她聞着了，頓時記起她哥哥的話來，哥哥不是說的嗎：「妹妹，我們星期日到梅園去玩，梅園裏的梅花這幾天開的眞好呢！」現在天天的下着雨，梅園裡的梅花定被打落了！……即能這星期日天晴起來，到梅園裡去，恐也沒有什麼好玩的了。……她想到這裏，不禁哭了起來。

她的母親促她去睡了。但是她怎能睡得着呢，她的姊姊在隔壁房裏，反覆的念着：「……………，夜來風雨聲，花落知多少」她這才受了詩聲的催眠，慢慢地睡着了。

明天早上醒來，窗外的雨聲仍是點點滴滴地，她眞不耐煩極了，馬上跳下了床，拿了張紙片，似通非通的寫着：「春眠一覺曉，處處聞雨响，一夜大雨傾，不知何日好？」她反復地讀了幾遍，覺得非常地得意；不耐煩的悶氣，消了好些了。最後，她很快樂地拿了這詩去給她姊姊看去了。

A Classmate of Mine

——巒兒——

利用着喇叭花式的長髮，鵝蛋般的臉兒，構成了她的頭部。

利用着柳絲，杏核，蒜子，櫻桃，點綴了她的臉部。

眞的，她還用着大圓的玻璃來蒙着眼兒。上帝一切的賜與，都很美！——她是我們課室中的雞羣鶴立者。

那天，星期五吧！她見了M君的紙花，便跳前去，捧着牠，嬌嬌嫡地吻了一下子。那時的姣態，我只能脫離我所佔有的描寫地位了！想魯迅，冰心……許多大作家，也不能寫盡她那使人愛看的姣態於萬一吧?!

記得她那時還姣聲說：「香得來！』——說時，嫵媚婉轉，微笑着。

我，頑皮的我，也不禁學了她一下。但，我這愚笨的孩子，那能學得來，不過學了解解悶兒歡樂一下子吧了！

她見我學了她，便把她玲俐的蜂腰一扭，抽身就走，似嗔非嗔的還回頭說了一聲：『死……腔：』這麼一來，我眞恨着沒有快鏡，不然，把那優美的姿勢攝一幀相片多好！

同時，在我身旁的同學，都大呼着：『妙啊！—妙—妙啊。！』

作于縣女中夜課室。

一個大霧的冬晨

——璽　兒——

無端地發出一闕大氣來，占有了抽象的宇宙，但人們並不歡迎牠。

遠遠的荒地上，站着一個孤獨的茅屋，好像很不能抵禦强風的橫暴而傾斜着。

推開破門，走出一個婦人來，蓬蓬的頭髮，亂的，披在她沒洗擦過的黃臉上。這時，她禁不住打了一個寒噤。抖抖地說着：『怎麼霧這樣大！？怪冷的！』她猛然像又想到一件事而驚惶地喊道：『阿大爺！快起來！要燒粥了！快去打一桶水來！』…………

『媽！我今天要穿新衣裳了！』一陣細小的聲音，自裡發出；大約是他的阿大。

「丘」，一個粗暴的男子！怒冲冲地冲了出來；把正在理着髮的她，嚇了一跳！…… ……………

『別人睡了正舒服，阿大爺阿大娘的鬧你媽的不清！水我偏不挑！怎樣。！？』

『哎唷！殺頭的！强盜又不追來！有話好慢些說，眞是「說了一聲，鬧了一坑」的！你不挑，我不燒，殺頭的………。』

阿大從牀上跳了下來，拿頭往外一探，看見爸媽正在惡狠狠地相罵着，便又縮了進去。他深恐爸來拿他打着出氣，但肚子裡怪餓的！一眼看見拋在一邊的枯草，便把來塞在灶洞裡，抬頭見梁上的飯籃，便盛了兩塊飯皮，放在鍋裏，一連去了半匣的火柴，好容易被他燃着了那草！他還時時的担心地，把小耳朶貼在草壁上，聽得外面仍是嘰嘰咕咕地鬧着，他這才放心。

連連的草，延到外邊來了！阿大還自不覺！跳東跳西地歡喜着。

附近的破壁燃着了！………逼室生着白煙，阿大莫明其妙地，立停了呆看！

外面喉着的他們，齊聲喊着：『火！火！阿大！阿……大……』

一朶蒸發而沒人做主的火花，直冲破了濃厚的大霧，將阿大帶到上帝那兒去了！

他！只是發怔恨着自己沒挑了水。

她！只是跳躍地哭着：「…我的心肝啊………阿大。我的肉啊………」

環境

——歐路——

環境！我並不認識你是誰？！

但，我知道你是個勢利的！

飛旺騰達，耀武揚威，呼進喝出，舉首揚眉的人們，他們並不望你，求你——賜福，你卻自己先笑着迎上去！

衣不被肩，食不果腹，年豐啼飢，冬煖號寒的人們，他們向你苦苦地跪着，祈着——開恩，你卻再也不給他們好臉看！

俗語說的好：「一見強者往下拜，見了弱者踢一腳」正好作你的比語！

其實，你也須知道：「與其錦上添花，怎如雪中送炭！」

環境！你試思量着！

過去式的童年

——蠻兒——

生命之神，虧他把我末一個叫「出來，現在，我，只有叫「哥哥」「姊姊」，沒有喊「弟弟」「妹妹」！

我的一生眞險極了！小時不乖，終日哭喊。爸又生着極凶險的「發背」，總罵着：『討命鬼！小哭鬼………！』

那一時，「水頭」又雇不到，媽恨到極點，總說着：『抱你到山上去給老虎吃了！』再假裝把我抱到暗處，我總不哭。——這都是我懂事了，媽告訴我的。

牛乳，差不多整日不離口的，臉那時胖極了！拍的照，嘴總成了一個圓洞，現在，沒事拿着瞧，不禁失笑吶！——

七歲，跟着姊們到附近的學校——競志——去。

上學的隔夜，早把小書包理好了，高高地掛在壁上，自然，新衣裳也放在牀角邊！

一夜，更聲，鐘聲，都給我聽得：一…二…三…四……

聽得四時，早跳出來準備穿新衣，誰知把脚後的三姊嚇醒了。押着我再守兩點鐘。

早餐，我們還吃着雞子，——媽說：『吃了有記心的……』

學校到了，我那時以爲到了公園了。姊們的同學，都搶着抱我到她們的教室裏去——我，難爲情，陌生，半天牽着四姊的手不肯放。

「讀書」是久蓄着的慾望，所以，張先生教的書，都會寫，講，默，她常教我走到教檯上，高高地舉着書，大聲讀着：『大狗，小狗，大狗叫，小狗跳，一』常在許多小朋友的掌聲中下來。她常牽着我到她預備室裏去玩，她和我最熟。

我的小朋友很多，放課後，拍皮球，盪船，眞的，最好玩的是四人玩的『官，打，捉，賊，』我總當着官打人家的。

學校生活，慢慢地變遷了。

小學畢業，奬得四本兒童世界，兩枝鉛筆。當然，狂喜着，拿回去給媽藏着。

進了五年級——兩星期後——舅母領着我去住幾星期。以後，我便學寫信給爸。那似通非通的家信，其中之辭，不外乎：『叩別以來，已數日矣，未知大人福體安康否？……女身體甚好，請勿懸念……。』等等，大半是仿做國文教科書第四冊「稟父親」的一課書，還請教先生幾個寫不出的字，七拚八湊而成的。

記得後來，又起了二十一條的事。校長在大禮堂上漲紅了臉，演手演脚地講着。那時空氣緊張極了。其實，我並不知道甚麼。但靜默地聽着。後來，級任先生的綴文題目：是「怎樣反日」——我居然也有「抵制日貨，堅持到底」的論調，還有：「我們沒有槍砲，可用竹片削尖了，和日本小鬼打，我們人多，一定打勝！」

同時，我又寫信到家中。這封信，現在還存在吶。現在，把牠全文抄寫在下面吧！

『母親大人膝下，敬禀者。日本人可惡極了！我們應當抵制日貨，堅持到底：衣服不要用洋紗做，面盆要用木的，白糖也日本貨，再有我的白相故事，我問先生的，他說：「也是日本貨」，我都不要了，給新來媽的女兒阿英！敬請福安！』

當時，父親不在家，又愁着他不能了解那深奧的文理，重大的意義。所以，在紙後，還寫着兩句：「此信若看不懂，可叫大哥看」，上面加着墨圈。現在看，文字旣不通順，思想又極幼稚：大可發噱！

童年，無形中失却了！耐人尋味的生活，已在「不以爲奇」中變爲泡影了！能不慨然！?!

十九・五・十六・

小　開　喪

（教室中趣事之一）

飯後一怪乏味的，——無形中成就了「開喪」的一幕。但，規模很少，就叫牠「小開喪」吧！

一口氣拿雞毛帚，圍巾，白紙，裝成了一個死人，把他鼎立在三角櫥前垂着頭，眞像！

『矛盾極了！死人也沒看見會軟軟地鼎立着的，難道連棺材都買不起了!?……』那咯咯地走近來的文學家——張女士——搖着頭，似嗔非嗔地說。

『哈……死人立着的！眞所謂鮮鮮活死人了……哈……』多數的同學都笑得把身子灣成弓形！

『文學家！不要這樣嚴厲吧！死人定要裝在棺裏的？這樣，是我們新創造的形式。這樣的死人，最出風頭不過的！…』

『哈……新死法！…出風頭！——』

『哦……哈……』繼續一陣咯咯，文學家在笑聲中挾着書出去了。

小小的靈座檯____阿國佈置的____漿桶代香爐，竹筷代線香，紙花，便拉來點綴着。

大多數的同學都到了，當諸事完畢後。

聘請了幾位同學作孝子孝婆，伏在檯旁，頭上還胡亂綁了些白布。

那時，孝堂中，早擠得水泄不通。

我站在門旁，司升炮職。

『開禮了！』司儀大聲一喊。

『升炮！』

當下，我便竭盡生平之力拿着門ㄅㄥㄅㄥ，ㄅㄥ地掌了幾下。

那令人聽着鼻酸的哀調，接着由二同學奏了起來。

吊喪者——同學們——都絡繹地上去依了司儀的口令：『拜！……拜……拜……興！孝子叩首謝禮……』演行着。

『裏尸ㄓㄤ爾ㄙㄤ！』

……『啊呀！我的娘啊！你怎這樣不聲不響地逃了去呢？……』

『啊呀！我的全福全壽格…太…太…呀唷，太太，為啥不我這苦命人來代了你呀？！……』

拜的形式不一；有女子式，男子式，頂禮式，——滑稽極了！總之：捧腹大笑——旁觀者，掩面狂哭——當局者。

——『阿姆：定定吧！客還多着哩！到結諦蘇婆呀，「死」是免不了的！不過，活着也不脈多！阿姆，老太太已算全福了！別哭吧。「哭」也是沒用了！……』

——『呀！嬸嬸…娘，在前天也好的哩，不知怎的，昨天忽逃了去了！嬸嬸：請外面坐吧，真待慢！阿妹，倒茶。……』

哀調慢慢地低微了——以至于靜。

『客人都沒有了吧！』

『是——』

『收禮了，升炮！』

『ㄅㄥ！ㄅㄥ！ㄅㄥ』

事實上也只好閉幕了！

——先生已夾着書在假山上了——一個同學的急報。

十九，五，十七，蠻兒。

一個回憶：

——歐路——

回憶，是我最不嗜好的一舉。在寒假的長期中，一無回憶，似乎道不過去；現在擇其有趣的事實，回憶一下子：

二姊喚了我幾次去玩　她那天又教香保和弟弟來，都喚着：『小姨去看！小妹裝着新娘子，去聽，眞像！——我當然情不可卻地去了！

小妹，端端正正地朝南坐着，垂着眼，頭上載着鮮花，成了一個架，兩手合在一起，宛然一個細小而美麗的新娘子。

二姊一路走來，跨進房，早指着小妹笑個不住！而她——小妹——臉微紅着，並不逃避。

小貓也叫着進房，香保忙把牠抱了出去，說着：『小乖：！不要來擾亂秩序……』

『……小新娘子看厭了！咱們到園子裡去玩吧……』

二姊拉着我往外走，香保和弟弟忙着和小妹妹卸裝。

五分鐘後；又聽得那邊喚着；『小姨，你來！』

走到那兒一看；小妹在井邊小盆內浸着一個洋囡囡，那金黃的髮，已給他浸的模糊了！

他在那還得意地把小手叉着腰，抽了幾口氣道，『你聽！新年又要來了！她的面上還是怪髒的，等會爸回來瞧見了，又要說我懶得做事，我眞被他累的乏極了！』他一面把洋囡囡挨到我手裡抱了，把衣服整理了一下，一面接着說：『小姨！你瞧做姊姊的眞不容易……』說完又抱回洋囡囡，笑嘻嘻地跳着去了！

這天晚上！——他舒服地和淨潔的洋肉闷睡了一夜！

赴杭

——鑾兒——

狂樂的時期，掩着面奔過去了！——恐人們賞識透了地。

各同學都有相當的筆記，闇雖不敏，不得不畧記一瞥，以留鴻爪：

身在學舍，魂向杭垣！——安睡，竟無形消失！

好容易待到半夜一時，一陣陣索索的聲音，驟然發出，——只累夠了不去的同學們。

工作都完畢了——在二時半——各人拿着行李，直冲向校門，那身體較弱的先生和同學們，躲向人力車上去。其餘的，走，排着隊走！

同去的有四個教師——周先生乘車的——兩三隻電筒，從暗中射出，鞋聲齊着，望着車站進發。

『人家一定以爲門外過兵了！』鳳英睜大了眼驚喜地說。

睡在城旁的巡察，把笨重的城門開了！車站越走越近了。

『吒！吒！吒！』幾只不識人的惡狗，在暗中算示威着！

到了，車站到了。月台上的鐵欖，都給我們占下。一個個伸着頭，望火車快到。

警鐘噹噹地敲了十幾下。

『用心些，火車快來了！』這是徐師的警告。

嗚嗚的火車，在第二次鐘聲後來了。當時都携着自己的提包，隨着車走。誰知走過了好幾節，都擠滿着。——原來參加全國運動會的團體，多附此車去的。

沒奈何，我們只得糊裏糊塗地擁進了頭等，可是也已滿座，不過有個立錐地吧了，倒也不覺得辛苦。

昏黑的太空，漸漸地換上蔚藍的彩色。一會兒，東方已發白了，精神爲之一爽。

車中的電燈，同時熄滅。

昏黑地，那混濁而富于物質建設的上海到了。

下了車，只見各團體的選手，都雄糾糾地來來往往的——在他們的臉上，都現出自負不凡的形色。

好容易搭上滬杭甬車，坐定了，誰知又搭錯了，大家又敗興地下來：心理老大不滿意。

這時，我們臉上都蓋着一層薄薄地黑灰，像鬼了——管牠，只要達到杭州。

吃了一時的冷風，總算那我們坐的車來了。那時都蠢然而上。最後，僥幸又都坐定！

一路，——應用兩句俗語吧，——『桃紅柳綠，相映成趣，』牠——火車——只是黑烟繚繞的見站而停——一會兒又開。——野外的田舍，風景，在我對面的小窗上，映過去。老柳，力士般的爭奔着；小桃，舞女般的步趨着；濃厚的黃花，淨潔的綠草，尤爲增色不少。

『看！看！火車到了！』一個小女孩停止了割草逛樂地吶喊着。

『討厭的，你做你的工，牠行牠的路！…』一個惡狠狠的婦人，指着她罵。在她的臉上的肌肉，隨着她的嘴伸縮着：『今天……』。

以下的話聽不見了，遠遠的只見那小女孩又展開雙手，恢復工作，把小嘴鼓着，暗暗地對着那凶婦做白眼。

枯燗的心，終久得到安慰了！

久望的聖地，達到了！——都帶笑地下車——借人力車的速率，直達貧兒院——住下。

作于中三課室，

霧是什麼

——孫旭——

霧是什麼？霧是支配人們，使人們走入岐途的使命。霧中有許多的魔鬼，時來誘惑意志不堅的青年們，千方百計的，必使達到他最後的目的。

他們所引誘的路，是傾斜的，是油滑的。祇要一失足，便上了他們的道兒。到那時，即是回頭，怕要費掉九牛二虎之力，纔能重登大道吧！

上了歧途的人們，是多麼的可憐啊！在茫無頭緒的迷陣中，不自主地縱橫奔着。拋棄了家庭，犧牲了生命；不顧廉恥，喪失心神；祇是無意識地受着魔鬼的驅使。

啊！霧中的朋友們，謹慎些吧！

日記簿上的一頁

——蠡漢——

十一月十八號

鈴聲響了，她們都挽着手笑嘻嘻地走向大禮堂上去了。煩惱驅使着的我，更給無謂的思潮湧現在我的心頭，使我的足步，放得特別遲緩，躊躇着踱進禮堂去。那時禮堂上已經站滿了各級的同學。

「給獎」，一聲重大而且宏壯的音調，在靜寂中好比鐘聲一般清朗。那回聲震動了墻壁。

于是，一位位才深學博的優勝分子，得意揚揚的領得獎品。其餘的同學，都拍着掌來頌揚着，贊美着。大禮堂上充滿了笑聲和掌聲。那空氣多麼愉快。同時每個心靈裏都懷着樂意。

孤悽的我，躲在那與高采烈的波浪裏，時時接受那無情的炯炯然的目光，和那種使人難堪的論調。那空氣在我覺得緊張極了，我的心兒好比小鹿似的在亂撞。紅雲升上了我的臉龐，慚愧充滿了我的腦海。使我的頭垂着，暗暗的思索，追求啊。

冠冕，

是暫時的光輝，

是永久的束縛。

冰心女士不是曾說過的嗎。

偕友人遊梅園

——波青——

駒光如駛，已屆初春；年華不復，又逝殘歲。問消息於枝頭，正是早梅天氣，想羅浮前後，又已織影雜陳；諷蹢左右，行見雪花如海。冰肌玉骨，質異蘭芷；國色天香，品優桃李。良辰難逢，行樂故宜及時；美景不常，此生看得幾許。敢煩綠衣，邀素心人，作梅園之遊也。

瀑

——綠萍——

矗立在霄外的高峯，夾着一條險峻的山澗，却並沒一人在那兒行走，祇有那湍急的飛瀑，在湃怒奔騰着。

湍湍的雨絲，猛力的向大地攻擊着；濛濛的濕氣，籠罩着一切；在這悴迷的宇宙中，那飛瀑却更湍注得利害了。

雪亮的一片水，把那黃石堆疊成的山澗，文風不通的遮掩了；眞似花果山的水簾洞，又似萬丈的銀蟒，在起伏行動着；當牠衝過崎嶇的石塊時，濺起了浪花似的水珠，與起了魚眼般的旋渦；洶湧澎湃，嶔坎鏜鞳，嘈吰清越，如鐘鼓聲；又如海浪激岸，霹雷暴發，更覺宏大雄壯，也微帶着悲傷的音調。

啊！！瀑呀！！！妳是多麼的美妙而神秘，使我這遲鈍而簡單的腦筋，眞不能描摩。

霧

——幽篁——

宇宙的一切，還是沉默着，沒有聲息。在空氣的裏面，放出無限的寒冷。這時，迷人的霧神，立刻開始牠迷的工作把一切籠罩了。

世界好像更換了，天地好像混合了，眼前的一切，都好像在雲中搖動，不能清楚的看見。…有時，那霧神把身子一轉，就在那雲霧中露出了一些屋角和山頭，眞好像飄渺的幻境，又好像陰慘的地獄，又好像莊嚴華麗的樓臺殿宇，在白雲中隱現飄蕩。

空氣中充滿了嘈雜和喧鬧，大地上一切的動物都從他們甜密的夢鄉醒來。在曲折的路上，走滿了大小的人們。而他們的形體同時也被那霧神遮掩，只有隱晦的羣動；眞似一個個美麗的活潑的天使，在浮雲中飛舞，又似許多的小鳥在天空中飛廻着。……呀，霧神的魔術眞大啊，把偌大的宇宙，竟能完全遮蓋了，把一切的大路和方向更完全迷住了。牠的幻術眞利害而險惡啊。

正直而有血性的太陽，突然從山後上昇。牠不忍大地的一切都在迷網之中，運用了牠全身的體力圓睜着怪眼，竟和那萬惡的霧神開戰。炯炯的眼光怒視着牠，打得那妖魔的霧神立刻消滅了。這時，一切幻影也同時消滅。在全個宇宙的中間，完全盛滿了光明的愉快了。

鼠給貓書

——瞥　一——

貓大哥：——

我和你雖然都在一個房間裡，但是終沒有相見的機會。因爲你大哥的威嚴，只須使我一見就魂不附體地逃避，以致未曾前來問候，多多有罪！

大哥，你我不是同爲獸類嗎？都在同等的地位的嗎？爲何要逞了你的兇暴的性格來壓迫我呢!?

至於說到我偷食人類的物品，因爲要維持生命的關係，這是無可如何的事。況且我所偷的是人類的東西，並不是你大哥的。我和大哥並沒有深仇大怨，大哥又何必一定要傷害同類，而忠誠於異類呢!?

天生萬物，各與以相當維持生計的資料。自從人類把這種資料完全占爲己有，獸類但處于偪促不安的地位，況大哥又依人而生，弟本已不服氣！一心希圖報服，是以略施鬼伎，使人類旋于心計，不勝防禦。這種精神，想必大哥所欽佩的吧!?

小鼠白

寫在一個大霧瀰漫的冬晨

——力　子——

鐺…鐺…的晨鐘聲，從寂寞而寒冷的空氣裡送來，是催促人們起身唯一的使命。我脫離了溫柔鄉——

被窩，不覺寒氣襲人，齒戰股慄。我的身體立不定了，雞皮似的皮膚現出來了。

從玻璃窗上望出去，四周是瀰漫着白茫茫地煙似的大霧，對面的景物已被牠蒙蔽住了，大自然的一切都已失了廬山真面目了。

那重重的大霧，把一個光明燦爛的清晨，染成了一片死灰而黑暗，汚濁而沉濺的了。

唉，我不禁想到現在的中國，封建勢力依然存在，社會惡化加以蔓延；政府是金錢買賣之場，國土是軍閥倒戈之域。這樣的一種情景，有何異於這個大霧的冬晨呢！一個光明燦爛的中國，變成了一付死灰而黑暗的汚濁而沉濺的中國了。

有爲的青年們，熱血的青年們，甘心任牠這樣墮落下去嗎？

我是爲改造社會而生的，並非爲享受社會而生的。我當努力奮鬥，改造這社會的黑暗，劈除這社會的汚濁。抬頭一望霧已散盡，一輪紅日。照臨着大地了。

玄言

—— 次鑫 ——

在某處地方有瀏覽不盡的美景，觸目皆是的勝蹟，但絕少有人知道。

似乎春光明媚，風和日暖的氣候，自然界的一切，都表演着美的色調。同時，在那裏發現兩位美人，携帶着畫具，正在努力着完成她們的工作，更加爲那裏增色不少。恰正自遠而近，來了一隊制服整齊，步伐嚴肅，氣勢激昂的鄉村學生。那領導着的先生，有特殊的面貌和舉止。她是誰都知道是現代熱心于鄉村教育的錦韻袁女士。只見她急急的趨前與二位畫家握手，並對小學生們介紹道：「這是中國最近名畫家唐婉文張韻花二女士。」他一面繼續對二人道：「你們可知道單君國英成爲名律師了。她最近辯護得勝了一個光榮的案件，是中國大力士丁穉女士與日人角力，而致傷日人數人，所以引起中日二國的交涉，後經單女士再三舌戰，中國始得獲勝，爲我祖國一去以前之怯弱……」

時有呻吟之聲，發自前面洋式的房子裏。看護婦錢菊仙女士，在溫和的，仔細的，敏捷的觀察病人。旁邊也正在忙碌着爲病人診視的，是世界名醫錢芬趙女士。這所醫院的四週，充滿着自然美的景色。所以不遠千里而來求治者，絡繹不絕。聽說那承造這所醫院的工程師是俞境城女士。「自然，大工程師境城才有如此的才力，如此浩大的建築，如此精美，合于病人的屋舍。」無論誰人到此瞻仰着都作如是想的。

院的對面，是清波流蕩的小溪。附近的美人石畔，坐着一位文學作家張文瑛女士。垂了頭，閉了眼的在窮思極想她的作品。嚶嚶的鳥語，唧唧的蟲聲，擺頭的野花，叢雜的青草，都足以增添她的文學資料。

諸位女士爲着聯絡舊同學的感情，與增益娛樂起見，時常在下午工作完畢後，會集在小溪邊的草地上談天，這天她們仍是照樣的歡聚着。張文瑛女士最留意着國際新聞，她這次在集會時，報告着一個好消息；就是這次萬國運動會的結果，中國女球怪傑素娟，短跑韋茂蘭二女士，都博得舉世無上的榮譽。倒是害了新聞記者薛瑋女士，東奔西走，一刻兒攝影，一刻兒記事，忙係萬分。

趙鬩生在工作之餘，電影院中時有她的足跡，所以她在集會時，總是講着電影，談着主角。但使她們最牢記不忘的是到處賣座爲滿，轟動世界著名某電影，導演是佩先胡女士，編劇朱珏英女士，英文翻譯藍佩珍女士，三位的大名，已深深的刻在世界各國每個人的腦海中了。

…………………………………………………………

…………………………………………………………

啊，同學們！你們都努力着爲社會服務，爲國增光；都載着你們的榮譽歸去，獻給你們的爸爸媽媽，不知可還憶及區區不肖佩鎰其人否？

殘荷

—— 隮 ——

「呀，這是多麼美麗的一幅畫圖！」她看着蔚藍的天空，浮着紅紅紫紫的雲衣，幻出奇奇怪怪的形態，不禁隨口說了一句。這時，殘陽已沈向山後，餘光斜照着大地，清風陣陣地吹着她的衣裾，使她不自主的緩步走到那可愛的荷花池邊來。不過這却使她吃了一驚。呀，原來滿池所見到的，只是些殘荷。她呆呆的望了一陣，接着在她腦海中映出一幅美景來。

萬里無雲的碧空中，掛着一輪光潔的，燦爛的，清碧的月兒。她這時和華坐在池邊的石上注視着嬌豔的可愛的荷花。她們覺得牠在這時更加美麗了。娟娟的臉，正與面如桃花的美女一樣嫵美。不，美女尚沒有牠這樣的豐姿。露着微笑，隨着微風不住的搖動；好像在她們面前跳舞表們歡迎的意思。月色照着牠的嬌容，微風引着牠的清香。這樣，她們不禁爲牠醉倒迷倒了。

…………………………

…………………………

「華，我願我們一生同在一起。」

「願意得很，不過事實上却不能呀！因爲我是一個無產階級的女子，家中弟妹又多，而都要靠我一人養活。你想，我肩上的負担多麼沈重呢?!」華感傷地說。

「呀，生計真害人！…你從前不是一個活潑的女子嗎？怎自你父親死後，忽的變成一個容易悲傷而消極的人了！……」

…………………………

…………………………

風勢比前大了，荷花舞動的愈忙，香氣也更加濃厚，牠——荷——好像想把她倆的悲哀消盡似的，她倆都微笑着，忽的一回頭，見萬道銀光。從密密的樹中射進來。

＊　　＊　　＊

回想完了，面前所見的，仍是那些殘花的葉，她不禁替牠嘆惜！同時又替華哀憐!!

五個銅子

——蔚天——

素來熱鬧的北門大街，在一天的下午，路旁忽然圍着一羣人，把交通幾乎阻斷了。雲香提着油瓶跑來，擠進去一看，原來是一個年輕的異鄉人，緊鎖雙眉的蹲在地上，面前舖着白紙，紙上寫着不少的字。

雲香眼不轉移的看看，她很想上前去盤問一番，但始終沒有勇氣開口。

圍立着的人，雙目注視着地上的紙條，口中發出蚊叫的聲音。但雲香一字不識，祇是呆立着。

後來一個白髮的老先生，告訴他這年輕的異鄉人，生長江北。天災人禍，一家慘死；單身隻影，流落南方，囊無餘資，工作無着；現已兩天未曾食物，求人家佈施幾個銅子。雲香聽了，才知道一切。不禁起了憐憫之心。再抬頭一望，誰也不肯向袋中去拿錢給他，眼看得圍立着的人們，都紛紛的走開，三三兩兩的互相談論着：

『這樣年輕的漢子，不怕失面子，討錢。』

『喂！老張這是他騙錢的拿手戲。』

『可不是嗎！』

『嚇！現在這種人多呢！』

『是呀，我們要留心。』

『…………』

『…………』

雲香聽了這不近人情的論調，越覺得那蹲着的異鄉人可憐。她明知那些人只是看熱鬧，再也不會體貼人們的苦痛的，那麼那異鄉人不是今天又要挨餓了嗎，她看着手中主母給她買油的二十個銅子，不住的躊躇，送給這可憐者吧…………油少了……主母要駡……打……不給呢……太可憐了……最後她竟鼓着勇氣拿五個銅子給他，不等道謝，急急向糟坊跑去。

啊！貧苦人的求吃，有錢人反意爲騙局•……………………不幸的我不也是爲了天災人禍，致與慈愛的母親分別到數千里外來做婢女麼。………………雲香不斷的這樣地思量着『天下原只有可憐人才能了解可憐人的苦痛』………剛才送給他——可憐人——的五個銅子，又能使得他得到多少東西充飢呢……

菊

—— 嶠天 ——

深秋了，菊花爭旋鬥奇的開放着。她們不爲了嚴冷的寒風來摧殘而餒着勇氣，不爲了肅殺的繁霜而減少她們的美麗，依舊是鮮艷的開放着。昂昂然的仰起了頭，她們眞是美麗極了，雄勇極了。一個個披了紅的黃的白的戰甲，預備來和無情可怕的寒風決戰。喂！菊！我們擊着戰鼓助你們的勇氣，壯你們的膽力；祝你們成功，祝你們勝利。

菊的讎人是寒風，我們的仇人是誰呢？我們的仇人，是日本矮子，俄國高鼻子。這般蠻人，欺侮我國，殘害我國，侵略我國，這種種不道德的行爲，和歲月俱進，現在無可再忍了。同胞們，我們爲什麽不鼓着我們的勇氣，整我們奮鬥的旌旂，負了戰爭的工具——長槍大砲——和日本俄國蠻人衝鋒一陣，破殺敵氣呢？我們寧爲中國榮鬼，不願爲亡國的怯奴；我們如此的做吧！菊花只是嬌弱的花兒，竟能挺着軀幹，抱着大無畏精神，來和寒風宣戰。難道稱爲萬物之靈的人們，竟沒有勇氣來和他們的仇人宣戰嗎。

可敬的菊啊，努力些工作吧。

同胞們，快些覺悟罷，要拿我們的熱血來換自由！同胞們，莫自誤罷，我們要收回我們已喪失的山河！努力着戰場工作，來和鮫菊一較勇志吧。

籬下菊

——中藝——

殘暴的金風，吹得自然界一切的植物，都呈出頹敗的樣子。試看，那無葉的，瘦小的樹枝，那枯萎的，無瓣的花兒——不辨是什麽花兒——同時還吹着那含苞的，弱小的菊。吹得牠東倒西歪，生命險蕊。但是牠，意志堅强的牠，終久是戰勝了那殘暴的金風，而延長她的生命。

那嚴寒的，殘酷的繁霜，在黑暗裏用力的壓迫着，殘殺着。那宇宙間的一切，同時也壓迫着那半開放的她。但是，牠居然又脫離了第二層壓迫和殘殺，而得延長牠的生命。

現在，好了！高尚的，純潔的牠，已戰勝了一切殘酷之神，雄糾糾的站在牠唯一的境地——籬下——了！

惡劣的環境，反能培養出人才，只要有堅强的意志能了。要是不信，祇看這籬下菊。

病中的一幕

——狂　風——

最易害病的我，在本星期內又睡倒了。

銀色的月光，忽地羞怯似的掩着面躲入一片黑雲裏去了。沉沉的大地，滿佈着寂寞和黑暗。陰慘的風聲，急躁的回來怪笑着。點滴的雨聲，不斷地數着人間的創痕。幾枝老樹上的葉子，受了陰風冷雨的凌侵，都瑟瑟地亂顫着似乎怕搖落的樣子。冷冷的不知從何處飛來了幾聲汪汪的狗吠，顫抖着不絕如縷的拖長着，好像從地心裡發出來，又沉寂，又尖利，增加了多少沉痛。那時作客他鄉躺在病牀上的我，給寒熱之魔增高了我平時的溫度。但覺搖曳不定的燭光中，在眼眶裏不時有紅紅綠綠的圓圈發現。眼前的世界，完全變了——壁旋桌轉，戶倒窗搖，一切籠罩在半明不滅的燭光中的東西，似乎都在蠢蠢的活動着。

幻覺是最會使人們傷心的，這是我的經驗之談。一直到現在，爲了這個幻覺，我不知流過了多少眼淚。在寂寞的當兒，我想總可以遏止牠；但是，事實上却不然，你越是要不提起牠，牠越是在你的腦海中打滾着，直到你觸枯了眼中淚才止呢。

在一個慘淡幽暗寂寞的壙地裡，我的心靈似乎已離開我原有的臥室，模模糊糊地到家中，看見已故的爸爸，——淡黃色的臉龐，兩邊的顴骨高高地聳着，一副久病削瘦的貌容，看見了我表現出無涯際的得意的神情。我當時也有說不出的愉快的心理，這是我當時的幻覺。醒來時，我發見我的軀體依舊躺在客地的病榻上，那裡是什麽家裡，那裡有什麽爸爸呢？唉！家裏是離多遠的路，爸爸是已死的了，再也不會會面的了！我在我的心靈中，這樣反復的思想着。亮晶晶的淚珠，那裏禁得住眼眶的闌阻而停止他如箭水似底滴個不止的工作呢？

淚珠觸枯了，幻覺也漸漸地給窗外的風兒吹散了，只剩得眼前的紅綠的圓圈拋滾着，一切的東西蠢蠢的活動着。

我的自己

——涬——

雖是衆人中的一員，我覺得好像沒有我自己似的。除了由別人的反映，我竟不能認識自己。由別人反映出來的自己，我又不能相信就是眞正的我自己。所以到了今天，我還是尋不到我自己。我竟沒有自己。

我可以覺得的，就是我自己和別人的不同。別人說好，我偏說不好；別人向東，我偏向西；別人稱讚，我偏不佩服；別人都追從附和，我偏立異反抗。但是這並不能說就是眞正的自己。

人們可以知道的，不過憑着他們的觀察。他們說我是壞人小人，我便成了壞人小人。他們說我是善人好人，我便成了善人好人。我不能担保他們的對我，沒有誤解；我實在不敢相信他們的觀察。所以由他們觀察起來的我自己，仍不是眞正的我自己。

有時我覺得自己是空無所有的，有時我又覺得自己是什麽都是。但這二件，仍是一件。因爲空無所有，所以能夠什麽都是，而且同時也以什麽都不是，這更是我常常感到的。

給死者——表姊——的一封信

——漱石——

唉！當你在上海剛回來的時候，我來拜訪你，見你已有病睡在床上，聽醫生說是胃病。我以爲這是女子普通的病，只要靜養一時就好了。幾天之後，我又來望你，見你的情態一些不像病人，我心中快樂非常，於是同你談着一切喜悅的事情——什麼病好了，到那裏去遊玩等等。誰又料到這次的談話，是我們生平會面談話最後的一次呢！

當某一天的夜裡，我照樣平平常常的睡了。那知到了夜深，夢見你的病勢同我那天拜望的時候大大的兩樣。只見你坐臥不安，兩手指着心裡，做出種種難過的情狀。我當時要告訴你許多話，但你已不能聽見我了，你不能答應我了。我那時的心裏，多少難過呢。忽的夢驚醒了，天還沒有亮，心中拍拍的跳着。忽然回想到頃刻的夢，心裡極知不祥。但是還凝心妄想的以爲這是一個夢，並沒有什麼關係的。

及至夢後的兩天，你的四妹到校裡來了；見她的頭上，繫着黃色的頭繩。唉！我的心頭上無可再忍了，我的淚珠不斷的流下來了！

你自從母親死後，一直住在我祖父母的家中。雖然並不在一家，但是相處的時候很多。當我來探望你們的時候，你總是很溫和的款待我。日間同遊，夜裏同睡，談談笑笑，比親姊妹更親熱。想到你以前的種種，使我那能忘掉你呢！唉！想到這裏，我的淚珠又忍不止流下來了！

回想去年的暑假中，我們同住在一處，天天到下午空閒的時侯，到南禪寺散步去，或赴城頭遠眺，談談笑笑，多少開心呀。自今後，教我再到那兒去找你同玩呢？

你病的時候，我不能親自到你床前來服侍你，看護你，這是我唯一對不起你的地方。但是你也要知道，我只因受到學校中的約束，和功課忙碌的緣故，以致如此，諒你也能原諒我的罷。

你驟然離我而去，我想你的心中，一定有許多的話要同我說的。咳！你如有靈，我們在夢鄉中會面時告訴我罷！

你的表妹漱石給你再後的一封信

一九三〇，四，十八。

現　在

——濱　北——

世界上最寶貴的，最重要的，莫過于『現在』。

現在是過得很快的，是不能回復的，偶然一失足便成千古恨。

有人說：「只有將來，過去，沒有現在的。」原因是將來，過去都是的確有的。而現在呢，不是沒有，不過因爲過去得太快的緣故，竟似沒有現在的一般。那麽，在過去將來之間，那一個時期還是屬於過去呢，還是屬於將來呢？所以現在不是沒有，只是過的太快。在頃刻之間，所謂將來的已變成現在，所謂現在的已變成過去——倏來倏往，無時或已。現在的寶貴，重要就在于此。過去是追求不及的，將來是渺茫未定的，只有努力于現在，是我們唯一的目標。

記言

——娥——

大約九點鐘了吧，船裏的客人也逐漸增多了，猛聽得一陣啼哭聲，擧眼看時，一個鄉下婆子，右脚跨上船頭，左脚還搭在岸上，隨後有個十歲模樣的孩子，哭喊而扭住了婆子的衣角，不讓她跨上船來。只見她眼紅紅的說道：『阿新，你再莫任性拉我同走了，我不是常和你說過嗎？王家伯伯有了信息來，我就要到城裏去走一趟。你放心着，我不久就回來的，只要你好好的在你哥哥處放牛，他决不給委屈你的。好孩子，回去吧。』

她一面說着，那兩眶熱淚不由得撲簌簌滴下來了。

船客湧滿了，船主將篙子一提，只一篙，那船早蕩到河中了。只可憐那岸上的孩子，哭得什麽似的蹺着脚高喊着：『娘，回來，我也要去。』

離岸遠了，在那欸乃的櫓聲裏，還隱隱的夾着哭聲呢。船頭上站着的婆子，早進了船艙裏坐下，低垂着頸項，暗暗地哭泣。我看她怪可憐的，就問道：『婆婆，你五十來歲的人了，為甚麼要這樣的悲傷！那小孩子要跟你走，又為甚麼把他撇了呢？』她慢慢的抬起頭，舉眼望了我一下，接着嘆氣道：『小姐，那裏知道，才見的小孩，是我第五個孩子。若不嫌我話煩，聽我細說吧！我從二十歲，就嫁給陳巷上陳子三的。當他在時，一家大小，倒也很過得去，薄薄也有幾畝田地。我一起育五胎——二男三女。不幸他前年死了，幸而大兒和三個女兒已完婚嫁，惟有這孩子最可憐了，自從父親死後，就替他哥哥放牛作活。我那大兒子，一向本來孝順，自從他完了婚，對於我母子的待遇，就一天天的冷淡了。喫他一粥一飯，總得受些閒氣。真是討了一房媳婦，倒反丟了一個兒子。我實在受氣不過，就想出來自找活路，再不要去喫他那碗受氣飯。所以我托鄉鄰王伯伯在城裏替我留心，前天有信來的，說已替我尋着了。昨日就想去的，可是昨天和大兒媳吵了幾句。當時我馬上要去幫人了，但是我的阿新，他聽我說了這話，他一天陪伴着不讓我離開他。

今天早晨，我收拾了包裹，悄悄地開門走了，深怕驚醒了他。不料才要上船，他已起來了。唉，我何肯捨得離他，可是事到其間，也顧不得了。大兒認他是同胞兄弟，或能照顧他的，』

婆子說完了，還深深地嘆了一口氣。全船的人，都爲她表示着慨嘆。

記我的朋友

——瑩——

淡淡的陽光，映照着我書桌上的點綴品，一楨她的小影她。——我的朋友——對我微笑着。她——罩了一屑烏黑捲曲的美髮的她，一雙水汪汪的眼兒的她，一顆櫻桃似的小口兒的她，一張圓溜溜的臉蛋兒的她，對我微笑着。可是只有千里的微笑，沒有半句兒談心；只有那形式的美態，沒有像從前那樣談笑的神情。

一流澄碧清水的岸旁，設着有趣的玩意兒，我倆常常在那兒談着，玩着，何等的愉快。她和我時刻不離的厮鬧着，有時她對我說，我倆永久着，不要分離。那知可恨的光陰很快的過去，我倆都高小畢業了。因前程關係，並且她天賦的特性，和活潑的軀幹，是適宜於研究體育的，所以她進了體專，把我終日相見的她，送出幾百里之外。那時的別恨，祇有飲泣的分兒了。

腦海中深深的影着一幕慘悲別景；那窗前的明月，照耀得如同白晝，使有心人對着此情此景，更覺得灰白灣淡。零亂的行裝，堆在一旁，她從抽屜中拿出一張小照贈我。以後我倆不能時得見面，把這照做我倆的會晤面。那時的我，是喜，是悲，完全麻醉了。一句話都說不出，看看她的小照，還看看她的臉兒，眞是不知怎樣才好。可恨的陽光降臨了，我倆的分別一刻近一刻了。那無情的火車，把我親愛的朋友乘去了。她臨別時，還依依不捨的對我說，生離無異死別，那知竟成了我兩永別的讖語。「死別生離」，還深深的影在我心田上。一張微笑的影兒，仍是微笑的對着我，這是誰，是前年去世的陳麗芬！

男女平等

——影——

男女平等的聲浪，高唱得好久了，可以說人人都知道了的。但是瞭解平等的人，還是少數。現在我不妨把男女平等四個字來解釋一下。所謂男女平等，就是各種享受的權利担負的義務應當要男女共同一樣；否則配不上男女平等四個字。

但是男女平等從何做出發點呢？依我個人的目光看來，應當要有下列的四條件。（一）應當要有俱備的學識。這學識從何而來呢？我想非受教育不可。因爲有了教育，就有學識；有了學識，就生能力；有能力，就有幹才；有幹才，就能服務事情。所以教育是做事的基礎。（二）要有健全的身體。這健康從何而得呢？

非平時鍛鍊不可。假使身體不健全，那末無論做什麼事，都沒有興味了，也不會成大事建大功了。尤其是我們中國女子，向來是身體嬌弱的，所以尤其應當要注意。否則弱肉強食，那裏會達到男女平等的機會呢？（三）要有果毅的決心，超然的思想，不屈不撓的精神。假使沒有果毅的志氣，無論做什麼事，不會得到圓滿的結果。沒有超然的思想，就創造方面說，沒有精美優超的出品。就文化方面說，當然也沒有多大的進步了。沒有不屈不撓的精神，我可以武斷說一句，不會成大事業的。（四）要說到經濟問題了。經濟是我們人類最不可缺少的。倘使一個人沒有經濟獨立的能力，處處終覺得不自由了，或者竟屈服于勢力之下。這是我們中國之惡習慣。只要睜開眼睛，看看現在的形勢，就可知道了。以上種種，假使沒有俱備呢，就要造成男女不平等的現象，而不免仰人鼻息。所以無論男女，祇要自己個人造就平等就好了。

現在雖然有男女平等的機會，像政治上，商業上，教育上等等都有平等發展的機會。但尚未能普遍。所以我希望一班青年女子們，尚須努力，前進！如此，將來或者有希望達到眞正男女平等之一日。女同胞們，快快自醒自覺吧。不要有了一些才能，就現之于色，誇炫于人。實際方面，好像繡花枕頭一般。所以我唯一的希望，是要實踐的，不是空談的。否則徒有男女平等的高調，而眞正實在之男女平等，仍是遥遥無期呢！

一個陣亡的兵士

——幕霞——

走！走！走！……城門已經破了，都被敵軍佔去了。現在還有大隊的人馬追來，…快逃，快逃，…他這句話還沒有說完，颼的一聲，一粒無情的槍彈，從他背後鑽進去，接着「啊喲」一聲，棄到在地上，咬緊牙關，再也不能開口了。

一陣亂轟轟的軍隊追過去了，拍拍的槍聲，潮湧般的人聲，大呼着殺！殺！走！走！噯唷！噯唷！的雄壯慘厲和着痛苦低沈的喊聲，漸漸地，漸漸地遠了。

那個受着槍傷的兵士，呻吟了好一會，才醒過來。眼見一抹殘陽，照着戰地上的流血，更加鮮紅。那些青青的草木，都因此變色了，恰如摧殘零落的秋天，又夾着一羣歸巢的小鳥，瑣瑣碎碎的叫着。他看了這種景象，不覺觸景生情，滿懷的悲楚，和瘡口的疼痛，使他躺在地上不能動彈。

天上幾片愁雲，擁出了一輪慘淡的月亮，照着垂死的形骸。他還囈語着：「殺殺走走」。及到清醒了，他不住想自己到這個地步，究竟爲了誰呢？戰勝了，權利土地，他們袖手而得。戰敗了，陣亡的只有我們小兵，………他又想他的娘哩，妻子哩，當臨別的時候牽着自己的衣服，洒了許多熱淚，他們還說什麼祝我早早戰勝，得獎回家。唉，回家，——回家，只可在夢中了。………他想到這裡，發出極沈弱的嘆聲，他的身體漸漸的冷了，眼睛慢慢的泛白。

從此那草堆上新添了一個死屍，一羣青蠅圍繞着他的遺骸，彷彿在那裏憐惜他吧！

一九二九，一九，五諸月珍

詩

—1—

雨絲

—建人—

雨絲從天上掛向地來，
　四面望去，
一層死灰色籠罩着的大地；
　　使人憶起了，
過去了的童時。
　* * * *
一夜的傾盆大雨，
　天曉了不久，
孩子們早起身了，
　對着那盛滿水的天井，
　　高呼，歡笑，跳躍，
立刻把媽剛給穿上的鞋襪脫下，
　開始那水上的遊歷。
　* * * *
玉也似的小足，
　　踏下水去，
激起了微微的浪花，
　同時也綴成了無數圓圈，
　　他嘻着臉喊着，
『媽，來看，有趣。』

＊　＊　＊　＊

雨絲從天上掛向地來，

　四面望去，

一層死灰色籠罩着的大地，

　　使人憶起了，

過去了的童時。

十二，七，課後

日神

——沁——

日神的臉兒好似火一般的紅，

急向着山後奔去，

不知爲了什麼!?

＊　＊　＊　＊

燦爛的日神！

怎麽你的臉兒這般紅——

好似火一般的紅？

是否正在和月兒作那無窮的賽跑，

精疲力竭了的緣故？

＊　＊　＊　＊

光明的日神！

你倦了呢，

休息一會再跑吧，

不要這樣急急的奔向地平綫下去，

月兒還沒跑出東廂哩！

一九二九，九。

旅行者

——波痕——

沒有一些聲息，
沒有一些蹤痕，
黑暗的魔鬼撐開了她的大傘，
陰森森地世界是死般的寂靜！
走呵，走呵，
不要畏懼甚麼黑暗，
不要顧慮甚麼寂靜，
前進呀，努力前進！
要最後找得光明，
且在黑暗中開始一個長期的旅行。

前進，前進！
經過了滿地荆棘的高山，
全身的肌膚已刺破了；
滾熱的血液在沸騰着，
生命的火焰在燃燒着，
呀，顧不得一切艱難困苦，
前進，前進，
我要找得最後光明！

前進，前進！
經過了白浪滔天的重洋，
整個的靈魂顛倒了；
意志的權威在迫着，
希望的誘惑在引着；

呀，顧不得一切艱難困苦，
前進，前進，
我要找得最後的光明！

沒有一些聲息，
沒有一些悵惘，
黑暗的魔鬼撐開了她的大傘，
陰森森地世界是死般的寂靜！
走呀，走呀，
不要畏懼甚麼黑暗，
不要顧慮甚麼寂靜，
前進呀，努力前進，
要找得最後的光明，
且在黑暗中開始一個長期的旅行。

荷

——遒敏——

荷呀！
你那嬌艷的花，
你那翠綠的蓋，
都到那兒去了？
爲什麼祇剩那幾張枯葉，
在風雨裏垂着頭不住的擺搖？

在夏日的你，
是很得意的，
受人們的，

欣賞，撫弄。

但到了現在，

誰來慰你的寂聊！

秋風呀！

你饒了她吧！

她再受不住你的折磨了！

秋雨呀！

你恕了她吧！

她再經不起你的摧殘了！

荷呀！

到明年的夏日，

你又將很得意，

但是，你得想到……

到了這時的你！

並且你也要明白你自己，

祇供給着人們

玩賞，撫弄吧了！

夜雨

——佩先——

那潔淨的，

冷酷的月姑娘，

帶上一層濃黑的面罩，

不讓她美麗的臉兒，

來照耀大地；

並且不知爲了什麽，

她竟在那裏悲泣了。

晶溶的珠淚，

點點的滴在梧桐葉上，

桐葉不覺也泣了。

因爲這樣，

使她們感覺到…

她們將從翠綠而萎黃，

慢慢的和她們的本幹脫離了！

晶溶的珠淚，

淅淅的滴在草際，

草際的秋虫，

更哀鳴得凄慘了。

因爲這樣，

使他們感覺到秋已深，

他們的末日即在目前了。

晶溶的珠淚，

瀝瀝的打在窗上，

使難入夢鄉的他，

想起了

幾十年來的漂泊無依！

慘淡的月姑娘啊！
你不要儘向人間落淚罷！
因爲你那淚珠兒的
點點，淅淅，灑灑
使大地上的一切，
都感受了深深的創痕！

玫　瑰

——逍羣——

玫瑰開了
嬌艷地，
鮮紅地。
牠依牆立着，
似醉似癡的，
不住的顯出媚態，
引着人們的留戀。

妹妹也知道玫瑰的可愛，
把小手勤勤的撫弄着牠。
但不一會，
她竟厭惡着，
把牠揉得紛碎。

「我愛你的美貌，
誰防你的毒意。

花兒葉兒多佳麗，
偏那莖兒刺刺地…」
妹妹鼓着嘴兒咕嚕着。

哭

——沉瀾——

哭是人們最痛快的事，
　能使人們去掉
憂鬱，悲哀，困苦，和煩悶；
　能使人們感到，
舒暢，努力，刷新，和有為。
　淚啊！我願你長來洗禮我，
把我造成一個奮發的人。

憶

——歐路——

憶！憶？
不憶了！
以前的種種，
都無從憶起；
徒死了我腦袋中的細胞！
以後的一切，
更無從憶起；
待最後蓄滿了細胞，
再憶吧！

我舉目四矚

——雪心——

我舉目四矚

一切都模糊不清地：

　祇覺得一身立在狹小的宇宙中，

四周有滕煙籠罩着。

　左有壕溝的阻隔，

右有槍炮的攻擊，

　向前找不到進行的道路，

退後又沒有徘徊的餘地，

　只得恐懼的彷徨着。

　在我恐慌而敏銳的神經裏，

髣髴聽得：

　慘呼聲，

哭泣聲，

兒啼聲；

　髣髴看見碧眼黃髮的士卒，

舉起那寒光迫人的刺刀，

　正是整隊向我進行。

無處躲避的我，

　駭得全身戰慄，

猛然記起羅蔓羅蘭的預言：

　「中國和印度會最後征服歐洲。」

即時鼓勵着最後的勇氣，

　冀求倖獲的勝利。

　恐慌的心地逐漸平靜了，

失去的知覺逐漸恢復了；

辭別了海夫人的皎陽，

已冉冉地從東方升上：

四周的騰煙已消滅無跡。

一道曲折的溪河，

水聲潺潺的流着；

幾樹枯葉的敗枝，

風聲颯颯的響着；

兒童們拍手歡呼：

「好一個大霧的冬晨。」

但我還憶着羅蔓羅蘭的預言

「中國和印度會最後征服歐洲。」

自由

——雪心——

地球慢慢兒的轉動，

依着牠一定的道兒。

清風吹遍了深山窮谷，

也吹遍了繁市大都。

「三五明月滿，

四五蟾兎缺。」

鳥飛空際，

魚游水中。

自由！

祇有相對的，

沒有絕對的。

給仁弟

——愴——

仁弟，

「希望」做我們的先導，

「奮鬥」做我們的工具，

這樣前途會沒有阻礙。

＊　＊　＊

仁弟，

有形的裝飾品，

算不得什麼，

無形的裝飾品，

却有競爭的價值。

＊　＊　＊

仁弟，

老母的精神衰疲了，

啊，她，她，

一切都爲了我們，

她爲了我們，

勞瘁了自己的體力，

抵禦看環境的憂侮，

這樣她的精神衰疲了。

＊　＊　＊

啊！仁弟，

希望吧，

奮鬥吧，

這樣，

才能爭得那無形的裝飾，

這樣，

才能安慰那衰疲的精神。

人　生

——流雲——

人生如泡沫，

　倏起倏滅，

絲毫沒留下一些痕迹！

　苦痛的樂意的

所造就的墳墓，

　怎有差異！

＊　＊　＊

與其茹酸含辛，

　毋寧隨波逐浪，

把整個的生命，

　寄托在虛渺的幻想上，

潤浸在歡樂的妙思中。

＊　＊　＊

本來超脫無苦痛的人生，

最是眞切有意味的人生！

春　水

——仌魂——

柔美的春水，

　你激起了燦爛的漪漣為誰?!

不要在我面前歔欷，

　只管滾滾滔滔的奔赴前途，

代我帶個消息給伊。

春水啊！

　當你流到天涯盡頭，

有一個姣好的姑娘，

　鎮日價在長吁短嘆：

爲語不要這樣，

　我已爲她心神無定！

春水啊！

　當你流到地角斷處，

有一個娟麗的女郎，

　鎮日價在悲噢嗚咽：

爲語不要這樣，

　我已爲她肝腸寸斷！

春水啊！

　不要在我面前歔欷，

只管滾滾滔滔的奔赴前途，

　代我帶個消息給伊。

春　風

——玉僉——

春風吹着一道曲折的小溪，

鏡也似的水面，

頓時皺起紗也似的波紋來了。

＊　＊　＊

春風吹着溪畔的垂柳，

絲絲的纖影，

把活潑閒遊着的魚兒驚恐了。

＊　＊　＊

春風吹着柳下佇立的我，

遠意綿綿，

近思忽忽，

睡着了，

醉倒了。

平　等

——冰——

平等！平等！

男女之間要平等！

男女本是同樣人，

不應分別卑與尊。

被壓迫着的女同胞們！

快快的振起你們的精神！

來自求解放吧！

這樣，

才能達到眞正的平等！

＊　＊　＊

親愛的父母們！

請把你們的思想更變了吧！

你們的兒子和你們的女兒

是處于同等的地位的○
你們不應該輕視你的女兒，
因而壓制他們的自由，
你們應該幫着你們的女兒，
使達到男女平等！

＊　＊　＊

愛美愛玩愛奢華的女同胞們！
你們不要以為能夠得到牠
——愛美愛玩…是幸福的，
須知，這正是你們墮落的表示，
也就是被男子們看輕的一點；
你們唯一的目標，
是向男子手中奪取平等，
男女平等！
你唯一的目標，
是向男子手中奪取平等，
男女平等！

女同胞們！起來吧；
光明的樂園，在前面發出光來，
歡迎着你們呢！

憶

——大鬱——

最易于記憶的，
也就是最易于忘却的○
憶，………

憶，………

又有何益。

慘悲的還是慘悲，

愉快的還是愉快。

憶，………

只是徒勞心血。

給…………

——明——

你曾否知道，

從你走了以後。

我的心喲，

已被寂寞惆悵扯得紛碎了。

咳，早知你是離不得我的，

我便强迫着也要把你留牢。

＊ ＊ ＊

吃過了晚飯，

無聊地走到操場上去。

當走過你昔時所居住的房間時，

對着你那坐慣了的櫈子，

作了好一回的呆想。

＊ ＊ ＊

月兒是那樣的傲慢，

人們又那樣的獰笑，

可愛的一切，

而今都變了壓廹我們的情調。

＊ ＊ ＊

從操場上回來，

經過你的書房，

對着你那坐慣的櫈了，

作了更久的呆望。

＊　＊　＊

你會否知道，

從你走了以後，

我的心喲，

早被寂寞惆悵扯得粉碎了。

唉，早知你是離不得我的，

便無論怎樣我都要把你留牢。

在知魚亭中

——素——

風平，波靜，

人影，樹影，

石橋，小亭，

都清清楚楚地；

倒映在池心裏。

＊　＊　＊

風發，波起。

人影，樹影，

石橋，小亭，

都模模糊糊地；

擺動在碧流內。

＊　＊　＊

羡煞那綠萍深處，

金魚三四，

乍浮乍沉，

忽近忽遠，

時隱時現，

若遊若定，

多麼逍遙，

多麼自在。

微妙的思想

——萲——

當微妙的思想，

流過我心田時，

我似乎聞得，

汩汩的澗水，

在巖石間，

叢草中，

低吟着的聲調。

春　雨

——粤——

絲絲的春雨，

洗滌了殘暴的嚴冬，

洗滌了大地的萎靡；

但是，春雨啊！

你怎能洗滌了人心的惡劣？

※　※　※

絲絲的春雨，

滋潤了郊外的草樹，

滋潤了園中的花柳，

但是，春雨啊！

你又怎能滋潤了我心的枯燥。

我　願

——星——

我願化爲小鳥，

在天宇中飄着，

有那清新底空氣，

把我的煩惱換掉。

*　*　*

我願化爲孤石，

在大海中沈着，

有那澄清底波浪，

把我的塵埃洗掉。

*　*　*

我願化爲野草，

在田野中站着，

有那自然底美景，

把我的苦悶除掉。

*　*　*

我願化爲小魚，

在清水中遊着，

有那汩汩底波聲，

把我的沈寂解掉。

*　*　*

我願永不爲人，

永不在人世中生存。

畢業

——光稚——

畢業，

是快樂？

還是憂傷？

該自怨？

還該自賞？

只覺得兩字的虛名，

抵不過三載的流光。

❀ ❀ ❀

窗外的碧樹，

一度度的花開花落；

影外的寒燈，

一年年的照寫照讀；

雖然不曾焦爲紙，

雖然不曾螢代燭，

雖然不曾錐刺股，

雖然不曾書繫角，

亦曾逐隊隨行，

寅起戌宿。

❀ ❀ ❀

前面的高高廈屋，

我來時，猶未起；

後面的垂垂絲柳，

我去時，葉已齊。

我自已照了照鏡裏的容顏，

止不住放下了鏡兒悠悠地吁口氣。

✿　✿　✿

時間何消說，

金錢何消說，

年年盼畢業，

年畢業豈畢？

✿　✿　✿

辜負了慈母的殷殷，

辜負了師長的諄諄，

辜負他姐妹的研益，

辜負他兄弟的砭箴，

更辜負了自己無限的精神，

✿　✿　✿

大姊姊前年畢業去，

二姊姊去年畢業去，

他們有他們的路徑：

　書本，教鞭；

　升學，服務；

各自東西南北飛，

雲上天衢不憶泥。

✿　✿　✿

現在呀！

擺在我面前的，

茫茫歧途分毫厘，

蘊在我心頭的，

鬱鬱愁端千萬緒，

我要問善解疑的巫咸，

怎奈他羌無故實言非理。

❀　❀　❀

呀！呀！

以前說畢業，

畢業足歡喜，

今朝眞畢業，

心憂無可比。

我不知道這兩字的虛名，

是值得歌頌，

還應該咒詛？！

看不見嗅不着的畢業

——浮雲——

看不見嗅不着的

畢業，

你究是何物？

奇怪！

你又偏偏盤旋在學生們的頭上。

當你降臨的時候，

有的愉快，

有的頹喪。

這是你不公正的現像嗎？

不，這是平時努力的表演。

但是，

你太殘暴了，

使人們分別，

使人們愁慮。

✿ ✿ ✿

畢業是一層神聖的石級，

有的以爲石級上陳滿了鮮花，

在那裏笑顏的歡迎着；

于是勇往直前的奔衝上去。

有的以爲石級上佈滿了荆棘，

在那兒惡意的譏誚着；

于是逡巡徘徊的懶得上去。

但是！

在可能之中，

還是奔上這神聖的石級去罷！

夜雨

——洪——

虛僞的笑顏，

掩不了我心中的酸苦。

快意的音樂，

再也提不起我的歡愉。

來自內心的淚水，

還讓牠流向心內去。

理不淸的憂思啊，

向那個陳訴。

✿ ✿ ✿

愁腸寡歡，百感交集。

茫茫的夜色，像阻了我的前途。

更何來這淒風苦雨，

給細梳着那紛亂的愁緒。

❀ ❀ ❀

這時候已是夜半更深，
窗外迷人的細雨，
我悽切的閒聽着。
其餘的人們都已睡靜，
祇我漂泊的靈魂，
在獨對熒熒的明燈。

新柳

——湛——

春天來了，
各種草木都萌動了；
岸頭池畔的柳枝，
冉冉地吐出一條青青的嫩葉，
彷彿含羞帶怯的新婦，
只露出一些兒眼角眉梢，
對着我微笑。

青絲也似的柳枝，
映着胭脂也似的夕照；
忽然鼗拂春風，
把她飄搖不止，
彷彿曲終舞罷的女郎，
罩籠着半嬌半倦的臉兒，
對着我點頭。

看呀！
多少春意，
都在那枝頭搖曳！
穿上了簇新可愛的服裝，
有溫和柔軟的春風保護着，
那麽逍遙自在呀！
柳枝呀！　可愛的柳枝！
你能永久存在嗎？

詩

——2——

五　絕

工　人

歐　路

破曉曙色開，　帶月逐城隈；
飢女牽衣哭，　掉頭竟不回。

聞　笛

鋼

微月朦朧夜　五湖飄渺時
秋風何處笛　搖落有餘悲

秋　夜

愴

一痕銀漢明，　萬點疏星立；
四野寂無聲，　唯聞孤雁泣。

黃　花

愴

寒風昨夜臨，　羣卉芳時歇；

（文藝）

空院寂無人，黃花獨自發。

東風何太急，吹折數花枝。

幽　思　　蠲

孤燭夜何寒，幽思殊未了；
歲闌時已昏，進益知多少。

雜　詩　　雪心

深谷草初黃，山花亦已芳；
懿筐誰氏婦，佇立看雲翔。

紅　杏　　久魂

鬱鬱發華姿，離離紅杏枝；
芬芳二月盡，零落幾人知。

尋　芳　　前人

猶是尋芳時，美人惜暮遲；

寒　夜　　前人

萬籟聞都寂，天寒夜正長；
牀前曉是月，夢裏客爲鄉。

問　菊　　前人

荒徑何三三，良辰又九九；
寒風昨夜霜，凜冽問知否。

雜　詩　　前人

寂寞空庭前，寒階白雪妍；
晚來梅又發，更上月娟娟。

風　發　　譯

風發起微波，紫莖托綺荷；

兒時池畔唱，　　儞爾猶相和。

日落

曙

日落西山巔，　　歸禽依樹眠；
秋風汾水上，　　何夕是歸年。

雜詩二首

——波　青——

歲歲秋風唱別歌，朝朝化雨賦磋磨，
年華逝水真容易，老大傷悲感悔多。
黃花籬下正開日，遠雁雲間南向時；
風繞秋林鳴不息，紛紛落葉動悲思。

雜詩二首

——仌　魂——

一輪皓月映清暉，　越女如花斜倚幃；
婉轉蛾眉呼欲飲，　嬌姿猶似吳宮妃。

高樓一夜月痕深，　幾處淒淒寒女砧；
底事秋林鳴不息，　孤燈挑盡淚沾襟。

別斐

——仌　魂——

春風易逝奈何天，　離恨綿綿時不憐；
最是殷勤歡笑日，　綠楊白水路三千。

歲暮別諸同學

——晨　風——

梁溪歲月何匆匆，　梁溪逝水流西東；

且唱驪歌分道去， 明年歡合又春風。

五湖歸掉

——雪 心——

煙波浩渺斜陽外， 雲樹稀微薄暮間；

欸乃聲聲歸去也， 前船明月後船山。

遊黿頭渚

——狂 風——

銀地無塵金菊開， 畫船載得素秋來；

山僧最解遊人意， 碧水芙蓉遍地栽。

舟行湖畔

——狂 風——

秋風初起不知寒， 湖畔舟行不泛瀾；

十里朱霞横白水， 一痕碧霧帶青山。

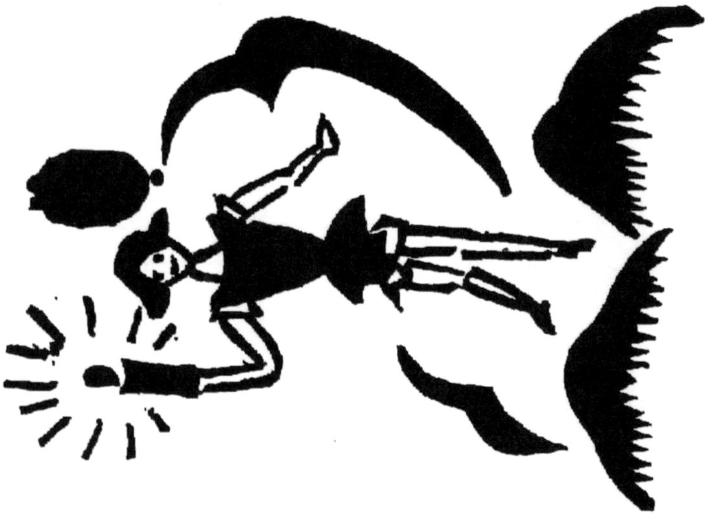

（文藝）

（80）

別……
別……了……母校

圖表一

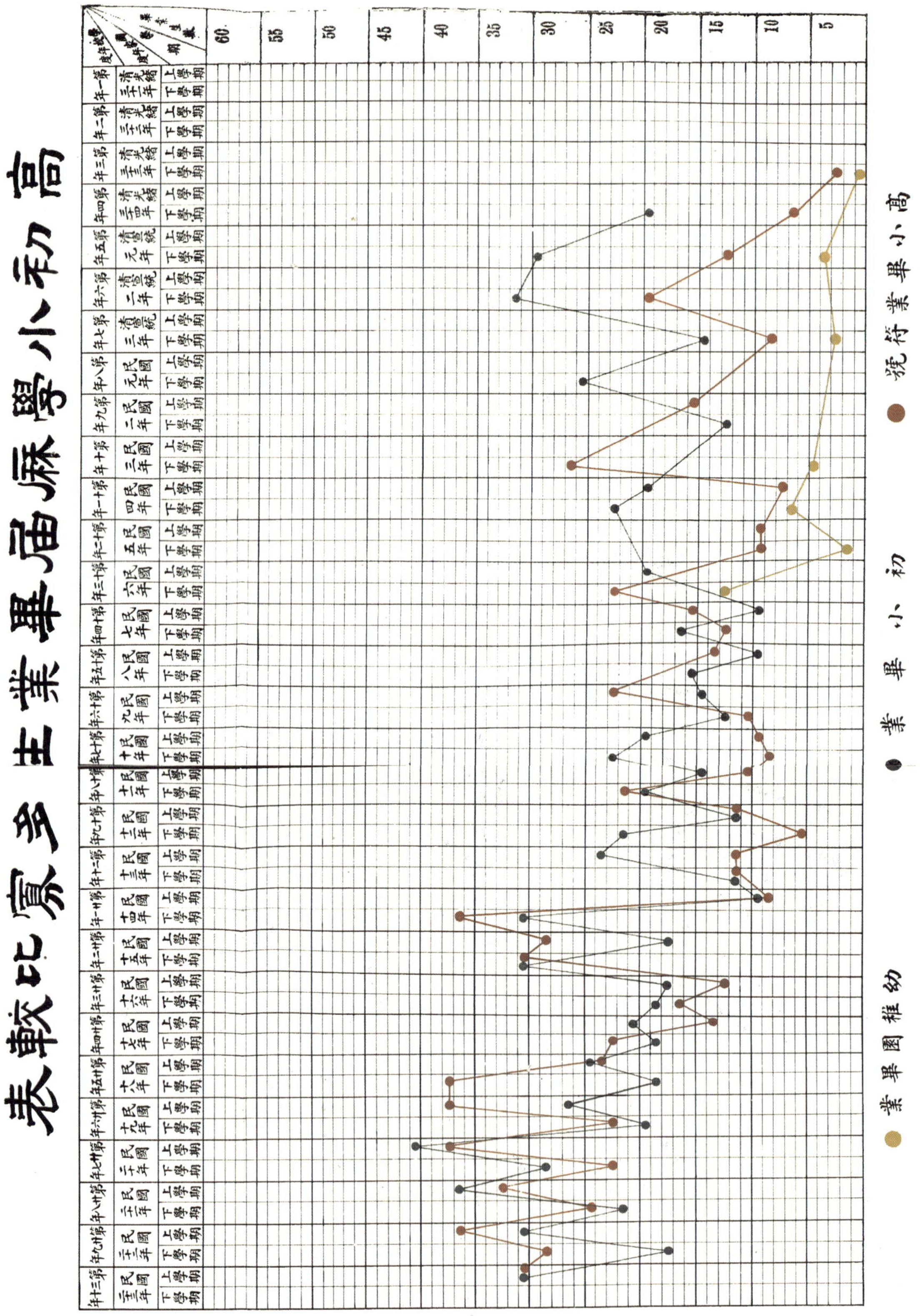

後記

無錫是中國吴文化的發祥地。七千多年悠久歷史與文明，造就了『梁溪明秀之區，衣冠禮樂甲於江左』的城市人文傳統和深厚的歷史文化底藴。數千年來，文脉綿延，永世流芳。邵寶在《錫山遺響》序中曾經這樣描述：『錫之爲邑，在三吴間。山水清麗豐曠，生其地者，多沉雅秀整，以文名家，代不乏人。』文化已經成爲這座城市最本色的氣質。爲傳承吴地文明，建設文化名城，進一步彰顯無錫城市内在精神特質，經過幾年的精心策劃，旨在全面整理地方文化典籍的《無錫文庫》編纂出版工作於二〇一〇年全面啓動，二〇一一年起陸續與讀者見面了。

無錫的城市文化曾經爲中華文化寶庫作出過巨大貢獻。顧愷之、倪瓚、王紱、鄒一桂、賀天健、徐悲鴻、錢松喦、吴冠中，如松秀群嶺，在中國繪畫史上擁有很高的地位；華秋蘋、楊蔭瀏、劉天華、華彦鈞（阿炳），乃韵動天籟，對中國音樂發展發揮了重要作用；李紳、蔣防、尤袤、蔣捷、陳維崧、顧貞觀、嚴繩孫、周濟、劉半農，皆胸懷錦綉，在中國文學史上可謂各領風騷；計六奇、顧祖禹、顧棟高、秦蕙田、嵇璜、錢基博、錢穆、錢鍾書、錢海岳，可稱堂奥廣庭，學造淵源，在中國學術史上卓然大家；顧憲成、高攀龍之東林，唐文治之『國專』，徐霞客之游記，徐壽、華蘅芳之『格致之學』，陳翰笙、錢俊瑞、孫冶方、薛暮橋之經濟學，都堪稱中華文化史上的一座座高峰，至今閃耀着炫目的光芒。

深厚的歷史文化底蘊激發了無錫城市的文化自覺。市委、市政府滿懷對鄉土誠摯之情、對文化敬畏之感，以義不容辭的責任擔當，致力於文化强市建設，以科學的理念和方式對歷史文化遺產作全方位的觀照、深層次的發掘、系統性的保護，匯四海之智，舉全市之力，共襄文化建設盛舉。二〇〇六年十二月，無錫市成功申報國家歷史文化名城，標志着新一輪文化意識的覺醒，并迅速轉化爲文化自覺的實踐。近年來，我市全面啓動惠山、清名橋、小婁巷、榮巷、蕩口等五個歷史文化街區和十個古村落保護修復工程，『護其貌，顯其顔，鑄其魂，揚其韵』；鴻山遺址成功保護的經驗被國家文物局譽爲大遺址保護『無錫模式』，并被授予首批國家考古大遺址公園，闔閭城遺址考古發現則確立了歷史上無錫曾作爲吴王闔閭都城的地位；建成開放六十餘座博物館、名人故居和紀念館；對無錫的非物質文化遺産予以重點保護；每年春天舉辦的中國（無錫）吴文化節、中國文化遺産保護論壇成爲文化亮點，享譽海内外。這些舉措遵循規律，探索文化建設體制和機制的創新，形成了寶貴的『無錫經驗』，得到海内外學者、專家的一致肯定。

在注重保護歷史文化遺存的過程中，發掘、整理無錫歷史文獻著作，展示和弘揚無錫城市的思想精神世界，自然而然成爲大家關注的重點。二〇〇六年，市委宣傳部組織無錫文史專家、學者編撰的十七册三百萬字的《無錫文化叢書》正式出版，引起强烈反響，出版後供不應求，在二〇〇八年再版加印。《無錫文化叢書》集中反映了無錫城市文化精華，展示了無錫城市文化特質，彰顯了無錫歷史文化的厚重，同時也告訴人們，文化精神的傳遞是文化繁榮發展的重要内涵，一旦擦去歲月蒙塵，優秀的歷史文化就會轉化成爲取之不盡的精神財富。

爲了進一步彰顯城市歷史文化底蘊，二〇〇七年，市委、市政府將全面系統整理無錫文化典籍擺上工作議事日程，明確提出編纂《無錫文庫》。由于無錫歷史文化底蘊深厚，卷帙浩繁，内容豐富，編纂工作千頭萬緒，要想整理出一部簡明扼要而又内容翔實、主旨鮮明而又文質彬彬的文獻集成，難度遠大於預想。爲此，我們先後成立了《無錫文庫》工作委員會和編輯委員會，加强對編纂出版工作的組織領導與統籌協調，在尊重歷史、尊重規律、尊重科學、尊重專家的基礎上，積極推進文庫編纂工作。編輯委員會經過反復論證，明確原則，綱舉目張，有條不紊地開展工作。充分憑借地方文史專家的優勢，充分發揮高校人文學院、研究機構的作用，充分依靠出版機構的專業經驗，并邀請國内外著名文史專家指導、把關，形成了文庫編纂的工作合力。

在編輯過程中，我們力求使《無錫文庫》成爲經得起歷史考驗的鄉邦文獻集成。在全面規劃又保持開放結構。面對豐富的歷史文化積澱，没有規劃就不可能形成清晰的編纂思路。在前期編纂工作中，編輯委員會經過二十餘次的論證會和專題研討會，形成并確定了《無錫文庫》總書目，明確了收録範圍和内容主體，立足無錫市區，兼顧江陰、宜興，主要體現無錫本土内容，突出人文科學，適當兼顧其他門類。據此，《無錫文庫》收録圖書五百五十餘種，分爲五輯：第一輯『官修舊志』，收編無錫地方志（含江陰、宜興）；第二輯『地方史料專著』，收編反映無錫地方史料的專著與筆記；第三輯『年譜家乘』，收編無錫（含江陰、宜興）地方名人年譜和望族的家譜；第四輯『無錫文存』，收編歷史上無錫作家詩文和專著的精華；第五輯『近現代名家名著存目』，編撰無錫近現代名家名著的書目提要。爲使文庫具有更大的開放度和包容量，《無錫文庫》注重整體設計，在框架分類上既注意整合，又突出重點，考慮到文庫的涵蓋面和系統性；在書目選擇上既注重經典性，又强調代表性，兼顧到圖書本身質量和作者特點；在出版方式上既總體規劃，循序推進，又采取較爲靈活的方式，成熟一批出版一批，不編序號，爲今後增補書目預留空間。

尊重歷史又反映時代特色。《無錫文庫》注重歷史性與時代性相結合，以嶄新的學術角度和現代學科理念對城市歷史文化進行整理和弘揚。編纂工作充分體現對歷史傳統的尊重，儘可能減少評述性成分，杜絶截割、改篡、增删圖書内容，對節選本衹采取作者的自選本。與此同時，以現代學術視野來看待傳統史料，增加收録有價值的歷史資料和文獻，如對民國時期的一些稿本、期刊、會刊、紀念册也予以應有的關注，收入了部分重要的民間史料。

保持原貌又便于讀者查閲。《無錫文庫》除第五輯外，全部采用原版影印方式，力争選擇最優版本作底本，保持文獻著作的歷史面目。爲了便於閲讀、查證、使用、研究，每一輯均撰寫編輯説明，每種書撰寫提要，并編撰《文庫》書目索引。通過這樣的方式，使《無錫文庫》兼具工具書檢索的作用，增强文化典籍整理的實用功能。

如期完成又精益求精。《無錫文庫》作爲一項重大文化工程，編纂工作面廣量大，必須集中力量，一鼓作氣。我們明確，從編纂工作全面啓動開始，花三年時間完成《無錫文庫》出版工作。《無錫文庫》總書目形成後，五輯的書目編纂工作同時開展、整體推進。我們要求，《無錫文庫》編纂出版工作要强化精品意識，力求思想精深、内容精彩、選編精當、學風精良、裝幀精美。文庫編纂出版的每個環節都反復論證推敲，確保經得起歷史檢驗。

《無錫文庫》的編纂出版工作，得到了鳳凰出版傳媒集團的大力支持，鳳凰出版社在版本選擇、編輯出版方面做了細緻的工作；由於《無錫文庫》收録的資料有三分之二散落在全國各圖書館中，中國國家圖書館、上海圖書館、南京圖書館等一批國内知名圖書館爲此提供了積極的幫助；應邀擔任《無錫文庫》學術顧問的專家，都是無錫籍的文化名人和國内一流的古籍研究專家，他們有的不顧年事已高，有的不顧自身工作繁忙，爲《無錫文庫》的編纂工作付出辛勤勞動；《無錫文庫》工作委員會和編輯委員會成員以及編務人員在文庫編纂出版過程中做了大量的工作。在此，謹向他們表示崇高的敬意和由衷的謝忱！

由於《無錫文庫》收録内容涉及範圍廣、時間跨度長，部分書目已經散佚，可利用資料受到限制，加之編輯委員會水平有限，《無錫文庫》的編纂工作難免會有一些疏漏和錯誤，不當之處敬請讀者指正。

王立人

二〇一一年一月